Paolo Rodari – Andrea Tornielli
Der Papst im Gegenwind

Aus dem Italienischen:

Claudia Reimüller
Armin Schwibach

Das Buch erschien 2010 in italienischer
Sprache unter dem Titel:
„Attacco a Ratzinger.
Accuse e scandali, profezie e complotti contro Benedetto XVI"

© 2010 Edizioni Piemme Spa
Via Tiziano 32
20145 Milano-Italy

1. Auflage 2011
© fe-medienverlags GmbH
Hauptstr. 22, D-88353 Kißlegg
www.fe-medien.de
Lektorat: Guido Horst
Umschlaggestaltung: Manuel Kimmerle
Umschlagfoto: Reuters-Pictures
Druck: CPI – Ebner & Spiegel, Ulm
ISBN 978-3-86357-005-7

Printed in Germany

Paolo Rodari – Andrea Tornielli

DER PAPST IM GEGENWIND

Was in den dramatischen Monaten des
deutschen Pontifikats wirklich geschah

INHALTSVERZEICHNIS

Vorwort — 7

1. Regensburg –
   Das „politisch unkorrekte" Zitat — 13

2. Warschau und Linz –
   zwei „vertrackte" Ernennungen — 49

3. Die „alte Messe" –
   das umstrittene Motu Proprio — 77

4. Der „Fall Williamson" –
   die Falle der Holocaust-Leugnung — 111

5. Der vergessene Kontinent und
   die Kondomkrise — 157

6. Die Kritik der
   amerikanischen Konservativen — 183

7. Der Missbrauchsskandal. Irland,
   Deutschland und die „moralische Panik" — 195

8. Die Missbrauchsfälle in Amerika
   und der Krieg gegen die Medien — 221

9. Die „schwarze Woche" — 251

10. Kardinäle gegen Kardinäle.
    Die Fälle „Maciel" und „Groër"   281

11. Die Konstitution für die Anglikaner
    und die Reise nach Großbritannien   315

12. Marianische Prophezeiungen –
    Von Fatima bis Civitavecchia   339

13. Jene oft vergessene Botschaft   361

14. Komplotte, Medienkampagnen
    und Pannen   371

Personenregister   407

VORWORT

„DAS DAUERT NUR ZWEI, DREI JAHRE ..."

„Ich habe immer noch, als ob es heute wäre, die Worte im Ohr, die ich einen damals äußerst einflussreichen Kardinal der römischen Kurie am Tag nach der Wahl Benedikts XVI. sagen hörte: ‚Zwei, drei Jahre – länger als zwei, drei Jahre wird das nicht dauern', wobei er seine Worte mit einer Art beschwichtigenden Geste begleitete. Joseph Ratzinger, der 78 Jahre alte Präfekt der Kongregation für die Glaubenslehre, der gerade zum Nachfolger von Johannes Paul II. gewählt worden war, sollte ein Übergangspapst sein. Er sollte schnell wieder abgelöst werden und vor allem nicht allzu viele Spuren hinterlassen ... Gewiss, auch Ratzinger selbst hat in der Sixtinischen Kapelle auf die Dauer seines Pontifikats angespielt. Ich habe noch das Bild von dem Augenblick vor Augen, in dem er die Wahl annahm. Er sagte, er wolle den Namen Benedikt annehmen: einmal wegen der Bedeutung des großen heiligen Patrons von Europa, aber auch, weil das Pontifikat des letzten Papstes, der diesen Namen angenommen hatte, Benedikt XV., nicht von sehr langer Dauer gewesen sei und er sich für den Frieden eingesetzt habe. Doch ein Pontifikat, das aufgrund fortgeschrittenen Alters nicht lange dauert, bedeutet nicht, dass es keine Spuren hinterlassen kann. Auch das Pontifikat von Johannes XXIII. sollte ein Übergangspontifikat sein – und rein chronologisch betrachtet, war es das auch. Doch wie sehr hat es die Geschichte der Kirche verändert ... Ich habe oftmals darüber nachgedacht: Nachdem klar war, dass das Pontifikat nicht so schnell vorübergehen würde, wie mancher das gehofft hatte, und dass es dazu bestimmt war, Zeichen zu hinterlassen, haben sich die Angriffe gegen Benedikt XVI. vermehrt. Und zwar Angriffe jeder Art. Einmal heißt es, der Papst habe sich unglücklich ausgedrückt, ein anderes Mal ist die Rede von einer Schwachstelle in der Kommunikation, wieder ein anderes Mal von einem Koordinierungsproblem zwischen den Kurienbehörden, dann wieder von der Unfähigkeit einzelner Mitarbeiter oder von einem gemeinsam abgestimmten Versuch subversiver Kräfte, dem Ruf der Kirche zu schaden. Wollen Sie wissen, welchen Eindruck ich habe? Auch wenn der Heilige Vater de facto nicht einsam ist, auch wenn er von treuen Menschen umgeben ist, die ihm zu helfen versuchen, wird er, objektiv betrachtet, bei vielen Gelegenheiten alleine gelassen. Es gibt keine Gruppe, die ihn angemessen unterstützt, die bestimmte Probleme zu verhindern weiß oder darüber nachdenkt, wie wirksam reagiert werden kann. Die versucht, seine eigentliche Botschaft klarzumachen und zu verbreiten, die so häufig verdreht wird. Tatsächlich lautet die Frage, die am häufigsten gestellt wird: Und wann kommt die nächste Krise? Mich überrascht auch die Tatsache, dass diese Krisen häufig nach wichtigen Entscheidungen eintreten ... Ich frage mich zum Beispiel, was jetzt passieren wird, nachdem Benedikt XVI. mutig den heroischen Tugendgrad sowohl von Johannes Paul II. als auch von Pius XII. anerkannt hat."

Zu dem Zeitpunkt, an dem uns ein angesehener Kardinal, der seit vielen Jahren im Apostolischen Palast tätig ist, am Vorabend des Weihnachtsfestes 2009 diese hier in einem längeren Zitat wiedergegebene vertrauliche Mitteilung machte, war der große Skandal des Missbrauchs von Minderjährigen durch katholische Geistliche noch nicht in seiner ganzen Tragweite ausgebrochen. Es gab natürlich schon den gravierenden Fall Irland. Gravierend, weil er die Unfähigkeit verschiedener Bischöfe ans Licht gebracht hatte, ihre Diözese zu leiten und die Fälle, in denen Minderjährige missbraucht worden waren, so anzugehen, dass vor allem der Notwendigkeit Rechnung getragen wurde, den Opfern beizustehen und um jeden Preis zu verhindern, dass es zu einer Wiederholung von Gewalttaten kommt. Doch noch konnte niemand ahnen, dass sich diese objektiv besondere Situation – zumindest, was die Aufmerksamkeit der Medien angeht – schließlich auch in anderen Ländern einstellen würde. Betroffen waren Deutschland, Österreich, die Schweiz, sodann Belgien sowie erneut die Vereinigten Staaten, wo das Problem – und zwar auf ziemlich verheerende Weise – bereits zu Beginn dieses Jahrtausends zutage getreten war.

Es genügt, die internationale Presse zu überfliegen, um zugeben zu müssen, dass der Papst angegriffen wird. Es sind Angriffe, die immer dann sofort losbrechen, wenn die negativen Vorurteile über das, was der Papst sagt oder tut, bedient werden können: Sei es, indem man bestimmte Einzelheiten hochspielt, sei es, indem man internationale „Fälle" konstruiert. Dieser auf dasselbe Ziel hin ausgerichtete Angriff hat seinen Ursprung außerhalb, oftmals aber auch innerhalb der Kirche. Die manchmal schwache Reaktion derer, die im Umfeld des Papstes mehr tun könnten, um Krisen zu verhindern oder ihnen auf wirkungsvolle Weise zu begegnen, trägt (unbewusst) noch dazu bei, diesen Angriff zu verstärken. Und er wird leider (wiederum unbewusst) durch einen Mangel an Regie und kommunikativer Strategie unterstützt, wie sich das etwa in der „schwarzen Woche" – wie wir diese Tage auf den folgenden Seiten bezeichnet haben – gezeigt hat, in der verschiedene Zwischenfälle zusammenkamen: die Predigt, die

Raniero Cantalamessa am Karfreitag 2010 hielt; die Worte von Kardinal Angelo Sodano am Ostertag; die Erklärungen, die Staatssekretär Tarcisio Bertone während seiner langen Pastoralreise nach Chile abgab.

Dieses Buch will keine vorgefertigte These aufstellen. Es geht weder von der Theorie eines Hinterhalts aus, den eine ominöse „Verschwörerbande" oder ein geheimnisvolles Phantom ersonnen haben, noch von der Theorie eines „Medienkomplotts", was gerne von einigen Mitarbeitern des Papstes als bequeme Ausrede benutzt wird, hinter der man sich verschanzen kann, um Verspätungen und Ineffizienz zu rechtfertigen. Es ist jedoch unbestreitbar, dass Ratzinger angegriffen wurde und wird: Da waren die Kritik und die Polemik nach der Vorlesung in Regensburg, der Aufsehen erregende Fall des Rücktritts des neuen Erzbischofs von Warschau, Stanislaw Wielgus, wegen einer früheren Zusammenarbeit mit den Geheimdiensten des kommunistischen Regimes in Polen, die Polemik nach der Veröffentlichung des Motu Proprio „Summorum Pontificum", der Fall, zu dem die Aufhebung der Exkommunikation der von Erzbischof Lefebvre geweihten Bischöfe geriet, weil sie mit der Ausstrahlung eines Interviews im schwedischen Fernsehen zusammenfiel, in dem einer dieser Bischöfe die Existenz der Gaskammern leugnete, die diplomatische Krise aufgrund der Äußerungen des Papstes über Kondome am ersten Tag seiner Reise nach Afrika, die Ausweitung des Skandals um den Missbrauch Minderjähriger, der sich noch nicht zu beruhigen scheint und einen Schatten auf die letzten Jahre des Pontifikats Johannes Pauls II. zu werfen droht. Von einem Entrüstungssturm zum anderen und von einer Polemik zur nächsten hatte dies zur Folge, dass die Botschaft von Benedikt XVI. „weggepackt" wurde.

Sie verschwand unter dem Klischee eines „rückständigen" Papstes und büßte so ihre Tragweite ein. Zentrale Themen, denen sich Joseph Ratzinger in den ersten fünf Jahren seines Pontifikats engagiert geöffnet hatte wie Armut, Bewahrung der Schöpfung, Globalisierung und so weiter gerieten so in Vergessenheit.

Für diese Angriffe gab es niemals eine zentrale Regie. Bei ihnen wurde vielmehr ein Mangel an Regie sichtbar, auch wenn nicht ausgeschlossen werden kann, dass bei mehreren Gelegenheiten, etwa im Verlauf des Missbrauchsskandals, eine Allianz verschiedener Lager festzustellen war, denen es gelegen kam, die Stimme der Kirche durch das Schmälern ihrer moralischen Autorität und ihrer Popularität zum Schweigen zu bringen. Möglicherweise mit der geheimen Hoffnung, dass die Kirche im Laufe von etwa zehn Jahren auf der internationalen Bühne nicht mehr zählen wird als eine x-beliebige Sekte.

Wir haben versucht, das Geschehene zu dokumentieren, wir haben die Protagonisten und die sachkundigsten Beobachter zu Wort kommen lassen, wir haben unveröffentlichte Dokumente und Zeugnisse gesammelt, die helfen, das zu rekonstruieren, was im Apostolischen Palast und, allgemeiner, in der Kirche während der Krisen in den ersten fünf Jahren dieses Pontifikats geschehen ist. Eines Pontifikats, das nach dem kurzen Konklave von nur einem Tag mit den Worten Papst Benedikts XVI. während der Einführungsmesse am 24. April 2005 begonnen hatte: „Betet für mich, dass ich nicht furchtsam vor den Wölfen fliehe." Als hätte er geahnt, welch tückischer Hürdenlauf ihn erwartete.

Paolo Rodari, Andrea Tornielli

1

REGENSBURG – DAS „POLITISCH UNKORREKTE" ZITAT

Am 9. September 2006 beginnt die vierte Reise Benedikts XVI., die ihn über die italienischen Landesgrenzen hinaus führt. Der Papst kehrt nach Hause zurück, in seine Heimat Bayern, in das Land, in dem er geboren wurde und aufgewachsen ist, in dem er zum Priester geweiht wurde und seine Lehrtätigkeit aufgenommen hatte. Das Land, in dem er von 1977 bis 1981 Erzbischof von München war. Nach dem Weltjugendtag in Köln, nach den Reisen nach Polen und nach Spanien zum fünften Welttreffen der Familien bereitet sich Ratzinger darauf vor, in seine Erinnerungen einzutauchen: München, Altötting und Regensburg sind die Orte seines sechstägigen Aufenthalts, der bis ins kleinste Detail vorbereitet wird. Es sind die Orte, an die er sich hatte zurückziehen wollen, um zu lesen, zu forschen und zu schreiben – wenn die im Konklave versammelten Kardinäle ihn nicht auf den Stuhl Petri berufen hätten. Es sind Orte, die er kennt und in die er nun zurückkehren möchte, um nach den ersten intensiven anderthalb Jahren seines Pontifikats Geist und Seele zu stärken.

Doch es sind auch Orte, von denen er sich niemals hätte vorstellen können, dass dort der erste große internationale „Fall" seines Pontifikats stattfinden sollte: der „Fall Regensburg", der erste „Fauxpas" Ratzingers, wie es in den größten internationalen Medien dargestellt werden sollte. Es kommt zu einem gewaltigen Zusammenprall mit der Welt des Islam.

Die Gründe für die Reise sind klar. Ratzinger führt sie einen Monat vor ihrem Beginn in einem Interview an, das er einer Gruppe deutscher Journalisten gewährt: „Ich wollte noch einmal die Orte und deren Menschen sehen, wo ich aufgewachsen bin."

Das Flugzeug nach Deutschland hebt am Nachmittag des 9. September ab. An Bord herrscht eine freudige Atmosphäre. Dem Papst geht es gut: „Mein Herz schlägt bayerisch", sagt er, kurz bevor er in München landet. Und doch ist da auch ein gewisser Schatten. Bei einer Begegnung mit den Journalisten im Flugzeug sagt Benedikt XVI.: „Ich bin ja ein alter Mann. Wie viel Zeit mir der Herr noch gibt, weiß ich nicht." Worte, die sofort so interpretiert werden, als werde die Zeit, die ihm gewährt wird, um das Schiff Petri zu steuern, nicht lang sein. Als spüre er im Inneren, ein Übergangspapst zu sein. Im Übrigen hatte er selbst im Konklave, als er seine Wahl annahm, gesagt, er nehme den Namen Benedikt sowohl an, weil er den großen heiligen Schutzpatron Europas verehre, als auch im Bezug auf Papst Benedikt XV., der seine Stimme für den Frieden erhoben hatte und dessen Pontifikat nicht von langer Dauer war.

Ein deutscher Reporter fragt ihn: „Heiliger Vater, werden Sie auch nach Berlin kommen?" Der Papst antwortet: „Ja, irgendwie würde es sich vielleicht gehören, dass man, wenn man nach München reist, auch einmal nach Berlin kommt, aber ich bin ja ein alter Mann ... Ich denke jetzt vor allem an die Türkei und an Brasilien als die nächsten Reiseziele. Wenn ich noch mal nach Deutschland kommen kann – dann eben auch in die anderen Teile Deutschlands –, würde es mich freuen, ich würde es als ein Geschenk von Gott betrachten."

Der Journalist Marco Politi schreibt am 10. September in der italienischen Tageszeitung „La Repubblica": „Im Vatikan wissen alle, dass Benedikt XVI. unter Bluthochdruck leidet. Dass er plötzlich in die höchste Leitungsposition der Kirche katapultiert wurde, hat ihn aus dem Takt gebracht, als er bereits dachte, sich in den Ruhestand zurückziehen zu können. Es hat ihn aus dem gewohnten Rhythmus einer klugen Aufeinanderfolge von Arbeit und Ruhepausen geworfen. Es ist kein Geheimnis, dass er Papst Johannes Paul II. mehrfach um seinen Rücktritt gebeten hatte und dass der verstorbene Papst darüber nachgedacht hatte, wie er ihn durch Stärkung seines Mitarbeiterstabs auf Teilzeitbasis weiter einsetzen könne. In den Neunzigerjahren war der damalige Kardinal Ratzinger aufgrund seines Bluthochdrucks sogar einmal in seiner Wohnung in Ohnmacht gefallen."

Die Vermutungen, die über die Gesundheit des Papstes angestellt werden, sind in Wahrheit übertrieben. Wie auch die Bedeutung übertrieben ist, die diesen Aussagen beigemessen wird. Doch darüber hinaus bleibt es bei der Tatsache: Benedikt XVI. scheint sich bewusst zu sein, dass er keinen einfachen Zeiten entgegengeht. Zu den Gläubigen, die am 9. September auf dem Münchener Marienplatz versammelt sind, sagt er, als er über den Bären spricht, der auf seinem Wappen zu sehen ist und der der Legende nach dem heiligen Korbinian als Lasttier dienen musste: „Der Bär ermutigt mich immer neu, meinen Dienst mit Freude und Zuversicht zu tun – vor dreißig Jahren wie auch nun in meiner neuen Aufgabe – und Tag für Tag mein Ja zu Gott zu sagen: Ein Lasttier bin ich für dich geworden."

In den Reden des Papstes erstaunt seine Fähigkeit, direkte Worte zu verwenden. Er weicht keinem Hindernis aus. Er kommt gleich zum Kern der Sache, die er vermitteln will. Sowohl, wenn er frei spricht, als auch wenn er die vorbereiteten Manuskripte vorträgt. Alle Ansprachen der Reise waren längere Zeit vorher geschrieben worden. Aber nicht alle wurden, wie das normalerweise geschieht, von den Mitarbeitern des Staatssekretariats gelesen und geprüft, unter anderem deswegen, weil der Papst vieles von eigener Hand hatte schreiben wollen. Es handelt sich um Texte, die um eine zentrale Idee kreisen: die Neuevangelisierung Europas. Er selbst teilt das einen Monat vor der Abreise deutschen Journalisten in einem Interview mit: „Das Grundthema ist eigentlich, dass wir Gott wieder entdecken müssen und nicht irgendeinen Gott, sondern den Gott mit einem menschlichen Antlitz, denn wenn wir Jesus Christus sehen, sehen wir Gott. Dass wir von daher dann die Wege zueinander finden müssen in der Familie, zwischen den Generationen; und dann zwischen den Kulturen, den Völkern, und die Wege der Versöhnung und des friedlichen Miteinanders in dieser Welt."

Am 10. September hält Benedikt XVI. während des Gottesdienstes, der auf dem Gelände vor der Neuen Messe in München unter freiem Himmel gefeiert wird, eine lange Predigt. Er spricht vor dreihunderttausend Menschen. Hier macht er eingehender das Ziel seiner Reise deutlich: Europa muss Gott wiederfinden, den Gott seiner Ursprünge, den Gott des Friedens und der Liebe, den christlichen Gott, in dem sich jede Religion erkennen kann. Jede Religion und jeder von der Vernunft erleuchtete Gedanke. Der Papst nimmt Themen vorweg, die in den folgenden Tagen in aller Welt Kritik aufwirbeln werden, und spricht vor allem über die Beziehung zwischen Christentum und Islam, der Religion, die zahlenmäßig am stärksten wächst. Mit Blick auf die Muslime sagt der Papst:

„Nicht im christlichen Glauben sehen sie die eigentliche Bedrohung ihrer Identität, sondern in der Verachtung Gottes und in dem Zynismus, der die Verspottung des Heiligen als Freiheitsrecht ansieht und Nutzen für zukünftige Erfolge der Forschung zum letzten Maßstab erhebt. Liebe Freunde! Dieser Zynismus ist nicht die Art von Toleranz und von kultureller Offenheit, auf die die Völker warten und die wir alle wünschen."

Es sind schwierige Zeiten für Europa, vor allem für die Beziehungen zwischen der christlichen und der islamischen Kultur. Nur ein Jahr vor der Reise des Papstes nach Bayern hatte eine dänische Zeitung Karikaturen über Mohammed veröffentlicht und eine internationale Protestwelle ausgelöst. Der Papst drückt sich in München nicht davor, seine Meinung zu dem Vorfall zu äußern:

„Die Toleranz, die wir dringend brauchen, schließt die Ehrfurcht vor Gott ein – die Ehrfurcht vor dem, was dem anderen heilig ist. Diese Ehrfurcht vor dem Heiligen der anderen setzt aber wiederum voraus, dass wir selbst die Ehrfurcht vor Gott wieder lernen. Diese Ehrfurcht kann in der westlichen Welt nur dann regeneriert werden, wenn der Glaube an Gott wieder wächst, wenn Gott für uns und in uns wieder gegenwärtig wird."

Nach der Wahl Ratzingers zum Papst hatten einige Kommentatoren ihre Sorge über Positionen zum Ausdruck gebracht, die er in der Vergangenheit über andere Religionen und besonders über den Islam vertreten hatte. Vor allem seine Aussagen gegen den Eintritt der Türkei in die Europäische Gemeinschaft waren ins Visier geraten. Seine Einstellung zu dieser Frage war als der Wunsch ausgelegt worden, die islamische Religion nicht nach Europa dringen zu lassen, weil sie mit den christlichen Werten und der christlichen Kultur unvereinbar sei, die den Alten Kontinent geformt hatten.

In den Tagen unmittelbar nach der Wahl schreibt der Brüsseler Korrespondent der religiösen Kreisen nahestehenden türkischen Tageszeitung „Zaman", Selcuk Gultasli: „Kardinal Ratzinger, Papst Benedikt XVI., gilt als ‚fundamentalistischster' Kardinal der Moderne ... In einem Interview mit ‚Le Figaro' hat Ratzinger vehement die These vertreten, dass die Türkei nicht zu Europa gehört – ‚Sie hat gegen Byzanz gekämpft, Konstantinopel erobert, Wien und Österreich bedroht, den Balkan besetzt' – und ihr vorgeschlagen, ihren Platz innerhalb der islamischen Welt zu suchen. Der Kardinal hatte dann im September seine Positionen sowie die Überzeugung bekräftigt, dass der Beitritt der Türkei zu einer Zersetzung der europäischen Kultur führen würde ... Wie es heißt, hat Ratzinger den Namen Benedikt zu Ehren Benedikts XV. angenommen, der in seinem kurzen Pontifikat zwischen 1914 und 1922 den Konservativismus bekämpft und schließlich sogar einen Friedensplan vorgelegt hatte, um den Ersten Weltkrieg zu beenden. Durch das Annehmen dieses Namens habe Ratzinger eine Botschaft der Friedens vermitteln sowie darauf hinweisen wollen, dass er sich im Gegensatz zu dem, was man erwartete, nicht um Politik kümmern werde. Wenn dem so wäre, könnte unser Optimismus Nahrung erhalten, dass die konservative Haltung gegenüber der Türkei aufgegeben wird, oder wir könnten zumindest auf eine ausgewogenere Haltung seitens des Vatikans hoffen. Im gegenteiligen Fall würde die Opposition gegen die Türkei in Europa stärker werden."

Wenn man diese Worte liest und sie mit denen vergleicht, die Papst Benedikt am ersten Tag seines Aufenthalts in München gesagt hat, sieht man, welcher Unterschied zwischen dem Ratzinger, wie er – vor allem in der islamischen Welt – „wahrgenommen" wird, und dem „wirklichen" Ratzinger besteht. Man sieht auch den Unterschied zwischen der persönlichen Meinung eines Kardinals und der universalen Botschaft dieses Kardinals, nachdem er Papst geworden ist. Und man begreift schließlich, welch hohe Erwartungshaltung hinsichtlich jeder seiner Aussagen über den Islam besteht. Ein Islam, der bereit ist, auf den ersten falschen Schritt zu reagieren, den der – als der „fundamentalistischste" Kardinal beschriebene – Papst macht.

Die Worte von München vertreiben zumindest für einige Stunden jede Angst. Die Predigt des Papstes, die dadurch bereichert wird, dass das Vorhandensein eines Kulturkampfs zwischen Christentum und Islam verneint wird, entlockt der Menschenmenge wiederholt Beifall. „Die Welt braucht Gott. Wir brauchen Gott", erklärt Benedikt XVI. eindringlich. Papst Ratzinger zitiert nicht den Islam, sondern geht vielmehr auf die Verfehlungen des Westens ein, jenes Westens, der sich früher einmal als zutiefst christlich bezeichnet hatte. Der Westen, so erklärt der Papst, zeigt „eine Schwerhörigkeit Gott gegenüber, an der wir gerade in dieser Zeit leiden. Wir können ihn einfach nicht mehr hören ... Was über ihn gesagt wird, erscheint vorwissenschaftlich, nicht mehr in unsere Zeit hereinpassend. Mit der Schwerhörigkeit oder gar Taubheit Gott gegenüber verliert sich natürlich auch unsere Fähigkeit, mit ihm und zu ihm zu sprechen."

Der Papst verweist auf das pulsierende Herz Europas. Auf seine christlichen Ursprünge, die als solche der Welt gegenüber offen sind. Ratzinger bittet seine Landsleute, nicht zu vergessen, ihre Kinder in die Kirche und in die Messe mitzunehmen, ihnen die christlichen Werte zu vermitteln. Die erste Predigt des deutschen Papstes bewegt die Gläubigen zutiefst und erhält den Beifall der internationalen Presse.

Der 11. September ist ein Übergangstag, an dem Termine geistlicher Art vorgesehen sind: eine Messe vor dem Heiligtum in Altötting sowie die Marianische Vesper mit den Ordensleuten und Seminaristen Bayerns in der Basilika Sankt Anna. Die Predigt ist der Muttergottes gewidmet. Eine einzige Anspielung auf Russland scheint das Feingefühl der orthodoxen Kirche verletzen zu können: „Die Menschen warten auf Boten, die ihnen das Evangelium des Friedens, die Botschaft von dem menschgewordenen Gott bringen", sagt der Papst. „Und auch im so genannten Westen, bei uns in Deutschland wie auch in den Weiten Russlands gilt, dass die Ernte groß sein könnte." Der Jesuitenpater Federico Lombardi, Leiter von Radio Vatikan sowie des Vatikanischen Fernsehzentrums, ist gerade zum Nachfolger des spanischen Journalisten Joaquín Navarro-Valls ernannt worden. Er macht die erste Reise in seiner Eigenschaft als Leiter des Vatikanischen Pressesaals. Lombardi interveniert, um zu erklären, dass der Hinweis auf Russland ihm „ziemlich klar erscheint". Und weiter: „Es ist eines der Gebiete, in dem jetzt große Einsatzmöglichkeiten für die Kirche bestehen, doch das hat nichts mit Formen von Proselytismus im Hinblick auf die orthodoxen Christen zu tun." Lombardi geht über Russland hinaus. Und nutzt die Gelegenheit, um auch die Interpretation eines Teils der Presse über die Worte von München klarzustellen, die sich mit dem Westen „ohne Gottesfurcht" beschäftigt hatten. Er sagt: „Der Islam ist nicht genannt worden. Mir scheint, dass der Ansatz weiter gefasst war."

Wie schon gesagt, war die Reaktion der Medien auf die Predigt von München sehr positiv. Nur eine Minderheit bringt die Worte des Papstes mit dem Islam in Verbindung. Und Pater Lombardi greift rasch ein, um jede Art von Polemik im Keim zu ersticken. Bislang geht also alles glatt. Nichts lässt vorausahnen, was dann passiert. Nichts scheint vorwegzunehmen, was wenige Stunden später in Regensburg geschehen wird.

Es ist der 12. September, der wichtigste Tag der Reise des Papstes. Benedikt XVI. spricht an der Universität von Regensburg vor Vertretern der Wissenschaft. Der Theologenpapst kehrt an die Universität zurück, die einmal die seine war, und hält eine *lectio*, die der Vatikanische Pressesaal dann unter dem Titel verbreiten wird: „Glaube, Vernunft und Universität. Erinnerungen und Reflexionen". Glaube und Vernunft stehen im Mittelpunkt dieser *lectio*.

Der Papst spricht als Professor, er ist bewegt und bekennt das auch gleich: „Es ist für mich ein bewegender Augenblick, noch einmal in der Universität zu sein und noch einmal eine Vorlesung halten zu dürfen. Meine Gedanken gehen dabei zurück in die Jahre, in denen ich an der Universität Bonn nach einer schönen Periode an der Freisinger Hochschule meine Tätigkeit als akademischer Lehrer aufgenommen habe. Es war – 1959 – noch die Zeit der alten Ordinarien-Universität. Für die einzelnen Lehrstühle gab es weder Assistenten noch Schreibkräfte, dafür aber gab es eine sehr unmittelbare Begegnung mit den Studenten und vor allem auch der Professoren untereinander. In den Dozentenräumen traf man sich vor und nach den Vorlesungen. Die Kontakte mit den Historikern, den Philosophen, den Philologen und natürlich auch zwischen beiden Theologischen Fakultäten waren sehr lebendig. Es gab jedes Semester einen so genannten *Dies academicus*, an dem sich Professoren aller Fakultäten den Studenten der gesamten Universität vorstellten und so ein Erleben von *Universitas* möglich wurde – auf das Sie, Magnifizenz, auch gerade hingewiesen haben – die Erfahrung nämlich, dass wir in allen Spezialisierungen, die uns manchmal sprachlos füreinander machen, doch ein Ganzes bilden und im Ganzen der einen Vernunft mit all ihren Dimensionen arbeiten und so auch in einer gemeinschaftlichen Verantwortung für den rechten Gebrauch der Vernunft stehen – das wurde erlebbar."

Papst Ratzinger erinnert an die früheren Jahre sowie an die noch lebendige Erfahrung der *universitas*: Es sei ein Ort, an dem verschiedene Erfahrungen kommuniziert werden, ein Ort, an dem die verschiedenen Disziplinen dank des Gebrauchs der Vernunft interagieren. Zu diesen Disziplinen zählen auch die theologischen, da „auch sie, indem sie nach der Vernunft des Glaubens fragen, eine Arbeit tun, die notwendig zum Ganzen der *Universitas scientiarum* gehört". Der Papst fährt fort:

„Dieser innere Zusammenhalt im Kosmos der Vernunft wurde auch nicht gestört, als einmal verlautete, einer der Kollegen habe geäußert, an unserer Universität gebe es etwas Merkwürdiges: zwei Fakultäten, die sich mit etwas befassten, was es gar nicht gebe – mit Gott. Dass es auch solch radikaler Skepsis gegenüber notwendig und vernünftig bleibt, mit der Vernunft nach Gott zu fragen und es im Zusammenhang der Überlieferung des christlichen Glaubens zu tun, war im Ganzen der Universität unbestritten."

Hier kommt Benedikt XVI. dann zum Kern seiner Rede. Er spricht über die Beziehung zwischen Religion und Vernunft: Es ist vernünftig zu glauben und man kann nicht wider die Vernunft glauben. Und um seine Aussage besser verständlich zu machen, führt er ein Beispiel an, das in seiner Gesamtheit wiedergegeben werden muss. Denn dieses Beispiel, diese Worte, die im Folgenden wiedergegeben werden, sollten den „Fall Regensburg" auslösen, ein Feuerwerk an Polemik, das die Medien der ganzen Welt wochenlang beschäftigen wird. Die Worte des Papstes lauteten:

„All dies ist mir wieder in den Sinn gekommen, als ich kürzlich den von Professor Theodore Khoury (Münster) herausgegebenen Teil des Dialogs las, den der gelehrte byzantinische Kaiser Manuel II. Palaeologos wohl 1391 im Winterlager zu Ankara mit einem gebildeten Perser über Christentum und Islam und beider Wahrheit führte. Der Kaiser hat vermutlich während der Belagerung von Konstantinopel zwischen 1394 und 1402 den Dialog aufgezeichnet; so versteht man auch, dass seine eigenen Ausführungen sehr viel ausführlicher wiedergegeben sind als die seines persischen Gesprächspartners. Der Dialog erstreckt sich über den ganzen Bereich des von Bibel und Koran umschriebenen Glaubensgefüges und kreist besonders um das Gottes- und das Menschenbild, aber auch immer wieder notwendigerweise um das Verhältnis der, wie man sagte, ‚drei Gesetze' oder ‚drei Lebensordnungen': Altes Testament – Neues Testament – Koran. Jetzt, in dieser Vorlesung, möchte ich darüber nicht handeln, sondern nur einen – im Aufbau des ganzen Dialogs eher marginalen – Punkt berühren, der mich im Zusammenhang des Themas Glaube und Vernunft fasziniert hat und der mir als Ausgangspunkt für meine Überlegungen zu diesem Thema dient.

In der von Professor Khoury herausgegebenen siebten Gesprächsrunde kommt der Kaiser auf das Thema des *Djihād*, des heiligen Krieges, zu sprechen. Der Kaiser wusste sicher, dass in *Sure* 2, 256 steht: Kein Zwang in Glaubenssachen – es ist wohl eine der frühen *Suren* aus der Zeit, wie uns Kenner sagen, in der Mohammed selbst noch machtlos und bedroht war. Aber der Kaiser kannte natürlich auch die im Koran niedergelegten – später entstandenen – Bestimmungen über den heiligen Krieg. Ohne sich auf Einzelheiten wie die unterschiedliche Behandlung von ‚Schriftbesitzern' und ‚Ungläubigen' einzulassen, wendet er sich in für uns erstaunlich schroffer Form ganz einfach mit der zentralen Frage nach dem Verhältnis von Religion und Gewalt überhaupt an seinen Gesprächspartner. Er sagt: ‚Zeig mir doch, was Mohammed Neues gebracht hat, und da wirst du nur Schlechtes und Inhumanes finden wie dies, dass er vorgeschrieben hat, den Glauben, den er predigte, durch das Schwert zu verbreiten.' Der Kaiser begründet, nachdem er so zugeschlagen hat, dann eingehend, warum Glaubensverbreitung durch Gewalt widersinnig ist. Sie steht im Widerspruch zum Wesen Gottes und zum Wesen der Seele. ‚Gott hat kein Gefallen am Blut', sagt er, ‚und nicht vernunftgemäß zu handeln, ist dem Wesen Gottes zuwider. Der Glaube ist Frucht der Seele, nicht des Körpers. Wer also jemanden zum Glauben führen will, braucht die Fähigkeit zur guten Rede und ein rechtes Denken, nicht aber Gewalt und Drohung … Um eine vernünftige Seele zu überzeugen, braucht man nicht seinen Arm, nicht Schlagwerkzeuge noch sonst eines der Mittel, durch die man jemanden mit dem Tod bedrohen kann …'

Der entscheidende Satz in dieser Argumentation gegen Bekehrung durch Gewalt lautet: Nicht vernunftgemäß handeln ist dem Wesen Gottes zuwider. Der Herausgeber, Theodore Khoury, kommentiert dazu: Für den Kaiser als einen in griechischer Philosophie aufgewachsenen Byzantiner ist dieser Satz evident. Für die moslemische Lehre hingegen ist Gott absolut transzendent. Sein Wille ist an keine unserer Kategorien gebunden und sei es die der Vernünftigkeit. Khoury zitiert dazu eine Arbeit des bekannten französischen Islamologen R. Arnaldez, der darauf hinweist, dass Ibn Hazm so weit gehe zu erklären, dass Gott auch nicht durch sein eigenes Wort gehalten sei und dass nichts ihn dazu verpflichte, uns die Wahrheit zu offenbaren. Wenn er es wollte, müsse der Mensch auch Götzendienst treiben."

Die Rede des Papstes geht weiter, und zwölf Seiten lang dreht sich alles um den Begriff der Vernunft und ihre Verbindung mit der Religion. Die Vernunft wird nach Meinung des Papstes häufig mit Argwohn und entschiedener Feindseligkeit betrachtet. Denn heute findet sie den ihr eigenen und anerkannten Bereich nur im Gebiet des „Machbaren", also im „Bereich der Technik". „Der Bereich des Lebenssinns und des Daseins und der Bereich der Moral", sagt der Theologe Pietro Cantoni über die Rede des Papstes, „wird in die Privatsphäre der subjektiven Entscheidungen verbannt, wo eine echte rationale Konfrontation, die zu Wahrheiten gelangen will, die für alle erkennbar sind, keinen Sinn mehr hat." Benedikt XVI. erklärt, wie eine solche Mentalität auch in die religiöse Sphäre eingedrungen ist, wo die Vernunft wie ein Hindernis für den Glauben wahrgenommen wird: Der Glaube allein, ohne den Bedarf, sich mit Hilfe der metaphysischen Vernunft in Frage zu stellen und zu überprüfen, sei mehr als ausreichend, um die Grundlage für das Leben des einzelnen Gläubigen und der Gemeinschaften, in denen er lebt, zu bilden. Im Abendland scheine sich die Vernunft allein auf die Kunst zu reduzieren, immer schnellere Autos und immer leistungsstärkere Computer zu bauen. Sie scheue auch nicht mehr davor zurück, sich in den Bereich der Kontrolle und der Manipulation menschlichen Lebens vorzuwagen. Eine wachsende Fähigkeit, Dinge zu konstruieren, geht Hand in Hand mit dem Verzicht darauf, Fragen über deren Zweck zu stellen, also darüber, „warum" und folglich „wie" diese zu nutzen seien.

Nachdem der Papst zu Ende gesprochen hat, tut sich etwas. Seine Rede wird von den Presseagenturen lanciert, die besonders das Zitat von Manuel II. Palaeologos hervorheben: „Zeig mir doch, was Mohammed Neues gebracht hat, und da wirst du nur Schlechtes und Inhumanes finden wie dies, dass er vorgeschrieben hat, den Glauben, den er predigte, durch das Schwert zu verbreiten." Dieser Satz geht um die Welt. Und die Botschaft, die vermittelt wird, ist folgende: Für den Papst ist der Islam eine gewalttätige Religion, die sich dem heiligen Krieg verschrieben hat. Das Zitat von Manuel II. Palaeologos, das aus seinem weiteren und klaren Kontext herausgerissen wird, verbreitet sich auf dem ganzen Globus und erschüttert die muslimische Welt, die mit Entrüstung reagiert.

Ein hoher Vertreter der islamischen Religion in der Türkei, der Präsident des Amtes für religiöse Angelegenheiten (Diyanet), Ali Bardakoglu, sagt: „Wir erwarten, dass der Papst seine Worte zurücknimmt und die islamische Welt um Entschuldigung bittet." Bardakoglu spielt auch auf die Papstreise in die Türkei an, die für Ende November vorgesehen ist: „Ich glaube, dass der muslimischen Welt aus dem Besuch eines Mannes, der so über den Propheten Mohammed denkt wie er, nichts Gutes erwächst." Bardakoglu betrachtet die Rede des Papstes als „provokativ, feindselig und von Vorurteilen behaftet", wenngleich er zugibt, dass ihm der Text nur aus „ungenauen Berichten" der türkischen Presse bekannt ist. Er zeigt vor allem „Verwunderung und Entsetzen" angesichts der Tatsache, dass sich der Papst „in die heiligen Dinge, das heilige Buch und seinen Propheten" eingemischt habe. Das sei ein Zeichen der Feindseligkeit und führe dazu, den Religionskampf zu schüren. Die angesehenste türkische Zeitung, „Hurriyet", fasst die „Vorlesung" des Papstes folgendermaßen zusammen: „Die Gewalt des Jihad im Islam steht im Widerspruch zum Wesen Gottes und der Seele."

Vorwürfe gegen Benedikt XVI., er verfüge über „schlechte Islamkenntnisse", und Forderungen nach einer Entschuldigung kommen von zwei Vertretern der Muslime in Kuwait, einem Sunniten und einem Schiiten, Hakem Al-Mutairi und Mohammad Baqer al-Mohri; von der ägyptischen Regierungszeitung „al Ahram" (der Papst „schreibt die Taten einer extremistischen Minderheit allen Muslimen zu"); vom pakistanischen Außenminister Taslim Aslam: „Die Erklärungen des Papstes offenbaren Unkenntnis des Islam und seiner Geschichte"; vom Sprecher al-Fatahs im Westjordanland: „Das spiegelt nicht den Grundsatz der Toleranz des Christentums wieder." Der Rektor der Pariser Moschee, Dalil Boubakeur, bittet den Vatikan, „Islam und Islamismus nicht zu verwechseln". Nur der Führer der muslimischen Gemeinschaft Deutschlands, Aiman Mazyek, erklärt, er finde in der Rede des Papstes „keinerlei Angriff auf den Islam".

Die Proteste rufen weitere Proteste hervor. In vielen islamischen Ländern gehen die Menschen auf die Straße und es werden Kundgebungen organisiert. Es kommt sogar zu

Todesdrohungen gegen Benedikt XVI. seitens extremistischer Gruppen. Zu diesen zählen: Al-Qaida, Asaeb al Iraq al Jihadiya und die Armee der Mudschahidin. In Mogadischu kommt die italienische Ordensfrau Leonella Sgorbati ums Leben. Der Mord wird von mehreren Seiten mit der Empörung der islamischen Welt über die Worte des Papstes in Verbindung gebracht.

Der Vatikan scheint von den Reaktionen des Islam überwältigt. Auf Anordnung des Staatssekretariats greift Pater Lombardi ein und verbreitet am Abend des 14. September eine offizielle Mitteilung:

„Was die Reaktion einiger islamischer Vertreter auf Stellen in der Papstrede an der Universität Regensburg betrifft, so ist die Feststellung angezeigt, dass das, was dem Papst am Herzen liegt, eine klare und radikale Zurückweisung einer religiösen Motivation von Gewalt ist. Das ergibt sich aus einer aufmerksamen Lektüre des Textes. Es war sicher nicht die Absicht des Heiligen Vaters, den Djihad und das islamische Denken darüber zu analysieren – und erst recht nicht, die Sensibilität islamischer Gläubiger zu verletzen. Im Gegenteil: In den Ansprachen des Heiligen Vaters taucht deutlich die Warnung an die westliche Kultur auf, ‚die Missachtung Gottes und den Zynismus, der es für ein Freiheitsrecht hält, das Heilige herabzuwürdigen' (Ansprache vom 10. September), zu vermeiden. Die religiöse Dimension recht in Betracht zu ziehen, ist tatsächlich eine essentielle Voraussetzung für einen fruchtbaren Dialog mit den großen Kulturen und Religionen in der Welt. In den Schlussfolgerungen seiner Ansprache in der Universität Regensburg hat Benedikt XVI. deshalb betont: ‚Die zutiefst religiösen Kulturen der Welt sehen im Ausschluss des Göttlichen aus der Universalität der Vernunft einen Angriff auf ihre tiefsten Überzeugungen. Eine Vernunft, die dem Göttlichen gegenüber taub ist und die Religion in den Bereich der Subkulturen abdrängt, ist unfähig zu einem Dialog der Kulturen.' Der Wille des Heiligen Vaters zu einer respektvollen, dialogischen Haltung gegenüber den anderen Religionen und Kulturen, darunter natürlich auch dem Islam, ist also klar." (Übersetzung von Radio Vatikan)

Die Worte Lombardis reichen nicht aus, um die Gemüter zu beruhigen. Es hagelt Kritik, nicht nur aus Europa und aus der Türkei, sondern aus der ganzen Welt. Die Homepage des Fernsehsenders von Qatar gibt einen langen Zeitungsbericht wieder, der mit einer Reihe von Leserbeiträgen endet: „Gott möge die Unterdrücker verfluchen, denn sie haben keine Ahnung und bedienen sich eilfertiger Methoden." „Die Worte des Papstes zeugen von der Unkenntnis des islamischen Glaubens und der Geschichte." „Er muss seine Aussagen zurücknehmen." „Es war ja bekannt, dass dieser Papst auf der Seite der internationalen Zionisten steht." Dem Fernsehsender zufolge sind die Aussichten nicht gerade rosig: Für die folgenden Stunden sind weitere Reaktionen vorgesehen, ähnlich denen, die durch die in der dänischen Zeitung „Jylland Posten" veröffentlichten Karikaturen über Mohammed hervorgerufen worden waren, welche in der islamischen Welt einen Ausbruch von Hass verursacht hatten. „Die Rede der höchsten kirchlichen Autorität der Katholiken", sagt Mohammed Banani, der Gerichtspräsident der sunnitischen Scharia im Libanon, „ist äußerst schwerwiegend. Solche Worte würde nicht einmal ein Kind in der Grundschule aussprechen, da sie den Terrorismus schüren." In einem mit Al-Qaida verbundenen Forum finden sich einige der wütendsten Einträge: „Der Papst soll auf seine Kehle aufpassen."

Am folgenden Tag ist der Papst noch in der Stadt. Am 14. September fährt er nach Freising weiter. Doch für alle ist die Reise in Regensburg zu Ende. Die internationalen Medien sprechen von nichts anderem: die *lectio* des Papstes, der Angriff auf den Islam, das Zitat von Manuel II. Palaeologos, die islamischen Länder, in denen es brennt, der Theologenpapst, der mit einem Schlag der große Feind der islamischen Religion geworden ist.

Hätte diese heftige und in der großen Mehrheit der Fälle instrumentalisierte Reaktion verhindert werden können? Vor allem sollte man in Erinnerung rufen, wie aufmerksam und sensibel die islamische Welt Benedikt XVI. in jenen ersten Monaten seines Pontifikats begegnet. Alle rufen in Erinnerung, was er als Kardinal im September 2004 über einen möglichen Europabeitritt der Türkei gesagt hatte. Ratzinger wird als harter Gegner des islamischen Glaubens und der islamischen Kultur wahrgenommen. Nur wenige Monate vor der Reise nach Regensburg – am 5. Februar 2006 – war der italienische Pfarrer Andrea Santoro in der Gemeinde Santa Maria di Trebisonda in der Türkei ermordet worden. Der Vorfall, der von vielen als die Tat eines gestörten Jugendlichen abgetan wurde, ist jedoch „Ausdruck einer regelrechten Angst vor dem Christentum". Das schreibt auf „terrasanta. net" – einer zweimonatlichen Informationsschrift der Kustodie des Heiligen Landes – Mavi Zambak: „Die Missionare werden täglich des Proselytismus und bezahlter Bekehrungen angeklagt und sind regelrecht zur Zielscheibe geworden." Die islamische Welt wartet gespannt auf jede Äußerung des Papstes über ihre Religion. Nur wenige Stunden vor der *lectio* in Regensburg hatte Pater Lombardi – wie schon gesagt – in München eingreifen müssen, um klarzustellen, dass im Text des Papstes „der Islam nicht erwähnt wird". Es besteht also der Eindruck, dass es wirklich nur eines kleinen Funkens bedarf, um die Bombe explodieren zu lassen.

Was aber ist in Regensburg eigentlich passiert? Wie war es möglich, dass niemand aus dem Mitarbeiterstab Benedikts XVI. die Geistesgegenwart besessen hat, den Papst vor der Gefahr zu warnen, dass seine Worte missverstanden werden könnten? Marco Politi war jahrelang als Vatikanberichterstatter der italienischen Tageszeitung „La Repubblica" tätig. In Regensburg gehörte er zu den Journalisten, die den Papst auf seiner Reise nach Bayern begleiteten, und befand sich im Pressezentrum, das für das Ereignis eingerichtet worden war. Mit ihm wollen wir den gesamten Tagesverlauf des 12. September rekonstruieren. Anhand seiner Worte versuchen wir zu verstehen, was genau vorgefallen ist. Wir versuchen zu begreifen, warum die Botschaft von Joseph Ratzinger über die Beziehung von Glaube und Vernunft wie ein gegen die islamische Religion gerichteter Pfeil verstanden wurde. Politi berichtet: „Um sechs Uhr am Morgen des 12. September haben alle Journalisten, die an Bord des Papstfliegers akkreditiert waren, in ihrem Hotel in München den Text der *lectio* des Papstes in deutscher und italienischer Sprache erhalten. Wie üblich bekamen wir ihn von Victor van Brantegem, einem Mitarbeiter des vatikanischen Pressesaals, ausgehändigt. Gewöhnlich – und auch dieses Mal war es nicht anders – bereitet van Brantegem am frühen Morgen die unter Embargo stehenden Texte des Papstes vor, und wir gehen sie in seinem Hotelzimmer abholen. An jenem Tag sind wir alle gegen sieben Uhr mit dem Redetext in der Tasche in den Frühstücksraum gegangen. Und unter Kollegen haben wir gemeinsam begonnen, den Text des Papstes durchzublättern.

Uns ist sofort das explosive Potential des Zitats von Manuel II. Palaeologos aufgefallen. Später haben wir dann zu viert im Pressesaal von Regensburg darüber diskutiert: ich sowie drei amerikanische Kollegen von der ‚Associated Press', der ‚New York Times' und der ‚Los Angeles Times'. Am Morgen war eine Messe, nachmittags die *lectio* in der Universität. Während die Messe des Papstes auf dem Islinger Feld bei Regensburg gefeiert wurde, haben wir uns zu Pater Lombardi begeben und ihn auf das Zitat von Manuel II. Palaeologos aufmerksam gemacht. Lombardi hat uns geantwortet, der Text sei weiter gefasst und könne nicht auf diesen Passus reduziert werden."

Die Journalisten hatten also die Gefahr gewittert. Und sie hatten darauf hingewiesen, dass jenes Zitat Probleme und negative Reaktionen hervorrufen könne, wenn es nicht entsprechend erklärt würde.

„Wir haben weiter darauf bestanden", so Politi weiter, „dass das Zitat gefährlich werden könne. Im Übrigen kamen wir gerade von einer Reise Benedikts XVI. nach Polen zurück, bei der wir vor der Rede des Papstes im Konzentrationslager Auschwitz-Birkenau den damaligen Pressesprecher des Papstes, Joaquín Navarro-Valls, darauf hingewiesen hatten, dass in dem Text, den der Papst am Nachmittag vortragen sollte, der Begriff ‚Shoah' kein einziges Mal vorkomme. Navarro hat sofort eingegriffen und den Begriff ‚Shoah' zwei Mal in die Endfassung des Textes, den der Papst dann tatsächlich vortrug, einfügen lassen. Ein drittes Mal hat Ratzinger den Begriff aus dem Stegreif hinzugefügt. In Regensburg hat der Papst hingegen nichts geändert. Der Text, der uns am Morgen unter Embargo ausgehändigt worden war, war identisch mit dem, der am Nachmittag tatsächlich vorgetragen wurde. Doch unsere Befürchtungen hinsichtlich des explosiven Charakters jenes Textabschnitts waren nicht unbegründet. Tatsächlich haben die Presseagenturen das Zitat von Manuel II. Palaeologos gleich wiedergegeben und um die Welt gehen lassen. Ich glaube nicht, dass die Presseagenturen falsch gehandelt haben. Auch bei den vorhergehenden Reisen, auch bei den Reisen von Johannes Paul II., war es immer der Fall, dass einzelnen Sätzen aus den Texten des Papstes besondere Bedeutung beigemessen wurde. Sätze, die von den Medien zurecht als ‚Schlüssel' betrachtet und daher hervorgehoben wurden. Denken wir an den berühmten Satz Wojtylas ‚Öffnet die Türen für Christus!' Das entspricht der Praxis, und alle, die zum Mitarbeiterstab des Papstes gehören, wissen das. Im Übrigen wurde mir berichtet, dass Kardinal Angelo Sodano, dessen Dienst als Staatssekretär des Vatikans am 15. September aufhören sollte, den Papst zuvor persönlich gewarnt habe, dass das Zitat von Manuel II. Palaeologos gefährlich werden könnte. Verändert wurde jedoch nichts."

Es fällt jedoch schwer zu glauben, dass der Papst einen Hinweis dieser Art nicht berücksichtigt hätte. Andere Quellen erklären, dass die Mitarbeiter des Staatssekretariats, die sich um die Texte kümmern, die *lectio magistralis* vorher nicht gesehen hätten und Kardinal Sodano sie erst am Abend vor der Abreise habe lesen können. Doch es finden sich keine weiteren Hinweise auf möglicherweise vorgeschlagene Veränderungen.

Politi hat jedenfalls nicht die Absicht, Pater Lombardi irgendeine Verantwortung für die Handhabung des Falls zuzuschreiben. Er sagt: „Zu Zeiten von Johannes Paul II. gab es Navarro, der wirklich ein ‚Sprachrohr' des Papstes war – in jeder Hinsicht ein *Spin-Doctor*, der systematisch mit den Medien interagierte und das Bindeglied zum päpstlichen Appartement darstellte. Er traf häufig den Papst, den Kardinalstaatssekretär und den Privatsekretär des Papstes. Er stand in einem ständigen Meinungsaustausch mit der kirchlichen Führungsspitze. Seine Arbeit wurde erleichtert. Und er erleichterte dem Papst die Arbeit. Sein Einfluss war noch bis zur Episode von Auschwitz-Birkenau deutlich vernehmbar. Benedikt XVI. hingegen hat diese Rolle des ‚Sprachrohrs' abschaffen und zur traditionellen Rolle des Direktors des vatikanischen Pressesaals zurückkehren wollen, dessen Aufgabe lediglich darin besteht, den Medien auf bestmögliche Weise die Reden und Ansprachen des Papstes zu vermitteln. Welchen Zugang hat Pater Lombardi zum Papst? Wie es scheint, sehen sie sich nicht regelmäßig und sicher nicht mit solcher Spontaneität, wie sie zwischen Papst Johannes Paul II. und Navarro-Valls herrschte. Und in Regensburg, so wie auch bei anderen Gelegenheiten, hat diese Art der Beziehung im Vergleich zur Vergangenheit den – meiner Meinung nach negativen – Unterschied ausgemacht. Wir haben in Regensburg rechtzeitig davor gewarnt, dass diese Rede Konflikte hervorrufen würde. Aber es ist nichts getan worden, um das zu vermeiden."

Politi ist einer der Journalisten, die den Verlauf des 12. September aus der Nähe verfolgen konnten. Das gilt nicht für den Jesuiten Thomas Michel, einen nach Rom übersiedelten Amerikaner, von 1981 bis 1994 Islamologe am Päpstlichen Rat für den interreligiösen Dialog, dessen Konsultor er ist, und im Jahr 2006 offizieller Verantwortlicher der Jesuiten und der Föderation der asiatischen Bischofskonferenzen für den Dialog mit dem Islam. Pater Michel kommentiert jene Stunden auf andere Weise. Er deutet nicht die Möglichkeit an, dass Pater Lombardi rechtzeitig von Journalisten gewarnt worden sei, es handele sich um ein ungeeignetes Zitat. Sondern er bezieht sich auf die Methode, die Papst Ratzinger anwendet, um seine Texte zu schreiben. Michels Aussagen zufolge, die auf der vielsprachigen Homepage von Scheich Yusuf Qadradawi – www.islamonline.net – live wiedergegeben wurden, ließ Papst Johannes Paul II. seine Reden über den Islam vorher immer von ihm korrigieren. „Gelegentlich fand ich Sätze, die für mich verletzend klangen. Ich machte den Papst darauf aufmerksam und er strich sie immer aus dem Text. Etwas, was Benedikt XVI. hingegen nicht tut."

Und weiter: „In Regensburg hat Benedikt XVI. seinen persönlichen Standpunkt dargestellt. Zweifellos ist manch einer im Vatikan seiner Meinung, doch es gibt auch viele, die mit den persönlichen Ansichten des Papstes überhaupt nicht einverstanden sind."

„Der Papst hat wahrscheinlich wie ein Akademiker gedacht und nicht verstanden, dass so viele Menschen dem, was er sagte, zuhören würden. In diesem Fall denke ich, dass der Papst bessere Ratgeber hätte haben müssen, die ihm gesagt hätten, dass seine Worte Jahre des Vertrauens und der Öffnung zwischen Christen und Muslimen zerstören würden." Ein hartes Urteil. Ein frontaler Angriff auf Benedikt XVI. und seine Umgebung. „Das Zitat des Palaeologos war eine äußerst schlechte Idee. Meiner Meinung nach sollten wir immer, wenn wir ein negatives Beispiel verwenden, eines aus unserer eigenen Geschichte nehmen und nicht eines aus der Geschichte der Anderen. Der Papst hätte etwa die Kreuzzüge erwähnen können, wenn er Gewalt kritisieren wollte, die durch Religion ausgelöst wird, anstatt die Anderen zu beleidigen." Und: „Ich glaube nicht, dass die Worte des Papstes klug waren. Jemand im Vatikan hätte ihm das sagen sollen, bevor er seine Meinung öffentlich kundtat. Die Wut, die ausgebrochen ist, hätte vermieden werden können, wenn die Ratgeber und Mitarbeiter des Papstes ihre Arbeit ordentlich gemacht hätten."

Am 14. September kehrt Benedikt XVI. nach Italien zurück. Am 15. löst Kardinal Tarcisio Bertone Angelo Sodano als Leiter des Staatssekretariats ab. Auf einen „Premierminister", der aus der Welt der Diplomatie kam, folgt einer, der stärker der Seelsorge zugewandt ist, ein Salesianer, der bislang Erzbischof von Genua war und zuvor mehrere Jahre in engem Kontakt mit Ratzinger in der Kongregation für die Glaubenslehre tätig gewesen ist. Der Papst hat ihn ausgewählt, weil er gerne mit ihm zusammengearbeitet hatte. Bertone nimmt sich der Akte Regensburg an und versucht, die Dinge zu entzerren. Seine Absicht ist klar: Er will den Papst dazu bewegen, das Missverständnis zu klären und auf diese Weise die offene Wunde im Hinblick auf den Islam zu heilen. Alle weltlichen Zeitungen der Welt fordern mit lauter Stimme eine Entschuldigung. Die „New York Times" eröffnet den Tanz, indem sie eine „tiefe und überzeugende Entschuldigung" fordert. Und weiter: „Die Welt hört aufmerksam auf die Worte jedes Papstes. Und es ist tragisch und gefährlich, wenn er Schmerz sät, sei es absichtlich oder sei es aus Fahrlässigkeit."

Sofort kommt eine Erläuterung von Kardinal Bertone, der am 16. September eine Erklärung veröffentlicht: „Angesichts der Reaktionen von muslimischer Seite hinsichtlich einiger Abschnitte der Ansprache des Heiligen Vaters Benedikt XVI. in der Universität Regensburg möchte ich zu den Klarstellungen und Präzisierungen, die der Direktor des Presseamtes des Heiligen Stuhls bereits gegeben hat, das Folgende hinzufügen:

Die Haltung des Papstes zum Islam ist eindeutig jene, die vom Konzilsdokument ‚Nostra Aetate' zum Ausdruck gebracht wurde: ‚Mit Hochachtung betrachtet die Kirche auch die Muslime, die den alleinigen Gott anbeten, den lebendigen und in sich seienden, den Schöpfer Himmels und der Erde, der zu den Menschen gesprochen hat ...' (Nr. 3).

Die Option des Papstes für den interreligiösen und interkulturellen Dialog ist ebenso eindeutig.

Was das von ihm in der Ansprache in Regensburg wiedergegebene Urteil des byzantinischen Kaisers Manuel II. Palaeologos betrifft, so war und ist es keineswegs die Absicht des Heiligen Vaters, sich dieses Urteil zu eigen zu machen, sondern er hat es lediglich dazu verwendet, um – in einem akademischen Kontext und gemäß dem, was aus einer vollständigen und aufmerksamen Lektüre des Textes hervorgeht – einige Gedankengänge zum Thema der Beziehung zwischen Religion und Gewalt im Allgemeinen darzulegen, mit der Schlussfolgerung einer deutlichen und radikalen Ablehnung der religiösen Motivierung der Gewalt, von welcher Seite auch immer sie ausgeht ...

Der Heilige Vater bedauert daher zutiefst, dass einige Abschnitte seiner Ansprache verletzend geklungen haben könnten für die Empfindungen der muslimischen Gläubigen und sie in einer Weise ausgelegt wurden, die ganz und gar nicht seinen Absichten entspricht. Zudem hat er angesichts der tiefen Religiosität der muslimischen Gläubigen die säkularisierte westliche Kultur ermahnt, die ‚Verachtung Gottes und den Zynismus, der die Verspottung des Heiligen als Freiheitsrecht ansieht' zu vermeiden.

Indem er seine Achtung und seine Wertschätzung für diejenigen, die sich zum Islam bekennen, noch einmal betont, wünscht er, dass es ihnen erleichtert werde, seine Worte in ihrem richtigen Sinne zu verstehen, damit dieser nicht einfache Augenblick rasch überwunden werde und das Zeugnis für den ‚alleinigen Gott, den lebendigen und in sich seienden, den Schöpfer des Himmels und der Erde, der zu den Menschen gesprochen hat', sowie die Zusammenarbeit gestärkt werde, um ‚gemeinsam einzutreten für Schutz und Förderung der sozialen Gerechtigkeit, der sittlichen Güter und nicht zuletzt des Friedens und der Freiheit für alle Menschen' (Nostra Aetate, 3)."

Am darauffolgenden Tag, am Sonntag, den 17. September, verliest der Papst vor dem Angelusgebet in Castelgandolfo eine kurze Erklärung. Er sagt: „Die Apostolische Reise nach Bayern, die ich in den vergangenen Tagen unternommen habe, war eine tiefe geistliche Erfahrung, in der persönliche Erinnerungen, die mit jenen mir so vertrauten Orten verbunden sind, sich verflochten haben mit pastoralen Perspektiven für eine wirksame Verkündigung des Evangeliums in unserer Zeit ... In diesem Augenblick möchte ich nur hinzufügen, dass ich die Reaktionen tief bedaure, die ein kurzer Abschnitt meiner Ansprache in der Universität Regensburg hervorgerufen hat, der als verletzend für die Empfindungen der muslimischen Gläubigen aufgefasst wurde, während es sich um das Zitat eines mittelalterlichen Textes handelte, der in keiner Weise meine persönliche Meinung wiedergibt. Gestern hat der Kardinalstaatssekretär dazu eine Erklärung veröffentlicht, in der er den wahren Sinn meiner Worte erläutert hat. Ich hoffe, dass dies dazu dient, die Gemüter zu beruhigen und die wahre Bedeutung meiner Ansprache zu verdeutlichen, die in ihrer Gesamtheit eine Einladung zum offenen und aufrichtigen Dialog in großer gegenseitiger Achtung war und ist. Dies ist der Sinn der Ansprache."

Von diesem Moment an ist das Bedauern des Papstes darüber, wie seine Worte in Regensburg aufgefasst worden sind, und über das Missverständnis, das daraus folgte, offiziell. Es ist offiziell, dass das Zitat von Manuel II. Palaeologos keinerlei verletzende Absichten gegenüber dem Islam hatte und vor allem nicht die Meinung des Papstes zum Ausdruck brachte. Bertone kümmert sich in jenen Tagen weiter um den Vorfall. Das Wichtige ist, dem Islam gegenüber ein freundliches Gesicht zu zeigen.

Der Papst kehrt am folgenden Mittwoch während der Generalaudienz auf das Thema zurück. Er sagt: „Eine besonders schöne Erfahrung war es an jenem Tag für mich, eine Vorlesung vor einer großen Zuhörerschaft von Professoren und Studenten in der Universität von Regensburg zu halten, wo ich viele Jahre lang als Professor gelehrt habe ... Als Thema hatte ich die Frage des Verhältnisses von Glaube und Vernunft gewählt. Um die Zuhörerschaft in die Dramatik und die Aktualität des Themas einzuführen, habe ich einige Worte aus einem christlich-islamischen Dialog des vierzehnten Jahrhunderts zitiert, mit denen der christliche Gesprächspartner – der byzantinische Kaiser Manuel II. Palaeologos – auf für uns unverständlich schroffe Art dem islamischen Gesprächspartner das Problem des Verhältnisses von Religion und Gewalt vorlegte. Dieses Zitat konnte leider Anlass geben zu Missverständnissen. Für den aufmerksamen Leser meines Textes ist es jedoch deutlich, dass ich mir die von dem mittelalterlichen Kaiser in diesem Dialog ausgesprochenen negativen Worte in keiner Weise zu eigen machen wollte und dass ihr polemischer Inhalt nicht meine persönliche Überzeugung zum Ausdruck bringt. Meine Absicht war eine ganz andere: Ausgehend davon, was Manuel II. im Folgenden positiv und mit sehr schönen Worten sagt über die Vernünftigkeit, die uns in der Weitergabe des Glaubens leiten muss, wollte ich erklären, dass nicht Religion und Gewalt, sondern Religion und Vernunft zusammengehören. Thema meines Vortrags war also – dem Auftrag der Universität entsprechend – das Verhältnis zwischen Glaube und Vernunft: Ich wollte zum Dialog des christlichen Glaubens mit der modernen Welt und zum Dialog aller Kulturen und Religionen einladen. Ich hoffe, dass in verschiedenen Augenblicken meines Besuchs – zum Beispiel, als ich in München unterstrichen habe, wie wichtig es ist, Ehrfurcht zu haben vor dem, was den anderen heilig ist – mein tiefer Respekt gegenüber den Weltreligionen deutlich geworden ist, besonders gegenüber den Muslimen, die ‚den alleinigen Gott anbeten' und mit denen wir gemeinsam eintreten ‚für Schutz und Förderung der sozialen Gerechtigkeit, der sittlichen Güter und nicht zuletzt des Friedens und der Freiheit für alle Menschen' (Nostra Aetate, 3). Ich vertraue also darauf, dass nach den Reaktionen des ersten Augenblicks meine Worte in der Universität von Regensburg Antrieb und Ermutigung zu einem positiven und auch selbstkritischen Dialog sowohl zwischen den Religionen als auch zwischen der modernen Vernunft und dem Glauben der Christen sein können."

Kardinal Bertone arbeitet unterdessen weiter daran, den Riss mit dem Islam zu flicken. Es besteht ein ständiger Austausch zwischen dem Staatssekretariat und den Nuntiaturen auf der ganzen Welt. Bertone organisiert für den 25. September eine besonders aufsehenerregende Begegnung in Castelgandolfo. Die Begegnung wird vom vatikanischen Pressesaal folgendermaßen angekündigt: „Am Montag, den 25. September, um 11.45 Uhr wird der Heilige Vater Kardinal Paul Poupard, den Präsidenten des Päpstlichen Rats für den interreligiösen Dialog, sowie einige Vertreter der muslimischen Gemeinschaft Italiens in Castelgandolfo empfangen. Zu der Begegnung wurden auch die Botschafter der beim Heiligen Stuhl akkreditierten mehrheitlich muslimischen Länder eingeladen."

Kardinal Poupard zufolge wird die Audienz sicherlich von einer „freundschaftlichen und freudigen" Atmosphäre geprägt sein. Es soll ein Papst gezeigt werden, der dem Islam die Hand reicht, auch im Hinblick auf die mit Spannung erwartete Reise in die Türkei, die für Ende November vorgesehen ist.

Die Begegnung verläuft ohne Zwischenfälle. Der Papst sagt: „Mit Hochachtung betrachtet die Kirche auch die Muslime, die den alleinigen Gott anbeten, den lebendigen und in sich seienden, barmherzigen und allmächtigen, den Schöpfer der Himmels und der Erde, der zu den Menschen gesprochen hat." Der Papst erklärt weiter: „Von Beginn meines Pontifikats an (hatte ich) Gelegenheit, meinen Wunsch zum Ausdruck zu bringen, weiterhin Brücken der Freundschaft zu den Angehörigen aller Religionen zu bauen, wobei ich besonders meine Wertschätzung für die Entfaltung des Dialogs zwischen Muslimen und Christen bekundete."

Man lässt Fernsehsender aus aller Welt nach Castelgandolfo kommen. Auch das arabische Fernsehen widmet der Begegnung große Aufmerksamkeit, wenngleich daran erinnert wird, dass der Papst das Wort „Entschuldigung" in Bezug auf das, was in Regensburg über den Islam gesagt worden war, noch nicht ausgesprochen hat. „Der Papst geht einer Entschuldigung aus dem Weg und lädt zu einem wahren und aufrichtigen Dialog ein", titelt der Satellitensender von Qatar, Al Jazeera. „Der Papst hat keine Entschuldigung vorgebracht und bringt seinen Respekt vor der islamischen Religion zum Ausdruck", stimmt Al Arabiya ein und erklärt: „Der Papst hat die Vertreter des Islams zur Ablehnung von Gewalt aufgefordert und sie zum Dialog eingeladen."

Endlich ist das Klima etwas entspannter. Bertone gelingt es in kurzer Zeit, die entgegenkommendste Seite des Papstes gegenüber dem Islam zu zeigen. Am 9. Oktober veröffentlicht der Pressesaal auf seiner Webseite offiziell die vollständige *lectio* von Regensburg. Die Veröffentlichung enthält ein paar wichtige Veränderungen und einige Anmerkungen. Von dem Zitat: „Zeig mir doch, was Mohammed Neues gebracht hat, und da wirst du nur Schlechtes und Inhumanes finden wie dies, dass er vorgeschrieben hat, den Glauben, den er predigte, durch das Schwert zu verbreiten" heißt es nicht mehr nur, dass Manuel II. Palaeologos es „in für uns erstaunlich schroffer Form" gesagt habe, sondern in „für uns unannehmbar schroffer Form". Eine besonders wichtige Veränderung. Nicht die einzige: Benedikt XVI. präzisiert auch die zitierte Sure 2,256 des Korans, in der es heißt: „Kein Zwang in Glaubenssachen". In dem Text, den er in der Universität vorgelesen hatte, hieß es: „... es ist wohl eine der frühen Suren aus der Zeit, wie uns die Kenner sagen, in der Mohammed selbst noch machtlos und bedroht war." Die Vertreter der islamischen Welt sahen hier eine Ungenauigkeit, da die betreffende Sure nicht aus der früheren, sondern aus der späteren Zeit stammte. In der korrigierten Form sagt der Papst nicht, dass die von ihm wiedergegebene

Version von „Kennern" stamme, sondern von „einem Teil der Kenner".

Die „Operation Entschuldigung" – auch wenn der Papst das Wort „Entschuldigung" niemals aussprechen wird –, die Bertone durchführt, geht Ende November mit der Reise in die Türkei zu Ende. Hier kommt der Papst nicht mehr auf Regensburg zurück. Die Reise dient dazu, den Vorgang endlich zu den Akten zu legen. Benedikt XVI. stellt das Thema der Freiheit in den Mittelpunkt seiner Botschaft. Bei der ersten der in der Türkei gehaltenen Reden hat Benedikt XVI. unter anderem den Präsidenten des Amtes für religiöse Angelegenheiten, Ali Bardakoglu, vor sich, der ihn nur wenige Wochen zuvor heftigst kritisiert hatte. Benedikt empfiehlt „authentischen Respekt vor den verantwortlichen Entscheidungen jeder Person ..., besonders der Entscheidungen, die die Grundwerte und die persönlichen religiösen Überzeugungen betreffen". Und er fährt fort: „Die sowohl dem Einzelnen als auch den Gemeinschaften institutionell garantierte und in der Praxis tatsächlich respektierte Religionsfreiheit ist die für alle Gläubigen notwendige Bedingung für einen loyalen Beitrag ihrerseits zum Aufbau der Gesellschaft, in einer Haltung wahren Dienstes vor allem gegenüber den Schwächsten und Ärmsten." Er weist auf den „spezifischen Beitrag" von Männern und Frauen der Religion hin, „der Gesellschaft zu helfen, sich dem Transzendenten zu öffnen", beziehungsweise „eine glaubwürdige Antwort (zu) bieten auf die Frage, die deutlich aus der modernen Gesellschaft hervorgeht, auch wenn man sie oft verdrängt. Es geht um die Frage nach dem Sinn und Ziel des Lebens für jedes Individuum und für die Menschheit als ganze." Und „als Beispiel für den brüderlichen Respekt, mit dem Christen und Muslime gemeinsam wirken können", zitiert er „einige Worte von Papst Gregor VII. aus dem Jahr 1076 (...), die er an einen muslimischen Prinzen aus Nordafrika gerichtet hat, der gegenüber den unter seine Jurisdiktion gestellten Christen mit großem Wohlwollen gehandelt hatte. Papst Gregor VII. sprach von der besonderen Liebe, die Christen und Muslime einander schulden, denn ‚wir glauben und bekennen den einen Gott, wenn auch auf verschiedene Weise, jeden Tag loben und verehren wir ihn als Schöpfer der Jahrhunderte und Herrscher dieser Welt'."

Als Benedikt XVI. dann vor dem in der Apostolischen Nuntiatur in Ankara versammelten Diplomatischen Corps spricht, ruft er in Erinnerung: „Die türkische Verfassung aber erkennt jedem Bürger das Recht der Gewissensfreiheit und der Freiheit der Religionsausübung zu." Dann fordert er, diese Freiheiten auch faktisch zu respektieren und weder Zwang noch Gewalt auszuüben: „Es ist in jedem demokratischen Land Aufgabe der zivilen Autoritäten, die tatsächliche Freiheit aller Gläubigen zu gewährleisten und es ihnen zu erlauben, das Leben ihrer jeweiligen religiösen Gemeinschaft frei zu organisieren. (...) Dies schließt natürlich ein, dass die Religionen ihrerseits nicht versuchen, direkt politische Macht auszuüben, denn dazu sind sie nicht berufen, und es schließt im Besonderen ein, dass die Religionen absolut darauf verzichten, die Anwendung von Gewalt als legitimen Ausdruck religiöser Praxis zu rechtfertigen." Vor allem in den letzten Worten wird der Verweis auf die Rede in Regensburg deutlich. Wie auch dort, wo der Papst „die Sache des Menschen" als gemeinsames Handlungsfeld von Christen und Muslimen bezeichnet, wenn es „um die Geburt des Menschen geht, um seine Erziehung, um seine Weise zu leben und zu arbeiten sowie um sein Alter und seinen Tod", und darum, „die außerordentliche Entwicklung von Wissenschaft und Technik, welche die Welt von heute erlebt" darauf auszurichten.

Mit dem Besuch der wunderbaren blauen Moschee in Istanbul und den Bildern des Papstes, der neben dem Imam ins Gebet versunken ist, kann der Vorfall endlich als abgeschlossen gelten. Jene Bilder gehen um die Welt und zeigen deutlicher als alle Worte und Klarstellungen, dass der Papst ein Freund des Islam ist.

Die Entschuldigungen wurden vorgebracht. Oder besser, das Bedauern ist zum Ausdruck gebracht worden. Die Wunde mit dem Islam ist zum Teil verheilt. Doch hat der Papst nach Regensburg wirklich eine Kehrtwende gemacht? Hat er seine Strategie überdacht und beschlossen, sich erneut der Diplomatie des Heiligen Stuhls anzuvertrauen? Es besteht der Eindruck, dass die heftige Reaktion der islamischen Welt ein Überdenken der Situation verursacht hat.

Innerhalb und außerhalb der Kirche bestehen unterschiedliche Meinungen hinsichtlich der *lectio* von Regensburg. Bereits in der heißen Phase unmittelbar nach der Reise hatten zwei hochstehende Persönlichkeiten aus kirchlichen Kreisen verschiedene Standpunkte zum Ausdruck gebracht. Kardinal Camillo Ruini etwa hatte von einer „wunderbaren" Rede des Papstes gesprochen und gesagt, es seien einige Begriffe „missverstanden" worden – möglicherweise bis zu dem Ausmaß, „einen Vorwand für die schreckliche Ermordung von Schwester Leonella Sgorbati in Mogadischu zu liefern". Während Kardinal Carlo Maria Martini einigen Zeitungsberichten jener Tage zufolge gesagt haben soll, dass der Papst möglicherweise „zu sehr als Professor gesprochen" habe, wie die italienische Tageszeitung „La Stampa" am 20. September titelt.

Jenseits aller verschiedenen Standpunkte steht jedoch eines fest: Die Vorlesung von Regensburg war bewusst „unpolitisch". Auch deswegen hat sie eine Spur hinterlassen – im Guten wie im Schlechten. Dazu schreibt der Jesuit und Islamwissenschaftler Pater Samir Khalil Samir einige Monate später, am 16. Januar 2007, für „Asianews": „Die *lectio* Benedikts XVI. in Regensburg ist von Christen und Muslimen als Ausrutscher des Papstes angesehen worden, ein banaler Irrtum, etwas, das wir hinter uns lassen und vergessen sollten, wenn wir nicht einen Krieg zwischen den Religionen schüren wollen. In Wirklichkeit hat dieser Papst, der ausgewogen und mutig und keinesfalls banal denkt, in Regensburg die Grundlage für einen wahren Dialog zwischen Christen und Muslimen gelegt, indem er vielen islamischen Reformisten eine Stimme verliehen und dem Islam sowie den Christen die vorzunehmenden Schritte vorgeschlagen hat. Noch heute sind im Westen wie in der islamischen Welt heftige Reaktionen auf jene Rede anzutreffen. Doch viele muslimische Gelehrte beginnen sich die Frage zu stellen: ‚Nachdem der Proteststurm der Missverständnisse abgeklungen ist – was hat Benedikt XVI. uns im Grunde gesagt? Er hat gesagt, bei uns Muslimen bestehe die große Gefahr, dass wir die Vernunft aus unserem Glauben ausschließen. Auf diese Weise wird der islamische Glaube nur ein Akt der Unterwerfung vor Gott, der schließlich in Gewalt ausarten kann, möglicherweise im Namen Gottes oder um Gott zu verteidigen.'"

Der Optimismus von Pater Samir wird auch durch eine Tatsache bestätigt. Einen Monat nach der Rede von Benedikt XVI. schreiben 38 muslimische Persönlichkeiten dem Papst einen offenen Brief, in dem sie zum Teil mit den von ihm vertretenen Positionen übereinstimmen und zum Teil nicht.

Die 38 gehören verschiedenen Nationen und unterschiedlichen Denkströmungen an. In der islamischen Welt geschieht es zum ersten Mal, dass so verschiedene Persönlichkeiten mit einer Stimme sprechen und dem Oberhaupt der wichtigsten christlichen Kirche die Prinzipien des Islam darlegen, mit der Absicht, zu einem „gegenseitigen Verständnis" zu gelangen. In den folgenden Monaten kommen weitere Namen dazu, und aus den 38 Unterzeichnern werden hundert. Ein Jahr später werden die einhundert zu 138 und veröffentlichen einen zweiten Brief, der mit dem Abschluss des Ramadan zusammenfällt und den Titel trägt: „Ein gemeinsames Wort zwischen uns und Ihnen". Der zweite Brief wird an den Papst gerichtet, doch auch an den Ökumenischen Patriarchen von Konstantinopel, Bartholomaios I., an den Patriarchen von Moskau, Alexij II., sowie an die Oberhäupter von achtzehn weiteren Ostkirchen; an den anglikanischen Erzbischof von Canterbury, Rowan Williams; die Vorsitzenden der internationalen Föderationen der Lutheraner, der Reformierten, der Methodisten und der Baptisten; an den Generalsekretär des Weltrats der Kirchen, Samuel Kobia, und im Allgemeinen an „alle Führer von christlichen Kirchen". Der erste Brief vertrat äußerst klare Positionen zugunsten der Freiheit, den Glauben „ohne Zwang" zu bekennen. Er bekannte sich zur Vernünftigkeit des Islam und hielt gleichzeitig an der absoluten Transzendenz Gottes fest. Er bekräftigte entschlossen die Grenzen, welche die islamische Lehre dem Führen von Kriegen oder der Anwendung von Gewalt setzt, und verurteilte die „utopischen Träume, in denen der Zweck die Mittel rechtfertigt". Er brachte den Wunsch einer Beziehung zwischen Islam und Christentum zum Ausdruck, der auf der Gottes- und der Nächstenliebe gründet, „den beiden größten Geboten", die Jesus im Markusevangelium (12,29–31) erwähnt. Der zweite Brief geht von der Schlussfolgerung des ersten aus und entwickelt sie weiter.

Die 138 Unterzeichner gehören 43 verschiedenen Staaten an. Einige von ihnen leben in Europa und in den Vereinigten Staaten, doch der größte Teil in muslimischen Ländern: von Jordanien bis Saudi-Arabien, von Ägypten bis Marokko, von den Vereinigten Emiraten bis zum Yemen; doch auch im Iran, im Irak, in der Türkei, in Pakistan und in Palästina.

Am 12. Oktober 2007 sagt der Präsident des Päpstlichen Rats für den Interreligiösen Dialog, Kardinal Jean-Louis Tauran, gegenüber Radio Vatikan, der Brief der 138 Unterzeichner sei „ein äußerst interessantes und neues Dokument, da er sowohl von Sunniten als auch von Schiiten stamme". Der Papst vertraut Tauran die Aufgabe an, den Dialog fortzuführen, der mit den 138 Unterzeichnern begonnen worden war. Ein erstes Treffen hat im Jahr 2008 im Vatikan stattgefunden. Dieser Dialog wäre ohne die *lectio* des Papstes über Glauben und Vernunft in Regensburg nicht in Gang gesetzt worden.

2

WARSCHAU UND LINZ – ZWEI „VERTRACKTE" ERNENNUNGEN

Am 6. Dezember 2006, wenige Wochen nach der historischen Reise Papst Benedikts XVI. in die Türkei, die mit dem Besuch der Blauen Moschee in Istanbul endgültig die Auseinandersetzungen um die „Regensburger Vorlesung" des Papstes beigelegt hatte, kündigte der vatikanische Pressesaal an: „Der Heilige Vater hat in Übereinstimmung mit Can. 401 Paragraf 1 des Codex des Kanonischen Rechts das Gesuch Kardinal Józef Glemps angenommen, von der seelsorglichen Leitung der Erzdiözese Warschau (Polen) zurückzutreten. Der Papst hat Bischof Stanislaw Wojciech Wielgus, den bisherigen Bischof von Plock, zum Metropolitanerzbischof von Warschau (Polen) ernannt."

Einen Nachfolger für Kardinal Glemp zu finden – zum damaligen Zeitpunkt noch Primas von Polen –, war nicht einfach gewesen. Der 68 Jahre alte Designierte, ein Experte für mittelalterliche Philosophie, ist seit sieben Jahren Bischof einer kleinen Diözese und hat eine lange und eindrucksvolle akademische Karriere an der katholischen Universität Lublin hinter sich, deren Rektor er von 1989 an für den Verlauf von drei Amtszeiten war. Zwei Studienaufenthalte hatten ihn nach München geführt – der letzte im Jahr 1978, als Joseph Ratzinger dort Erzbischof war. Die beiden lernten sich kennen.

Der Name Wielgus stand nicht von Anfang an auf der Liste möglicher Kandidaten für die Nachfolge von Kardinal

Glemp. Die drei Kandidaten, die die Bischofskongregation vor dem Sommer 2006 geprüft hatte, waren: Józef Miroslaw Zycinski, Erzbischof von Lublin und Vertreter des „liberalsten" Flügels im polnischen Episkopat; Józef Michalik, Erzbischof von Przemysl und Vorsitzender der Bischofskonferenz; Wictor Skworc, Bischof von Tarnów. „Es gab jedoch", wie der Vatikanexperte Sandro Magister schrieb, „weitere Anwärter mit ihren jeweiligen Anhängern, unter ihnen: der Bischof von Danzig, Tadeusz Goclowski, ein weiterer „Liberaler"; der Kurienmitarbeiter Stanislaw Rylko, Präsident des Päpstlichen Rats für die Laien; der vatikanische Nuntius in Warschau, Józef Kowalczyk, zu dessen Aufgaben es gehörte, die Akten über die Bischofskandidaten zu bearbeiten und nach Rom zu schicken." Nicht zu vergessen, dass Benedikt XVI. 2005 den ehemaligen Sekretär von Papst Johannes Paul II., Stanislaw Dziwisz, zum Erzbischof von Krakau ernannt und ihn im März 2006 zum Kardinal erhoben hatte. Dziwisz, dessen Einfluss in den letzten Jahren des Pontifikats von Johannes Paul II. sehr zugenommen hatte, war also nach Polen zurückgekehrt, wo er seinen engen und guten Freund Bischof Kowalczyk als Apostolischen Nuntius vorfand.

Nach dem Sommer taucht plötzlich der Outsider Wielgus als Kandidat auf, den der Papst persönlich kennt – ein Geistlicher, der, obwohl er von Johannes Paul II. zum Bischof ernannt worden war, nicht zur Gruppe der „Wojtyla"-Bischöfe zählt und nicht von Dziwisz unterstützt wird. Er ist als Gelehrter geschätzt, doch er zählt auch zu den Bischöfen, die sich für den konservativen Radiosender Radio Marya einsetzen.

Am 20. Dezember beschuldigt die rechte Wochenzeitschrift „Gazeta Polska" den neu gewählten Erzbischof, er habe zwanzig Jahre mit der politischen Polizei der Kommunisten zusammengearbeitet und der Regierung des Regimes „lobenswerte Dienste" geleistet. Wenngleich die Zeitschrift erklärt, dass es Beweise für die Beziehung von Wielgus zum polnischen Geheimdienst gibt, legt sie diese zunächst nicht vor, und das erscheint merkwürdig in einem Land, in dem dank der Arbeit des „Instituts für nationales Gedenken" Hunderte von Dossiers veröffentlicht werden. Wielgus seinerseits streitet nicht ab, vom Staatssicherheitsdienst kontaktiert worden zu sein, doch er erklärt, er sei niemals auf den Antrag eingegangen und folglich nie als Spitzel für die Regierung tätig gewesen. Er sei, so sagte er, niemals ein wirklicher Kollaborateur gewesen.

Am 21. Dezember bekräftigt der Vatikan in einer knappen, aber aussagekräftigen Mitteilung sein Vertrauen in Wielgus:

„Der Heilige Stuhl hat vor der Ernennung des neuen Metropolitanerzbischofs von Warschau alle Umstände seines Lebens untersucht, darunter auch die, die seine Vergangenheit betreffen. Das heißt, dass der Heilige Vater Bischof Stanislaw Wielgus sein volles Vertrauen entgegenbringt und ihm ganz bewusst das Amt des Hirten der Erzdiözese Warschau anvertraut hat."

Diese wenigen Zeilen geben zu verstehen, dass Benedikt XVI. die Vergangenheit von Wielgus kannte. Von einer Kollaboration des neuen Erzbischofs von Warschau mit der „Sluba Bezpieczentwa", der politischen Polizei, findet sich jedoch keine Spur in dem Dossier, das die Bischofskonferenz auf Grundlage der Informationen, die der Apostolische Nuntius Kowalczyk beschafft hatte, über ihn vorbereitet hat. „Als Bischof Wielgus ernannt wurde, wussten wir nichts von seiner Mitarbeit beim Geheimdienst", wird Kardinal Giovanni Battista Re gegenüber der italienischen Tageszeitung „Corriere della Sera" sagen. Warum also behauptet der Heilige Stuhl das Gegenteil und erklärt in einem offiziellen Kommunique schwarz auf weiß, der Papst habe davon „gewusst"? In diesem Fall könnten einfach alle Recht haben. Es gab keinerlei Hinweis auf Vergehen von Wielgus im Dossier des Nuntius und in den Unterlagen der Kongregation. Doch in dem Moment, in dem ihm die Ernennung mitgeteilt wurde, könnte der Neuerwählte dem Papst solche Kontakte anvertraut, dabei allerdings deren Tragweite geschmälert haben. So erklärt sich die entschlossene Unterstützung seitens des Vatikans.

Eine mögliche Kollaboration mit der politischen Polizei wurde im Übrigen auch in den Gutachten nicht erwähnt, die jene polnischen Geistlichen im Hinblick auf die Ernennung an die Nuntiatur geschickt hatten, die Zweifel an der Kandidatur von Wielgus hegten, der jedoch nur deswegen als unangemessen für die Hauptstadtdiözese angesehen wurde, weil seine Sicht der Kirche und der Welt als zu konservativ und „pessimistisch" galt, und gewiss nicht, weil er verdächtigt wurde, ein Spitzel der Kommunisten zu sein.

Es bleibt jedoch ein Rätsel, warum der Nuntius, der den Prozess für die Nachfolge Glemps einleitete, keine Nachforschungen beim „Institut für nationales Gedenken" durchgeführt hat. Tatsächlich hätten schon seit zwei Jahren ein paar einfache Mausklicks ausgereicht, um festzustellen, dass der Name Wielgus zweimal in der Liste der 240 000 Namen zitiert wird, die sich in den Akten des Instituts finden. Das bedeutet an und für sich noch nichts, da sich auf dieser alphabetischen Liste, die Anfang 2005 von dem Journalisten Bronislaw Wildstein veröffentlicht wurde, wahllos sowohl die Namen der Informanten des Regimes als auch die der

Opfer finden. Das alleinige Auftauchen auf dieser Liste kann also sowohl bedeuten, dass jemand unschuldig ins Visier der Geheimdienste geraten war, als auch, dass er aktiv mit ihnen zusammengearbeitet hat, weil er gezwungen oder erpresst wurde – oder aber aus Überzeugung. Der Link, um die Liste zu konsultieren, findet sich auch auf der Online-Enzyklopädie Wikipedia. Warum hat nie jemand auch nur die geringsten Nachforschungen durchgeführt? Schon seit zwei Jahren hätte man wissen können, dass sich zwei Dossiers, welche die Nummern IPN BU 001198/5835 und IPN BU 00612/2542 trugen, auf Stanislaw Wielgus bezogen.

Doch was wäre herausgekommen, wenn die Nuntiatur oder die Bischofskonferenz vorherige Nachforschungen gefördert hätten? Die Antwort ist nicht einfach, da alle Wielgus betreffenden schriftlichen Unterlagen sowie auch die Mikrofiches, auf denen sie reproduziert waren, nach 1989 und dem Sturz des kommunistischen Regimes zerstört worden waren. Bei den zwei zitierten Faszikeln war das jedoch aufgrund eines Irrtums des Archivars nicht der Fall, wie der Historiker Ian Zaryn bestätigt: Der Name Wielgus war zu „Welgus" entstellt worden.

Jedenfalls scheint das vatikanische Kommuniqué, durch das der designierte Nachfolger Glemps gestützt wird, den Fall abzuschließen. Auch der Vorsitz der Polnischen Bischofskonferenz gibt eine Erklärung heraus, die von „öffentlicher Verletzung des Rechts auf den unversehrten Ruf einer Person" spricht und in der das Geschehen als „klares Beispiel wilder ‚Lustration'" beschrieben wird. „Lustration" ist der Fachausdruck für das Verfahren der Überprüfung von Verantwortlichkeiten bei der Zusammenarbeit mit den Sicherheitsdiensten des kommunistischen Regimes. „Dies ist", so die Bischofskonferenz weiter, „im Falle eines Geistlichen besonders offensiv: Das einfache Gespräch zwischen einem Priester und einem Vertreter der kommunistischen Geheimdienste kann nicht schon an sich eine unmoralische Zusammenarbeit beweisen, da solche Gespräche nicht selten dienstlichen Charakter hatten oder aus pastoralen Gründen oder Studiengründen mit dem Einverständnis des Bischofs geführt wurden."

In den Jahren zuvor hatten die Dossiers, die aus den Nachforschungen des „Instituts für nationales Gedenken" hervorgegangen waren, zu schweren Anschuldigungen gegen den Dominikanerpater Konrad Heymo geführt, der polnische Pilgerreisen nach Rom organisiert hatte und Johannes Paul II. kannte. Die Zahl der Priester, die in den Jahren des kommunistischen Regimes als Informatoren angeworben wurden, ist äußerst hoch. Am 25. Mai 2006 sprach Benedikt XVI. gerade in Warschau bei einer Begegnung mit dem Klerus der Stadt dieses Problem an und sagte: „Man muss sich aber auch vor der Anmaßung hüten, sich als Richter über die vergangenen Generationen aufspielen zu wollen, die zu anderen Zeiten und unter anderen Umständen gelebt haben. Es bedarf demütiger Aufrichtigkeit, um die Sünden der Vergangenheit nicht zu leugnen und dennoch falschen Anschuldigungen nicht stattzugeben, wenn wirkliche Beweise fehlen oder man die andersartigen Vorverständnisse von damals nicht kennt."

Der eigentliche Proteststurm bricht jedoch in den ersten Tagen des Jahres 2007 aus. Für Sonntag, den 7. Januar, ist die offizielle Amtseinführung von Wielgus als neuem Erzbischof Warschaus vorgesehen, doch drei Tage zuvor veröffentlicht die angesehene polnische Tageszeitung „Rzeczpospolita" die Dokumente, die beweisen, dass der Priester „zwanzig Jahre lang ein Spitzel der Kommunisten" gewesen ist. Die Zeitung veröffentlicht den Text der auf den 23. Februar 1978 datierten Verpflichtung, die Wielgus zur Unterstützung der politischen Polizei – unter dem Decknamen „Grey" – eingegangen war:

„Ich, Grey – Stanislaw, bin damit einverstanden, während meines Aufenthalts im Ausland mit den Geheimdiensten der polnischen Volksrepublik zusammenzuarbeiten. Die Zusammenarbeit basiert auf dem Anbieten geheimdienstlicher Tätigkeiten von der Bundesrepublik und anderen feindlichen Ländern aus, entsprechend den Instruktionen des Zentrums für die Geheimdienste. Die Geheimdienste werden alle Mittel sowie möglichen Rechtsbeistand zur Verfügung stellen, die zur Ausübung der genannten Tätigkeiten erforderlich sind."

Das geschah am Vorabend einer Auslandsreise von Wielgus, der aus Studiengründen nach München zurückkehren muss. Der damalige polnische Priester sichert dem Regime seine Mitarbeit zu und wird tatsächlich ein Spitzel. Warum hätte Wielgus sich dem kommunistischen Geheimdienst nähern sollen? Der polnischen Tageszeitung zufolge, „um seine akademische Karriere zu beschleunigen". Vor allem sei es dem Geheimdienst gelungen, Wielgus ein Studienstipendium für die Universität München zu beschaffen. Der frisch ernannte Erzbischof hatte in den ersten Wochen zwar zugegeben, „mit den Geheimdiensten in Kontakt gestanden zu haben", um ein Visum für seine Auslandsreisen zu erhalten, doch er hatte sich verteidigt, indem er die ganze Geschichte als Schwindel der Geheimdienste gebrandmarkt hatte, um ihn in Misskredit zu bringen. Jetzt steckt er wirklich in Schwierigkeiten.

Die Polnische Bischofskonferenz, die sich zunächst in Übereinstimmung mit dem vatikanischen Kommunique geäußert hatte, ist jetzt vorsichtiger. „Die polnische Kirche untersucht die Archive nach den Spionagevorwürfen gegen Bischof Wielgus", erklärte der Sprecher der Bischofskonferenz, Jozef Kloch. „Wir haben den Bericht an den Erzbischof weitergeleitet, damit er die Möglichkeit hat, sich zu verteidigen."

Erst am 2. Januar, kurz bevor die Bombe in den polnischen Zeitungen explodieren sollte, hatte die Apostolische Nuntiatur in Warschau beschlossen, die Dokumente über Wielgus anzufordern, die sich in den Archiven des „Instituts für nationales Gedenken" befanden. Bis dahin hatte keiner etwas unternommen. Man hatte nicht einmal eine Recherche im Internet angestellt.

Währenddessen ergreift der neue Erzbischof am 5. Januar, dem Abend vor dem feierlichen Einzug, in kanonischer Form von seiner Diözese Besitz, obwohl die Dokumente, die seine Schuld bestätigen, nunmehr öffentlich bekannt sind. Und er schreibt einen Brief an seinen neuen Diözesanklerus in Warschau, der an jenem 5. Januar bekannt gemacht wird, um am folgenden Tag in allen Kirchen Warschaus vorgelesen zu werden.

Wielgus schreibt: „Ich trete heute vor die Schwelle der Warschauer Kathedrale mit einer schweren Belastung des Gewissens, die in den letzten Tagen nicht nur für mich, sondern auch für Euch zu einer großen Prüfung geworden ist. Der Heilige Vater, Benedikt XVI., hat mich als Oberhaupt der Warschauer Erzdiözese zu Euch geschickt. Aus gesundheitlichen Gründen wollte ich dieser Ernennung ausweichen. Ich habe dem Heiligen Vater und den entsprechenden vatikanischen Behörden auch meinen Lebensweg geschildert, einschließlich des Teils meiner Vergangenheit, die meine Verstrickung bei den Kontakten mit den damaligen Sicherheitsbehörden betrifft, die in einem der Kirche feindlich gesinnten Staat unter totalitären Bedingungen aktiv waren."

Der Erzbischof enthüllt also, dass er vor der Ernennung mit dem Papst über seine Verfehlungen gesprochen hat. „Ich hatte seinerzeit den Wunsch, für mich wichtige wissenschaftliche Studien zu absolvieren, und geriet in diese Verstrickung, ohne die erforderliche Umsicht, Courage und Entschlossenheit zur Aufgabe dieser Kontakte walten zu lassen. Ich gestehe heute vor Euch diesen vor Jahren begangenen Fehler ein, so wie ich es zuvor schon gegenüber dem Heiligen Vater getan habe. Die in den letzten Tagen in den Medien umfassend veröffentlichten Berichte der damaligen politischen Polizei, die sich im ‚Institut für das Nationale Gedenken' befinden und über die mich die Historische Kommission der Bischofskonferenz in Kenntnis gesetzt hat, handeln überwiegend davon, was man von mir erwartete oder mir nahelegte. Sie handeln nicht davon, inwieweit ich diesen Forderungen nachgekommen bin. Sie weisen aber darauf hin, dass ich mich bemüht habe, die an mich gestellten Erwartungen nicht zu erfüllen. Es wird Aufgabe der Historiker sein, dies näher zu klären."

Dann erklärt Wielgus: „Ich weiß nicht, ob die mir von der Historischen Kommission vorgelegten Dokumente die einzigen sind oder ob noch weitere auftauchen werden. Ich stelle aber heute mit voller Überzeugung fest, dass ich niemanden denunziert habe, und bemüht war, niemandem Unrecht zu tun. Doch allein schon durch die Tatsache dieser Verstrickung habe ich der Kirche Unrecht getan. Und ich habe der Kirche erneut in den letzten Tagen während der hitzigen

Medienkampagne Unrecht getan, als ich die Tatsache dieser Zusammenarbeit geleugnet habe. Das hat die Glaubwürdigkeit von Äußerungen von Kirchenvertretern belastet, wozu auch Bischöfe zählen, die sich mit mir solidarisch erklärt haben. Brüder und Schwestern, ich bin mir dessen bewusst, dass diese Unwahrheit für viele von Euch eine nicht minder schmerzliche Tatsache darstellt wie die damalige Verstrickung vor vielen Jahren."

Wielgus gibt daraufhin zu: „Ich komme aber auch zu Euch im Bewusstsein des Schattens, der auf meine Amtseinführung fällt, durch die ich meinen Dienst in der Erzdiözese Warschau beginne. Wenn Ihr mich aufnehmt, worum ich Euch demutsvoll bitte, will ich als Bruder unter Euch sein, der einen und nicht trenne möchte, der beten und die Menschen in der Kirche vereinen will, in der Kirche der Heiligen und der Sünder, die wir alle bilden. Die sowohl für mich als auch für Euch zurückliegenden schweren Tage empfinde ich als Verpflichtung, die Kirche von Warschau durch meinen Dienst mit besonderem Wohlwollen zu umgeben und Verständnis aufzubringen für verirrte Menschen, die von der Institution Kirche enttäuscht wurden und Bitternis wegen menschlicher Unzulänglichkeiten empfinden." Schließlich ein letzter Hinweis auf den Papst: „Gegenüber dem Heiligen Vater erkläre ich voll Demut, dass ich mich jeder seiner Entscheidungen unterwerfen werde."

Das ist nicht die Botschaft eines Zurücktretenden, auch wenn die katholische Tageszeitung „Avvenire", die seine Worte wiedergibt, die Enthüllungen und Eingeständnisse des neuen Erzbischofs als „schockierend" bezeichnet. Die Bitte um Verständnis, Aufnahme und Vergebung kann trotz der Entrüstung, die der Versuch von Wielgus hervorgerufen hat, die Tragweite seiner Mitarbeit zu schmälern, den Eindruck erwecken, dass der designierte Erzbischof zu dem Zeitpunkt, an dem er diese Worte schreibt, noch davon überzeugt ist, an der Spitze der Diözese Warschau bleiben zu können und sich vielleicht nach wie vor der Unterstützung des Papstes zu erfreuen.

Im Apostolischen Palast jedoch ist die Irritation deutlich spürbar. Tatsächlich sind mittlerweile per E-Mail endlich die den Geistlichen betreffenden Papiere der Geheimdienste eingetroffen und ins Deutsche übersetzt worden. Der Papst kennt endlich die ganze Wahrheit und soll sich über die Bekenntnisbotschaft, die Wielgus in den Gemeinden vorlesen lies, alles andere als gefreut haben.

In den Schlusszeilen unterstellte sich Wielgus der Entscheidung von Benedikt XVI. und am selben Nachmittag jenes 6. Januar ruft Kardinal Re ihn an, um ihm telefonisch die Entscheidung des Papstes mitzuteilen: Rücktritt.

Was ein Festtag sein sollte, der feierliche Beginn seines Episkopats in Warschau, wird zu einer traurigen Abschiedsfeier. Wielgus liest mit Tränen in den Augen eine kurze Erklärung vor, um zu verkünden, er habe „nach reiflicher Überlegung und in Anbetracht meiner persönlichen Situation beschlossen, das Amt in die Hände des Herrn zurückzulegen". Seine Ankündigung, die von den Kardinälen Glemp und Dziwisz unterstützt wird, ruft ein paar Protestrufe seitens einiger Gläubiger hervor, die ihn bitten: „Bleiben Sie bei uns!" Eine halbe Stunde vor Beginn der Messe hatten die Apostolische Nuntiatur in Polen und der Pressesaal des Heiligen Stuhls die Entscheidung von Wielgus bekannt gegeben.

„Die Apostolische Nuntiatur in Polen teilt mit, dass Seine Exzellenz Monsignore Stanislaw Wielgus, Erzbischof der Metropolie Warschau, am Tag, an dem sein Einzug in die Kathedralbasilika vorgesehen war, um sein Hirtenamt in der Kirche von Warschau zu beginnen, seiner Heiligkeit Benedikt XVI. seinen Rücktritt vom kanonischen Amt gemäß Kanon 401 Paragraph 2 des Kirchenrechts mitgeteilt hat. Der Heilige Vater hat den Rücktritt des Erzbischofs Stanislaw Wielgus angenommen und Seine Exzellenz Kardinal Josef Glemp, Primas von Polen, bis auf Weiteres zum Diözesanadministrator ernannt."

Der Verzicht ist gemäß dem Kanon erfolgt, der einen Bischof, „der wegen seiner angegriffenen Gesundheit oder aus einem anderen schwerwiegenden Grund nicht mehr recht in der Lage ist, seine Amtsgeschäfte wahrzunehmen", „nachdrücklich" bittet, sich zurückzuziehen. Seine Amtszeit in Warschau hat keine drei Tage gedauert. Am selben Tag kommentiert der Direktor des Vatikanischen Pressesaals, Pater Federico Lombardi SJ, vor den Mikrofonen von Radio Vatikan das Geschehen als „aktuelle Welle von Angriffen auf die Kirche in Polen". Er gibt zu, dass „das Verhalten von Monsignore Wielgus ... sein Ansehen schwer beschädigt" hat, doch er weist auf „viele Anzeichen einer sonderbaren Allianz zwischen früheren Verfolgern und anderen Gegnern" hin sowie auf „Anzeichen von Rache seitens derer, die sie in der Vergangenheit verfolgt hatten und die vom Glauben und dem Freiheitswillen des polnischen Volkes besiegt wurden". Lombardi stellt schließlich fest, „dass der Fall von Monsignore Wielgus nicht der erste ist und wahrscheinlich nicht der letzte sein wird, in dem Persönlichkeiten der Kirche auf Grundlage der Geheimdienstunterlagen des früheren Regimes angeklagt werden". Worte, die auf die Veröffentlichung weiterer peinlicher Unterlagen über Geistliche hinzudeuten scheinen. Die Anspielung des vatikanischen Pressesprechers auf die „sonderbare" Übereinstimmung zwischen früheren Verfolgern und neuen Verbündeten kann sich auf die politischen Machenschaften in Polen beziehen, wo die Zwillinge Lech und Jaroslaw Kaczynski sich mit der extremen Rechten (Liga Polnischer Familien) zusammengeschlossen haben und versuchen, sich die radikalsten politischen Themen ihrer Verbündeten zu eigen zu machen, um auch deren Wählerschaft zu gewinnen. „Und sie haben", so schreibt der jüdische polnische Gelehrte Wlodek Goldkom, „die ‚Lustrations-Kampagne' intensiviert ... Kandidaten für die öffentlichen Ämter, Journalisten, Anwälte oder Professoren werden beweisen müssen, dass sie nicht mit dem kommunistischen Regime zusammengearbeitet haben. Es hagelt Dossiers. Die Unterlagen gegen Wielgus, einen rechten Bischof, der von Radio Marya unterstützt wird, wurden von der extrem rechten Wochenzeitung ‚Gazeta Polska' veröffentlicht. Die Revolution frisst ihre Kinder, es gibt immer jemanden, der päpstlicher ist als der Papst."

Hart fällt der Kommentar aus, den der Priester Adam Boniecki, Direktor der katholischen Krakauer Wochenzeitung „Tygodnik Powszechny", gegenüber der italienischen Tageszeitung „La Repubblica" abgibt: „Die Geschichte ist auf glückliche Weise in letzter Minute geklärt worden. Der Heilige Stuhl hat sogar sonntags gearbeitet. Das ist außergewöhnlich. In seinem Geständnis hat sich Bischof Wielgus dem Willen des Papstes unterstellt und der Heilige Vater hat diese Bereitschaft zu nutzen gewusst und seinen Rücktritt angenommen." Weiter sagt er dann: „Ich weiß nicht wer, aber irgendjemand hat den Papst falsch informiert. Die Situation ist ernst, jemand wird bezahlen müssen. In Polen oder im Staatssekretariat oder – laut der Meinung einiger Beobachter – in ultrakonservativen deutschen Kreisen, die Wielgus nahestehen. Scherzhaft könnte ich sagen, dass die vatikanischen Kerker zwar nicht mehr existieren, der Heilige Stuhl die Todesstrafe jedoch formal noch nicht abgeschafft hat." Abschließend meint Boniecki: „Benedikt XVI. hat sich ausgezeichnet verhalten. Aufgrund erster Informationen sah er einen Bischof, der 39 Bücher geschrieben hat, einen Gelehrten wie er selbst. Dann wurde er eines Besseren belehrt, und mir hat seine Fähigkeit zu einer unmittelbaren Reaktion wirklich gut gefallen."

Joaquín Navarro-Valls, der Vorgänger Lombardis, ist der Meinung, Wielgus habe den Papst sicher „belogen", und stellt fest, dass es in der Angelegenheit eine gemeinsame Verantwortlichkeit von Vatikan und Ortskirchen gebe, die über eine gewisse Eigenständigkeit verfügen. „Und es ist der Vatikan", so schreibt der Vatikanexperte Marco Politi, der die Schlussfolgerung aus Navarros Worten zieht, „das heißt die Kongregation der Bischöfe unter der Leitung von Kardinal Re, die unter großen Druck geraten ist. Wenn Nuntius Kowalczyk gehen muss, könnte Kardinal Re noch vor dem Sommer ersetzt werden." Doch weder das eine noch das andere wird geschehen.

In den folgenden Tagen publizieren die Zeitungen viele der 68 Seiten, aus denen die Akte Wielgus besteht. Der Bischof wird von Ceranj Czarnochi, dem Sprecher der Lubliner Gruppe von Solidarnosc, in Schutz genommen. Er hält eine Zusammenarbeit des Bischofs mit dem Staatssicherheitsdienst für „unmöglich": „Keiner seiner ehemaligen Studenten glaubt das. Keiner von uns, die wir ihn in diesen Jahren haben wachsen und wirken sehen, wird jemals glauben, dass er Verrat geübt haben könnte. Er hat schließlich das Papier für die Druckerpresse besorgt, mit der die Flugblätter der Dissidenten hergestellt wurden, er hat die politisch Verfolgten beschützt und versteckt. Er war immer einer von uns." Aus den Unterlagen geht eine strukturierte und planmäßige Beziehung von Wielgus zur politischen Polizei hervor. Es geht nicht daraus hervor, dass er jemals jemanden denunziert hat oder zur Zeit des kommunistischen Regimes tatsächlich als Spitzel für sein Land tätig gewesen ist.

Am Rande des Falls Wielgus, der tatsächlich aufsehenerregend ist, erscheinen die ersten Kommentare, die den Vorgang einem Mangel an Koordination im Staatssekretariat zuschreiben. Der neue „Premierminister" Benedikts XVI., Kardinalstaatssekretär Tarcisio Bertone, sah sich, kurz nachdem er sein Amt angetreten hatte, mit dem brenzligen Fall Regensburg konfrontiert, den er jedoch gewissermaßen von seinem Vorgänger vererbt bekommen hatte. Das hier ist jedoch die erste schwere Krise, die nach seiner Amtseinsetzung erfolgt. „Auch innerhalb der katholischen Kirche", schreibt der Soziologe Franco Garelli in der italienischen Tageszeitung „La Stampa", „ergeben sich kritische Situationen, in der die heute im Vatikan vorherrschende kirchlich-politische Linie in Frage gestellt wird. Die Ernennung von Kardinal Bertone zum Staatssekretär hat die Kurie zweifellos um eine fähige und sympathische Gestalt bereichert, doch auch eine gewisse Störung in der vatikanischen Diplomatie verursacht, die immer für interne Lösungen eintritt. In Bezug auf die jüngsten Ausrutscher des Papstes sind vielleicht auch diese Veränderungen in der Leitung der römischen Kurie zu gewichten, die nach Jahren einer festen Richtung auf der Suche nach einem neuen Gleichgewicht und neuen Beziehungen sind."

Tatsächlich aber ist es schwer, in der Affäre Wielgus irgendeine Verantwortung Bertones anzunehmen. Was in diesem Fall augenfällig fehlte, war eine angemessene Untersuchung über den Kandidaten seitens der Nuntiatur und der Bischofskongregation. Sowohl die polnische Kirche als auch der Vatikan haben die Nachrichten unterschätzt, die am 20. Dezember nach der Bekanntgabe der Ernennung von Wielgus von der „Gazeta Polska" veröffentlicht wurden. „Wer die Probleme einer römischen Kurie nicht hat sehen wollen, in der Johannes Paul II. niemals regiert hat (und wo sich der Papst auch heute wünscht, dass der Staatssekretär den Dirigenten spielt), kann jetzt endlich die Schwäche eines Systems mit Händen greifen, das vom Mythos der Allmacht umgeben ist und das am Ende durch Lügen verwundbar ist", kommentiert der Kirchenhistoriker Alberto Melloni.

Doch der traurige Fall von Monsignore Wielgus, der weniger als drei Tage im Amt war, sollte nicht die einzige umstrittene Ernennung bleiben, nicht der einzige Fall eines Bischofs, der kurz nach seiner Ernennung zum Rücktritt gezwungen war. Auf internationaler Bühne weniger eklatant, doch in gewisser Hinsicht noch schwerer und aussagekräftiger sollte der Fall werden, der sich zwei Jahre später, fast gleichzeitig mit der Williamson-Affäre, ereignete. Dieses Mal wurde der Aufsehen erregende Rücktritt eines soeben ernannten Bischofs nicht durch Enthüllungen über seine Vergangenheit verursacht, sondern durch internen Druck aus seiner eigenen Diözese seitens der Mitglieder, die ihn als zu konservativ ansahen.

Am 31. Januar 2009, während der Proteststurm über den Fall Williamson (der in einem der nächsten Kapitel behandelt wird) noch nicht abgeebbt war, kündigte der Heilige Stuhl an: „Der Papst hat den Priester Gerhard Wagner zum Weihbischof von Linz (Österreich) ernannt. Er gehört dem Klerus der Diözese Linz an und ist Pfarrer von Windischgarsten. Ihm wurde das Titularbistum Zuri zugewiesen."

Einen Monat später, am 3. März, gab der Vatikanische Pressesaal bekannt: „Der Heilige Vater hat den Priester Gerhard Wagner davon dispensiert, das Amt des Weihbischofs von Linz (Österreich) anzunehmen."

Ernannt, doch nie geweiht. Designiert, doch es kommt nicht zur Amtseinführung. Im Abstand von einem knappen Jahr ereignet sich ein Fall, der dem aus Polen nicht unähnlich ist. Was ist in den vier Wochen geschehen, die zwischen der öffentlichen Bekanntgabe der Ernennung und der Annahme des Rücktritts durch Benedikt XVI. lagen? Warum wurde der zum Weihbischof von Linz ernannte Wagner noch vor seiner Weihe zum Verzicht „gezwungen"? Und warum hat Papst Ratzinger, der ihn ernannt hatte, dann seinen Rücktritt und die Bitte um Dispens angenommen?

Die Ernennung eines Weihbischofs ist normalerweise eine Nachricht, die kaum beachtet wird. Es handelt sich gewöhnlich um Personen, die direkt von den Ortsbischöfen der Diözesen ausgewählt werden – in diesem Fall von Ludwig Schwarz, der Unterstützung für seine pastorale Tätigkeit brauchte und dem Heiligen Stuhl Namen unterbreitet hatte. In der Angelegenheit Linz hat die Ernennung eines Weihbischofs jedoch eine wichtigen Nebenaspekt. Es ist bekannt, dass es in der zahlenmäßig größten Diözese Österreichs gärt, und der Vatikan betrachtet besorgt den beachtlichen Einfluss, den viele liberale Gruppen dort ausüben. Die Entscheidung für Wagner, den 54 Jahre alten Pfarrer von Windischgarsten, eine Stütze des „Linzer Priesterkreises", der jeden Sommer theologische Gespräche veranstaltet, an denen auch Joseph

Ratzinger als Kardinal teilgenommen hatte, hat folglich einen ganz konkreten Grund: Im Apostolischen Palast ist man offensichtlich der Meinung, dass Bischof Schwarz seine Diözese nicht energisch genug leitet.

„Natürlich", so erklärt eine glaubwürdige Quelle im Vatikan, „ist Bischof Schwarz von der Absicht in Kenntnis gesetzt worden, Monsignore Wagner zum Weihbischof von Linz zu ernennen. Auch wenn Wagner nicht der Kandidat war, den er bei der letzten Konsultation vorgeschlagen hatte, hat der Bischof die Designierung gerne angenommen, ohne irgendwelche Einwände zu erheben. Soviel ich weiß, ist auch Kardinal Christoph Schönborn, der Erzbischof von Wien, telefonisch verständigt worden und hatte nichts gegen die Ernennung Wagners vorzubringen."

Schon zwei Tage nach Veröffentlichung der Nachricht titeln die Zeitungen: „Der Papst befördert den Mann zum Bischof, der den Wirbelsturm Katrina als ‚Strafe Gottes' bezeichnet hat." Der polemische Hinweis bezieht sich auf zurückliegende Äußerungen des neuen Weihbischofs. Aus Anlass des Wirbelsturms, der 2005 die gesamte Küste Mississippis verwüstete, New Orleans in Louisiana zerstörte und 1836 Opfer forderte, hatte er gesagt, es habe sich um eine Art göttlicher Strafe infolge der Unsittlichkeit New Orleans gehandelt: „Es ist wohl kein Zufall, dass in New Orleans alle fünf Abtreibungskliniken sowie Nachtclubs zerstört wurden." Und: „Ist die auffallende Häufung von Naturkatastrophen", so fragte sich Wagner, „nur eine Folge der Umweltverschmutzung durch den Menschen oder mehr noch die Folge einer ‚geistigen Umweltverschmutzung'?"

Weitere Erklärungen des neuen Weihbischofs, die plötzlich wieder in den Medien auftauchen, waren seine Äußerungen aus dem Jahr 2001 über die Harry-Potter-Romane, den von J. K. Rowling erschaffenen „Zauberschüler". Wagner hatte vor jenen äußerst erfolgreichen Romanen, die von Millionen von Kindern in aller Welt gelesen werden, gewarnt, weil sie, wie er meint, zu Formen von „Satanismus" führen können. Hierzu muss man in Erinnerung rufen, dass Ratzinger kaum zwei Jahre später selbst Zweifel an den Harry-Potter-Büchern äußerte. In einem Brief vom 7. März 2003 an die deutsche Soziologin Gabriele Kuby, Autorin eines Bändchens zu diesem Thema, das sie ihm zur Ansicht geschickt hatte, beglückwünschte der Papst sie zu diesem „instruktiven" Büchlein und erklärte: „Es ist gut, dass Sie in Sachen Harry Potter aufklären, denn dies sind subtile Verführungen, die unmerklich und gerade dadurch tief wirken und das Christentum in der Seele zersetzen, ehe es überhaupt recht wachsen konnte." In einem zweiten Schreiben vom 27. Mai 2003 an die deutsche Schriftstellerin dankte Ratzinger der Autorin des Buches nochmals und erteilte ihr die Erlaubnis, sein Urteil über Harry Potter zu veröffentlichen. Zumindest in diesem Punkt scheint der neue Weihbischof vollkommen auf einer Linie mit dem Urteil des künftigen Papstes zu stehen.

Auch wenn vor allem diese alten Erklärungen Wagners für Aufsehen sorgen, fehlt es nicht an Menschen, die darauf aufmerksam machen, dass er auch gegen Messdienerinnen am Altar oder gegen außerordentliche Spender der heiligen Kommunion sei und die ihn als „ultrakonservativ" abstempeln, eine Bezeichnung, die in manchen Ländern einem Schandmal gleichkommt.

Drei Tage nach der Publikation der Ernennung nimmt Wagner an der Seite von Bischof Schwarz an einer Pressekonferenz teil. Er zeigt sich selbstsicher. Er sagt, er sei für den kirchlichen Zölibat – offensichtlich keine selbstverständliche Aussage in einem Land, in dem nach Aussagen des Theologen Paul Zulehner, dem ehemaligen Dekan der Theologischen Fakultät an der Universität Wien, bis zu einem Viertel der österreichischen Priester eine eheähnliche Beziehung unterhalten –, und erklärt klar und deutlich, die Kirche könne nicht ihre Lehre ändern, nur um Kompromisse zu schließen. Die Auseinandersetzung wird von Tag zu Tag schärfer. Die liberalen Gruppen der Diözese verdauen die Ernennung nicht. Schönborn interveniert von Wien aus, um Wagner öffentlich seine Unterstützung zu bezeugen.

Am 7. Februar jedoch spitzt sich die Situation zu. An jenem Tag wird ein Interview des designierten neuen Weihbischofs von Linz mit der Wochenzeitschrift „Profil" veröffentlicht, in dessen Verlauf Wagner erklärt, dass „Homosexualität geheilt werden kann". Das ist der Tropfen, der das Fass zum Überlaufen bringt.

Die 39 Dechanten der Diözese Linz setzen sich zusammen, um die Ernennung zu diskutieren, und geben am Ende ihrer Versammlung eine gemeinsame Erklärung heraus, in der von der „fehlenden Akzeptanz" der Gläubigen die Rede ist. Abschließend heißt es: „Daher können wir ... die Zustimmung zur Weihe ... nicht geben", die für den 22. März vorgesehen ist. Und an diesem Punkt begibt sich Schönborn gemeinsam mit dem stellvertretenden Vorsitzenden der Bischofskonferenz, Egon Kapellari, und weiteren österreichischen Bischöfen nach Rom. Bei ihnen befindet sich auch Wagner, der von einem Fernsehteam gefilmt wird, während er Bischofskleidung kauft. Kapellari erklärt dann nach dem Besuch im Vatikan, dass Rom Wagner dazu aufgefordert habe, sich zu mäßigen (angesichts der angespannten Lage hat sich das Interview in „Profil" zweifellos als Unvorsichtigkeit erwiesen), und dass man ihm geraten habe, sich zu überlegen, wie er die Achtung der Mitglieder seiner Diözese gewinnen könne. Der Bischof kritisiert jedoch auch das Kommunique der Linzer Dechanten. Zu den heftigsten Gegnern der Ernennung Wagners zählt einer von ihnen: Josef Friedl, der Pfarrer von Ungenach.

Die Österreichische Bischofskonferenz, die sich im März versammeln wollte, zieht ihre Sitzung vor und widmet dem Fall am Montag, dem 16. Februar, ein Arbeitstreffen. Am Tag zuvor gibt Wagner überraschenderweise über das Pressebüro der Diözese Linz bekannt, er habe den Papst darum gebeten, seinen Rücktritt anzunehmen: „Angesichts der heftigen Kritik", erklärt er, „bin ich im Gebet und nach Rücksprache mit dem Diözesanbischof zu dem Entschluss gekommen, den Heiligen Vater um Rücknahme meiner Ernennung zum Weihbischof von Linz zu bitten."

Das ist die Ankündigung, auf die die Liberalen gewartet haben. Was wird der Heilige Stuhl jetzt tun? Wird er der Bitte des designierten Bischofs entsprechen? Oder nicht?

Während sich die österreichischen Bischöfe am 16. Februar 2009 versammeln, erwarten die Journalisten in einem Nebenraum bereits das Schlusskommunique. Während jenes Treffens soll Schönborn jeden der Anwesenden gefragt haben, ob er hinsichtlich der Ernennung Wagners befragt worden sei (eine Frage, die übrigens der Schweigepflicht unterliegt). In einem Schreiben erklären die österreichischen Bischöfe: „Wir hoffen, dass es gelingen wird, die unzureichenden Kommunikationsabläufe auch im Vatikan zu verbessern, damit der weltweite Dienst des Papstes nicht

Schaden erleidet." Weiter heißt es: „Bevor der Heilige Vater die letzte Entscheidung trifft, muss es dafür verlässliche und umfassend geprüfte Grundlagen geben, auf die er sich stützen kann." „Es steht außer Frage, dass dem Papst die freie Ernennung der Bischöfe zukommt", sagt das Schreiben und fügt hinzu, „dass das vorgesehene Verfahren ... sich bewährt, wenn dieses Verfahren auch wirklich eingehalten wird". Dieses Schreiben und die folgenden Erklärungen enthalten kaum verborgene Kritik an der Vorgehensweise, die zur Ernennung Wagners geführt hat, und geben zu verstehen, dass diese ohne die entsprechenden Konsultationen erfolgt sei. Keiner verteidigt Wagner und die Entscheidung des Papstes.

Die polemische Tragweite des bischöflichen Hirtenbriefes wird durch die Äußerungen des Erzbischofs von Salzburg, Alois Kothgasser, am Vorabend der Versammlung verstärkt. Er fragt: „Soll die katholische Kirche gesundgeschrumpft werden, gleichsam auf eine Sekte, in der es nur wenige, aber dafür linientreue Mitglieder gibt?" Die harten Worte des Bischofs beziehen sich vor allem auf den Fall Williamson, also die Aufhebung der Exkommunikation von vier Bischöfen der Pius-Bruderschaft, von denen einer die Existenz der Gaskammern leugnet. Doch sie rufen keine Reaktionen oder Erklärungen seitens der Bischofskonferenz hervor.

„Angesichts der Vorfälle", so ein angesehener Geistlicher, der die Affäre in der Bischofskongregation aus der Nähe verfolgte, „hatte Rom drei Möglichkeiten: an der Ernennung festzuhalten, die Ernennung zum Weihbischof von Linz zurückziehen, Wagner jedoch ein anderes Amt – etwa in der Kurie – anzubieten oder aber seinen Verzicht anzunehmen, der durch den Druck der öffentlichen Meinung, liberaler Gruppen und sogar der Bischöfe erfolgt war. In jenen Tagen haben sich Kardinal Schönborn und Kardinal Giovanni Battista Re, der Präfekt der Bischofskongregation, abgestimmt, um dafür zu sorgen, dass das Rücktrittsgesuch Wagners angenommen würde. So kam es zu einem Paradox: Während Kardinäle und Bischöfe den Papst öffentlich kritisieren können – wie es geschehen ist –, ist ein designierter Weihbischof gezwungen, aufgrund unglücklicher Aussagen zurückzutreten, die er viele Jahre zuvor über den Wirbelsturm Katrina und über die Romane von Harry Potter gemacht hat ... das ist, ehrlich gesagt, unglaublich. Zumal Kardinal Re zugeben musste, dass das Vorgehen, das zur Nominierung geführt habe, regulär gewesen sei."

Die Gegner Wagners hatten alles versucht, damit es zu einem Rücktritt kam. Entscheidend sollte ein unnachgewiesenes Gerücht werden, das in Kirchenkreisen in Umlauf gebracht wurde und mit dem, sollte Wagner darauf bestehen, sein Amt anzutreten, eine alte Geschichte publik gemacht worden wäre. Eine Frau hätte ausgesagt, dass gerade er, der konservative Priester, ihr Geld für eine Abtreibung zur Verfügung gestellt habe. Es gibt nicht den Spur eines Beweises, aber der Druck wird stärker. Und schließlich kommt die Dispens des Papstes.

Einige Tage nach Veröffentlichung der Annahme des Rücktritts von Wagner durch Benedikt XVI. kommt eine weitere Nachricht aus der Diözese Linz, die dieses Mal für deutlich weniger Aufsehen sorgt. Dechant Josef Friedl, einer der schärfsten Gegner der Ernennung des von Rom designierten Weihbischofs, verkündet öffentlich am 7. März 2009, er lebe mit einer Partnerin zusammen. Er erklärt, er habe das vor seinen Gemeindemitgliedern und seinen Vorgesetzten niemals verborgen gehalten, die ihrerseits diese Situation duldeten. Der Geistliche Peter Paul Kaspar, Sprecher einer der liberalen Gruppen, meint dazu: „Bischof Schwarz weiß, dass viele Priester mit Frauen zusammenleben, aber es gibt nicht viel, was man dagegen tun kann, wenn es so wenige Priester gibt." Bischof Schwarz, der das öffentliche Konkubinat schwerlich ignorieren konnte, entzog ihm am 16. März das Amt des Dechanten, beließ ihn jedoch in der Gemeinde.

Was ist also wirklich hinter den Kulissen der Ernennung von Monsignore Wagner passiert? Wir haben einen Bischof gefragt, der aus dienstlichen Gründen in die „Karten" dieses Falls schauen konnte.

„Wer behauptet, der Name Wagner sei nicht auf der Kandidatenliste gewesen, lügt wissentlich", erklärt der hohe Würdenträger, „da er sich unter den ersten drei Kandidaten befand, die der Bischof von Linz vorgeschlagen hat." Unser Gesprächspartner erinnert daran, dass im Falle der Weihbischöfe die Liste der drei Kandidaten vom Diözesanbischof vorgelegt wird. Gerhard Wagner stand also bereits auf einer ersten Liste von drei Namen, die vorgeschlagen wurden. „Diese erste Liste ist jedoch nicht einmal bis Rom gekommen. Aufgrund des ständigen Drucks, den liberale Kreise auf ihn ausübten, zog Bischof Schwarz sie einige Monate später zurück. Im folgenden Jahr legte er dem Apostolischen Nuntius dann eine zweite Liste mit drei neuen Namen vor. Der Name Wagners war auf Wunsch der Kreise in der Diözese, die diesem feindselig gegenüberstanden, gestrichen worden." Es stimmt also, dass Wagner nicht auf der zweiten Liste stand. „Moment!", unterbricht uns unser Gesprächspartner. „Der Name Wagner wurde von Nuntius Edmond Farhat wieder aufgegriffen, der ihn der vorherigen Liste entnommen hatte, da die zweite Liste sehr schwach war. Am Ende akzeptierte Bischof Schwarz, der die Namen vorgeschlagen hatte und vorschlagen musste, die Anregung, auf Wagner zurückzugreifen." Daher konnte Kardinal Re versichern, die Ernennung Wagners sei auf reguläre Weise erfolgt. Angesichts der Situation in der Diözese Linz ist es verständlich, dass in Rom die Wahl auf den konservativeren und nicht auf die den liberalen Positionen angepassten Kandidaten fiel.

„Sicher", erklärt unser Gesprächspartner abschließend, „das war eine unschöne Geschichte, weil Wagner gezwungen wurde, sein Rücktrittsgesuch auf medialen Druck hin vorzulegen. Er hätte aufpassen und vermeiden sollen, Interviews zu geben. Ich frage mich immer noch: Hat niemand Erkundungen über Wagner eingezogen? Hat niemand diesen kontroversen Aussagen zu Katrina und Harry Potter Beachtung geschenkt? Wenn man sie gekannt hätte, wäre ein sofortiges Reagieren möglich gewesen, indem man ihn gegebenenfalls um eine Klarstellung gebeten hätte ... Doch auch hier bei uns in der Kurie hätte man ein bisschen mehr Durchhaltevermögen zeigen müssen. Denn das Vorgefallene stellt einen besorgniserregenden Präzedenzfall dar, umso mehr, als diejenigen, die so beharrlich dafür gekämpft haben, die Ernennung Wagners zu verhindern, Priester waren, die im Konkubinat leben und sich in einigen Fällen auch öffentlich dazu bekennen."

Die problematische Situation der Diözese Linz und im Allgemeinen der österreichischen Kirche stand schließlich im Mittelpunkt einer Begegnung des Papstes, seiner engsten Mitarbeiter in der Kurie mit den höchsten Vertretern der Österreichischen Bischofskonferenz, die am 15. und 16. Juni 2009 im Vatikan stattfand.

Am Ende dieses Treffens forderte Benedikt XVI. die österreichischen Bischöfe auf, in größerer Gemeinschaft mit Rom zu leben, und „erinnerte an die Dringlichkeit der Vertiefung des Glaubens, der vollen Treue zum Zweiten Vatikanischen Konzil und dem nachkonziliaren Lehramt der Kirche sowie der Erneuerung der Katechese im Licht des Katechismus der Katholischen Kirche".

Anwesend waren unter anderem – so informiert der vatikanische Pressesaal – der Vorsitzende der Bischofskonferenz, Kardinal Schönborn, der Erzbischof von Salzburg, Alois Kothgasser, der Bischof von Graz-Seckau und stellvertretende Vorsitzende der Bischofskonferenz, Egon Kapellari, und der Bischof von Linz, Ludwig Schwarz. Während der Begegnung „wurden in einem brüderlichen Dialog und in einem konstruktiven Geist einige Themen über die Situation der Diözese Linz und der Kirche in Österreich erörtert sowie Lösungen für die gegenwärtigen Probleme angesprochen".

Zur Sprache kamen auch „lehrmäßige und pastorale Fragen sowie Fragen bezüglich der Situation des Klerus, der Laien, der Priesterseminare und der Theologischen Fakultäten in Linz und in den anderen Diözesen Österreichs".

In Bezug auf die eheähnlichen Beziehungen einiger Geistlicher wurden die allgemeinen strengeren Bestimmungen in Erinnerung gerufen, die der Papst im Januar desselben Jahres für die ganze Kirche aufgestellt hatte. Diese gewährten der vatikanischen Kongregation für den Klerus direkt die besondere Vollmacht, einen Priester im beschleunigten Verfahren des Amtes zu entheben.

Bischof Schwarz versicherte während der Begegnung im Vatikan, der ehemalige Dechant Friedl habe sich verpflichtet, den Zölibat zu beachten. Dieser dementierte jedoch wenige

Tage später und in der Folge noch mehrfach auch öffentlich, eine Verpflichtung dieser Art eingegangen zu sein. Währenddessen bleibt Linz ohne Weihbischof, und diejenigen, die Wagner nicht wollten und seinen Rücktritt durchgesetzt haben, sind als Sieger aus dem Spiel hervorgegangen.

3

DIE „ALTE MESSE" – DAS UMSTRITTENE MOTU PROPRIO

Am 7. Juli 2007 trifft Benedikt XVI. eine der umstrittensten Entscheidungen seines Pontifikats: Mit der Veröffentlichung – das Inkrafttreten ist für den darauf folgenden 14. September vorgesehen – des Motu Proprio „Summorum Pontificum" gibt er den Gebrauch des tridentinischen Missale Romanum in seiner letzten, 1962 von Johannes XXIII. durchgesehenen Form frei. Es handelt sich um das Messbuch in lateinischer Sprache, das bis 1970 in Kraft war und das, wie der Papst in einem Begleitbrief erklärt, der gemeinsam mit dem Motu Proprio veröffentlicht wird, niemals abgeschafft oder offiziell verboten wurde.

Die Entscheidung Benedikts XVI. ist wichtig. Sie erfolgt nach stürmischen Jahren. Nach dem Zweiten Vatikanum durfte, von äußerst wenigen Ausnahmen abgesehen, niemand mehr die Messe nach dem alten Ritus feiern. 1984 erlaubte Johannes Paul II. mit dem Schreiben „Quattuor abhinc annos" zwar die Rückkehr zur Anwendung des tridentinischen Ritus, doch er band ihn an zwei strikte Bedingungen: Wer die Messe nach dem Ritus des heiligen Pius V. feiern wollte, musste zunächst auch die „Legitimität und die Exaktheit der Glaubenslehre" des im Jahr 1970 von Paul VI. promulgierten Römischen Messbuchs anerkennen. Und vor allem war die Erlaubnis des Ortsbischofs erforderlich. Eine Erlaubnis, die viele Bischöfe in den meisten Fällen den Priestern und Gläubigen verweigerten, die sie darum gebeten hatten. Diese verbreitete Haltung der Ablehnung hatte unter anderem zur Folge, dass sich die Konflikte mit den Anhängern des traditionalistischen Erzbischofs Marcel Lefebvre verschärften.

Doch zurück zum Motu Proprio. Das Dokument des Papstes setzt ein erwartetes und mutiges Zeichen. Benedikt XVI. möchte auf diese Weise Verständnis für alle jene Gemeinschaften von Gläubigen zeigen, die dem alten römischen Ritus weiterhin verbunden sind. Sie können sich von diesem Moment an direkt an ihren Pfarrer wenden, um die Feier der alten Messe zu erbitten. Eine besondere Dispens ist jetzt nicht mehr erforderlich.

Das Motu Proprio bringt zahlreiche Neuheiten für die Praxis. In allen Gemeinden, „wo eine Gruppe von Gläubigen, die der früheren Liturgie anhängen, dauerhaft existiert", ist der Pfarrer dazu aufgefordert, deren Bitten bereitwillig aufzunehmen. Das alte Messbuch kann an den Werktagen, an Sonntagen und Festen sowie bei der Begräbnisfeier oder bei situationsbedingten Feiern wie etwa Wallfahrten verwendet werden, aber auch bei der Spendung von Sakramenten, von der Taufe bis zur Firmung, von der Trauung bis zur Krankensalbung. Die Priester können das alte Messbuch bei Privatmessen benutzen, ohne dass sie jemanden um Erlaubnis fragen müssen. Und sie dürfen das Brevier nach der alten Form beten. Der Bischof kann eingreifen, sollte es zu Schwierigkeiten kommen, doch er muss den Wünschen jener entsprechen, die das alte Messbuch verwenden möchten. In jedem strittigen Fall können sich die Gläubigen in letzter Instanz an die Päpstliche Kommission „Ecclesia Dei" wenden, die beauftragt ist, über die Einhaltung der neuen Normen zu wachen.

In dem Brief, der das Motu Proprio begleitet, schreibt der Papst, das Dokument sei „Frucht langen Nachdenkens, vielfacher Beratungen und des Gebets". Tatsächlich haben „Nachrichten und Beurteilungen, die ohne ausreichende Kenntnis vorgenommen wurden, ... in nicht geringem Maße Verwirrung gestiftet. Es gibt sehr unterschiedliche Reaktionen, die von freudiger Aufnahme bis zu harter Opposition reichen und die sich auf ein Vorhaben beziehen, dessen Inhalt in Wirklichkeit nicht bekannt war".

Benedikt XVI. kennt die Bedenken, die das Motu Proprio aufwerfen kann. Tatsächlich sind viele der Schwierigkeiten aufgetaucht, nachdem die Nachricht von der Veröffentlichung des Dokuments in den Medien durchgesickert war. Er versucht den Schwierigkeiten vorzubeugen, indem er erklärt, dass das neue Messbuch, das aus der nachkonziliaren Liturgiereform hervorgegangen ist, „die normale Form ... ist und bleibt". Die alte Form, so sagt der Papst, ist nur eine außerordentliche Form desselben Ritus. Es gibt also nun nicht zwei verschiedene Riten, wie viele behauptet hatten. „Es handelt sich vielmehr um einen zweifachen Usus ein und desselben Ritus." Und wenn es derselbe Ritus ist – wenngleich er in verschiedenen Formen zelebriert wird –, ist auch die Kirche, die ihn feiert, eins. Ratzinger ruft in Erinnerung, dass sich einige Gläubige nach der alten Liturgie gesehnt haben, da „das neue Missale vielerorts nicht seiner Ordnung getreu gefeiert, sondern geradezu als eine Ermächtigung oder gar als Verpflichtung zur ‚Kreativität' aufgefasst wurde, die oft zu kaum erträglichen Entstellungen der Liturgie führte". Der Papst erklärt, er spreche aus persönlicher Erfahrung, da er „diese Phase in all ihren Erwartungen und Verwirrungen miterlebt habe". Und weiter sagt er: „Ich habe gesehen, wie tief Menschen, die ganz im Glauben der Kirche verwurzelt waren, durch die eigenmächtigen Entstellungen der Liturgie verletzt wurden." Mit dem Motu Proprio will Benedikt XVI. eine klarere rechtliche Regelung schaffen und die Bischöfe davon entlasten, „immer wieder neu abwägen zu müssen, wie auf die verschiedenen Situationen zu antworten sei".

Der Brief Benedikts XVI. enthält weitere Erklärungen, die den Wunsch erkennen lassen, Kontroversen vorzubeugen. Er bittet für die traditionalistischen Gläubigen um „Liebe und pastorale Klugheit" und wünscht sich den „ehrfürchtigen Vollzug" der Vorgaben des neuen Messbuchs. Der Papst hofft, dass die Einheit aller Gläubigen gewahrt bleibe, und weist ausdrücklich darauf hin, dass auch „die Priester, die den Gemeinschaften des alten Usus zugehören, selbstverständlich die Zelebration nach den neuen liturgischen Büchern im Prinzip nicht ausschließen" können.

Am Tag nach der Veröffentlichung des Motu Proprio werden in den Zeitungen die verschiedenen Reaktionen veröffentlicht. Sofort zeigt sich, wie vielfältig die Sensibilitäten mit Blick auf die Liberalisierung des alten Ritus sind. Und auch aus diesem Grund wird deutlich, dass die Rezeption des Motu Proprio für die Kirche nicht einfach werden wird.

In der italienischen Tageszeitung „Corriere della Sera" stellt Vittorio Missori die Aussagen der Priesterbruderschaft St. Pius X. zusammen, die von Marcel Lefebvre gegründet worden war, jenem Erzbischof, der 1988 gemeinsam mit den vier Bischöfen exkommuniziert wurde, die er gültig, aber unrechtmäßig, das heißt ohne die Erlaubnis des Heiligen Stuhls, geweiht hatte. Die Bruderschaft zelebriert nicht nur ohne Erlaubnis des Vatikans die Messe nach dem alten Ritus, sondern sie widerspricht auch der aus den Arbeiten des Konzils hervorgegangenen kirchlichen Seelsorge und Lehre. Mit fast fünfhundert Priestern, etwa einhundert Laienbrüdern, mehr als zweihundert Ordensfrauen, sechs Seminaren sowie Prioraten, Schulen, Hochschuleinrichtungen, diversen Gotteshäusern in mehr als sechzig Ländern der Welt und etwa einer Million überzeugter Anhänger ist die Piusbruderschaft der katholischen Kirche ein Dorn im Auge. Ihre starre Verteidigung von allem, was vor dem Zweiten Vatikanum gültig und in Kraft war, spaltet und sorgt für Missstimmung. Die Anhänger Lefebvres werden – nicht ohne gewisse Häme – von mancher Seite als „Ultra-Traditionalisten" bezeichnet: Sie seien mehr als einfache Traditionalisten, da sie praktisch jede Neuerung und jede Reform ablehnten, die aus dem Konzil hervorgegangen sind. Einige behaupten, das Motu Proprio Benedikts XVI. sei allein für sie gedacht. Es solle ein bislang unüberwindbar scheinendes Hindernis auf dem Weg beseitigen, den der Papst verfolgen wolle: ihre Rückkehr in die volle Gemeinschaft mit Rom. Tatsächlich stellte die Liberalisierung der alten Messe eine der von den Anhängern Lefebvres gestellten Bedingungen dar, um einen Dialog mit dem Vatikan aufzunehmen.

Mit Messori spricht Bischof Bernard Fellay, der Generalobere der Bruderschaft. Er äußert sich zufrieden über das päpstliche Motu Proprio, gibt jedoch gleichzeitig zu verstehen, dass dies nicht ausreiche. Die „andersgläubigen" Anhänger Lefebvres – wie Missori sie nennt – „haben stets darauf beharrt", so Fellay, „dass die neue eucharistische Liturgie nur der Ausdruck einer in vielen Punkten unannehmbaren Richtung ist, die nach dem Zweiten Vatikanum von der katholischen Kirche verfolgt wurde. So hieß es in gewissen traditionalistischen Kreisen häufig, dass ein Dekret, wie der Papst es jetzt verabschiedet hat, nicht nur unzureichend sei, sondern auch in gewisser Weise irreführend sein könne, indem es die Missverständnisse verstärkt."

Fellay zeigt sich jedoch sehr optimistisch. Er sagt, das Dokument des Papstes sei „nicht nur ein Schritt, sondern ein Sprung in die richtige Richtung". Die „Normalisierung" der Messe, und zwar nicht der des heiligen Pius V., sondern der Kirche seit jeher, sei „ein Akt der Gerechtigkeit, eine außerordentliche übernatürliche Hilfe im Moment einer schweren Krise für die Kirche". Und weiter heißt es: „Die erneute Behauptung seitens des Heiligen Vaters, es gebe eine Kontinuität zwischen dem Zweiten Vatikanum und der neuen Messe mit der steten Tradition der Kirche – also das Abstreiten, dass das Konzil zu einem Bruch mit den vorhergehenden neunzehn Jahrhunderten geführt habe – drängt uns, die Diskussion über die Lehre fortzusetzen. *Lex orandi, lex credendi*, man glaubt, wie man betet. Und nunmehr ist erkennbar, dass in der alten Messe ‚richtig' gebetet wird."

Fellay zufolge hätte Rom niemals ein Motu Proprio veröffentlicht, wenn sich die Piusbruderschaft nicht jahrelang als Stachel erwiesen hätte. Er sagt: „Die Vorsehung hat uns erlaubt, ein Werkzeug zu sein, um Rom anzustacheln und diesen Tag zu erreichen. Doch wir sind uns auch bewusst, dass wir nur ein Thermometer sein können, um ein Fieber anzuzeigen, das einer angemessenen Therapie bedarf. Dieses Dokument ist ein fundamentaler Schritt auf einem Weg, den man nun rascher beschreiten muss – wie wir hoffen mit tröstlichen Aussichten auch in der Frage der Exkommunikation." Keine Enttäuschung also? „Ich würde sagen Nein, auch wenn uns einige Abschnitte des Einführungsschreibens, in denen kirchenpolitische Einflüsse erkennbar sind, weniger befriedigend erscheinen."

Fellay zufolge also Licht- und Schattenseiten. Es zeigt sich das Licht eines endlich erreichten Ziels: der Möglichkeit, frei nach dem alten Ritus zu feiern. Es gibt auch Schattenseiten aufgrund des Weges, der noch zurückgelegt werden muss, aufgrund der weiterhin bestehenden tiefen Meinungsverschiedenheiten mit der katholischen Kirche, die natürlich nicht auf das Konzil verzichten will oder kann. Wenige Tage nach dem Interview mit Messori hält Fellay viele dieser Schattenseiten schwarz auf weiß fest. Er veröffentlicht eine offizielle Stellungnahme der Piusbruderschaft, aus der hervorgeht, wie viel es auf dem Weg zur vollen Gemeinschaft mit den Lefebvrianern noch zu tun gibt. In der Erklärung heißt es:

„Mit dem Motu Proprio ‚Summorum Pontificum' hat Papst Benedikt XVI. die tridentinische Messe wieder in ihre Rechte eingesetzt, wobei er in aller Deutlichkeit herausstellt, dass das vom hl. Pius V. promulgierte Römische Messbuch nie abgeschafft worden ist. Die Priesterbruderschaft St. Pius X. freut sich zu sehen, dass die Kirche so ihre liturgische Tradition wiederfindet, indem sie den Priestern und Gläubigen, die bisher davon ausgeschlossen waren, die Möglichkeit des freien Zugangs zum Schatz der überlieferten heiligen Messe zur Verherrlichung Gottes, zum Wohl der Kirche selbst und zum Heil der Seelen gewährt. Für diese große geistige Wohltat drückt die Priesterbruderschaft St. Pius X. dem Obersten Hirten ihre innige Dankbarkeit aus. Der Brief, der das Motu Proprio begleitet, verhehlt indessen nicht die Schwierigkeiten, die noch bestehen. Die Priesterbruderschaft St. Pius X. äußert den Wunsch, dass das günstige Klima, das durch die neuen Verfügungen des Hl. Stuhles geschaffen worden ist, nach der Rücknahme des Dekretes der Exkommunikation, das immer noch gegen ihre Bischöfe erlassen ist, erlaubt, die umstrittenen Punkte in der Lehre der Kirche mit mehr Gelassenheit anzugehen."

Mit großer Hoffnung spricht Kardinal Darío Castrillón Hoyos von den Lefebvrianern. Einst Präfekt der Kongregation für den Klerus, ist er seit 2007 ausschließlich Präsident der Kommission Ecclesia Dei. Er hat geduldig das Netz zwischen den Lefebvrianern und Rom geknüpft. Er sollte dann am 8. Juli der italienischen Tageszeitung „Il Giornale" sagen, dass mit der Entscheidung des Papstes die Tür für die Rückkehr der Bruderschaft St. Pius X. zur vollen Einheit mit Rom aufgestoßen werde. Er erklärt: „Wenn nach dieser Geste die Rückkehr nicht erfolgen sollte, könnte ich das wirklich nicht verstehen. Ich möchte jedoch darauf hinweisen, dass das päpstliche Dokument nicht für die Lefebvrianer gemacht wurde, sondern weil der Papst von der Notwendigkeit überzeugt ist, hervorzuheben, dass es eine Kontinuität in der Tradition gibt und dass man in der Kirche nicht über Brüche voranschreitet.

Castrillón Hoyos besteht auf der Feststellung, dass das Motu Proprio nicht für die Lefebvrianer bestimmt sei. Und das ist richtig. Und doch lenken viele nach dessen Erscheinen ihre Aufmerksamkeit augenscheinlich auf die Lefebvriander. Die Kirche hat die Exkommunikation Lefebvres und der von ihm geweihten Bischöfe auf unterschiedliche Weise erlebt. Die eine Seite spendete Beifall, weil sie bei ihnen lediglich den Willen ausmachte, das *novum* des Konzils zu zerstören. Die andere Seite war enttäuscht, weil sie in ihrem Festhalten an der Tradition positive Elemente erkannte.

Am 8. Juli schreibt der Vatikanexperte Giancarlo Zizola in der italienischen Tageszeitung „Il sole 24 ore" über das Motu Proprio und darüber, was diese Verfügung seiner Meinung nach für die Anhänger Lefebvres mit sich bringt. Er sagt: „Viel wird davon abhängen, dass die Traditionalisten einen Akt pastoraler Großzügigkeit nicht als Einschleichen in eine Bastion der Restauration interpretieren. Trotz der tönenden Aufrufe Lefebvres erklärt Benedikt XVI., dass eine Trennung der Riten keine Trennung im Glauben – traditionell bei den einen, modernistisch bei den anderen – impliziert, dass der katholische Glaube, wenn es ein solcher ist, groß genug ist, um eine Verschiedenheit der Formen zu beherbergen, ohne eine davon gering zu schätzen. Wenn einige aufgrund eines Mangels an Garantien der Gegenseitigkeit beunruhigt sind, so hat der Papst die Hoffnung, dass die ‚Kohabitation' mit der Zeit eine fortschreitende Osmose zwischen der einen und der anderen Form desselben Ritus in Gang setzt und einen gegenseitigen Ausschluss verhindert."

Der Papst hat den Wunsch, zu vereinen und nicht zu spalten. Vereinen, indem er den verschiedenen Vorstellungen in der Kirche gestattet, die Messe nach den beiden Formen des einen Ritus zu feiern. Vereinen, indem er die Minderung eines kleinen, aber schmerzhaften Schismas fördert. Vereinen in dem Wunsch, dass die Traditionalisten und vor allem die Lefebvrianer verstehen mögen, dass das Motu Proprio den Willen darstellt, ihnen entgegenzukommen, und dass sie ihrerseits zeigen, den Widerstand gegen das Konzil überwinden zu können. Vereinen, indem er der großen Mehrheit der Gläubigen, die den Ritus nach dem neuen Messbuch feiert, jenes Empfinden der Heiligkeit, das teilweise verloren gegangen ist, verständlich macht und sie es wiedergewinnen lässt.

Doch auch indem er den Gläubigen, die weiterhin dem alten Ritus verbunden sind, den Reichtum des neuen Messbuchs erklärt, zum Beispiel was die biblischen Lesungen anbelangt.

Diesen Wunsch bringt auch Kardinal Paul Poupard, der damalige Präsident des Päpstlichen Rats für die Kultur, in der italienischen Tageszeitung „La Repubblica" zum Ausdruck. Der Kardinal erklärt, der Papst habe die Absicht, „eine Wunde in der Kirche zu heilen, nämlich die Exkommunikation der Lefebvrianer. Wir hoffen, dass sich die Wunde nach diesem wichtigen Schritt wieder schließt. Wir wünschen uns, dass die Geste des Heiligen Vaters von den Lefebvrianern angenommen wird, sodass der Leib der Kirche wieder eins wird."

Während hauptsächlich diejenigen, die dem Papst geholfen haben, das Motu Proprio aufzusetzen, den Text in Schutz nehmen und sich wünschen, er möge von den Lefebvrianern gut aufgenommen werden, werden ihm von anderen Würdenträgern überraschende Breitseiten versetzt, die mit unerwarteter Kraft und unvermutetem Ungestüm erfolgen. Denn viele sind der Meinung, das Motu Proprio verrate das Konzil, seinen Geist, seinen Ansporn zur Erneuerung. Es sei eine Entscheidung, die lediglich auf die Erwartungen der Ultra-Traditionalisten eingehe und die Kirchengeschichte der letzten vierzig Jahre ignoriere.

Die bittersten Worte kommen von Luca Brandolini, dem Bischof von Sora-Aquino-Pontecorvo und Mitglied der Liturgiekommission der Italienischen Bischofskonferenz. Er erklärt der Zeitung „La Repubblica" am 8. Juli 2007: „Heute ist ein trauriger Tag für mich. Ich habe einen Kloß im Hals und kann die Tränen nicht zurückhalten. Doch ich werde dem Heiligen Vater gehorchen, weil ich ein Bischof bin und weil ich ihn mag. Ich kann jedoch nicht verbergen, dass ich über die Aushöhlung einer der wichtigsten Reformen des Zweiten Vatikanischen Konzils traurig bin." Weiter sagt er: „Es ist nicht nur für mich ein Trauertag, sondern für viele, die das Zweite Vatikanische Konzil erlebt und für es gearbeitet haben. Heute ist eine Reform ausgelöscht worden, für die viele sich unter großen Opfern eingesetzt haben, allein beseelt von dem Wunsch, die Kirche zu erneuern." Der Vatikanexperte Orazio La Rocca fragt ihn, warum er über die Entscheidung des Papstes so betroffen sei. Die Antwort Brandolinis lässt durchscheinen, wie ein Teil der Kirche sowohl das Motu Proprio als auch den Papst, der es veröffentlichen wollte, sieht. „Der Bischofsring, den ich am Finger trage, gehörte Erzbischof Annibale Bugnini, dem Vater der Liturgiereform des Konzils. Zur Zeit des Konzils war ich sein Schüler und enger Mitarbeiter. Ich war in seiner Nähe, als er an jener Reform arbeitete, und ich werde mich stets daran erinnern, mit welchem Eifer er sich für die liturgische Erneuerung eingesetzt hat. Jetzt wurde seine Arbeit zunichtegemacht."

Die Worte des Bischofs machen deutlich, dass einige Würdenträger das Motu Proprio als einen Verrat an der Liturgiereform betrachten, die nach dem Zweiten Vatikanischen Konzil in Gang und von Paul VI. im Jahre 1970 in Kraft gesetzt wurde. Für viele ist man bei dieser Reform ein wenig zu sehr über den Wortsinn und den Geist des Konzils hinausgegangen. Für andere jedoch, und zu ihnen zählt Brandolini, war diese Reform erst der Beginn einer großen Erneuerung, die noch erfolgen muss. Zwei Linien, zwei Ansichten. Eine Spaltung. Bugnini, der eigentliche Autor der Liturgiereform, wurde 1975, statt für seine Arbeit mit dem Kardinalspurpur belohnt zu werden, von Papst Paul VI. als Apostolischer

Nuntius in den Iran geschickt. Eine Entfernung, eine offenkundige Strafe. Seine Schüler sind heute noch in Rom, und in den Stunden unmittelbar nach der Veröffentlichung des Motu Proprio melden sie sich zu Wort.

Dazu zählt nicht nur Brandolini. Am 8. Juli fragt sich auch Enzo Bianchi, der Prior des Klosters Bose, auf den Seiten der Tageszeitung „La Repubblica": „Besteht nicht die Gefahr, dass das Messbuch des heiligen Pius V. Forderungen einer kirchlichen und gesellschaftlichen Situation zum Ausdruck bringt, die nicht mehr existiert? Ist die Messe des heiligen Pius V. nicht für viele eine identitätsstiftende Messe, die sie der Messe der anderen Brüder vorziehen, als ob es der Liturgie Pauls VI. an wesentlichen Elementen des Glaubens fehle?"

Die Fragen des Priors von Bose rufen verschiedene Reaktionen hervor. Zum Beispiel von Dino Boffo, dem damaligen Direktor der katholischen Tageszeitung „Avvenire". Einem Priester aus Mondoví, der fragt, warum „Avvenire" den polemischen Kommentar von Bianchi nicht veröffentlicht habe, antwortet Boffo: „Sehen Sie, wenn sich Enzo Bianchi in der ‚Repubblica' äußern will, ist dagegen nichts einzuwenden (auch wenn es hier einiges zu kommentieren gäbe); wenn das jedoch in ‚Avvenire' veröffentlicht würde (worum wir nicht gebeten wurden), hieße es gleich, auch seitens anderer Presseorgane, ‚Avvenire' stünde nicht auf einer Linie mit der Kirche."

Andere Vertreter der italienischen Kirche gehen weit über die Fragen Enzo Bianchis hinaus: Der Bischof von Alba, Sebastiano Dho, schreibt im Juli 2007 in der Monatszeitschrift des Paolinen-Ordens, „Vita Pastorale", man müsse berechtigterweise befürchten, „dass eine solche Praxis [den Pfarrern die Erlaubnis zu erteilen, die Sakramente im alten Ritus zu spenden, A. d. V.] die Gefahr mit sich bringt, de facto eine Art von Parallelkirche herbeizuführen, die nur schwer mit der gesamten Pfarrgemeinde vereinbar wäre".

Der Erzbischof von Pisa, Alessandro Plotti, geht ebenfalls im Monat Juli weit über eine einfache Äußerung gegenüber der Presse hinaus. Er veröffentlicht eine „Erklärung", in der er daran erinnert, dass jeder Bischof der Verantwortliche für die Liturgie in der eigenen Diözese sei und dass das Messbuch Pauls VI. die normale Form der eucharistischen Liturgie bleibe, während das römische Missale aus der Zeit vor dem Konzil als „außerordentliche" Form verwendet werden könne. Die Autorität des Konzils dürfe nicht beschnitten, die Liturgiereform nicht in Zweifel gezogen sowie das Werk von Paul VI. und Johannes Paul II. nicht geleugnet werden. Plotti greift den Papst nicht direkt an. Doch seine „Erklärung" nach einem Motu Proprio, das der Papst auf eingehende Weise in einem eigenen Brief erläutert hatte, klingt wie der Wunsch, sich hervorzutun. Und gleichzeitig verdeutlicht sie den Gläubigen von Pisa, dass es in ihrer Diözese gewiss nicht einfach sein wird, die Messe nach dem alten Ritus zu feiern. In Pisa wie in vielen anderen italienischen Diözesen wird die Anwendung des Motu Proprio auf Schwierigkeiten stoßen.

Unter den Kritikern muss auch Kardinal Carlo Maria Martini, der emeritierte Erzbischof von Mailand, erwähnt werden. Er vertraut seine Überlegungen der Tageszeitung „Il Sole 24 Ore" an. Am 29. Juli lässt er wissen, dass er nicht die Messe nach dem alten Messbuch feiern will. Er sagt, das christliche Leben vor dem Konzil habe ein „Gefühl der Stickigkeit" ausgestrahlt, fügt jedoch an, er vertraue auf den gesunden Menschenverstand der Leute, „die verstehen werden, dass der Bischof ... nicht einfach die Zahl der Messfeiern vermehren kann".

Im Monat September, wenige Tage nach Inkrafttreten des Motu Proprio, findet in Rom die Vollversammlung der Italienischen Bischofskonferenz statt. Die Diskussion erfolgt hinter verschlossenen Türen, doch es sickert durch, dass einige Bischöfe gegen das Motu Proprio Widerstand leisten. Zu ihnen gehören einigen Zeitungen zufolge: Carlo Ghidelli, der Bischof von Lanciano-Ortona; Bruno Forte, der Erzbischof von Chieti-Vasto; Paolo Romeo, der Erzbischof von Palermo; Felice Di Molfetta, der Bischof von Cerignola und Präsident der bischöflichen Liturgiekommission. Letzterer hatte bereits vor der Herausgabe des päpstlichen Dokuments den Brief gutgeheißen, den eine Gruppe italienischer Liturgiewissenschaftler an den Papst geschickt hatte, um ihn zu bitten, den alten Ritus nicht zu liberalisieren. Nach Ansicht dieser Bischöfe ist die Ekklesiologie, die sich im alten Missale findet, nicht mit der Ekklesiologie vereinbar, die das Konzil umrissen hat. Man bringt den Vorschlag vor – der abgelehnt wird –, als Italienische Bischofskonferenz ein erklärendes Dokument vorzubereiten, um den päpstlichen Text abzumildern. Zur Verteidigung Benedikts XVI. und seines Entschlusses intervenieren unter anderem die Kardinäle Camillo Ruini, Angelo Scola und Carlo Caffarra.

Natürlich üben auch einzelne Priester und Wissenschaftler Kritik an dem Motu Proprio. Zu ihnen zählt der bekannte Liturgiewissenschaftler Rinaldo Falsini, der ein Vorwort für ein Buch des Genueser Priesters Paolo Farinelli mit dem Titel „Ritorno all'antica messa. Nuovi problemi e interrogativi" [Rückkehr zur alten Messe. Neue Probleme und Fragen] verfasst, das bei „Il Segno dei Gabrielli" herausgegeben wird.

Das Buch ist ein flammendes Plädoyer gegen die Entscheidung des Papstes. Falsini distanziert sich zwar vom Ton Farinellas (einem Priester, der es aufgrund heftiger Attacken gegen den Papst, gegen Erzbischof Angelo Bagnasco von Genua und gegen Staatssekretär Tarcisio Bertone in die Nachrichten schaffen wird), doch er stellt sich ausdrücklich hinter die Meinung des Autors. Er erklärt: „Das Motu Proprio weist nirgendwo ausdrücklich darauf hin, dass die Wiederzulassung des Missales von Pius V. (Edition 1962) der formalen und aufrichtigen Annahme des Konzils und des päpstlichen Lehramts, das seine Reform durchgeführt hat, untergeordnet sein muss. Ohne diese gefühls- und verstandesmäßige Zustimmung besteht die Gefahr, dass – auch gegen die Absichten und den Willen des Papstes – ein Gegensatz zwischen dem Konzil von Trient und dem Zweiten Vatikanum geschaffen wird." Weiter sagt er: „Es geht nicht um die ‚lateinische Messe' oder die Messe in italienischer Sprache, wie die meisten Medien herausgestellt haben. Es geht um die Treue zum Zweiten Vatikanischen Konzil, das Johannes XXIII. als ‚Tag für die Kirche, der von leuchtendem Licht kündet', angekündigt hat."

Neben Falsini meldet sich mit dem Salesianer Manlio Sodi – Konsultor des Amts für die liturgischen Feiern des Papstes – ein weiterer Liturgiewissenschaftler zu Wort. Bei den „Edizioni Messaggero" in Padua erscheint ein kleines Bändchen von ihm mit dem Titel „Il Messale di Pio V. Perché la Messa in latino nel III millennio?" [Das Messbuch von Pius V. Warum die lateinische Messe im dritten Jahrtausend?] Es handelt sich um wenige Seiten, auf denen seine große Enttäuschung über den päpstlichen Text zum Ausdruck kommt.

Auch einige Intellektuelle und Gelehrte zeigen sich verwundert. Im Kulturteil des „Corriere della Sera" tritt am 22. September der Kirchenhistoriker Alberto Melloni an. Als Nachfolger von Giuseppe Alberigo leitet er die „Schule von Bologna", das Forschungszentrum, das seit Jahrzehnten eine Sicht des Konzils verbreitet, die Ratzinger als Hermeneutik des Bruchs bezeichnet. In einem kurzen Kommentar weist er darauf hin, dass der Text des Motu Proprio noch nicht in den „Acta Apostolicae Sedis" veröffentlicht wurde. Das Schreiben existiere somit nur „in web tantum", das heißt, es sei nur ein virtueller Text, der noch auf Veränderungen warte. Nachdem Melloni auf die kritischen Kommentare einiger Geistlicher zum Motu Proprio hingewiesen hat, spricht er der – seinen Aussagen zufolge – „weisen Entscheidung" seinen Beifall aus, „einen Text noch in der Schwebe zu halten, der mehr Probleme aufwirft, als sie zu lösen".

Wie der Vatikanexperte Gianni Cardinale am 14. März 2008 in der katholischen Zeitung „Avvenire" erklärt, beruhe die Verzögerung der Veröffentlichung in Wirklichkeit auf der Tatsache, dass die endgültige und verbindliche Version des Motu Proprio „Summorum Pontificum" im Vergleich zu der am 7. Juli 2007 verbreiteten Version noch einige kleine Veränderungen aufweise. Cardinale zählt diese Veränderungen minutiös auf: „Zunächst hat das Motu Proprio einen Untertitel bekommen (De uso extraordinario antiquae formae Ritus Romani), den es zuvor nicht gab. In Artikel 1 wurde der Begriff ‚conditiones' durch die korrektere Form ‚condiciones' ersetzt. In Artikel 3 ist der Begriff ‚plerumque' (meistens) durch ‚habitualiter' (gewöhnlich) ersetzt worden, ohne dass dadurch jedoch der wesentliche Inhalt der Disposition verändert wurde. Eine konkretere Veränderung hingegen findet sich in Artikel 5 §1: ‚In Pfarreien, wo eine Gruppe von Gläubigen, die der früheren Liturgie anhängen, dauerhaft (stabiliter) existiert, hat der Pfarrer deren Bitten, die heilige Messe nach dem im Jahr 1962 herausgegebenen Römischen Messbuch zu feiern, bereitwillig aufzunehmen.' In der ursprünglichen Version stand an Stelle des Begriffs ‚stabiliter' der Ausdruck ‚continenter', der wörtlich ‚ununterbrochen' bedeutet und irrtümlich den Gedanken nahelegen konnte, eine Gruppe von Gläubigen habe nur dann ein Recht auf die vorkonziliare Messe, wenn sie bereits vor der Veröffentlichung des Motu Proprio bestanden und sich nicht erst in seiner Folge gebildet habe." Es handelt sich um eine wichtige Veränderung, die dem Drängen der Traditionalisten entgegenkommt.

„Eine weitere Veränderung findet sich schließlich in Artikel 7: ‚Wo irgendeine Gruppe von Laien durch den Pfarrer nicht erhalten sollte, worum sie nach Art. 5 § 1 bittet, hat sie den Diözesanbischof davon in Kenntnis zu setzen. Der Bischof wird nachdrücklich ersucht, ihrem Wunsch zu entsprechen. Wenn er für eine Feier dieser Art nicht sorgen will (non vult), ist die Angelegenheit der Päpstlichen Kommission Ecclesia Dei mitzuteilen.' In diesem Fall ersetzt der Begriff ‚non vult' das ursprüngliche ‚non potest' (nicht kann)."

Das Motu Proprio ruft auch außerhalb Italiens unterschiedliche Reaktionen hervor. Viele Bischöfe lehnen sich auf. Zu ihnen zählen die deutschen Bischöfe. Der damalige Vorsitzende der Deutschen Bischofskonferenz, Kardinal Karl Lehmann, vertraute seine Ansichten der „Frankfurter Allgemeinen Zeitung" an. Er räumt ein, dass der Beschluss des Papstes dazu diene, einen Beitrag zur Versöhnung in der Kirche zu leisten. Aber er werde auf die Feier der Sonntagsmesse in Deutschland keinerlei Auswirkungen haben. Die Feier der Messe, so sagt er, werde sich weiter an der Beachtung der normalen, eigentlichen, richtigen Form ausrichten. Die Worte Lehmanns stellen keine direkte Kritik an den Worten des Papstes dar. Sie bringen aber dennoch einen Missklang zum Ausdruck: Für uns, so sagt der Kardinal, wird sich nichts ändern.

Äußerst hart fällt hingegen die Reaktion des französischen Episkopats aus. Die Kirche in Frankreich steckt in einer tiefen Krise. Die Seminare verlieren jedes Jahr Priesteramtskandidaten. Es treten immer weniger neue Seminaristen ein und die Kirchen werden immer leerer. Die traditionalistischen Gemeinschaften hingegen erleben eine Blütezeit. Und sie gewinnen Anhänger. Aus diesem Grund hatten die französischen Bischöfe bereits vor der Veröffentlichung des Motu Proprio beschlossen, etwas zu unternehmen. Es ist der November des Jahres 2006. Die Bischöfe sind bei einer Vollversammlung. Sie sprechen über die Absicht des Papstes, den alten Ritus zu liberalisieren. Sie sehen darin nicht nur eine Bedrohung der Liturgiereform des Zweiten Vatikanischen Konzils, sondern der Einheit der Kirche. Schon im Oktober hatten die Bischöfe von Straßburg, Metz und der Kirchenprovinz von Besançon eine Mitteilung geschrieben, in der sie bereits im Vorhinein protestieren: „Die Bischöfe hegen die Befürchtung, dass die Freigabe des römischen Missales von 1962 die Vorgaben des Zweiten Vatikanischen Konzils relativieren könnte. Eine solche Entscheidung würde auch die Einheit unter den Priestern sowie unter den Gläubigen gefährden."

Ebenfalls im Oktober ist der ehemalige Erzbischof von Paris, Kardinal Jean-Marie Lustiger, in Audienz bei Benedikt

XVI. Ihn begleitet Kardinal Jean-Pierre Ricard, der Erzbischof von Bordeaux und Vorsitzende der Französischen Bischofskonferenz. Die beiden wollen den Befürchtungen ihrer Mitbischöfe über das angekündigte Motu Proprio Ausdruck verleihen. Im Oktober findet auch noch eine Konferenz aus Anlass des fünfzigsten Jahrestags der Gründung des Pariser Instituts für Liturgiewissenschaft statt. Hier gibt der Erzbischof von Paris und Vorsitzende des Instituts, André Vingt-Trois, zu, dass die in den letzten Jahrzehnten in Frankreich durchgeführte liturgische Erneuerung zu manchmal dilettantischen oder unpräzisen Entwicklungen geführt habe, die den Eindruck eines Bruchs mit der Tradition erwecken konnten. Dann sagt er jedoch, dass man unter dem Deckmantel der Mobilmachung für die Verteidigung einer liturgischen Form eine radikale Kritik am Zweiten Vatikanischen Konzil beziehungsweise eine regelrechte Zurückweisung einiger seiner Erklärungen erlebt habe. Und weiter erklärt er: „Auf die Ablehnung der regulär promulgierten liturgischen Bücher folgte die öffentliche Beleidigung der Päpste und das Ganze gipfelte schließlich in aggressiven Handlungen wie der gewaltsamen Besetzung einer Pfarrkirche in Paris. (...) Keiner der Protagonisten dieser Auseinandersetzungen hat je geglaubt oder gesagt, es handele sich hauptsächlich oder gar ausschließlich um ein liturgisches Problem. Es war und bleibt ein ekklesiologisches Problem. Hier wird eindeutig die Bedeutung der kirchlichen Einheit in der Gemeinschaft mit dem Stuhl Petri in Frage gestellt. Hier wird eindeutig die Autorität eines ökumenischen Konzils in Frage gestellt."

Im November 2006 sagt Kardinal Ricard zu Beginn der Eröffnung der Hauptversammlung der Bischofskonferenz: „Die Entscheidung, den Priestern die Möglichkeit freizustellen, die Messe nach dem Missale von 1962 zu feiern, ist noch nicht gefallen. Das angekündigte Motu Proprio wurde noch nicht unterzeichnet. Das Vorhaben wird Gegenstand verschiedener Konsultationen sein. Wir können jetzt unsere Befürchtungen und unsere Hoffnungen zum Ausdruck bringen." Und weiter erklärt er: „Dieses Vorhaben ist nicht Zeichen des Wunsches, das Missale Pauls VI. zu kritisieren oder die Liturgiereform zu reformieren. Die liturgischen Bücher, die nach dem Zweiten Vatikanischen Konzil verfasst und promulgiert wurden, sind die normale und folglich gewöhnliche Form des römischen Ritus. Dieses Vorhaben entspringt vielmehr dem Wunsch Benedikts XVI., alles in seiner Macht Stehende zu tun, um das Schisma mit den Lefebvrianern zu beenden. Im Gegensatz zu den Absichten, die ihm von einigen unterstellt werden, will Papst Benedikt XVI. nicht die Richtung umkehren, die das Konzil der Kirche vorgegeben hat. Dazu hat er sich feierlich verpflichtet."

Doch die Bischöfe fühlen sich dadurch nicht beruhigt. Und sie formulieren eine Bitte an den Papst: „Wir möchten weiterhin diejenigen aufnehmen, die ihre Verbundenheit mit der Messe des heiligen Pius V. bewahren. Die Vielfalt ist möglich. Doch sie muss geregelt werden. Hier geht es um die Einheit der Liturgie und die Einheit der Kirche. Es ist nicht gut, wenn die Entscheidung für eine der Formen des römischen Ritus – die Messe des heiligen Pius V. oder die Messe Pauls VI. – allein dem subjektiven Ermessen überlassen wird." Die französischen Bischöfe bitten Papst Ratzinger also, die Regeln nicht zu lockern, die Johannes Paul II. für die Verwendung des tridentinischen Missales aufgestellt hatte.

In den folgenden Monaten werden sie das auch weiterhin fordern. Der Papst muss daher während seiner apostolischen

Reise nach Frankreich vom 12. bis 15. September 2008 aus Anlass des 150. Jahrestags der Erscheinungen von Lourdes eingreifen, um sie zur Ordnung zu rufen. Als er am Sonntag, dem 15. September, in Lourdes den französischen Bischöfe begegnet, fordert er sie dazu auf, als Hirten alle aufzunehmen, auch die Gläubigen, die sich im alten Ritus mehr „zu Hause" fühlen. Schon im Flugzeug, das ihn am Freitag zuvor nach Frankreich gebracht hatte, sprach Benedikt XVI. über den alten Ritus. Ein Journalist fragt ihn: „Was würden Sie denen sagen, die in Frankreich fürchten, dass das Motu Proprio ‚Summorum Pontificum' ein Zeichen des Rückschritts angesichts der großen Intuitionen des Zweiten Vatikanischen Konzils ist? Wie können Sie sie beruhigen?"

Der Papst antwortet folgendermaßen: „Das ist eine unbegründete Furcht, denn dieses Motu Proprio ist einfach ein Akt der Toleranz aus pastoraler Absicht gegenüber Menschen, die in dieser Liturgie geformt wurden, sie lieben, kennen und mit dieser Liturgie leben wollen. Es ist eine zahlenmäßig begrenzte Gruppe, denn diese Liturgie setzt eine Bildung in der lateinischen Sprache voraus, die Ausbildung in einer gewissen Kultur. Diesen Menschen Liebe und Toleranz entgegenzubringen, ihnen zu erlauben, mit dieser Liturgie zu leben, erscheint als normales Erfordernis des Glaubens und der Pastoral eines Bischofs unserer Kirche. Es gibt keinen Gegensatz zwischen der vom Zweiten Vatikanum erneuerten Liturgie und dieser Liturgie. Täglich haben die Konzilsväter die Messe nach dem alten Ritus gefeiert und zugleich haben sie eine natürliche Entwicklung für die Liturgie in diesem Jahrhundert entworfen, denn die Liturgie ist eine lebendige Realität, die sich entwickelt und dabei in ihrer Entwicklung ihre Identität bewahrt. Es gibt sicherlich unterschiedliche

Akzente, aber dennoch eine grundlegende Identität, die einen Widerspruch, einen Gegensatz zwischen der erneuerten Liturgie und der vorangegangenen ausschließt. Ich denke, es gibt in jedem Fall die Möglichkeit einer gegenseitigen Bereicherung. Einerseits können und müssen die Freunde der alten Liturgie die neuen Heiligen, die neuen Präfationen und so weiter kennen. Andererseits unterstreicht die neue Liturgie stärker die tätige Teilnahme, aber sie ist nicht nur die Versammlung einer bestimmten Gemeinschaft, sondern immer ein Akt der universalen Kirche, in Gemeinschaft mit allen Gläubigen aller Zeiten, und ein Akt der Anbetung. In diesem Sinn scheint es mir eine gegenseitige Bereicherung zu geben, und es ist klar, dass die erneuerte Liturgie die ordentliche Form der Liturgie unserer Zeit ist."

In Holland reagiert eine Gruppe von Dominikanern auf ihre Weise auf das Motu Proprio des Papstes. Angesichts der Rückkehr des alten Ritus schlagen sie einen vollkommen neuen vor. Im Grunde machen sie einen Vorschlag, der darauf abzielt, die Ordnung jeder Messe umzustürzen, ganz gleich, ob alt oder neu.

Der Vorschlag ist in einem Bändchen von 38 Seiten enthalten, das in allen 1 300 katholischen Pfarreien des Landes verteilt wird. Es trägt den Titel „Kerk en Ambt" – „Kirche und Lehramt". Für den Fall, dass kein Priester verfügbar sein sollte, schlagen die Dominikaner vor, dass eine von der Gemeinde gewählte Person der Eucharistiefeier vorstehen soll. „Es ist gleich, ob diese Person männlich oder weiblich, homo- oder heterosexuell, verheiratet oder ledig ist." Die ausgewählte Person und die Gemeinde sollten dann gemeinsam die Worte der Konsekration sprechen. „Es ist kein Vorrecht des Priesters, diese Worte zu sagen. Es handelt sich um den bewussten Ausdruck des Glaubens der ganzen Gemeinde." Das Bändchen ist von den Oberen des Ordens in Holland gebilligt worden. Geschrieben haben es die Patres André Lascaris, Theologieprofessor in Nimwegen, Jan Nieuwenhuis, Direktor des ökumenischen Zentrums der Dominikaner in Amsterdam, Harrie Salemans, Pfarrer in Utrecht, und Ad Willems, ein weiterer Theologe in Nimwegen. Der Theologe, auf den sie sich im Grunde beziehen, ist jedoch Edward Schillebeeckx, der bekannteste niederländische Dominikaner, der zu dem Zeitpunkt 93 Jahre alt ist. In den Achtziger Jahren musste er sich vor der Glaubenskongregation für Thesen verantworten, die denen, die nun in diesem Bändchen zusammengeflossen sind, ähnlich waren. Die holländische Bischofskonferenz behält sich eine offizielle Antwort vor, lässt jedoch wissen, dass der Vorschlag der Dominikaner offenbar „im Konflikt mit der Lehre der katholischen Kirche" steht. Eines ist jedenfalls sicher: Auch in Holland stößt die Rezeption des Motu Proprio auf Schwierigkeiten. Um eine Verfügung zu beseitigen, die als „ultrakonservativ" gilt, wird ein „ultra-progressiver" Vorschlag ins Feld geführt.

Probleme hinsichtlich der Rezeption und der Umsetzung des Motu Proprio gibt es auf der ganzen Welt. Im September 2008 spricht sie der Sekretär der Päpstlichen Kommission „Ecclesia Dei", Monsignore Camille Perl, im Laufe eines Kongresses an, der den Titel trägt: „Das Motu Proprio ‚Summorum Pontificum' seiner Heiligkeit Benedikt XVI. – Ein spiritueller Reichtum für die ganze Kirche – Bilanz nach einem Jahr". Das Urteil Perls ist kurz und bündig: „In Italien hat die Mehrheit der Bischöfe – mit wenigen bewundernswerten Ausnahmen – der Anwendung des Moto Proprio über die lateinische Messe Hindernisse in den Weg gelegt."

In Italien gibt es also Probleme, aber nicht nur dort. Perl sagt weiter: „In Deutschland hat die Bischofskonferenz eine bürokratische Richtlinie veröffentlicht, die die Anwendung des Motu Proprio sehr erschwert." Auch in Frankreich steht es nicht zum Besten. Perl weiter: „Auf meinem Schreibtisch häufen sich Briefe von Gläubigen aus allen Teilen der Welt, die die Anwendung des Motu Proprio fordern. Doch man muss berücksichtigen, dass die Zahl der Priester fast überall nicht sehr hoch ist. So kann ein Priester, der bereits drei oder vier Messen am Tag lesen muss, nicht noch eine weitere hinzufügen." Auch müsse berücksichtigt werden, dass der reformierte Ritus Pauls VI. nunmehr seit vierzig Jahren in Kraft sei und dass es viele Priester gebe, die die Messe nicht nach dem alten Ritus zu feiern wüssten. Ganz zu schweigen davon, dass sie nach einer bestimmten Ansicht indoktriniert worden seien: dass nämlich die alte Liturgie überholt sei.

Selbst in der römischen Kurie herrscht keine Einigkeit. Zu den Befürwortern des Motu Proprio zählt der Sekretär der Kongregation für den Gottesdienst und die Sakramentenordnung, Erzbischof Albert Malcolm Ranjith aus Sri Lanka. Nach der Ernennung des US-Amerikaners William Joseph Levada zum Präfekten der Glaubenskongregation handelte es sich bei Ranjith um die zweite wichtige Ernennung, die Benedikt XVI. zu Beginn seines Pontifikats vorgenommen hatte. Ranjith kommt im Dezember 2005 mit der präzisen Aufgabe nach Rom, für die Herausgabe des Motu Proprio an der Seite Benedikts XVI. zu arbeiten. Am 20. November 2007 muss er im „Osservatore Romano" das Schreiben „Summorum Pontificum" verteidigen, das von mehreren Seiten angegriffen wird: „Es bestand eine stetig steigende, immer organisiertere Nachfrage nach der tridentinischen

Messe. Dagegen ging die Treue gegenüber den Normen der Eucharistiefeier immer weiter zurück. Je mehr diese Treue, die Bedeutung der Schönheit und des Staunens in der Liturgie abnahmen, desto stärker wurde die Nachfrage nach der tridentinischen Messe ... Jahrelang wurde mit der Liturgie zu viel Missbrauch betrieben und viele Bischöfe haben das ignoriert ... Das Problem war also nicht die Nachfrage nach der tridentinischen Messe, sondern eher ein gewaltiger Missbrauch hinsichtlich der Erhabenheit und Würde der Eucharistiefeier. Dazu konnte der Heilige Vater nicht schweigen."

Ranjith unterstreicht die Kontinuität zwischen der Enzyklika „Mediator Dei" über die Liturgie von Pius XII. aus dem Jahr 1947 und der Liturgiekonstitution des Zweiten Vatikanums, „Sacrosanctum Concilium". Er versucht, zum Kern des Problems zu kommen: Das Motu Proprio bezeuge, dass eine Kontinuität zwischen „prä-" und „post"-konziliar bestehe. Es handele sich nicht um einen Entschluss gegen das eine oder das andere, sondern vielmehr um einen Entschluss zugunsten der einen Kirche, die mit verschiedenen Worten betet, aber den einen Ritus feiert. Ranjith bemüht sich, mit weiteren Interviews auf die Kritiken zu reagieren. Einige davon sind sehr hart gegenüber denen, die die Entscheidung des Papstes kritisieren. Seine Worte und vor allem der Ton, den er wählt, gefallen einem Teil der römischen Kurie nicht. Was Ranjith sagt und wie er es sagt, stört diejenigen, die Probleme mit dem Motu Proprio Benedikts XVI. haben.

So wird Ranjith im Juni 2009 zum Erzbischof von Colombo ernannt. Viele interpretieren seine Beförderung als einen Sieg derjenigen, die in der römischen Kurie gegen das Motu Proprio sind. Diesem Interpretationsschlüssel zufolge wäre die Beförderung Ranjiths ein klassischer Fall von *promoveatur ut amoveatur* – er wird befördert, damit man ihn los wird.

Der Geistliche aus Sri Lanka war bereits als Sekretär der Propaganda Fide Mitglied der römischen Kurie gewesen. Man hatte ihn aufgrund von Meinungsverschiedenheiten mit dem damaligen Präfekten Crescenzio Sepe durch die Ernennung zum Apostolischen Nuntius entfernt. Kardinal Joseph Ratzinger hatte das nicht gutgeheißen. Bei den ersten Ernennungen seines Pontifikats ordnet er daher den Wechsel des Sekretärs der Kongregation für den Gottesdienst und die Sakramentenordnung an. Er sendet diesen, Erzbischof Domenico Sorrentino, nach Assisi und ruft Ranjith in die Kurie zurück, mit der möglichen Absicht, ihn auf die Nachfolge von Kardinal Francis Arinze, dem Präfekten der Kongregation, vorzubereiten. Es wird nicht nur nicht zu dieser Nachfolge kommen, sondern der Geistliche aus Sri Lanka wird Rom ein zweites Mal verlassen. Einige erinnern allerdings daran, dass die Ernennung Ranjiths als Erzbischof von Colombo auf die ausdrückliche und wiederholte Bitte Sri Lankas an den Heiligen Stuhl erfolgt sei. Der Erzbischofssitz der Hauptstadt Sri Lankas bringt dem Geistlichen zudem das Kardinalsbirett ein.

Es ist nicht einfach auszumachen, wer in der römischen Kurie dem Motu Proprio entgegengewirkt hat. Ein Detail kann jedoch die Situation verdeutlichen, in der sich der Papst befindet. Immer noch findet sich das Motu Proprio auf der Webseite des Vatikans nur in lateinischer und in ungarischer Sprache. Es sind jetzt fast vier Jahre vergangen, und es ist immer noch nicht möglich, die endgültige Fassung auf Englisch, Italienisch, Spanisch, Französisch, Portugiesisch und Deutsch im Internet zu konsultieren.

Doch nicht alles, was das Motu Proprio betrifft, ist eine innerkirchliche Angelegenheit. Harte Kritik kommt auch von außen. Denn das Motu Proprio berührt bestimmte Empfindlichkeiten. Unter anderem bei den Juden. Schon vor der Veröffentlichung des Papsttextes hatten Vertreter der Juden verschiedene Vorbehalte zum Ausdruck gebracht. Gegenstand der Kritik ist der Text des alten Ritus zur Kreuzesliturgie am Karfreitag. Für die Juden ist nicht akzeptabel, dass die Kirche wieder betet: „Oremus pro perfidis Judaeis" – „Lasset uns auch beten für die treulosen Juden". In Wirklichkeit hält sich der Text, den der Papst nun wieder freigibt, an die Formel, die Johannes XXIII. bereits 1962 verändert hatte. Aus ihr war der Begriff „treulos" damals schon entfernt worden.

Man muss hier allerdings in Erinnerung rufen, dass einige traditionalistische Gruppen leider nicht das Missale von Johannes XXIII. nachdrucken lassen, sondern das vorhergehende Missale aus dem Jahr 1954, in dem dieser antijüdische Ausdruck noch vorkommt.

Zu Protesten kommt es dennoch. Mehrere Rabbiner aus aller Welt zeigen sich empört über die Tatsache, dass der Papst erneut Gebete zulässt, die das Zweite Vatikanum abgeschafft hatte.

So muss Benedikt XVI. eingreifen, dem an der Beziehung mit den Juden besonders viel liegt, da er als Theologe viel über das besondere und untrennbare Band nachgedacht hat, das die Christen mit ihrer jüdischen Wurzel verbindet. Er tut dies in Form einer Mitteilung des Staatssekretariats, die im 6. Februar 2008 im „Osservatore Romano" veröffentlicht wird. Er verändert die Worte nach dem alten Ritus, die als kritisch angesehen werden, nämlich die Aufforderung, für die Juden zu beten, „dass Gott, der Herr, den Schleier von ihren Herzen nehme, damit auch sie erkennen unsern Herrn Jesus Christus". In diesen Worten klingt ein Text des heiligen Paulus an.

Diese achte Karfreitagsfürbitte im Missale von 1962 lautete folgendermaßen: „Allmächtiger, ewiger Gott, der du auch die Juden nicht von deiner Barmherzigkeit verstößt: Erhöre unsere Fürbitten, die wir aufgrund der Verblendung dieses Volkes verrichten, damit es nach der Anerkennung des Lichtes deiner Wahrheit, die Christus ist, aus seiner Finsternis herausgerissen werde. Durch denselben Christus unseren Herrn. Amen."

[vgl. http://k0066.kathhost.net/liturgie_roemischer_ritus.html].

Der Papst verändert beide Formulierungen. Er verfügt, für die Juden zu beten, „auf dass Gott, unser Herr, ihre Herzen erleuchte, damit sie Jesus Christus erkennen, den Retter aller Menschen".

Und die darauf folgende neue Fürbitte, die Benedikt XVI. persönlich überarbeitet hat, lautet nun: „Allmächtiger, ewiger Gott, Du willst, dass alle Menschen gerettet werden und zur Erkenntnis der Wahrheit gelangen. Gewähre gnädig, dass beim Eintritt der Fülle aller Völker in Deine Kirche ganz Israel gerettet wird. Durch Christus, unseren Herrn. Amen."

Der Grund, der den Papst dazu veranlasst, den Wortlaut zu verändern, wird in einer Mitteilung von „La Civiltà Cattolica" gut erklärt, der angesehenen Zeitschrift der Jesuiten, deren Texte vor der Veröffentlichung im vatikanischen Staatssekretariat gegengelesen werden: „Im derzeitigen Klima des Dialogs und der Freundschaft zwischen der katholischen Kirche und dem jüdischen Volk schien dem Papst (die Veränderung des Wortlauts) richtig und angebracht zu sein, um jede Äußerung zu vermeiden, die auch nur den geringsten Anschein haben könnte, Juden zu verletzen oder ihnen aus irgendeinem Grund nicht zu gefallen." Die Worte aus der vorherigen Fassung, die viele für verletzend hielten, waren vor allem „Verblendung" und „Finsternis". Beide sind aus der neuen Fassung verschwunden.

Doch die Juden sind noch nicht zufrieden. Der schärfste Protest kommt von der Versammlung der italienischen Rabbiner. Ein von ihrem Präsidenten Giuseppe Laras unterzeichnetes Kommunique erklärt, die neue Fürbitte stelle „einen Rückschlag für die Voraussetzungen zum Dialog" dar und sei „nur scheinbar abgeschwächt" im Vergleich zur vorhergehenden Fassung. Sie „rechtfertigt auch in der liturgischen Praxis die Vorstellung eines Dialogs, der in Wirklichkeit auf die Bekehrung der Juden zum Katholizismus abzielt, was für uns natürlich unannehmbar ist". Bezüglich der Fortführung des Dialogs mit den Katholiken sei also eine Reflexionspause nötig, die es gestatte, die tatsächlichen Absichten der katholischen Kirche in Bezug auf den Dialog voll und ganz zu verstehen. Andere jüdische Gemeinden, vor allem in Amerika, reagieren auf weniger harsche Weise und erklären, das neue Gebet gefährde nicht den Dialog mit der Kirche. Einen Dialog, der, „La Civiltà Cattolica" zufolge, „nicht auf die Bekehrung der Juden zum Christentum ausgerichtet ist, sondern sich vornimmt, im religiösen Bereich das Wissen übereinander zu vertiefen sowie den Respekt voreinander und die Zusammenarbeit in den Bereichen des Friedens und des Fortschritts zu verstärken, die heute in großer Gefahr sind".

Auch der Oberrabbiner von Rom, Riccardo Di Segni, kritisiert den Papst. Er sagt: „Das Kommunique ist sehr schön, aber es hat nichts mit dem Gegenstand der Auseinandersetzung zu tun." Und weiter erklärt er: „In der Erklärung hätten wir gerne gehört, dass die Kirche nicht für die Bekehrung der Juden betet." Nach Di Segni meldet sich der Oberrabbiner von Venedig, Elia Enrico Richetti, zu Wort. In der Januarausgabe von „Popoli", der Missionszeitung der italienischen Jesuiten, schreibt er, mit Benedikt XVI. bewege man sich auf die Auslöschung der letzten fünfzig Jahre Kirchengeschichte zu. Schneidende Worte, denen mehrere Juden zustimmen und die von einer katholischen Zeitschrift veröffentlicht werden.

Nicht alle zeigen sich jedoch unnachgiebig. Der amerikanische Rabbiner Jacob Neusner nimmt in der italienischen Tageszeitung „Il Foglio" die Korrektheit der von Benedikt XVI. eingeführten Gebetsformel in Schutz und weist darauf hin, dass auch Israel Gott darum bitte, die Ungläubigen zu erleuchten. Auch andere Vertreter der Juden bringen ihre Zufriedenheit über die Klarstellung zum Ausdruck. Zum Beispiel der Rabbiner Jack Bemporad, der Benedikt XVI. am 18. April 2008 in der Park-East-Synagoge von New York begrüßen wird.

Für den Vatikan tritt Kardinal Walter Kasper auf den Plan, der Präsident des Päpstlichen Rats zur Förderung der Einheit der Christen und der Kommission für das Judentum. Sein Beitrag ist lang und deutlich. Kasper erklärt, die wirklich umstrittene Frage sei im Grunde: „Müssen die Christen für die Bekehrung der Juden beten? Dürfen die Juden missioniert werden?" Er stellt klar, „dass das verbreitete Unverständnis hinsichtlich des neu formulierten Karfreitagsgebets ein Zeichen ist, wie groß die Aufgabe bleibt, die im christlich-jüdischen Dialog noch vor uns liegt. Die irritierten Reaktionen, die hervorgerufen wurden, sollten also ein Anlass sein, nochmals die Grundlagen und die Ziele des christlich-jüdischen Dialogs zu klären und zu vertiefen. Wenn auf diese Weise eine Vertiefung des Dialogs in Gang gesetzt werden könnte, würde die hervorgerufene Aufregung am Ende wirklich zu einem positiven Ergebnis führen. Gewiss muss man sich immer bewusst bleiben, dass der Dialog zwischen Juden und Christen von seiner Natur her stets schwierig und fragil bleibt und große Sensibilität von beiden Seiten erfordert."

Am Ende bleibt eine Tatsache bestehen. Niemand innerhalb oder außerhalb der Kirche kann das Motu Proprio „Summorum Pontificum" wirklich verstehen, ohne auf eine Grundsatzrede des Pontifikats von Benedikt XVI. zurückzugreifen: die Ansprache, die er am 22. Dezember 2005 vor der römischen Kurie gehalten hat. Benedikt XVI. hatte sich gefragt, „warum die Rezeption des Konzils in einem großen Teil der Kirche so schwierig gewesen ist". Und geantwortet: „Die Probleme der Rezeption entsprangen der Tatsache, dass zwei gegensätzliche Hermeneutiken miteinander konfrontiert wurden und im Streit lagen. Die eine hat Verwirrung gestiftet, die andere hat Früchte getragen, was in der Stille geschah, aber immer deutlicher sichtbar wurde, und sie trägt auch weiterhin Früchte." Die erste Interpretation bezeichnete er als „Hermeneutik der Diskontinuität und des Bruches", die zweite als „Hermeneutik der Reform". Die erste Form wurde vom Papst kritisiert, die zweite als authentisch dargestellt.

Man kann das Motu Proprio nicht verstehen, wenn man nicht auf diese Worte zurückgreift. Den alten Ritus freizugeben, bedeutet aus dem Blickwinkel Benedikts XVI., dem Konzil das wiederzugeben, was eine darauf folgende Hermeneutik ihm genommen hatte. Das Konzil hat nicht die alte

Liturgie abgeschafft, sondern die Voraussetzungen für die Erneuerung der Liturgie festgelegt. Eine fehlerhafte Hermeneutik des Konzils hat hingegen zu einer völligen Abschaffung der Vergangenheit geführt. Zu einer Ablehnung all dessen, was es vorher gab, im Namen der Erneuerung. Und gegen diese Abschaffung hat der Papst das Motu Proprio promulgiert. Dazu schreibt Pietro Cantoni, ein Theologe aus Piacenza, 2007 in der September-Dezember Ausgabe der Zeitschrift „Cristianità": Das Motu Proprio „bedeutet weder die Verleugnung des Zweiten Vatikanischen Konzils noch die Verleugnung der darauf folgenden Liturgiereform. Das ist so offensichtlich, dass eine Wiederholung dieser Feststellung sogar überflüssig erscheinen könnte, wenn nicht so hartnäckig auf eine solche Gefahr hingewiesen würde. Wie immer müssen wir angesichts so hartnäckiger Reaktionen und so häufig wiederholter Behauptungen die Klugheit besitzen, in alldem einen Kern von Wahrheit zu erkennen. Wenn so viel Lärm gemacht wird, muss es doch wohl irgendwo eine Ursache geben. Und etwas wird tatsächlich verleugnet: nichts jedoch, was das Konzil, sondern was die Interpretation des Konzils im Zeichen des Bruchs betrifft."

Der Papst will nicht das Konzil in Frage stellen. Und auch nicht das Gute, das aus dem Konzil hervorgegangen ist. Benedikt XVI. wehrt sich jedoch dagegen, das Konzil als einen Moment des totalen Bruchs mit der Vergangenheit zu sehen, sowie gegen das, was nach dem Konzil ausgehend von der Theoretisierung dieses Bruchs in die Kirche gebracht wurde.

Kardinal Camillo Ruini erklärt in einem Vortrag, den er im März 2009 an der Schule für katholische Kultur, „Mariano Rumor", in Vicenza gehalten hat, dass eine der Prioritäten im Pontifikat von Benedikt XVI. das Gebet sei. Ratzinger „war einer der großen Anhänger der liturgischen Bewegung, die das Konzil vorbereitet hat, und einer der Protagonisten des Zweiten Vatikanums – und das ist er auch stets geblieben. Seit der Durchführung der Liturgiereform in den ersten Jahren nach dem Konzil hatte er jedoch dem Verbot widersprochen, das Messbuch des heiligen Pius V. zu verwenden, da er darin eine Ursache für unnötiges Leiden vieler Menschen sah, die diese Liturgie liebten, sowie einen Bruch im Hinblick auf die vorhergehende Praxis der Kirche, die bei den Liturgiereformen, die im Laufe der Geschichte erfolgt waren, die Verwendung der zuvor verwendeten Liturgien nicht verboten hatte. Als Papst hat er es daher für richtig gehalten, diesen Umstand zu beheben, indem er gestattete, die Verwendung des römischen Ritus in seiner vorkonziliaren Form zu erleichtern. Dazu drängte ihn auch seine fundamentale Pflicht, die Einheit der Kirche zu fördern. Er bewegte sich außerdem auf der von Johannes Paul II. bereits vorgezeichneten Linie. In diesem Geist wurde die Aufhebung der Exkommunikation gestattet, um die Rückkehr der Lefebvrianer zu erleichtern, aber gewiss nicht, um auf die entscheidenden Bedingung für diese Rückkehr zu verzichten: die volle Annahme des Zweiten Vatikanischen Konzils, einschließlich der Gültigkeit der Messe, die nach dem Missale Pauls VI. gefeiert wird."

Und weiter: „Gewiss hat Benedikt XVI. die Interpretation des Zweiten Vatikanums in der Ansprache, die er am 22. Dezember 2005 vor der Kurie gehalten hat, präzisiert, bei der er sich von einer ‚Hermeneutik des Bruchs' distanzierte, die zwei Gestalten hat: eine vorherrschende, auf deren Grundlage das Konzil eine radikale Neuheit darstellt und der Geist des Konzils weit über den Wortsinn seiner Texte hinaus von Bedeutung ist; und eine andere, dem entgegengesetzte Form dieser Hermeneutik des Bruchs, für die nur die dem Konzil vorausgehende Tradition zählt, mit der das Konzil mit verhängnisvollen Konsequenzen gebrochen habe, wie es eben die Lefebvrianer behaupten. Benedikt XVI. schlägt stattdessen eine ‚Hermeneutik der Reform' vor, der Neuheit in der Kontinuität, die bereits Paul VI. und Johannes Paul II. vertreten hatten: Das Konzil stellt also eine große Neuheit dar, jedoch in der Kontinuität mit der einen katholischen Tradition. Nur diese Form der Hermeneutik ist theologisch vertretbar und pastoral fruchtbar."

Diese Ansprache vor der römischen Kurie findet also eine ihrer konkreten Umsetzungen in „Summorum Pontificum", einem Dokument, das auf beiden Seiten Widerstand und Protest hervorruft. Auf der einen Seite die Kritik angesehener Vertreter der Hierarchie, die es als einen gefährlichen Rückschritt in die Vergangenheit ansehen. Auf der anderen Seite die Forderungen einiger traditionalistischer Gemeinschaften, die die großherzige Geste des Papstes als Revanche betrachten. Weder die einen noch die anderen scheinen den Geist der Versöhnung begriffen zu haben, die Benedikt XVI. so sehr am Herzen liegt.

4

DER „FALL WILLIAMSON" – DIE FALLE DER HOLOCAUST-LEUGNUNG

Am 24. Januar 2009 um zwölf Uhr veröffentlicht der Pressesaal des Heiligen Stuhls ein Komunique und ein von Kardinal Giovanni Battista Re unterzeichnetes Dekret. Mit ihm wird auf Wunsch Benedikts XVI. die Exkommunikation aufgehoben, die 1988 gegen die vier Bischöfe ausgesprochen wurde, die unrechtmäßig von Erzbischof Marcel Lefebvre, dem großen Gegner der Konzilsreformen, geweiht worden waren.

Es handelt sich um eine einseitige Versöhnungsgeste seitens des Papstes, der mit seiner Entscheidung eine Art Mini-Schisma heilen und die Tür für den Dialog mit der Bruderschaft St. Pius X. öffnen will. Eine Geste, die eine Kontroverse mit den Juden auslöst und den Beginn eines der schwierigsten Jahre seines Pontifikats darstellt.

Hier der Text, mit dem der vatikanische Pressesaal das Dekret vorstellt: „Der Heilige Vater hat nach einem Dialogprozess zwischen dem Apostolischen Stuhl und der Priesterbruderschaft St. Pius X. – vertreten durch S. E. Monsignore Bernard Fellay –, die neuerlich von besagtem Bischof in einem Brief vom 15. Dezember 2008 auch im Namen der anderen drei Bischöfe der Bruderschaft, Bernard Tissier de Mallerais, Richard Williamson und Alfonso de Galarreta, vorgebrachte Bitte angenommen, die Exkommunikation aufzuheben, die vor zwanzig Jahren gegen sie verhängt worden ist.

Aufgrund der Bischofsweihen, die Erzbischof Marcel Lefebvre am 30. Juni 1988 ohne päpstlichen Auftrag vorgenommen hatte, war gegen die erwähnten vier Bischöfe die Exkommunikation *latae sententiae* verhängt und formell mit einem Dekret der Kongregation für die Bischöfe vom 1. Juli 1988 erklärt worden.

Bischof Fellay hatte dem Heiligen Vater in besagtem Schreiben klar zum Ausdruck gebracht: ‚Wir sind stets willens und fest entschlossen, katholisch zu bleiben und alle unsere Kräfte in den Dienst der Kirche Unseres Herrn Jesus Christus zu stellen, die die römisch-katholische Kirche ist. Wir nehmen ihre Lehren in kindlichem Gehorsam an. Wir glauben fest an den Primat Petri und an seine Vorrechte. Und darum leiden wir sehr unter der gegenwärtigen Situation.'

Seine Heiligkeit Benedikt XVI., der diesen Prozess von Anfang an verfolgt hat, hat stets versucht, den Bruch mit der Bruderschaft wieder zu heilen, auch indem er persönlich am 29. August 2005 mit Bischof Bernard Fellay zusammentraf. Bei jener Gelegenheit hatte der Papst den Willen zum Ausdruck gebracht, stufenweise und in einer angemessenen Zeit auf diesem Weg voranzugehen, und nun hebt er durch das Dekret der Bischofskongregation vom 21. Januar 2009 wohlwollend, mit pastoralem Eifer und väterlicher Barmherzigkeit die Exkommunikation auf, die über die besagten Bischofe verhängt worden war. Der Heilige Vater wurde bei dieser Entscheidung von dem Wunsch beseelt, so bald wie möglich wieder zur vollständigen Versöhnung und zur vollen Gemeinschaft zu gelangen."

Mit diesem Komunique wird auch das von Kardinal Giovanni Battista Re, dem Präfekten der Kongregation für die

Bischöfe, unterschriebene Dekret zur Aufhebung veröffentlicht. So war auch das Dekret der Exkommunikation im Jahr 1988 vom damaligen Präfekten Bernard Gantin unterzeichnet worden. Das Dekret hat folgenden Wortlaut:

„Mit Schreiben vom 15. Dezember 2008 an S. Em. Kardinal Dario Castrillón Hoyos, den Präsidenten der Päpstlichen Kommission Ecclesia Dei, hat Bischof Bernard Fellay – auch im Namen der drei übrigen am 30. Juni 1988 geweihten Bischöfe – erneut die Aufhebung der Exkommunikation *latae sententiae* erbeten. Diese war formell mit einem Dekret des Präfekten dieser Kongregation für die Bischöfe vom 1. Juli 1988 erklärt worden. (...)

Mit väterlichem Empfinden gegenüber der von den Betroffenen bekundeten geistlichen Beschwernis wegen der Strafe der Exkommunikation und im Vertrauen auf ihre in dem genannten Schreiben geäußerte Verpflichtung, keine Mühe zu scheuen, um in den notwendigen Gesprächen mit dem Heiligen Stuhl die noch offenen Fragen eingehend zu prüfen und dadurch bald zu einer vollständigen und befriedigenden Lösung des ursprünglichen Problems gelangen zu können, hat Papst Benedikt XVI. beschlossen, die kirchenrechtliche Situation der Bischöfe Bernard Fellay, Bernard Tissier de Mallerais, Richard Williamson und Alfonso de Galarreta zu überdenken, die durch ihre Bischofsweihe entstanden war.

Mit dieser Maßnahme möchte man die gegenseitigen vertrauensvollen Beziehungen stärken und die Verbindung zwischen der Bruderschaft St. Pius X. und dem Heiligen Stuhl festigen. Dieses Geschenk des Friedens am Ende des weihnachtlichen Festkreises soll auch ein Zeichen sein, um die Einheit der Universalkirche in der Liebe zu fördern und das Ärgernis der Spaltung zu überwinden.

Es ist zu wünschen, dass diesem Schritt die baldmögliche Verwirklichung der vollen Gemeinschaft der gesamten Bruderschaft St. Pius X. mit der Kirche folgt, um so die echte Treue und wahre Anerkennung des Lehramts und der Autorität des Papstes durch ein Zeichen der sichtbaren Einheit zu bezeugen.

Auf Grundlage der mir ausdrücklich vom Heiligen Vater Benedikt XVI. übertragenen Vollmacht hebe ich kraft dieses Dekrets für die Bischöfe Bernard Fellay, Bernard Tissier de Mallerais, Richard Williamson und Alfonso de Galarreta die Strafe der Exkommunikation *latae sententiae* auf, die von dieser Kongregation mit Datum vom 1. Juli 1988 erklärt worden war. Ich erkläre das damals erlassene Dekret ab dem heutigen Datum für juristisch wirkungslos.

Rom, am Sitz der Kongregation für die Bischöfe, 21. Januar 2009

Kard. Giovanni Battista Re – Präfekt der Kongregation für die Bischöfe."

Die päpstliche Entscheidung kommt nicht wie ein Blitz aus heiterem Himmel. Zum einen ist schon seit einiger Zeit bekannt, dass Gespräche und Verhandlungen im Gange sind, zum anderen kursiert die Ankündigung der erfolgten Unterzeichnung des Dekrets nunmehr schon seit mehreren Tagen im Internet, da sie auf verschiedenen Blogs auftaucht, die sich für die Belange der Traditionalisten interessieren. Am 17. Januar 2009 kündigt der spanische Rechtsanwalt Francisco José Fernández de la Cigoña auf seinem Blog als Erster eine „explosive Nachricht" an. Er verfügt offenbar über Informationen, die aus der Kongregation für die Bischöfe stammen. Fernandez de la Cigoña hatte zweieinhalb Monate zuvor, am 3. November 2008, angekündigt, der Entwurf des

Dekrets zur Aufhebung der Exkommunikation sei nunmehr auf dem Schreibtisch von Benedikt XVI. angelangt. Und das ließ eine nunmehr kurz bevorstehende Entscheidung vermuten. Am 22. Januar wird die Nachricht in den italienischen Tageszeitungen „Il Giornale" und „Il Riformista" veröffentlicht, am darauf folgenden Tag auch in „La Repubblica" und „La Stampa".

Doch in der Zwischenzeit wird eine weitere Nachricht in Umlauf gebracht, die aufhorchen lässt. Am 20. Januar erscheint in der Wochenzeitschrift „Der Spiegel" die Vorveröffentlichung eines Interviews, das Richard Williamson – einer der vier im Jahr 1988 von Lefebvre geweihten Bischöfe, deren Exkommunikation aufgehoben werden soll – einem schwedischen Fernsehsender gegeben hatte. Das Interview, das im November 2008 in Deutschland aufgezeichnet worden war, sollte am Abend des 21. Januar im Fernsehen gesendet werden. Es enthält brisante Aussagen, in denen die Existenz der Gaskammern geleugnet wird, die von den Nazis zur Vernichtung der Juden benutzt wurden. Keine überraschenden Erklärungen aus dem Munde Williamsons, der das bereits zwanzig Jahre zuvor behauptet hatte, während er sich in Kanada befand, wo 1985 und dann 1988 die Gerichtsverfahren gegen den Revisionisten Ernst Zündel durchgeführt wurden. Seitdem hatte Williamson seine Ansichten hinsichtlich der Shoah nicht mehr öffentlich wiederholt.

Am 1. November 2008 hatte der Journalist Ali Fegan den Bischof, der sich damals im Seminar der Piusbruderschaft in Regensburg aufhielt, für das Fernsehprogramm „Uppdrag Granskning" (Auftrag: Nachforschung) kontaktiert. Das Interview wurde vorher nicht vereinbart, aber der Journalist sucht das Seminar auf und kann mit Williamson reden.

Nachdem sie zunächst über anderes gesprochen haben, konfrontiert Fegan den Lefebvrianer mit den Aussagen, die er seinerzeit in Kanada gemacht hatte. Hier eine Abschrift der entscheidenden Passagen jenes Interviews:

„Bischof Williamson, sind das Ihre Worte? ‚Es ist kein einziger Jude in einer Gaskammer getötet worden! Das sind Lügen, Lügen, Lügen!' Sind das Ihre Worte?

Sie zitieren eine Äußerung, die ich in Kanada gemacht habe. Ich denke ja. Vor vielen Jahren. Ich bin der Meinung, dass die historischen Beweise gegen die These, sechs Millionen Juden seien in Folge einer eigens von Seiten Hitlers dafür vorgesehenen Politik willentlich in Gaskammern ermordet worden, erdrückend sind.

Aber Sie behaupten, es sei nicht ein einziger Jude ermordet worden.

Nicht in den Gaskammern.

Es gab also keine Gaskammern?

Ich bin der Meinung, dass es keine Gaskammern gab. Aufgrund der Beweise, die ich studiert habe – also nicht von Emotionen geleitet, sondern aufgrund von Beweisen, die ich untersucht habe –, bin ich etwa der Meinung, dass die Revisionisten, wie man sie nennt, die sich gegen das wehren, was heute weithin als so genannter „Holocaust" bezeichnet wird, dass also die ernsthaftesten von ihnen zu dem Schluss gekommen sind, dass in den Lagern der Nazis zwei- bis dreihunderttausend Juden gestorben sind, aber keiner von ihnen vergast worden ist. Haben Sie jemals vom Leuchter-Bericht gehört? Fred Leuchter war ein Fachmann für Gaskammern. Er hat drei Gaskammern für drei der fünfzig amerikanischen Staaten entworfen, in denen die Todesstrafe zugelassen ist. Er kannte sich also aus. Während der Achtzigerjahre hat er die

Reste der angeblichen deutschen Gaskammern untersucht, zum Beispiel die Krematorien von Auschwitz-Birkenau. Und seine Schlussfolgerung – seine Schlussfolgerung als Experte – war, es sei unmöglich, dass diese Strukturen zur Vergasung einer großen Anzahl von Menschen benutzt worden sein könnten. Denn das Zyanwasserstoff-Gas ist äußerst gefährlich. Wenn Sie, sagen wir einmal, dreihundert Menschen vergasen wollen, die Sie in einer Gaskammer zusammengepfercht haben, und Sie vergasen sie also ... Es ist sehr gefährlich, dann dort hineinzugehen und die Leichen herauszuholen. Denn das Gas, das sich in den Kleidern festgesetzt hat, wird sie töten. Es ist extrem gefährlich. Wenn Sie die Menschen vergast haben, müssen Sie das Gas ausstoßen. Um das Gas auszustoßen, brauchen Sie einen hohen Kamin. Wenn der Kamin zu niedrig ist, dann gerät das Gas auf das Pflaster und tötet alle, die die Straße benutzen. Sie brauchen einen hohen Kamin ... Wenn es einen hohen Kamin gegeben hätte, dann hätte er für einen großen Teil des Tages einen Schatten auf den Boden geworfen und die Fotografen der Alliierten, die das Lager überflogen, hätten die Schatten dieser Kamine wahrgenommen. Es hat niemals solche Schatten gegeben, es hat niemals solche Kamine gegeben. Daher also die Aussage Fred Leuchters: ‚Es kann keine Gaskammern gegeben haben.‘ Er hat die Türen untersucht. Die Türen hätten hermetisch verschlossen sein müssen. Sonst wäre das Gas ausgetreten und hätte die Menschen draußen getötet. Die Türen der Gaskammern, die den Touristen in Auschwitz gezeigt werden, sind nicht hermetisch verschließbar. Absolut nicht.

Was Sie jetzt sagen heißt, dass es den Holocaust nie gegeben hat, jedenfalls nicht so, wie die Historiker ihn heute verstehen.

Ich beziehe mich auf das, was ich entsprechend der Meinung derer, die diese Beweise gesehen und untersucht haben, als historische Beweise ansehe. Ich glaube den Schlussfolgerungen, zu denen sie gelangt sind, und wenn sie ihre Meinung ändern sollten, dann werde ich das wahrscheinlich auch tun, da ich der Meinung bin, dass sie ihr Urteil aufgrund von Beweisen gefällt haben. Ich denke, dass in den Konzentrationslagern der Nazis zwei- oder dreihunderttausend Juden gestorben sind, aber dass keiner von ihnen durch Gas umgekommen ist.

Wenn das kein Antisemitismus ist, was dann?

Wenn Antisemitismus schlecht ist, ist er gegen die Wahrheit. Wenn etwas wahr ist, ist es nicht schlecht. Ich interessiere mich nicht für das Wort Antisemitismus. Das Wort ist äußerst gefährlich."

Williamsons Worte haben eine durchschlagende Wirkung und werden durch das zeitliche Zusammenfallen mit dem Gedenktag zur Erinnerung an die Shoah und ihre Opfer noch erschwert. Man muss sich die Daten vor Augen halten: Das Interview wird Anfang November 2008 geführt. Doch es wird erst im Zusammenhang mit der Aufhebung der Exkommunikation zu einer echten Nachricht. Solange die Piusbruderschaft mit ihren vier exkommunizierten Bischöfen eine von der katholischen Kirche getrennte, traditionalistische Gruppe war, ließen sich die – wenngleich äußerst schwer wiegenden – Erklärungen, in denen Williamson den Holocaust leugnet, einem antisemitischen Extremismus zuschreiben, der nichts mit der Position des Heiligen Stuhls oder der Kirche im Allgemeinen zu tun hat. Wie gesagt: „Der Spiegel" hatte schon am 20. Januar den Inhalt des Interviews mit Williamson vorab veröffentlicht. Doch nichts geschieht.

Zu diesem Zeitpunkt – wie wir später noch genauer sehen werden – hielt der Obere der Piusbruderschaft, Bernard Fellay, das auf den 21. Januar datierte Aufhebungsdekret bereits in Händen. Es war ihm einige Tage zuvor, am 17. Januar, von Kardinal Castrillón Hoyos, dem Präsidenten der Päpstlichen Kommission Ecclesia Dei, in Rom überreicht worden.

Obwohl wenigstens zwei Tage zur Verfügung gestanden hätten, um darüber nachzudenken, was zu tun sei, scheint sich im Vatikan niemand allzu große Gedanken darüber zu machen, was geschehen ist und wie die jüdische Welt reagieren könnte. Niemand im Staatssekretariat schien es für erforderlich zu halten, den Inhalt und die Folgen der Aufhebung der Exkommunikation genau zu erklären. So finden gerade in jenen Tagen – im Laufe einer Woche – ganze drei Pressekonferenzen im Vatikan statt. Keine von diesen befasst sich jedoch mit dem Fall, der sich als der bis dahin dornigste in der Amtszeit Joseph Ratzingers erweisen wird. Am 23. Januar 2009 wird im Pressesaal unter Teilnahme von Erzbischof Claudio Maria Celli die Botschaft des Papstes zum 43. Welttag der sozialen Kommunikationsmittel vorgestellt und die Präsenz des Vatikans auf Youtube angekündigt. Am 29. Januar wird eine Pressekonferenz abgehalten, um die Initiativen des Heiligen Stuhls anlässlich des Jahrs der Astronomie vorzustellen; am folgenden Tag, dem 30. Januar, stellt der Vatikan im Laufe einer dritten Pressekonferenz die Veranstaltungen vor, die zur Feier des Jahrestags der Lateranverträge vorgesehen sind.

Mit der Aufhebung der Exkommunikation hingegen beschäftigt sich nur das Komunique vom 24. Januar, das wir bereits wiedergegeben haben und das in keiner Weise auf die Äußerungen eingeht, mit denen Williamson den Holocaust leugnet.

Alles war schon von langer Hand vorbereitet, keiner sieht es als notwendig an, jene Texte zu aktualisieren oder einen wichtigen Kardinal mit den Journalisten sprechen zu lassen, um den Brand der Polemik zu löschen und unverzüglich zu erklären, dass im Augenblick der Entscheidung, die Exkommunikation aufzuheben, die absurden Aussagen Williamsons nicht bekannt waren und dass die Kirche natürlich nicht ihre Position über die Shoah geändert hat.

Den Journalisten, die den Leiter des vatikanischen Pressesaals, Pater Federico Lombardi, an jenem Samstag zur Holocaust-Leugnung Williamsons befragen, antwortet dieser, dass „die Aufhebung der Exkommunikation absolut nichts damit zu tun hat" und nicht bedeute, dass man die Meinung Williamsons vertrete, die für sich beurteilt werden müsse.

Doch wie es zu erwarten war, entzündet sich in den folgenden Stunden eine handfeste Kontroverse. „Wer den Holocaust leugnet, der soll einmal zu mir kommen", erklärt Nissim Alhadeff, ein Arzt italienisch-griechischer Abstammung, der Auschwitz überlebt hat, in einem Interview mit dem italienischen Staatsfernsehen RAI. Am schärfsten reagiert am 24. Januar Rabbi David Rosen, Präsident des jüdischen Komitees für die interreligiösen Beziehungen: „Die Entscheidung des Papstes verunreinigt die Kirche und der Vatikan droht so die Zukunft der historischen Versöhnung mit dem jüdischen Volk zu gefährden; indem der Vatikan einen eindeutig antisemitischen Leugner des Holocaust ohne irgendeinen Widerruf seinerseits in die katholische Kirche aufnimmt, hat er die Ablehnung und die bewegende und beeindruckende Verurteilung des Antisemitismus durch Johannes Paul II.

verhöhnt." Das sind äußerst harte Worte, zumal sie von einem Vertreter der Juden geäußert werden, der dem Dialog positiv gegenübersteht.

„Es sieht aus, als würden sich bedrohliche Wolken über dem jüdisch-christlichen Dialog zusammenbrauen", erklärt der Oberrabbiner von Rom, Riccardo Di Sensi.

„Das ist eine Tragödie, eine Niederlage für die Kirche. Ich bin enttäuscht, bestürzt, verbittert", kommentiert der Theologe und Journalist Gianni Gennari. „Ich weiß nicht, wie man dem Papst die Dinge erklärt hat, aber das hier hat wenig mit Barmherzigkeit zu tun. Barmherzig ist man gegenüber jemandem, der bereut. Die Lefebvrianer haben nie etwas bereut. Vierzig Jahre lang haben sie von ‚schlechten Päpsten' und einer ‚falschen Messe' gesprochen. Sie halten sich für die Bewahrer der wahren katholischen Lehre und sind auch jetzt noch stolz auf ihre Einstellung. Sie glauben, die Kirche habe sich mit ihnen versöhnt und nicht umgekehrt."

Die Piusbruderschaft – die schon am 20. Januar eine Erklärung des Oberen ihres deutschen Distrikts, Pater Schmidberger, verbreitet hatte, in der man sich von den Aussagen Williamsons distanzierte – veröffentlicht einen Brief von Bischof Fellay an das schwedische Fernsehen, in dem das Interview als „gemeiner Versuch" bezeichnet wird, die Tätigkeit der Bruderschaft zu verzerren und schlechtzumachen, da verabredet gewesen sei, dass es in dem Gespräch nur um religiöse Themen gehen sollte, der Journalist den Bischof jedoch zu dessen Meinung über historische Belange befragt habe.

Bei der Angelusansprache am 25. Januar geht Benedikt XVI. auf die Angelegenheit nicht ein. Auch am Nachmittag nicht, als er in der Basilika Sankt Paul vor den Mauern zum Abschluss der Gebetswoche für die Einheit der Christen der

Vesper zum Fest der Bekehrung des heiligen Apostels Paulus vorsteht.

Aufgrund eines unglücklichen Zufalls muss der Privatsekretär des Papstes, Monsignore Georg Gänswein, ausgerechnet in den Tagen, in denen sich der Vorfall ereignet, mit einer starken Grippe das Bett hüten: Um den Papst nicht anzustecken, geht er für einige Tage nicht in sein Büro, liest keine E-Mails und weiß nichts von den vielen Warnungen, die ihn auf diesem Weg erreicht hatten.

Sonntag und Montag häufen sich derweil die entrüsteten Reaktionen in der jüdischen Welt. Eine harte Aussage kommt aus Yad Vashem, der Gedenkstätte für die Shoah in Jerusalem: „Es ist ein Skandal, dass jemand, der einen solchen Rang in der Kirche einnimmt, den Holocaust leugnet ... Wir verstehen, dass die Positionen Williamsons nicht den Standpunkt der Kirche darstellen, doch wir hoffen weiterhin, dass sie diese unannehmbaren und gehässigen Kommentare energisch verurteilen wird." Der Oberrabbiner von Rom, Riccardo Di Segni, kommt auf das Thema zurück und erklärt: „Sie ärgern sich über diesen Herrn, der den Holocaust leugnet, doch die ganze Bewegung der Lefebvrianer ist problematisch." Di Segni erinnert an den historischen Besuch von Johannes Paul II. in der römischen Synagoge, als Gast des damaligen Oberrabbiners Elio Toaff: „Die Traditionalisten hatten damals vor der Synagoge ein Flugblatt verteilt mit der Aufschrift: ‚Papst, geh nicht zu Kajaphas'." Es kommt zu empörten Reaktionen hoher jüdischer Persönlichkeiten in verschiedenen Ländern.

Die Piusbruderschaft versucht erneut, Abhilfe zu schaffen, und verteilt ein Kommuniqué in den Distrikten von Großbritannien, Skandinavien und Deutschland: „Jesus war Jude, Maria war Jüdin, die Apostel waren Juden, und folglich kann kein wirklicher Christ Antisemit sein. Die Aussagen von Bischof Williamson geben ausschließlich seine Meinung wieder und nicht die Ansichten der Gesellschaft St. Pius X."

Derweil kommt auch der Dissens innerhalb der Kirche zum Vorschein. Kardinal Karl Lehmann, der Bischof von Mainz und langjährige Vorsitzende der Deutschen Bischofskonferenz, bezeichnet den Vorfall in einem Interview mit dem Südwestrundfunk als „Katastrophe" für alle Holocaust-Überlebenden und verlangt ausdrücklich den Rücktritt von Kardinal Castrillón Hoyos, dem Präsidenten von Ecclesia Dei. Derweil fordert Bundeskanzlerin Angela Merkel Benedikt XVI. zu einer „Klarstellung" auf.

In vielen Kommentaren wird vergessen zu erwähnen, dass der Theologe Joseph Ratzinger zu denjenigen gehört, die am meisten über das einzigartige Band nachgedacht haben, das Christen und Juden verbindet. Stattdessen wird angedeutet, die Aufhebung der Exkommunikation der Lefebvrianer bedeute eine Veränderung in der Position, die die katholische Kirche seit der Konzilserklärung „Nostra Aetate" gegenüber den Juden einnehme.

Zum ersten Mal spricht der Papst am Ende der Generalaudienz vom Mittwoch, dem 28. Januar, über den Vorfall: Er habe „vor einigen Tagen entschieden, die Aufhebung der Exkommunikation jener vier Bischöfe zu gewähren, die 1988 von Erzbischof Lefebvre ohne päpstlichen Auftrag geweiht worden waren. Ich habe diesen Akt der väterlichen Barmherzigkeit gesetzt, weil diese Bischöfe mir wiederholt ihr tiefes Leiden an der Situation bekundeten, in der sie sich befanden. Ich wünsche, dass auf diese meine Geste das umgehende Bemühen von ihrer Seite folgt, die weiteren notwendigen Schritte zu setzen, um die volle Einheit mit der Kirche zu verwirklichen. Auf diese Art sollen sie ihre wahre Treue und die wahre Anerkennung des Lehramtes und der Autorität des Papstes und des Zweiten Vatikanischen Konzils bezeugen."

Dann geht Papst Ratzinger auf den Streit über die Holocaust-Leugnung ein: „In diesen Tagen, in denen wir der Shoah gedenken, kommen mir Bilder meiner wiederholten Besuche in Auschwitz wieder in Erinnerung, einem jener Lager, in denen der grausame Mord an Millionen von Juden, den unschuldigen Opfern eines blinden Rassen- und Religionshasses, verübt wurde. Während ich erneut aus ganzem Herzen meine volle und unbestreitbare Solidarität mit unseren Brüdern, den Trägern des ersten Bundes, zum Ausdruck bringe, wünsche ich, dass die Shoah die Menschheit dazu bewege, über die unvorhersehbare Macht des Bösen nachzudenken, die das Herz des Menschen ergreifen kann. Die Shoah sei für alle eine Mahnung gegen das Vergessen, gegen die Leugnung oder die Verharmlosung. Denn Gewalt, die gegen einen einzigen Menschen ausgeübt wird, wird gegen alle verübt. Kein Mensch ist eine Insel, schrieb ein bekannter Poet. Die Shoah möge sowohl die alten als auch die jungen Generationen lehren, dass nur der mühsame Weg des Aufeinander-Hörens, des Dialogs, der Liebe und der Vergebung die Völker, Kulturen und Religionen der Welt zum gewünschten Ziel der Brüderlichkeit und des Friedens in Wahrheit führt. Die Würde des Menschen darf nie wieder von der Gewalt erniedrigt werden!"

Deutliche Worte, die auf einer Linie mit den Aussagen stehen, die Benedikt XVI. und sein Vorgänger Johannes Paul II. schon öfter wiederholt hatten. Es gibt jedoch auch nach der Ansprache des Papstes kein Anzeichen für ein Nachlassen der Polemik, die schon seit Tagen im Gange ist.

Am 31. Januar wird Bischof Bernard Fellay von „Famille Chrétienne", einer französischen katholischen Wochenzeitung, interviewt und antwortet auf den Vorwurf des Antisemitismus, den man der Bruderschaft macht: „Wir verurteilen eindeutig jede brutale Geste gegenüber Unschuldigen. Es handelt sich um ein Verbrechen, das zum Himmel schreit! Vor allem, wenn es gegen ein ganzes Volk gerichtet ist. Wir weisen jeden Vorwurf von Antisemitismus zurück. Absolut und in jeder Hinsicht. Wir weisen jede Form der Billigung dessen zurück, was unter Hitler geschehen ist. Es handelt sich um etwas Verabscheuenswertes. Das Christentum stellt die Liebe über alles. Der heilige Paulus sagt über die Juden: ‚... ich möchte selber ... von Christus getrennt sein um meiner Brüder willen' (Röm 9,3). Die Juden sind unsere ‚älteren Brüder' in dem Sinne, dass wir etwas gemeinsam haben, nämlich den Alten Bund. Gewiss, es trennt uns die Erkenntnis des Kommens Christi."

Doch das reicht noch nicht.

Am 2. Februar bekräftigt Pater Lombardi erneut die Ansichten des Papstes über die Shoah und ruft nochmals die eindeutigen Aussagen in Erinnerung, die diesbezüglich am 19. August 2005 in der Synagoge von Köln, am 28. Mai 2006 im Konzentrationslager Auschwitz-Birkenau, bei der Generalaudienz vom 31. Mai 2006 und schließlich zum Schluss der Generalaudienz des 28. Januar gemacht wurden. Er fügt hinzu, dass die Verurteilung von Erklärungen, in denen der Holocaust geleugnet wird, nicht klarer hätte sein können. Der Kontext mache deutlich, dass sie sich auch auf die Positionen Williamsons sowie alle entsprechenden Positionen beziehe. Bei der gleichen Gelegenheit habe der Papst auch klar die Absicht der Aufhebung der Exkommunikation erklärt, die nichts mit einer Legitimierung von Positionen zu tun habe, in denen der Holocaust geleugnet werde, die ja von ihm bereits eindeutig verurteilt worden seien.

Am selben Tag beklagt Kardinal Walter Kasper – der nicht nur dem Päpstlichen Rat zur Förderung der Einheit der Christen, sondern auch der Kommission für das Judentum vorsteht – in einem Interview mit Radio Vatikan die Art und Weise, wie der Vatikan die Aufhebung der Exkommunikation der Lefebvrianer gehandhabt hat. Das Radio des Heiligen Stuhls sendet also das Interview mit einem hochstehenden Kardinal des Heiligen Stuhls, in dem dieser offen die Haltung des Heiligen Stuhls kritisiert. Ein Purpurträger der Kurie greift die Kurie über das Mikrofon des vatikanischen Radiosenders an.

„Es sind sicher auch Fehler gemacht worden im Management der Kurie – das will ich ganz ausdrücklich sagen", erklärt Kasper. „Aber in der Substanz heißt die Aufhebung dieser Exkommunikationen ja nur, dass man sozusagen ein Hindernis weggenommen hat, damit man nun in das Gespräch mit der Lefebvre-Bewegung über eine ganze Reihe von theologischen Fragen eintreten kann. Soweit ich das beurteilen kann, wird es kein leichtes, sondern ein schwieriges Gespräch sein – sowohl über die Ökumene wie über den interreligiösen Dialog wie über die Eucharistie oder die Religionsfreiheit ... Es sind viele Fragen da zwischen uns und ihnen."

Kasper spricht auch von Fehlern in der Kommunikation. „Ich muss das ganz offen sagen. Man hat da vorher im Vatikan zuwenig miteinander gesprochen und nicht mehr abgecheckt, wo die Probleme auftreten können. Es hintendrein zu erklären, ist natürlich immer viel, viel schwieriger, als wenn man das gleich gemacht hätte. Ich hätte mir auch mehr Kommunikation vorher gewünscht."

Doch die Klarstellung durch Lombardi und die selbstkritische Kritik Kaspers reichen noch nicht.

Am folgenden Tag, dem 3. Februar, veröffentlicht das Staatssekretariat eine eindeutige Mitteilung – als Versuch, den Fall definitiv abzuschließen. In dem Schreiben heißt es: „Seine Heiligkeit wollte [mit der Aufhebung der Exkommunikation] ein Hindernis für die Öffnung einer Tür zum Dialog beseitigen. Er erwartet sich jetzt, dass die vier Bischöfe eine vergleichbare Bereitschaft ausdrücken, durch völlige Übernahme der Lehre und Disziplin der Kirche." Und mit Bezug auf die Holocaust-Leugnung durch Williamson schließt die Erklärung mit den Worten: „Die Stellungnahmen von Bischof Williamson zur Shoah sind absolut inakzeptabel und sind vom Heiligen Vater klar zurückgewiesen worden, wie er selbst am vergangenen 28. Januar hervorgehoben hat, als er mit Bezug auf diesen furchtbaren Völkermord seine volle und nicht hinterfragbare Solidarität mit unseren Brüdern bekräftigt hat, denen der Erste Bund gilt. Er hat betont, dass die Erinnerung an diesen schrecklichen Genozid die ‚Menschheit dazu bringen muss, nachzudenken über die unvorhersehbare Gewalt des Bösen, wenn es das Herz des Menschen erobert', und fügte hinzu, die Shoah bleibe ‚für alle eine Mahnung gegen das Vergessen, gegen die Leugnung oder den Reduktionismus, denn die Gewalt gegen einen einzigen Menschen ist Gewalt gegen alle'. Bischof Williamson wird, um zu bischöflichen Funktionen in der Kirche zugelassen zu werden, auch auf absolut unzweideutige und öffentliche Weise auf Distanz zu seinen Stellungnahmen zur Shoah gehen müssen – Stellungnahmen, die der Heilige Vater im Moment der Aufhebung der Exkommunikation nicht kannte. Der Heilige Vater bittet alle Gläubigen um Begleitung im Gebet, damit der Herr den Weg der Kirche erleuchte. Möge der Eifer der Hirten und aller Gläubigen wachsen, um die heikle und schwere Mission des Nachfolgers des Apostels Petrus als ‚Hüter der Einheit' in der Kirche zu unterstützen."

Der entscheidende Abschnitt in der vom Staatssekretariat verfassten Mitteilung sind die Worte: „Stellungnahmen, die der Heilige Vater im Moment der Aufhebung der Exkommunikation nicht kannte". Zum Zeitpunkt des Beschlusses hat der Papst nichts gewusst. Wenn er etwas gewusst hätte, wenn man ihn informiert hätte, so sind diese Worte zu verstehen, hätte er gewartet und den Bischof gebeten, seine Position zurückzuziehen. Doch so war es nicht.

Gerade in jenen Tagen kursiert im Apostolischen Palast ein halboffizielles Dossier, das sich ausschließlich mit der Entstehung des Falles Williamson befasst. Es gibt zu verstehen, dass der Vorfall nicht nur Ergebnis einer Reihe unglücklicher Zufälle war. Die Aufnahme und Ausstrahlung des Interviews mit Williamson am Vorabend der Aufhebung der Exkommunikation der lefebvrianischen Bischöfe ist dem Dossier zufolge in gewisser Weise von solchen Kreisen „gezielt gesteuert" worden, die Benedikt XVI. in Schwierigkeiten bringen wollten. Kreise, denen der ein oder andere in der Kirche geholfen habe, der gegen die Versöhnung mit der Piusbruderschaft sei. In dem Bericht werden die abwegigen Worte Williamsons nicht bagatellisiert, aber er lässt die Möglichkeit durchscheinen, dass es Versuche gegeben habe, den Fall herbeizuführen.

Das Dokument rekonstruiert die Fakten und die Umstände des gefilmten Interviews und ruft in Erinnerung, dass

Williamson selbst genau wusste, dass seine Leugnung des Holocaust auf deutschem Boden eine Straftat darstellte: „Für meine Worte könnten Sie mich ins Gefängnis bringen lassen, weil wir hier in Deutschland sind", hatte er erklärt.

Das Interview wird am 21. Januar ausgestrahlt, demselben Tag, an dem das Dekret der Aufhebung der Exkommunikation in Kraft tritt. Die Autoren des Fernsehprogramms versichern, es habe sich um puren Zufall gehandelt. Das „Dossier Williamson", das im Vatikan kursiert, schließt hingegen die Möglichkeit nicht aus, dass die Nachricht von der Aufhebung der Exkommunikation dem schwedischen Fernsehen auf irgendeine Weise vorher zugespielt worden ist. Im Laufe der Sendung „Uppdrag Granskning" war auch die französische Journalistin Fiammetta Venner interviewt worden, eine bekannte Aktivistin der Homosexuellen-Bewegung, die in „Pro-choice"-Kampagnen engagiert ist. Gemeinsam mit ihrer Partnerin Caroline Fourest – mit der sie viele Schlachten gegen den Klerus führt und die wie sie dem „Grand Orient de France" nahesteht – hatte sie im September 2008, vor dem Besuch Benedikts XVI. in Paris und Lourdes, ein Buch mit dem Titel „Les nouveaux soldats du pape. Légion du Christ, Opus Dei, traditionalistes" [Die neuen Soldaten des Papstes: Legionäre Christi, Opus Dei, Traditionalisten] drucken lassen, in dem sie harte Äußerungen über den Papst und die Lefebvrianer vorbringt, die sie der Verbindung mit den politischen Kreisen der extremen Rechten in Frankreich beschuldigt. Das Dossier Williamson beharrt also darauf, der Fall habe in Frankreich seinen Ursprung, und geht davon aus, dass Venner und Fourest in der ganzen Angelegenheit eine Rolle gespielt haben. Es erinnert auch daran, dass „Der Spiegel" schon vor der Sendung Auszüge des Interviews abgedruckt und darauf hingewiesen hatte, dass der Zentralrat der Juden in Deutschland vorher über die Holocaust-Leugnung des Bischofs informiert worden sei.

Eine Frage, die sich aus dem im Vatikan kursierenden inoffiziellen Dossier ergibt, ist die, wie es zu dem Interview mit Williamson gekommen war. Zeitlich fällt es mit der Ausbreitung des Gerüchts im Internet über die bevorstehende Aufhebung der Exkommunikation zusammen. Hat jemand die alten Holocaust-Leugnungen des Lefebvre-Bischofs ausgegraben, um dem Papst einen Knüppel zwischen die Beine zu werfen? Es gibt keine Elemente, die das belegen könnten, aber die Frage erscheint nicht ganz abwegig.

Zwei Wochen nach Beginn der Krise scheint der Proteststurm trotz der Ausführungen des Papstes und der Mitteilung des Staatssekretariats immer noch nicht vorbei zu sein. Die „Financial Times" widmet dem Fall einen langen Artikel und schreibt: „Benedikt XVI. steckt in der schwersten Krise seiner vierjährigen Amtszeit ... Kardinäle und Bischöfe planen den Aufstand."

Unbarmherzig, aber klarsichtig ist der Kommentar des Vatikanberichterstatters Sandro Magister, der auf seiner Homepage jene hektischen Tage folgendermaßen zusammenfasst:

„Es kommt automatisch die Frage auf: Ließ sich das alles wirklich nicht vermeiden, nachdem der Papst einmal den Entschluss getroffen hatte, die Exkommunikation der Lefebvre-Bischöfe aufzuheben? Oder ist das Unheil durch Irrtümer und Unterlassungen der Männer verursacht worden, die die Beschlüsse des Papstes umsetzen sollen? Die Tatsachen legen Letzteres nahe.

Das Dekret über die Aufhebung der Exkommunikation trägt die Unterschrift von Kardinal Giovanni Battista Re, dem Präfekten der Kongregation für die Bischöfe. Ein anderer Kardinal, Darío Castrillón Hoyos, ist der Präsident der Päpstlichen Kommission ‚Ecclesia Dei‘, die sich seit ihrer Gründung im Jahr 1988 um die Anhänger Lefebvres kümmert. Sowohl der eine als auch der andere haben erklärt, sie seien von dem Interview Williamsons überrascht worden und hätten nie gewusst, dass er die Shoah leugne."

Doch wäre, so fährt Magister fort, „eine genauere Untersuchung des Persönlichkeitsprofils Williamsons und der anderen drei Bischöfe nicht erste Amtspflicht der beiden Kardinäle gewesen? Dass sie dies nicht getan haben, scheint unentschuldbar. Eine solche Untersuchung wäre nicht einmal schwierig gewesen. Williamson hat seine Abneigung gegenüber dem Judentum niemals verborgen. Er hat öffentlich die Echtheit der ‚Protokolle der Weisen von Zion‘ verteidigt. 1989 hätte ihm in Kanada ein Prozess drohen können, weil er die Bücher eines holocaustleugnenden Autors gelobt hatte ... Nach dem 11. September 2001 schloss er sich Thesen an, die ein Komplott hinter dem Angriff auf die Twin Towers sahen. Ein Klick bei Google hätte ausgereicht, um das herauszufinden."

Eine weitere Lücke, so schreibt der Vatikanberichterstatter der italienischen Wochenzeitung „L'Espresso" weiter, habe den Päpstlichen Rat zur Förderung der Einheit der Christen betroffen. Die Behebung des Schismas mit den Lefebvrianern gehöre logischerweise zu seinem Aufgabenbereich, der auch die Beziehungen zwischen Kirche und Judentum umfasst. Doch habe Walter Kasper, der Kardinal, der dem Rat vorsteht, gesagt, er sei von der Entscheidung ausgeschlossen gewesen. Das überrasche umso mehr, da die Veröffentlichung des Dekrets, mit dem die Exkommunikation aufgehoben wurde, während der jährlichen Gebetswoche für die Einheit der Christen und wenige Tage vor dem internationalen Holocaustgedenktag der Shoah erfolgte. Und nicht nur das, meint Magister weiter. „Auch die Form der Mitteilung des Entschlusses an die Medien erwies sich als mangelhaft. Der vatikanische Pressesaal beschränkte sich darauf, am 24. Januar den Text des Dekrets auszugeben, obgleich die Nachricht schon zu einigen Zeitungen durchgesickert und die Kontroverse, die sich an den holocaustleugnenden Äußerungen Williamsons entzündete, bereits im Entstehen war."

Magister ruft in Erinnerung, dass außer der Gebetswoche für die Einheit der Christen der internationale Holocaustgedenktag bevorstand. „In Italien war zudem einige Tage zuvor, am 17. Januar, der Tag für den Dialog zwischen Katholiken und Juden begangen worden. Kardinal Kasper, der Hauptverantwortliche der Kurie für beide Seiten, wäre ideal gewesen, um das Dekret vorzustellen, es in den anhaltenden Zustand des Schismas einzuordnen, die Absicht der Aufhebung der Exkommunikation zu erläutern, die Punkte aufzuzählen, in denen die Lefebvrianer dazu aufgefordert wurden, ihre Positionen zu überdenken, von der Annahme des Zweiten Vatikanischen Konzils bis zur Überwindung ihres Antijudaismus. Was Williamson betrifft, wäre es nicht schwer gewesen, den Fall zu begrenzen: Durch sein Beharren auf abwegigen, den Holocaust leugnenden Thesen hätte er sich selbst der ‚barmherzigen' Geste des Papstes entzogen. Nun, wenn nichts von alledem geschehen ist, so ist das weder der Fehler des vatikanischen Pressesaals noch seines Leiters, des Jesuiten Federico Lombardi, sondern der Kurienbüros, aus denen sie ihre Anweisungen enthalten. Kurienbüros, die sich im Staatssekretariat zusammenfassen lassen."

Am 6. Februar veröffentlicht der Vorsitzende der Schweizer Bischofskonferenz, Kurt Koch, einen offenen Brief an die Schweizer Katholiken, der sich mit der Angelegenheit befasst. Darin fragt er sich, ob Rom den Lefebvrianern nicht zu sehr entgegengekommen sei. „Ist der Preis für die Bemühung um Einheit nicht zu groß?", schreibt Koch und fügt hinzu, er habe „Verständnis für alle, die so denken". Auch für ihn sei es in der gegenwärtigen Situation sehr schwierig, das Positive zu sehen. Koch erklärt, Antisemitismus und die Leugnung des Holocaust hätten in der katholischen Kirche keinen Platz. Und weiter sagt er, wenn die Piusbruderschaft die volle Anerkennung wünsche, werde sie die Grundsätze des Zweiten Vatikanischen Konzils anerkennen müssen.

Der Fall Williamson vertieft sich hinziehende interne Kontroversen beim Heiligen Stuhl. In einem Interview mit „La Croix" übt Pater Lombardi offen Kritik an Kardinal Castrillón:

„Die heikle Frage ist, wer die Meinungen dieses Mannes kannte ... Zweifellos war denen, die mit der Angelegenheit befasst waren, nicht bewusst, wie schwerwiegend die Ansichten von Bischof Williamson waren. Es stimmt, dass die Verhandlungen mit Bischof Fellay geführt worden sind. Doch die Positionen der anderen Bischöfe sind nicht ausreichend berücksichtigt worden. Ganz sicher ist, dass der Papst nichts davon wusste. Wenn jemand das hätte wissen müssen, dann Kardinal Castrillón Hoyos."

Um die Angelegenheit endgültig zu einem Abschluss zu bringen, muss Benedikt XVI. antreten. Der Papst beschließt, das auf eine unerwartete Weise zu tun: mit einem Brief an alle Bischöfe der Welt. Darin nimmt er die Verantwortung seiner Mitarbeiter auf sich. So wird zum ersten Mal eine bedeutsame Veränderung in der Haltung des Heiligen Stuhls im Vergleich zu früheren Jahren augenscheinlich. Es war immer üblich, dass sich die Mitarbeiter opferten, um den Papst zu schützen, indem sie die Verantwortung auf sich nahmen. Von diesem Moment an – und das wird auch in der Folge wieder passieren – nimmt der Papst die Verantwortung der Mitarbeiter auf sich, um sie zu schützen. Es sind nicht mehr die Mitarbeiter, die sich wie ein schützendes Schild vor den Papst stellen. Der Papst stellt sich als schützendes Schild vor sie.

Der Brief des Papstes, der am 11. März 2009 kurz vor Beginn der Reise Benedikts XVI. nach Afrika veröffentlicht wird, ist ein deutlicher, schöner, demütiger und gleichzeitig aussagestarker Text: Der Papst will Klarheit schaffen über die Kontroverse, die durch die Aufhebung der Exkommunikation der vier Lefebvre-Bischöfe und den Fall Williamson entstanden ist, und nimmt Stellung zu der Kritik, die auch und vor allem innerhalb der Kirche entbrannt ist. Er ruft in Erinnerung, der Fall habe „zu einer Auseinandersetzung von einer Heftigkeit geführt, wie wir sie seit Langem nicht mehr erlebt haben". Benedikt XVI. spricht von einer „Lawine von Protesten" und die gegen ihn vorgebrachte Beschuldigung, hinter das Konzil zurückgehen zu wollen.

„Eine für mich nicht vorhersehbare Panne bestand darin, dass die Aufhebung der Exkommunikation überlagert wurde von dem Fall Williamson. Der leise Gestus der Barmherzigkeit gegenüber vier gültig, aber nicht rechtmäßig geweihten Bischöfen erschien plötzlich als etwas ganz anderes: als Absage an die christlich-jüdische Versöhnung, als Rücknahme dessen, was das Konzil in dieser Sache zum Weg der Kirche erklärt hat."

Die Einladung zur Versöhnung mit einer Gruppe, die sich abgespalten hatte, ist also als die Absicht dargestellt worden, einen neuen Bruch zwischen Christen und Juden hervorzurufen. In den Worten des Papstes kommt der ganze Schmerz zum Ausdruck, den diese Instrumentalisierung ihm zugefügt hat, da gerade die Versöhnung zwischen Christen und Juden von Anfang an ein Ziel seiner persönlichen theologischen Arbeit gewesen sei. Benedikt XVI. erklärt, der Heilige Stuhl müsse in Zukunft stärker auf die Nachrichten achten, die im Internet verbreitet werden. „Ich höre, dass aufmerksames Verfolgen der im Internet zugänglichen Nachrichten es ermöglicht hätte, rechtzeitig von dem Problem Kenntnis zu erhalten. Ich lerne daraus, dass wir beim Heiligen Stuhl auf diese Nachrichtenquelle in Zukunft aufmerksamer achten müssen."

Er fügt hinzu: „Betrübt hat mich, dass auch Katholiken, die es eigentlich besser wissen konnten, mit sprungbereiter Feindseligkeit auf mich einschlagen zu müssen glaubten. Umso mehr danke ich den jüdischen Freunden, die geholfen haben, das Missverständnis schnell aus der Welt zu schaffen und die Atmosphäre der Freundschaft und des Vertrauens wiederherzustellen."

Der Papst äußert sich dann betrübt über die Tatsache, dass die Aufhebung der Exkommunikation nicht gebührend erklärt worden ist: „Eine weitere Panne, die ich ehrlich bedaure, besteht darin, dass Grenze und Reichweite der Maßnahme vom 21.1. 2009 bei der Veröffentlichung des Vorgangs nicht klar genug dargestellt worden sind." Nochmals nimmt Ratzinger die beschränkte und fehlende Organisationsstrategie der Kurie auf sich.

Der Papst erklärt außerdem, dass die Exkommunikation Personen und nicht Institutionen betreffe, die Aufhebung sei ein Disziplinarakt, der sich vom doktrinellen Bereich unterscheide: „Dass die Bruderschaft Pius' X. keine kanonische Stellung in der Kirche hat, beruht nicht eigentlich auf disziplinären, sondern auf doktrinellen Gründen", und ihre Amtsträger übten, „auch wenn sie von der Kirchenstrafe frei sind, keine Ämter rechtmäßig in der Kirche aus".

Der Papst bleibt weiter bei diesem Thema und kündigt an, er wolle die Kommission „Ecclesia Dei", die sich mit den Lefebvrianern befasst, mit der Kongregation für die Glaubenslehre verbinden. Und in Bezug auf das Konzil sagt er: „Man kann die Lehrautorität der Kirche nicht im Jahr 1962 einfrieren – das muss der Bruderschaft ganz klar sein. Aber manchen von denen, die sich als große Verteidiger des Konzils hervortun, muss auch in Erinnerung gerufen werden, dass das II. Vatikanum die ganze Lehrgeschichte der Kirche in sich trägt. Wer ihm gehorsam sein will, muss den Glauben der Jahrhunderte annehmen und darf nicht die Wurzeln abschneiden, von denen der Baum lebt."

Auf diese Weise reagiert der Papst knapp, aber präzise auf die Kritik, die auf ihn niedergehagelt ist, sowie auf die in der jüdischen Welt wie innerhalb der Kirche verbreitete Interpretation, die die Aufhebung der Exkommunikation als einen Rückschritt hinter das Zweite Vatikanische Konzil sehen will.

Benedikt XVI. – und das ist der bewegendste Teil dieses Briefes – antwortet dann auf die kritische Frage, die viele ihm in diesen Wochen gestellt haben: War die Aufhebung der Exkommunikation notwendig? War das wirklich eine Priorität? Der Papst antwortet, seine Priorität als universaler Hirte sei es, „Gott gegenwärtig zu machen in dieser Welt und den Menschen den Zugang zu Gott zu öffnen. Nicht zu irgendeinem Gott, sondern zu dem Gott, der am Sinai gesprochen hat; zu dem Gott, dessen Gesicht wir ... im gekreuzigten und auferstandenen Jesus Christus erkennen." In dem Moment, in dem Gott aus dem Horizont der Menschen verschwinde, müsse es „um die Einheit der Glaubenden gehen". Denn ihr Streit, ihr innerer Widerspruch, stelle die Rede von Gott in Frage. Auch „die kleinen und mittleren Versöhnungen" gehören also zur Priorität der Kirche. Die leise Gebärde einer hingehaltenen Hand habe jedoch zu einem großen Lärm geführt und sei gerade so zum Gegenteil von Versöhnung geworden. Doch der Papst erklärt, wie notwendig es hingegen sei, Radikalisierungen zuvorzukommen, sich um die Lösung von Verkrampfungen zu bemühen und dem Raum zu geben, was sich an Positivem findet. „Kann uns eine Gemeinschaft ganz gleichgültig sein, in der es 491 Priester, 215 Seminaristen, ... 117 Brüder und 164 Schwestern gibt? Sollen wir sie wirklich beruhigt von der Kirche wegtreiben lassen?" Benedikt XVI. verbirgt nicht, dass man von der Bruderschaft seit Langem „viele Misstöne gehört (habe) – Hochmut und Besserwisserei, Fixierung in Einseitigkeiten hinein usw. Dabei muss ich der Wahrheit wegen anfügen, dass ich auch eine Reihe bewegender Zeugnisse der Dankbarkeit empfangen habe, in denen eine Öffnung der Herzen spürbar wurde."

Doch er fügt hinzu, dass auch aus kirchlichen Kreisen Misstöne gekommen seien: „Manchmal hat man den Eindruck, dass unsere Gesellschaft wenigstens eine Gruppe benötigt, der gegenüber es keine Toleranz zu geben braucht; auf die man ruhig mit Hass losgehen darf. Und wer sie anzurühren wagte" – in diesem Fall der Papst –, „ging auch selber des Rechts auf Toleranz verlustig und durfte ohne Scheu und Zurückhaltung ebenfalls mit Hass bedacht werden."

In einem Abschnitt, der besonders beeindruckend ist, zitiert Benedikt XVI. den Brief des heiligen Paulus an die Galater: „Wenn ihr einander beißt und zerreißt, dann gebt Acht, dass ihr euch nicht gegenseitig umbringt." „Ich war immer geneigt", schreibt Joseph Ratzinger, „diesen Satz als eine der rhetorischen Übertreibungen anzusehen, die es gelegentlich beim heiligen Paulus gibt. In gewisser Hinsicht mag er dies auch sein. Aber leider gibt es das ‚Beißen und Zerreißen' auch heute in der Kirche als Ausdruck einer schlecht verstandenen Freiheit."

Benedikt XVI. hat also die Exkommunikation der Lefebvre-Bischöfe mit dem Blick des um die Einheit der Kirche besorgten Hirten aufgehoben, der die Hand reicht und Barmherzigkeit anbietet. Diese leise Geste bedeutet noch nicht die volle Einheit, solange die Lehrfragen nicht geklärt sind. Das verhängnisvolle Interview mit Williamson, in dem dieser den Holocaust leugnet, war dem Papst nicht bekannt, als er das Dekret approbiert hat: Das Geschehen als eine Richtungsänderung in Bezug auf die Beschlüsse des Zweiten Vatikanums zur Beziehung mit den Juden auszulegen, war eine Instrumentalisierung, an der sich auch Katholiken beteiligt haben, wenngleich der Papst zugibt, dass die Reichweite der Maßnahme besser hätte erläutert werden müssen. Die Kirche geht nicht hinter das Zweite Vatikanum zurück, aber das Zweite Vatikanum stellt keinen Bruch, keinen neuen Beginn bezüglich der zweitausendjährigen Geschichte der Christenheit dar.

Wenn auch der Brief des Papstes, eines der nobelsten und bewegendsten Schreiben seiner Amtszeit, den Fall Williamson von Seiten des Vatikans abgeschlossen hat, so verdienen es doch einige Hintergründe zu den Vorfällen von 2009, noch besser ausgelotet zu werden. Kardinal Darío Castrillón Hoyos erinnert sich noch sehr gut an die Folge der Ereignisse jener Tage, auch weil er, sobald der Proteststurm ausgebrochen war, das Geschehen mehrfach hat rekonstruieren müssen. „Ich möchte daran erinnern", erklärt er uns gegenüber, „dass der Prozess der Versöhnung mit der Bruderschaft St. Pius X. am 14. August 2000 begonnen hat." Er führt die Pilgerreise zum Jubiläumsjahr an, die die Lefebvrianer unternommen hatten. Sie waren geordnet über den Petersplatz gezogen und hatten die Basilika besucht. Er erinnert auch an die sogleich von Johannes Paul II. gezeigte großherzige Bereitschaft, Bischof Fellay für einige Minuten zu empfangen. Er erinnert an die Aufnahme der Kontakte, um die er sich als Präsident der Kommission „Ecclesia Dei" für den Papst gekümmert hatte.

„Während des Prozesses der Versöhnung", so fügt er hinzu, wobei er jede Silbe deutlich ausspricht, „sind mir nie, ich wiederhole nie, Dokumente, Hinweise, Briefe oder Anzeigen untergekommen, noch habe ich je über die den Holocaust leugnende Thesen seitens der Piusbruderschaft oder ihrer Mitglieder reden hören. Nie hat einer meiner Mitarbeiter, weder in der Kleruskongregation noch in der Kommission ‚Ecclesia Dei', mir diesbezüglich etwas gesagt. Es ist niemals irgendeine Andeutung, irgendeine Meldung oder irgendein Protest eingegangen ... absolut gar nichts! Keiner der Bischöfe der europäischen Bischofskonferenzen oder aus anderen Teilen der Welt hat uns jemals auch nur das Geringste diesbezüglich angedeutet. Nie kam etwas darüber, weder von den schweizer Bischöfen noch von den französischen, den deutschen, den argentinischen, den amerikanischen. Auch von Organismen oder Personen der römischen Kurie ist niemals irgendein Hinweis bei uns eingegangen."

Der Kardinal spricht langsam und wägt sorgfältig jedes Wort ab. Es ist klar, dass ihn diese Angelegenheit persönlich getroffen hat. „Auch in Gesprächen mit Journalisten ist diese Frage bis zum 20. Januar 2009 niemals aufgekommen, also bis zum dritten Tag, nachdem das Dekret über die Aufhebung der Exkommunikation dem Oberen der Piusbruderschaft, Bischof Fellay, überreicht worden war." Und tatsächlich: Am 17. Januar begegnet Fellay, der geheim nach Rom berufen worden war, dem Kardinal, der „Ecclesia Dei" vorsteht, und erhält nicht nur die Nachricht von der Aufhebung der Exkommunikation, sondern auch das entsprechende Dokument, das Kardinal Giovanni Battista Re unterschrieben hat. Man sagt ihm, dass es am Samstag, den 24. Januar, veröffentlicht werden soll und dass bis dahin alles der päpstlichen Geheimhaltung unterliegt. Vom 21. Januar an sind jedoch die vier Bischöfe, die unrechtmäßig von Erzischof Marcel Lefebvre geweiht worden waren, bereits von der Exkommunikation des Jahres 1988 befreit.

Am 20. Januar veröffentlicht der „Spiegel", wie wir bereits gesagt haben, die Nachricht über das Fernsehinterview mit Bischof Williamson, in dem er die Gaskammern leugnet. „Das Dekret", erläutert Castrillón weiter, „war schon drei Tage zuvor seinen Adressaten überreicht worden. Sie hatten es schon. Eben an diesem 20. Januar haben wir über Internet auch von den Erklärungen Pater Schmidbergers erfahren, des Oberen des deutschen Distrikts der Piusbruderschaft, in denen er sich von den Äußerungen Williamsons über den Holocaust distanzierte und erklärte, dass dessen Äußerungen in keiner Weise die Position der Bruderschaft wiedergäben." Der kolumbianische Purpurträger bezeugt also, dass im Moment des Beschlusses sowie auch der darauf folgenden

Übergabe des Dekrets an Fellay keiner etwas von dem Interview wusste, das Williamson im vorhergehenden November gegeben hatte.

Man kann sich jedoch zu Recht fragen: War es wirklich nicht möglich, zwischen dem Moment, in dem das Interview vorweg abgedruckt wurde und in Umlauf kam, und dem Moment, in dem das Dekret öffentlich bekannt wurde, irgendetwas zu tun, um die Krise mit den Juden zu vermeiden?

Eine journalistische Rekonstruktion, die am 28. Januar 2009 in der italienischen Zeitung „Italia Oggi" veröffentlicht wurde, erwähnte Gerüchte über Kommentare, die Kardinal Giovanni Battista Re, der Präfekt der Kongregation für die Bischöfe, abgegeben hätte, während er sich am 25. Januar mit anderen Purpurträgern und Bischöfen der Kurie in dem Bus befand, der sie vom Vatikan zur Basilika Sankt Paul vor den Mauern brachte, um dort an der Vigilfeier für die Einheit der Christen teilzunehmen, der Papst Benedikt XVI. vorstand. Der Kardinal habe sich gefragt, wie es möglich gewesen sei, dass niemand von dem Interview Williamsons etwas gewusst habe. Und er habe mit lauter Stimme und für die anderen hochstehenden kirchlichen Fahrgäste gut vernehmlich die folgende Antwort gegeben: „Ach was ... Alles war dem Castrillón-Pasticcion [Wortspiel mit der Bedeutung: „diesem Stümper von Castrillón"] bekannt, der das wusste, dem Papst wahrscheinlich nichts gesagt und klar die Folgen unterschätzt hat."

War es in den Tagen, die zwischen der Übergabe des Dekrets an Fellay (17. Januar), der Nachricht über das Interview (20. Januar) und der Veröffentlichung des Dekrets (24. Januar 2009) lagen, wirklich nicht mehr möglich, noch etwas zu unternehmen, um die Krise zu vermeiden? Und weiter: Hat

Kardinal Re wirklich recht, wenn er Castrillón die ganze Verantwortung zuweist? Die Frage schien dazu bestimmt, unbeantwortet zu bleiben, oder besser, als einzige Antwort das Dementi Castrillóns zu erhalten. Bis jemand ganz unerwarteterweise vier handgeschriebene und besonders erhellende Seiten aus einer verschlossenen Schublade im Staatssekretariat ziehen sollte.

„Es gibt da ein Dokument, das ich Ihnen gerne zeigen würde. Es ist nicht so interessant, was darin steht, als vielmehr, was nicht darin steht ..." Seit Monaten hatte der illustre und schlaksige Monsignore, der von jenseits des Atlantik stammt, aber schon fast ein Italiener (oder besser ein Römer) ist, nichts von sich hören lassen. Nachdem er im Staatssekretariat Benedikts XVI. Karriere gemacht hatte, waren unsere Telefonate zunächst seltener geworden und hatten dann ganz aufgehört. Auch deswegen rief sein unerwarteter Anruf beim Verfasser Verwunderung und ein wenig Neugier hervor.

Die Luft war klar an jenem Nachmittag im März 2009. Die Reise des Papstes nach Kamerun und Angola stand kurz bevor. Der Fall Williamson stand noch auf der Tagesordnung, denn der Brief Benedikts XVI. an alle Bischöfe der Welt war eben erst erschienen. Das Treffen erfolgt weitab von indiskreten Blicken, in den im Souterrain liegenden Räumen eines Restaurants in der Nähe der Piazza Risorgimento.

„Ich wollte Ihnen ein Schriftstück zeigen ..., aber ich kann es Ihnen nicht überlassen", sagt mein Gesprächspartner, der ein leicht zerknittertes Priestergewand trägt, das ihm mittlerweile etwas eng geworden ist. Schließlich zieht er aus seiner schwarzen Ledertasche einige am Computer geschriebene Seiten hervor. „Das ist eine Kopie. Aber Sie können Sie lesen und sich, wenn Sie wollen, Notizen machen. Sie können auch alles abschreiben. Aber nichts fotografieren oder fotokopieren. Ich kann kein Risiko eingehen, denn es handelt sich um ein internes Dokument des Staatssekretariats, ein vertrauliches Dokument. Wenn unser verehrter Substitut wüsste, dass ich Ihnen das zeige ..."

Der Monsignore hält mir vier Seiten unter die Nase, die wie ein Arbeitsentwurf aussehen, mit der Kopfzeile:

„Protokoll der Versammlung vom 22. Januar 2008 (sic!) – Erster Stock des Apostolischen Palasts".

Worum geht es hier? „Hier werden Sie alles beschrieben finden, was während eines Treffens im Staatssekretariat unter Leitung von Kardinal Tarcisio Bertone gesagt oder nicht gesagt worden ist, um zu entscheiden, wie die Präsentation der Aufhebung der Exkommunikation der vier lefebvrianischen Bischöfe erfolgen sollte. Eine Aufhebung, die bereits in den vorhergehenden Tagen unterzeichnet und Bernard Fellay, dem Oberen der Bruderschaft St. Pius X., überreicht worden war ..."

Mein Stift läuft schnell über das Papier, um das Protokoll abzuschreiben. Es hat also ein Treffen gegeben, um über die Vorgehensweise zu diskutieren, um festzulegen, wie die Aufhebung der Exkommunikation präsentiert werden sollte. Kurz: Im Vatikan hatte man nachgedacht.

„Am 22. Januar 2008 (sic!), um 17.30 Uhr in der Prima Loggia des Apostolischen Palasts. Kardinal Tarcisio Bertone, Staatssekretär Seiner Heiligkeit, hat die folgenden Kardinäle und Bischöfe einberufen: Seine Eminenz Kardinal Darío Castrillón Hoyos, Präsident der Päpstlichen Kommission ‚Ecclesia Die'; Seine Eminenz, Kardinal William J. Levada, Präfekt der Kongregation für die Glaubenslehre; Seine Eminenz, Kardinal Giovanni Battista Re, Präfekt der Kongregation für die Bischöfe; Seine Eminenz, Kardinal Cláudio Hummes, Präfekt der Kongregation für den Klerus; Seine Eminenz, Erzbischof Francesco Coccopalmerio, Präsident des Päpstlichen Rats für die Interpretation von Gesetzestexten, und Seine Eminenz Bischof Fernando Filoni, Substitut für die Allgemeinen Angelegenheiten im Staatssekretariat. Alle oben aufgeführten Kardinäle und Bischöfe sind anwesend."

Das Datum stimmt nicht. „Ja, aber gleich danach wird das Protokoll korrigiert, natürlich ist hier vom Januar 2009 die Rede", zischt mein Gesprächspartner. Eben an jenem Morgen war Bertone von einer Reise nach Mexiko zurückgekommen. Eben an jenem Morgen hatten die beiden italienischen Zeitungen „Il Giornale" und „Il Riformista" mit erstaunlicher Deutlichkeit die Nachricht der nunmehr bevorstehenden Aufhebung der Exkommunikation der vier Bischöfe, die 1988 unrechtmäßig von Lefebvre geweiht worden waren, publiziert und somit Gerüchte und unkontrollierte Nachrichten bestätigt, die seit Tagen im Internet kursierten.

Im Protokoll heißt es weiter: „Nach dem Gebet illustrierte der Kardinalstaatssekretär, der die Sitzung leitete, das Thema der Zusammenkunft und lenkte die Aufmerksamkeit der Anwesenden auf die Situation, die entsteht, sobald am Samstag, den 24. Januar 2009, um zwölf Uhr mittags nach römischer Zeit, das Dekret veröffentlicht wird, durch das die Exkommunikation der vier Bischöfe aufgehoben wird, die am 30. Juni 1988 von Bischofe Lefebvre geweiht wurden (eine Kopie des Dekrets wird an die Anwesenden verteilt), und stellt die folgenden Fragen:

1. Die erste Frage lautet, ob dieser Akt des Wohlwollens des Papstes die Priester, die Ordensleute und die gläubigen Laien betrifft oder nicht.

2. Die zweite Frage lautet, ob es angebracht wäre, dem erwähnten Dekret eine erklärende Mitteilung beizufügen."

Hier wird also beschrieben, worum es bei der internen Debatte der Kurie an jenem Nachmittag des 22. Januar ging – 24 Stunden bevor der Pressesaal des Heiligen Stuhls das Bulletin mit der Nachricht der Aufhebung der Exkommunikation veröffentlichen sollte.

Nach der Einleitung beginnt die Zusammenfassung der Beiträge. „Lesen Sie und schreiben Sie es ab, lassen Sie sich ruhig Zeit", flüstert mein Gesprächspartner, während er in eine Bruschetta beißt.

„Kardinal Re berichtete zunächst, wie er von dem Dekret erfahren hat und dass er es mit Zustimmung des Heiligen Vaters nach einigen Korrekturen unterschrieben hat; es handelte sich dabei um unbedeutende Korrekturen, die den Text klarer machen sollten. Der Kardinal machte darauf aufmerksam, dass er, da Kardinal Gantin das Dekret unterschrieben hatte, durch das Bischof Lefebvre und die vier von ihm im Jahr 1988 geweihten Bischöfe formal exkommuniziert wurden, damit einverstanden sei, dass der Präfekt der Kongregation für die Bischöfe auch das Dekret der Aufhebung dieser Strafe unterschreiben sollte. Es wurde sofort die Diskussion über die mögliche Aufhebung der Exkommunikation auch der Priester der Bruderschaft St. Pius X. eröffnet."

Nach Re spricht Erzbischof Coccopalmerio, der „seine Überzeugung zum Ausdruck brachte, dass die Absolution von der Exkommunikation die vier Bischöfe in volle Gemeinschaft mit der Kirche stellt. In Bezug auf die Priester und Diakone erwarte man, dass diese mit einem expliziten Akt darum bäten, ihrerseits in die volle Gemeinschaft aufgenommen zu werden.

Kardinal Levada nahm Bezug auf den Fall von Campos [eine Diözese in Brasilien, aus der zuvor eine ansehnliche Gemeinschaft der Lefebvrianer in die volle Gemeinschaft mit Rom aufgenommen worden war, A. d. V.] und erklärte, dass zwar die Exkommunikation sowohl des Bischof als auch der Geistlichen aufgehoben worden war, dass es sich jedoch in diesem Fall um ein gemeinsames Vorgehen der Diözese und des Klerus gehandelt habe. Er hob hervor – unter Hinweis auf das, was Bischof Rifan [der traditionalistische Bischof der brasilianischen Diözese Campos, A. d. V.] in einem Dokument zum Ausdruck gebracht hatte, das an die Anwesenden verteilt wurde –, dass die vier Bischöfe bei diversen Gelegenheiten Erklärungen abgegeben oder schriftliche Aussagen gemacht hätten, die eine Klarstellung oder zumindest eine öffentliche Richtigstellung erforderten, bevor die Absolution selbst erfolge."

Es scheint ziemlich klar, dass sich Kardinal Levada, indem er Bischof Rifan zitiert, auf die Äußerungen der lefebvrianischen Bischöfe gegen das Konzil sowie gegen gewisse Entscheidungen des Papstes und so weiter bezieht. Im Zusammenhang mit diesen Äußerungen hätten jetzt auch gut die mehrfach wiederholten Aussagen Williamsons genannt werden können, in denen er die Existenz von Gaskammern geleugnet hatte. Doch während jener Versammlung – zumindest, wenn man sich an das interne Protokoll hält – erwähnt niemand den Bischof, der den Holocaust leugnet.

Der Monsignore tut unschuldig und lächelt. „Lassen Sie sich nicht stören, lesen Sie ruhig weiter ..."

„Bezüglich des Falls der Wiedereingliederung der Lefebvrianer von Campos in Brasilien", so heißt es weiter im Protokoll des Staatssekretariats, „erklärte Kardinal Hummes, er habe immer die Tatsache verteidigt, dass es sich hier trotz der Probleme und der Kritik, die hervorgerufen worden waren, um eine glückliche Fügung gehandelt habe. Der Kardinal wies darauf hin, wie wichtig es sei, dass der Integrationsprozess mit der ersten Generation der Lefebvrianer stattfinde, da schon die zweite Generation für eine mögliche Rückkehr in die ursprüngliche Kirche weniger empfänglich sei und ihr gleichgültiger gegenüberstehe. Seine Eminenz brachte also zum Ausdruck, dass er die Geste des Papstes unterstütze, die Exkommunikation der lefebvrianischen Bischöfe der Bruderschaft St. Pius X. aufzuheben. Die Aufhebung der Exkommunikation ist im Grunde ein Akt der Barmherzigkeit, und die noch offenen Lehrfragen bedeuten nicht, dass sie unmöglich ist. Bezüglich der Lehrfragen wird gewiss anschließend – so der Kardinal weiter – noch ein weiterer Weg zu verfolgen sein. Er endete mit der Erklärung, dass er dem Vorschlag zustimme, eine Mitteilung zu verfassen, die das Dekret zur Aufhebung der Strafe der Exkommunikation erläuternd begleiten solle."

Das Protokoll fährt fort mit einer Wortmeldung Castrillóns, der „seinerseits die ‚mens' des Heiligen Vaters erklären wollte, welcher durch die Aufhebung der Exkommunikation der vier lefebvrianischen Bischöfe einen Akt der Milde zu vollziehen gedenke, um die Einheit wiederherzustellen. Besonders wies er darauf hin, dass der Dialog über die noch offenen Fragen besser verlaufen würde, wenn die Bischöfe das Gefühl hätten, innerhalb und nicht außerhalb der kirchlichen Gemeinschaft zu stehen. Zudem erklärte er, dass dieser erste Schritt nicht bedeute, dass alle Probleme gelöst seien und dass der Heilige Vater selbst von einem allmählichen Verlauf zur Lösung der Fragen gesprochen habe."

Re ergreift erneut das Wort, um hervorzuheben, dass „die Aufhebung der Exkommunikation noch nicht die volle Gemeinschaft bedeutet, sondern eine Geste darstellt, die einen Weg der Versöhnung fördern möchte".

An diesem Punkt bittet der Substitut Filoni darum, das Dekret zu lesen, „um zu verstehen, ob einige Fragen bereits im Dokument selbst behandelt und beantwortet worden seien. Tatsächlich beseitigte die Deutung des Staatssekretärs viele Unsicherheiten und mit dem Text fanden sich alle grundsätzlich einverstanden, trotz einiger Begriffe, wie etwa die „volle Gemeinschaft" (vorletzter Absatz), den Erzbischof Coccopalmerio lieber durch „volle Wiederversöhnung" ersetzt hätte. In Anbetracht der Tatsache, dass das Dekret den verschiedenen Betroffenen bereits zur Kenntnis gebracht worden war, hielt man es jedoch nicht für angebracht, es zu überarbeiten; den Begriff konnte man im Kommuniqué aufnehmen. An diesem Punkt wurde zur Frage, ob auch den Priestern die Exkommunikation erlassen würde, Folgendes festgestellt:

1. Die Priester, die durch unrechtmäßige Weihe den vorgesehenen kanonischen Strafen unterlagen, werden dem Heiligen Vater und der Kirche in irgendeiner Weise ihre Treue bezeugen müssen, und das muss geschehen unter Berücksichtigung der Anzahl der Priester und ihrer Identifizierung. Das wird mit den Verantwortlichen der Bruderschaft vereinbart werden können; der Generalobere wird im Namen aller Priester und Diakone darum bitten können.

2. Was den derzeitigen Zustand betrifft, vor allem hinsichtlich der Messfeiern und der pastoralen Aktivitäten, wird man sich auf das Prinzip „supplet Ecclesia" berufen müssen, da man keine sofortige Lösung für alle finden kann.

3. Es wurde dann darauf hingewiesen, dass das Dekret selbst auch eine Herausforderung darstelle, dass die Bischöfe, Priester, Ordensleute und die Gläubigen ihre Absicht in Bezug auf die kirchliche Gemeinschaft und die Wiederversöhnung kundtun mögen. So wurde es nicht mehr für notwendig gehalten, eine erklärende Mitteilung zu verfassen, ähnlich der, die 1997 vom Päpstlichen Rat für die Interpretation von Gesetzestexten herausgegeben worden war, um die Situation nicht zu verkomplizieren. Man werde in Zukunft untersuchen, ob eine Erläuterung notwendig sei.

Schließlich bat der Substitut um eine Meinungsäußerung über das Pressekommuniqué, das die Veröffentlichung des Dekrets begleiten sollte. Die Anwesenden erklärten sich alle einverstanden mit dem Text und baten um eine kleine Veränderung am Ende des Schreibens, in den hier aufgeführten Worten: ‚Der Heilige Vater wurde bei diesem Entschluss von dem Wunsch bewegt, dass man möglichst bald zur vollständigen Versöhnung und zur vollen Gemeinschaft gelangen möge.' Es hat sich deutlich gezeigt, dass dieser Akt der Milde des Heiligen Vaters noch einen weiteren ‚Verlauf' erfordert, der zur vollen Wiederversöhnung und zur Klärung der rechtlichen Situation der Bruderschaft St. Pius X. führt, die, auch wenn sie nicht formal anerkannt ist, faktisch in gewisser Weise in die Verhandlungen einbezogen und mit ihnen beauftragt wird, da sie im Dekret erwähnt wird. Was besagte Bruderschaft betrifft, wurde gesagt, dass ohne ein formales Dekret der Anerkennung auszustellen, der derzeitige Zustand als Bezugspunkt angesehen werde und rechtskräftig bleibe ‚donec aliter provideatur'. Es wurde auch beschlossen, dass Erzbischof Coccopalmerio einen Artikel vorbereiten solle, der in den nächsten Tagen im ‚Osservatore Romano' zu veröffentlichen sei. Es wurde beschlossen, keine Interviews zu geben und das Dokument nicht der Presse vorzustellen, das an sich als klar genug erscheine ..."

„Lesen Sie das noch mal, mein Lieber, lesen sie noch mal aufmerksam den letzten Satz. Was halten Sie davon?" Es ist schwer, Worte zu finden, um den letzten Absatz zu kommentieren. Es ist der späte Nachmittag des 22. Januar, „Der Spiegel" hat schon zwei Tage zuvor die Nachricht über die Äußerungen veröffentlicht, in denen Bischof Williamson die Gaskammern leugnet, das Fernsehen hat am Vorabend darüber berichtet, die Presseagenturen haben seine Worte weitergegeben, und doch sind die beteiligten Kardinäle und Bischöfe der Meinung, es gebe nichts, was man der Presse erklären müsse. „Wie Sie der Anwesenheitsliste entnommen haben werden", sagt der Monsignore, der sich mittlerweile seine dritte Bruschetta vorgenommen hat, „hat Pater Federico Lombardi, der Direktor des vatikanischen Pressesaals, nicht an dieser Versammlung teilgenommen. Der Substitut des Staatssekretariats, Federico Filoni, spricht über das Kommuniqué. Niemand kommt auf die Idee, dass es möglicherweise sinnvoller gewesen wäre, zu überlegen, wie man die Entscheidung des Heiligen Vaters den Massenmedien präsentieren sollte ... Eine Entscheidung, die, wie man sich vorstellen konnte, Kritik, Vorbehalte, Unverständnis und Missverständnisse hervorrufen würde – selbst wenn man die unglücklichen Worte Bischof Williamsons einmal beiseite lässt –, die aber dennoch nicht erklärt wird. Keiner fühlt sich dazu genötigt oder verpflichtet. Lesen Sie zu Ende und schreiben Sie den Rest ab, während ich meine letzte Bruschetta esse ..."

„Kardinal Levada erklärte, es gebe offene Fragen und der Weg, der noch zurückgelegt werden müsse, werde daher eine kollegiale Arbeit seitens der betroffenen Kongregationen mit sich bringen. Der Kardinal gab an, dass die Glaubenskongregation sofort dem normalen Verfahrensweg folgen und die entsprechende Untersuchung der Lehrfragen durchführen werde, die in einem folgenden ‚iter' des Dialogs, der im Dekret selbst vorgesehen sei, berücksichtigt werden müssten; er erwähnte auch die Möglichkeit, Kardinal Castrillón einzuladen, an der diesbezüglichen Versammlung in *Feria IV* teilzunehmen.

Alle erklärten sich einverstanden, das Dekret und das Kommuniqué an die Vorsteher der päpstlichen Dikasterien und Vertretungen und über sie an die Bischofskonferenzen zu schicken. Die Sitzung wurde um 19.50 Uhr mit einem Gebet beschlossen."

„Na, was sagen Sie dazu? Ist ihnen aufgefallen, was in diesem Protokoll fehlt?", fragt mich der Monsignore.

„Es fehlt jeder Hinweis auf das Interview, in dem Bischof Williamson die Gaskammern leugnet!"

„Genau. Und an welchem Tag findet die Sitzung statt? Am 22. Januar, 48 Stunden vor der Veröffentlichung des Dekrets mit der Aufhebung der Exkommunikation. Das Interview mit Williamson kursiert mittlerweile überall: im ‚Spiegel', im Internet, in den internationalen Presseagenturen, und doch spricht während jener Versammlung keiner darüber. Keiner bringt das Thema auf, wenigstens wenn man das Protokoll liest, dass ich Ihnen gezeigt habe und das ich jetzt wieder in meine Tasche stecke."

Die Lektüre dieses Protokolls lässt viele Fragen unbeantwortet.

Einige werden wiederum von dem schwedischen Fernsehsender SVT aufgeworfen, dem öffentlichen Fernsehkanal, der das Interview mit Williamson erhalten hatte. Am Abend des 23. September 2009 kommt das Fernsehen auf das Thema zurück und sendet ein Programm, in dem Benedikt XVI. angegriffen wird.

Der Sender vertritt die These – wobei er sich auf die Aussagen des Bischofs von Stockholm stützt –, es sei unmöglich, dass der Heilige Stuhl das nicht wissen konnte. Im Trailer, der auf das Programm hinweist, kommentiert eine weibliche Stimme aus dem Hintergrund: „Im vergangenen Winter wurde die katholische Kirche durch das Interview mit Bischof Richard Williamson erschüttert. Der Papst und die zuständigen Kardinäle versichern der Welt, nichts von dem Interview gewusst zu haben, doch das ist nicht wahr." Sofort kommt ein Filmabschnitt mit Erklärungen, die der katholische Bischof von Stockholm, Anders Arborelius, dem Sender gegeben hat. Er versichert, er habe den Vatikan schon im November 2008 vor den holocaustleugnenden Worten gewarnt, gleich nachdem er von dem Interview, das Bischof Williamson gegeben hatte, in Kenntnis gesetzt worden sei: „Von unserer Seite aus haben wir die Information an den Vertreter des Papstes weitergereicht." Bischof Arborelius bezieht sich auf den Apostolischen Nuntius für die nordischen Länder, Erzbischof Emil Paul Tscherrig. Dieser gibt keine Erklärungen vor der Kamera ab, sagt aber dem Journalisten „off the records", er habe dem Vatikan eine Mitteilung zukommen lassen. Ein offizielles Kommuniqué der Kurie von Stockholm vom 23. September bestätigt seine Worte. Das ist eine wichtige Nachricht: Die Information über die irrsinnigen Aussagen des lefebvrianischen Bischofs war also von der Apostolischen Nuntiatur nach Rom weitergeleitet worden. Der Heilige Stuhl war gewarnt worden. Wer hatte die Mitteilung erhalten? Wer hatte Kenntnis davon, dass die den Holocaust leugnenden Erklärungen Williamsons von vor mehr als zwanzig Jahren vor laufender Kamera wiederaufgerührt worden waren? Lassen wir diese Frage noch einen Moment offen.

Das Fernsehprogramm zeigt auch ein Interview mit Kardinal Kasper, der aussagt, er habe über die Maßnahme der Aufhebung der Exkommunikation keine interne Information aus dem Vatikan erhalten. Er erklärt jedoch, schon seit einiger Zeit von den extremistischen Positionen Williamsons gewusst zu haben.

Dieses Mal sind nicht mehr die Piusbruderschaft oder die Aufhebung der Exkommunikation Gegenstand der Kritik. Im Fadenkreuz steht der Heilige Stuhl und vor allem die Person des Papstes, der in seinem Brief an die Bischöfe ausdrücklich erklärt hatte, er habe in dem Moment, in dem er beschlossen hatte, die Exkommunikation aufzuheben, nichts von den holocaustleugnenden Aussagen Williamsons gewusst.

Im Fernsehprogramm wird jedoch Castrillón Hoyos nochmals als der Hauptverdächtige genannt: Die Sendung heißt „Kardinal" und ist so aufgebaut, dass er als der Verantwortliche der Vorfälle erscheint. Weder Bischof Arborelius noch Nuntius Paul Tscherrig erklären aber, dass sie ihm die Mitteilung geschickt haben, doch die Leiter der Sendung „Uppdrag Granskning" vom 23. September scheinen das anzunehmen. Auch weil das Interview von Kardinal Kasper – wenngleich nicht in allzu expliziter Form – in diese Richtung geht. Nachdem er daran erinnert hat, dass die Krise dank seiner persönlichen Verbindungen zu vielen Rabbinern beigelegt werden konnte, lächelt er bei der Frage, wer der wahre Verantwortliche gewesen sei, und gibt zu verstehen, dass Castrillón weiter der Hauptverdächtige bleibt.

Pater Federico Lombardi, der hinzugezogen wird, sendet per E-Mail eine Klarstellung an das schwedische Fernsehen. Hier der Wortlaut:

„Ich hatte keinerlei Kenntnis von dem Interview mit Bischof Williamson, bevor es gesendet wurde. Danach wurde ich von Journalisten und schwedischen Kollegen von Radio Vatikan darüber informiert. Kardinal Castrillón hat vor der Sendung des Interviews mir gegenüber kein Wort darüber verlauten lassen.

Ich wusste nicht, dass eine Information über Williamson an den Vatikan geschickt worden war, und ich weiß nicht, wer sie erhalten und gelesen hat. Niemand hat sie mir gegenüber auch nur mit einem Wort erwähnt.

Der Papst hat gesagt, er sei nicht informiert gewesen, als er die Aufhebung der Exkommunikation verabschiedet hat. Ich bin sicher, dass der Papst die Wahrheit sagt.

Als ich meine Vorgesetzten über Ihr Interview mit Williamson informierte, habe ich festgestellt, dass die Entscheidung über die Aufhebung der Exkommunikation bereits getroffen worden war.

Das Einzige, was ich tun konnte, war also, klar und deutlich Sinn und Absicht der Entscheidung des Papstes, die Exkommunikation aufzuheben, herauszustellen sowie darauf hinzuweisen, dass die völlig unannehmbare Haltung Williamsons zum Holocaust allein seine persönliche Meinung darstellt, die in keiner Weise mit dem Ursprung der Exkommunikation in Verbindung stand. Das habe ich vielfach in diesen betrüblichen Tagen wiederholt."

Es lohnt sich, auf zwei Dinge hinzuweisen. Erstens: Pater Lombardi erklärt, dass Kardinal Castrillón ihm nichts von dem Interview gesagt hat, bevor es ausgestrahlt wurde. Der zweite Hinweis betrifft den Satz: „Als ich meine Vorgesetzten über Ihr Interview mit Williamson informierte, habe ich festgestellt, dass die Entscheidung über die Aufhebung der Exkommunikation bereits getroffen worden war" (im englischen Originaltext der E-Mail: As I informed my Superiors about your interview with Williamson, I saw that the decision about the lifting of the excommunications was already done), woraus sich ableiten lässt, dass die Vorgesetzten Lombardis, also die Leitung des Staatssekretariats, gleich nach der Ausstrahlung des Interviews von ihm informiert worden waren. Das geschah jedenfalls vor der Veröffentlichung des Dekrets am 24. Januar. Es ist richtig, dass das Dekret bereits unterschrieben und Fellay übergeben worden war. Es war jedoch noch nicht veröffentlicht worden. Hätte man versuchen können, auf irgendeine Weise Abhilfe zu schaffen?

Als Castrillón erneut befragt wird, verteidigt er sich wenige Tage später in einem langen Interview mit der „Süddeutschen Zeitung" gegen die Anschuldigungen des schwedischen Fernsehens. Er bezeichnet die Erklärung von Bischof Arborelius, die Information sei an den Vatikan gesandt worden, als „unseriös": „Wir speichern alle Dokumente, die wir bekommen, in digitaler Form. Bischof Arborelius sollte also sagen, wie, wem und wann er das mitgeteilt hat, und ob das schriftlich oder mündlich geschah." In den Archiven der „Ecclesia Dei" ist in der Tat nichts zu finden.

Tatsächlich hat der Bischof von Stockholm nicht erklärt, er habe die Information an Castrillón weitergereicht. Auch der Apostolische Nuntius hat so etwas nie behauptet. Es war immer nur ganz allgemein vom „Vatikan" die Rede.

Was ist also passiert? Wer hat diese wertvollen Informationen erhalten? Es ist der Moment gekommen, wieder einmal mit unserem Freund, dem Monsignore vom Staatssekretariat, zu reden.

„Mein Freund, vielleicht sollten Sie aufhören, sich Fragen zu stellen ... Jedenfalls kann der Bericht eines Apostolischen Nuntius an das Staatssekretariat und gleichzeitig an das Dikasterium, das die Nachricht betrifft, geschickt werden. Oder er kann nur an das Staatssekretariat geschickt werden."

Castrillón hat schon mehrfach öffentlich und privat wiederholt, er habe nichts erhalten, weder in schriftlicher noch in mündlicher Form. Eine mögliche Erklärung wäre, dass die Mitteilung an die Mitarbeiter im Staatssekretariat gegangen ist, die sich mit den nordischen Ländern befassen, und zu spät in einem Vermerk für die Vorgesetzten festgehalten wurde. Im November 2008 hatten nur Leiter des „Regieraums" der römischen Kurie Kenntnis davon, dass sich das laufende Verfahren zur Aufhebung der Exkommunikation rasch in Richtung Abschluss bewegte.

Bei diesem Vorfall scheinen also außer unglücklichen Zufällen kleine Fehler, Verspätungen und Unterschätzungen aufgetreten zu sein. Es scheint jedoch kaum möglich, die ganze Verantwortung einem einzigen Sündenbock zuzuschreiben.

Als ganz und gar künstlich erweist sich jedoch der Versuch, Benedikt XVI. in den Fall hineinziehen zu wollen. Er hatte als Einziger wirklich keine Ahnung. Aber er hat als Einziger die ganze Verantwortung auf sich genommen, um seine Mitarbeiter zu decken, und daher jenen demütigen Brief an die Bischöfe der ganzen Welt geschrieben.

5

DER VERGESSENE KONTINENT UND DIE KONDOMKRISE

Genau sechs Tage dauert die Ruhe des Papstes – vom 11. bis 17. März. Am 11. März 2009 hatte sein demütiger Brief an den Weltepiskopat, in dem er die wahren Beweggründe für seine Geste des Wohlwollens und der Barmherzigkeit gegenüber den vier Lefebvre-Bischöfen erläuterte, den Streit über den Fall Williamson endgültig beigelegt.

Am 17. März bricht der Papst nach Afrika auf, zu seiner ersten Reise auf den schwarzen Kontinent, die ihn zunächst nach Kamerun und dann nach Angola führen soll. Es handelt sich um zwei ganz verschiedene Länder, die jedoch beide in die für diesen Teil der Welt ganz typischen Widersprüche verstrickt sind. Armut, Aids, eine am Boden liegende Wirtschaft sowie eine korrupte Politikerklasse haben, wenngleich beide Länder über natürliche Ressourcen verfügen, wirtschaftliche Entwicklung und erträgliche Lebensbedingungen bislang verhindert. Man wartet gespannt darauf, was der Papst bei der Begegnung mit der afrikanischen Bevölkerung sagen wird. Sein Pontifikat wurde häufig so dargestellt, als befasse es sich hauptsächlich mit dem entchristlichten Westen, als drehe sich alles um die Wiedergeburt des Glaubens auf dem Alten Kontinent, der seine Wurzeln verloren hat. Den Botschaften hingegen, in denen sich der Papst mit internationalen Fragen befasst, sich um die Bedingungen in der Dritten Welt kümmert und zu einem einfacheren Lebensstil sowie zur Notwendigkeit, die Schöpfung zu bewahren, aufruft, wird weniger Aufmerksamkeit geschenkt.

Wenngleich der Besuch in Kamerun und Angola von den Medien als weniger „interessant" eingeschätzt wird als die Reise, die ihn einige Wochen später nach Jordanien, Israel und in die Palästinensergebiete führen soll, ist er ein wichtiges Ereignis dieses Pontifikats. Der Papst möchte, dass „überall in der Welt die Männer und Frauen ... ihre Augen auf Afrika richten", das so sehr nach Gerechtigkeit und Frieden dürstet. Leider wird dieser Wunsch trotz der bedeutenden Reden, die er dort hält, nicht in Erfüllung gehen. In Luanda wird der Papst vor den staatlichen Obrigkeiten und dem Diplomatischen Korps in Erinnerung rufen, dass man die Kirche stets bei den Ärmsten dieses Kontinents finden werde. Er wird die internationale Gemeinschaft um „eine Koordinierung der Kräfte" bitten, „um die Frage des Klimawandels in Angriff zu nehmen", sowie um „die volle und ehrliche Umsetzung der Verpflichtungen zugunsten der Entwicklung, die von der Doha-Runde aufgezeigt wurden, und die Erfüllung des oft wiederholten Versprechens der Industrienationen, 0,7 Prozent ihres Bruttoinlandsprodukts (BIP) in die offizielle Entwicklungshilfe einfließen zu lassen".

Mit folgenden Worten wird er die Übel darstellen, unter denen Afrika leidet: „Denken wir an die Geißel des Krieges, an die grausamen Früchte des Tribalismus und der ethnischen Rivalitäten, an die Habgier, die das Herz des Menschen verdirbt, die Armen zu Sklaven macht und die kommenden Generationen der Ressourcen beraubt, deren sie bedürfen, um eine solidarischere und gerechtere Gesellschaft zu schaffen."

Auf dem Flug von Rom nach Yaoundé trifft Benedikt XVI. die Journalisten und beantwortet ihre Fragen. Es handelt sich wie immer um eine vorbereitete Pressekonferenz: Die Journalisten, die im Flugzeug des Papstes mitfliegen dürfen, haben Pater Federico Lombardi in den Tagen zuvor ihre Fragen zukommen lassen. Der Direktor des vatikanischen Pressesaals hat ähnlich lautende Fragen zusammengefasst und so formuliert, dass alle wichtigen Themen behandelt werden. Kurz nach dem Abflug hat er einige der Anwesenden damit betraut, sie auf der Grundlage eines vorbereiteten Textes dem Papst vorzutragen. Ratzinger hat die Fragen vorher erhalten, die auch vom Staatssekretariat geprüft worden sind. Es gab also Zeit genug, über die Antworten nachzudenken.

Die erste Frage betrifft die Nachwirkungen des Falles Williamson, die Beziehung des Papstes zu seinen Mitarbeitern, die angebliche „Einsamkeit" des Papstes, auf die mehr als ein Kommentator anspielte, als er die Ereignisse der letzten zwei Monate zu erläutern hatte. Die folgende Frage wird von Lucio Brunelli vorgetragen, dem Vatikanberichterstatter des zweiten Programm des italienischen Staatsfernsehens: „Heiligkeit, seit einiger Zeit – und vor allem nach Ihrem letzten Brief an die Bischöfe der Welt – sprechen viele Zeitungen von der ‚Einsamkeit des Papstes'. Meine Frage: Was denken Sie darüber? Fühlen Sie sich wirklich einsam? Und mit welchen Empfindungen fliegen Sie jetzt nach den jüngsten Ereignissen nach Afrika?"

Die Antwort darauf lautet: „Um die Wahrheit zu sagen, ich muss ein wenig über diesen Mythos meiner Einsamkeit lachen: Ich fühle mich in keinster Weise einsam. Jeden Tag empfange ich in den Tabellenaudienzen meine engsten Mitarbeiter, angefangen vom Staatssekretär bis hin zur Glaubenskongregation und so weiter; dann sehe ich regelmäßig alle Leiter der Dikasterien, jeden Tag empfange ich Bischöfe zu ‚Ad-limina'-Besuchen – kürzlich alle Bischöfe von Nigeria, einen nach dem anderen, anschließend die Bischöfe aus Argentinien ... Wir hatten in diesen Tagen zwei Vollversammlungen, sowohl die der Kongregation für den Gottesdienst als auch die der Kleruskongregation. Und dann gibt es auch freundschaftliche Gespräche, ein Netz von Freundschaften, der Jahrgang meiner Priesterweihe ist kürzlich für einen Tag aus Deutschland gekommen, um mit mir zu plaudern ... Also, die Einsamkeit ist kein Problem, ich bin wirklich von Freunden umgeben in einer hervorragenden Zusammenarbeit mit Bischöfen, Mitarbeitern, Laien, und ich bin dafür dankbar. Nach Afrika reise ich mit großer Freude: Ich liebe Afrika, ich habe schon seit meiner Zeit als Professor und bis heute viele afrikanische Freunde; ich liebe die Glaubensfreude, diesen freudigen Glauben, den man in Afrika antrifft. Sie wissen, dass der Auftrag des Herrn an den Nachfolger Petri lautet, die ‚Brüder im Glauben zu stärken': Das versuche ich zu tun. Aber ich bin sicher, dass ich selbst von den Brüdern im Glauben bestärkt zurückkommen werde, sozusagen ‚angesteckt' von ihrem freudigen Glauben."

Die „Bombennachricht" kommt mit der fünften Frage, die von Philippe Visseyrias, einem Journalisten von France 2, vorgetragen wird. Hier der Wortlaut: „Heiligkeit, zu den vielen Übeln, die Afrika heimsuchen, gehört insbesondere auch das der Verbreitung von Aids. Die Position der katholischen Kirche in Bezug auf die Art und Weise, dagegen anzukämpfen, wird oft als unrealistisch und unwirksam betrachtet. Werden Sie auf Ihrer Reise über dieses Thema sprechen?" Das Wort „Präservativ" verwendet der Journalist nicht.

Doch weiß man auch, dass die gegen die Kirche vorgebrachte Anschuldigung, sie sei wenig realistisch und unwirksam im Kampf gegen Aids, die katholische Morallehre im Blick hat, die Kondome ablehnt. Die Frage hätte eine Antwort zugelassen, die nicht auf Einzelheiten eingeht. Benedikt XVI. hingegen beschließt, die Frage nicht zu umgehen. Und in seiner Antwort verwendet er das Wort „Präservativ"; soweit sich die Vatikanberichterstatter erinnern können, ist dies das erste Mal, dass ein Papst mit Journalisten darüber spricht.

Also eine wenig realistische Kirche? „Ich würde das Gegenteil behaupten", sagt der Papst und fährt fort: „Ich denke, dass die wirksamste, am meisten präsente Realität im Kampf gegen Aids gerade die katholische Kirche mit ihren Bewegungen und verschiedenen Strukturen ist. Ich denke an die Gemeinschaft Sant'Egidio, die im Kampf gegen Aids so viel tut – sichtbar und auch im Verborgenen –, ich denke an die Kamillianer, an viele andere Dinge, an all die Ordensschwestern, die sich um die Kranken kümmern ... Ich würde sagen, dass man das Aidsproblem nicht nur mit Geld lösen kann, das zwar auch notwendig ist. Aber wenn die Seele nicht beteiligt ist, wenn die Afrikaner nicht mithelfen, indem sie eigene Verantwortung übernehmen, kann man es mit der Verteilung von Präservativen nicht bewältigen. Im Gegenteil, sie vergrößern das Problem. Die Lösung kann nur in einem zweifachen Bemühen liegen: erstens in einer Humanisierung der Sexualität, das heißt in einer spirituellen und menschlichen Erneuerung, die eine neue Verhaltensweise im gegenseitigen Umgang mit sich bringt; und zweitens in einer wahren Freundschaft auch und vor allem zu den Leidenden, in einer Verfügbarkeit, auch mit Opfern und persönlichem Verzicht an der Seite der Leidenden zu sein. Das sind die Faktoren, die helfen und sichtbare Fortschritte bringen. Deshalb würde ich sagen, es geht um diese unsere doppelte Kraft, einmal den Menschen von innen her zu erneuern, ihm spirituelle und menschliche Kraft zu geben für ein rechtes Verhalten zu seinem eigenen Leib und dem des anderen, und dann diese Fähigkeit mit den Leidenden zu leiden, in Situationen innerer Prüfung präsent zu bleiben. Mir scheint das die richtige Antwort zu sein, und die Kirche tut dies und leistet so einen sehr großen und wichtigen Beitrag. Danken wir all denen, die dies tun."

Wenn sich Benedikt XVI. darauf beschränkt hätte zu sagen, das Problem lasse sich nicht mit der Verteilung von Präservativen bewältigen, und dann aufgehört hätte, wäre die Aussage weniger explosiv gewesen. Der Papst hat jedoch hinzugefügt, dass die Verteilung von Kondomen das Problem – also die Verbreitung von Aids – nicht nur nicht lösen, sondern sogar vergrößern würde. Der Vatikanberichterstatter Luigi Accattoli erklärt auf seinem Blog: „Auf ihre Art ist das eine weise Antwort. Vielleicht wäre eine geschicktere oder medienwirksamere Formulierung möglich gewesen, doch wir können gewiss nicht sagen, dass diese Antwort ohne das Bewusstsein eines gewissen Risikos gegeben wurde. Möge der den ersten Stein werfen, der es in der heutigen Welt schafft, offen etwas Christliches zu sagen, was die Sphäre des Sexuellen auch nur streift, ohne sich dadurch gleich dem Spott auszusetzen."

„Der Papst hatte sich entschieden, so zu reden", meint Pater Giulio Albanese, der Verantwortliche der Missionszeitschriften der Italienischen Bischofskonferenz, der sich unter den Journalisten im Papstflugzeug befand. „Kaum war die Pressekonferenz zu Ende und Benedikt XVI. auf seinen Platz im vorderen Teil des Flugzeugs zurückgekehrt, war unter den Kollegen gleich klar, dass jene Worte potentiellen Zündstoff beinhalteten."

Pater Albanese, der die afrikanische Wirklichkeit gut und aus eigener Anschauung kennt, gibt kurz nach der Landung in Yaoundé der italienischen Zeitung „Il Giornale" ein Interview, das am 18. März veröffentlicht wird, und erklärt, dass die Bemerkung des Papstes als provozierend angesehen werden könnte, dies jedoch nicht sei. Sie stelle vielmehr einen Anreiz dar, über die übliche Streitfrage „Präservative ja – Präservative nein" hinauszugehen. Ein so tief reichendes Thema könne nicht darauf reduziert werden. „Die Vorstellung, die seine Antwort einschließt", so Albanese, „ist, dass viel gesunder Menschenverstand erforderlich ist und daher eine Kultur gefördert werden muss, die die Beziehung zwischen Mann und Frau stets respektiert. Die Sexualität hat es wirklich nötig, humanisiert und nicht zu einer Ware herabgewürdigt werden. Die Frage an den Papst bezog sich auf die Position der Kirche im Kampf gegen Aids, doch Benedikt XVI. hat in seiner Antwort das Thema auf die Beziehung zwischen Mann und Frau erweitert und so die Notwendigkeit zum Ausdruck gebracht, auf erzieherischer und kultureller Ebene etwas zu unternehmen."

Das, was der Vatikanberichterstatter Accattoli einen „medialen Tsunami" nennen sollte, beginnt bereits am 18. März. Der „Corriere della Sera" titelt: „Papst in Afrika: Aids, Präservative unnütz". „La Stampa": „Kondome helfen nicht gegen Aids. Benedikt XVI.: Die Präservative vergrößern das Problem. Kostenlose Behandlung für alle". „La Repubblica" bringt einen Kommentar unter der Überschrift „Das Tabu des Papstes", in dem Adriano Prosperi sich fragt: „Ist es denn nicht wahr, dass diese mechanische Barriere die Frauen schützt und die Übertragung des Virus verhindern kann? Warum also weiterhin hartnäckig deren Verwendung verbieten?" „Benedikt XVI. hat seine Reise mit einer heftigen Attacke gegen die Benutzung von Präservativen begonnen", schreibt „Il Manifesto". Am nächsten Tag überschlagen sich die Kommentare und Analysen mit Schlagzeilen wie: „Der Schatten der Kirche", „Die starre Kirche", „Der Papst verurteilt zahlreiche Afrikaner zum Tod". Nur wenige italienische Tageszeitungen geben die Äußerungen derer wieder, die die Stichhaltigkeit der Worte des Papstes begründen.

Auch viele internationale Medien titeln entschieden gegen den Papst: „Le Monde" schreibt, niemand glaube, „dass Präservative die Lösung des Problems darstellen, doch zu behaupten, dass sie die Pandemie verschlimmern könnten, ist äußerst schwerwiegend und unverantwortlich", während die „New York Times" urteilt: „Der Papst hat sich traurigerweise auf die falsche Seite gestellt."

Angesichts der zunehmenden Polemik in den Medien liefert Pater Lombardi am 18. März eine Erläuterung zur Antwort des Papstes: „Der Heilige Vater hat die Position der katholischen Kirche bekräftigt und die wesentlichen Linien ihres Bemühens im Kampf gegen die schreckliche Geißel Aids hervorgehoben: Erstens die Erziehung zu einem Verantwortungsbewusstsein der Menschen im Umgang mit ihrer Sexualität und das Hervorheben der zentralen Rolle von Ehe und Familie. Zweitens die Erforschung und die Anwendung wirksamer Heilverfahren gegen Aids, die einer möglichst großen Zahl von Kranken über Gesundheitsinitiativen und -institutionen zugänglich gemacht werden sollen. Drittens die menschliche und geistige Unterstützung von

Aidskranken und allen Leidenden, die der Kirche seit jeher besonders am Herzen liegen. In diese Richtung konzentriert die Kirche ihr Bemühen. Sie glaubt nicht, dass allein eine weitere Verbreitung von Kondomen tatsächlich der bessere, der weiterblickende und wirksamere Weg ist, um der Geißel von Aids etwas entgegenzusetzen und menschliches Leben zu schützen."

„Diese Klarstellung", so Accattoli, „ist wichtig, um die Äußerung des Papstes richtig einzuordnen und zu erklären, dass es sich hier nicht um eine Verurteilung oder eine Verbannung des ‚Schutzes' handelt, den Präservative leisten können. Aber vielleicht war es dafür bereits zu spät. In der Zwischenzeit hatten sich schon wieder weitere peinliche Vorfälle ereignet – auch diese sind nicht neu –, die die Medien in ihrer Meinung bestärkten, sie würden zu Recht auf diesem Thema beharren."

Die „peinlichen Vorfälle", auf die der Vatikanberichterstatter anspielt, beziehen sich auf den vollständigen und sozusagen „offiziellen" Wortlaut des päpstlichen Interviews, der 24 Stunden später auf der Internetseite des Vatikans veröffentlicht wird, nachdem er vom Staatssekretariat durchgesehen und korrigiert worden ist. Im Text wird die Antwort nicht wortgetreu wiedergegeben: Die Worte: „sie vergrößern das Problem" (die Verteilung von Kondomen), wird zu: „es besteht die Gefahr, dass sie das Problem vergrößern". Das Wort „Geld" wird zu „Werbeslogans". Auch das Wort „Präservative" wird durch das Wort „Kondome" ersetzt.

Ungerechtfertigte Korrekturen, die natürlich nicht unbemerkt bleiben und – einmal von den Medien aufgeführt – die Mitarbeiter des Vatikans zwingen, alles zurückzunehmen und eine Version herauszugeben, die den tatsächlich vom

Papst benutzten Äußerungen genauer entspricht. Schließlich ist es illusorisch, dass bei einer Rede, die von siebzig Journalisten mit Aufnahmegeräten und Kameras aufgezeichnet worden ist, Änderungen dieser Art nicht bemerkt werden.

Der Leiter des vatikanischen Pressesaals, Pater Lombardi, wird in einem Interview erklären, dass ein Mitarbeiter in guter Absicht versucht habe, die Worte des Papstes in einem besseren Italienisch wiederzugeben – was bei den aus dem Stegreif gesprochenen Sätzen des Papstes häufiger geschehe. Verantwortlich für die Überprüfung des päpstlichen Textes war in jenem Moment Erzbischof Paolo Sardi.

Zwei Tage später entbrennt die Auseinandersetzung in der Welt der Politik. Die Worte Benedikts XVI., die manchmal aus ihrem weiteren Kontext herausgerissen werden, lösen vor allem in Europa beispiellose Kritik aus. Nach Meinung des französischen Außenministers Bernard Kouchner zeige der Papst wenig Verständnis für den wirklichen Zustand Afrikas. Eric Chevallier, der Sprecher des Außenministeriums, bekräftigt diese Meinung mit der Äußerung: „Seine Worte können die öffentliche Gesundheitspolitik und das Gebot, das menschliche Leben zu schützen, gefährden."

Auf Paris folgt Brüssel. Die belgische Gesundheitsministerin Laurette Onkelinx äußert die Meinung, die Worte des Papstes könnten Jahre der Vorsorge und der Informationspolitik zerstören und viele Menschenleben in Gefahr bringen. In Deutschland erklären Gesundheitsministerin Ulla Schmidt sowie die Ministerin für wirtschaftliche Zusammenarbeit, Heidemarie Wieczorek-Zeul, in einer gemeinsamen Erklärung: „Kondome retten Leben, sowohl in Europa als auch auf anderen Kontinenten. (...) Moderne Entwicklungszusammenarbeit muss den Ärmsten der Armen

Zugang zu Mitteln der Familienplanung geben. Und dazu gehört insbesondere auch der Einsatz von Kondomen. Alles andere wäre unverantwortlich." Die spanische Regierung, angeführt von Luis Zapatero, kündigt als Reaktion auf die Wortes des Papstes an, sie werde zur Bekämpfung von Aids eine Million Kondome nach Afrika schicken, während der höchste Funktionär des spanischen Gesundheitswesens erklärt, der Papst sei „schlecht beraten", und fordert ihn dazu auf, seine Position zu überdenken.

Der luxemburgische Premierminister Jean-Claude Junkker, ein Angehöriger der Christlich Sozialen Volkspartei, sagt, er sei „besorgt". Luis Michel, ein Sprecher der Europäischen Union, erklärt währenddessen, die Europäische Kommission unterstütze seit jeher die Benutzung von Kondomen, deren Wirksamkeit gegen die Verbreitung des HIV-Virus bekannt sei. Michel Kazatchkine, der Direktor des Globalen Fonds zur Bekämpfung von Aids, lässt wissen, er sei zutiefst entrüstet, und bittet Papst Ratzinger, seine Aussagen zurückzunehmen, da sie unannehmbar seien.

Vier Tage nach der Erklärung des Papstes, noch im Verlauf der Reise, veröffentlicht der „Osservatore Romano" einen Artikel auf der ersten Seite, der über den Erfolg der in Uganda durchgeführten Anti-Aids-Kampagne berichtet, die auf dem Aufruf zur ehelichen Treue, auf der Aufforderung, frühzeitigen Geschlechtsverkehr unter Jugendlichen hinauszuzögern, und auf der Empfehlung von Kondomen für bestimmte Risikogruppen (Homosexuelle, Drogenabhängige, Prostituierte) basiert. Der Kampagne ist es gelungen, den Prozentsatz der infizierten Bevölkerung in den zehn Jahren von 1991 bis 2001 von fünfzehn auf fünf Prozent zu senken. Ein Artikel, der nicht zufällig veröffentlicht wird und in dem implizit die Möglichkeit der Verwendung von Kondomen für Risikogruppen eingeräumt wird.

Man sollte meinen, dass der Papst während seiner wichtigen Reise nach Kamerun und Angola über die Auseinandersetzung informiert wird, die nach seiner Äußerung über Präservative entbrannt ist. Doch der französische Journalist Jean-Marie Guenois, Vatikanberichterstatter von „Le Figaro", stellt fest, dass das nicht so ist. „Ich war überrascht", so schreibt er, „dass Benedikt XVI. am 23. März während des Rückflugs von Angola nach Italien erneut die Journalisten treffen wollte. Er hat keine Fragen beantwortet, sondern kam nur, um uns zu grüßen. Er hat in wenigen Minuten eine kurze und wunderschöne Zusammenfassung der soeben zu Ende gegangenen Reise abgegeben und berichtet, dass ihn der außerordentlich herzliche Empfang der Menschen, die er besucht hat, besonders beeindruckt hat. Er war ruhig, entspannt und schien kein bisschen besorgt. Ich habe mir gedacht: Er scheint mir ein bisschen zu ruhig angesichts der Auseinandersetzung über die Kondome und der schwerwiegenden Äußerungen seitens der Vertreter europäischer Regierungen. Ich habe mich gefragt: Ist er wohl über all das informiert worden? In den folgenden Tagen war ich in Rom, um einen längeren Artikel vorzubereiten, der dann im ‚Figaro' veröffentlicht wurde. Ich zapfte meine Quellen an und fragte, wann Ratzinger darüber informiert worden sei, was in Europa nach dem Interview, das er am 17. März 2009 auf dem Flug von Rom nach Yaoundé gegeben hatte, geschehen war. Mir wurde glaubhaft versichert, dass angesichts der schweren Belastungen einer solchen Reise und der kurzen Zeit, die zwischen den einzelnen Terminen liege, Benedikt XVI. im Laufe seines Afrikabesuchs nicht über alles habe informiert werden können. Ich bekam also die Bestätigung für meine Annahme, dass der Papst erst bei seinem Rückflug nach Rom über die Tragweite des Geschehens informiert wurde."

Die schärfste Reaktion erfolgt jedoch erst am 2. April, als das belgische Parlament mit 95 Ja-Stimmen, 18 Nein-Stimmen und 7 Enthaltungen einen Antrag annimmt, der die Exekutive auffordert, die inakzeptable Stellungnahme des Papstes zu verurteilen und dem Heiligen Stuhl eine förmliche Protestnote vorzulegen. Premierminister Herman Van Rompuy hatte sich einverstanden erklärt, dem Antrag stattzugeben – unter der Bedingung, dass der Ausdruck „gefährliche und unverantwortliche" Stellungnahme Benedikts XVI. in „inakzeptable" Stellungnahme umgeändert würde. Das Parlament eines europäischen Landes interveniert also, um die Worte des Papstes in starken Tönen zu kritisieren. Am 15. April 2009 empfängt der vatikanische „Außenminister" Erzbischof Dominique Mamberti den belgischen Botschafter beim Heiligen Stuhl, wobei dieser ihm die Resolution der Abgeordnetenkammer vorlegt.

Zwei Tage später veröffentlicht der Pressesaal des Heiligen Stuhls eine Mitteilung, in der die Absicht der belgischen Parlamentarier als „Einschüchterung" bezeichnet wird: „Das Staatssekretariat nimmt diesen für die diplomatischen Beziehungen zwischen dem Heiligen Stuhl und dem Königreich Belgien ungewöhnlichen Schritt mit Bedauern zur Kenntnis. Das Staatssekretariat bedauert, dass eine parlamentarische Versammlung es für richtig hielt, den Heiligen Vater auf Grundlage eines verkürzten und aus dem Zusammenhang gerissenen Interviewauszugs zu kritisieren, der von einigen Gruppen mit der klaren Absicht der Einschüchterung benutzt wurde, als ob man den Papst davon abbringen wollte, sich über einige Themen zu äußern, die offenkundig von moralischer Bedeutung sind, und die Lehre der Kirche zu verkünden. Bekanntlich hat der Heilige Vater bei seiner Antwort auf eine Frage über die Effizienz und die Realitätsnähe der kirchlichen Position im Kampf gegen Aids erklärt, dass eine Lösung in zwei Richtungen gesucht werden muss: erstens in einer Humanisierung der Sexualität und zweitens in einer wahren Freundschaft zu den Leidenden, in einer Verfügbarkeit für sie, wobei er auch auf das Engagement der Kirche in beiden Bereichen hingewiesen hat. Ohne eine solche moralische und erzieherische Dimension wird man den Kampf gegen Aids nicht gewinnen können. Während in einigen europäischen Ländern eine beispiellose Medienkampagne über den vorrangigen, um nicht zu sagen ausschließlichen Nutzen von Kondomen im Kampf gegen Aids geführt wurde, ist es tröstlich festzustellen, dass die ethischen Betrachtungen des Heiligen Vaters vor allem von den Afrikanern und den wahren Freunden Afrikas sowie von einigen Mitgliedern der wissenschaftlichen Gemeinschaft verstanden und gewürdigt worden sind. In einer der jüngsten Veröffentlichungen der Regionalen Bischofskonferenz Westafrikas (CERAO) ist zu lesen: ‚Wir sind dankbar für die Botschaft der Hoffnung, die der Heilige Vater uns in Kamerun und Angola anvertraut hat. Er hat uns ermutigt, in Eintracht zu leben, versöhnt in der Gerechtigkeit und im Frieden, auf dass die Kirche in Afrika selbst eine glühende Flamme der Hoffnung für das Leben des ganzen Kontinents sei. Und wir danken ihm, dass er uns allen erneut detailliert, klar und verständlich die allgemeine Lehre der Kirche zur Seelsorge für die Aidskranken dargelegt hat.'"

Damit ist es nicht vorbei. Niemand Geringeres als das Europäische Parlament wird mit dem Fall betraut. Der italienische Radikale Marco Cappato und die holländische Liberale Sophia in't Veld legen einen Antrag vor, der in den Jahresbericht der Versammlung über die internationalen Menschenrechte 2008 eingefügt werden soll. Der Text dieses Antrags lautet: „Das Europäische Parlament betont die Bedeutung der Förderung der mit der Sexual- und Fortpflanzungsgesundheit verbundenen Rechte als Voraussetzung für eine erfolgreiche Bekämpfung von HIV/AIDS, das gewaltige Verluste an Menschenleben und enormen Schaden hinsichtlich der wirtschaftlichen Entwicklung verursacht und insbesondere die ärmsten Regionen der Welt betrifft; verurteilt nachdrücklich die jüngsten Äußerungen von Papst Benedikt XVI., in denen er die Benutzung von Kondomen verboten und davor gewarnt hat, dass der Gebrauch von Kondomen die Ansteckungsgefahr sogar erhöhen könne; zeigt sich besorgt darüber, dass Äußerungen solcher Art ein ernsthaftes Hindernis für die Bekämpfung von HIV/AIDS darstellen werden; weist darauf hin, dass die Stärkung der Rolle der Frau ebenfalls dazu beiträgt, HIV/AIDS entgegenzuwirken; fordert die Regierungen der Mitgliedstaaten zum gemeinsamen Handeln auf, um die mit der Sexual- und Fortpflanzungsgesundheit verbundenen Rechte und die diesbezügliche Bildung zu fördern, einschließlich hinsichtlich des Gebrauchs von Kondomen als wirksames Mittel bei der Bekämpfung dieser Geißel."

Eine ausdrückliche Verurteilung des Papstes durch das Europaparlament ... Doch am 7. Mai lehnen die Repräsentanten in Straßburg den Vorschlag mit 253 Nein-Stimmen, 199 Ja-Stimmen und 61 Enthaltungen ab.

Als die Kritik in den Medien und in der Politik abflaut, wird man sich endlich bewusst, dass die Worte des Papstes begründet waren. Und man beginnt sich die Frage zu stellen, ob es nicht eigenartig sei, dass Staaten, die ihre Hilfe für Afrika trotz eingegangener Verpflichtungen drastisch eingeschränkt haben, Kritik gegen die Kirche vorbringen, während Priester, Ordensleute und ehrenamtliche katholische Laien sich – nicht selten unter Einsatz ihres Lebens – darum kümmern, den Leidenden und vor allem den Aidskranken zur Seite zu stehen.

Riccardo Bonacina, Herausgeber der italienischen Wochenzeitung „Vita", die sich mit Non-Profit-Themen beschäftigt, schreibt bereits unmittelbar nach dem Aufflammen der Kritik, während sich Benedikt XVI. noch in Afrika befindet: „Es ist nur allzu wahr, dass die Werbung für Kondome und deren Verteilung sowohl in den Großstädten als auch in den ländlichen Gebieten häufig mehr Probleme verursacht als Hilfe gebracht haben und dass sie dem Gewissen und dem Budget westlicher Agenturen mehr genutzt haben als der Bevölkerung. Um Aids zu bekämpfen, bedarf es, wie der Papst richtig gesagt hat, vor allem dreierlei: a) kostenloser Behandlung, b) einer Humanisierung der Sexualität, vor allem zum Schutz der Frauen, c) wahrer Freundschaft zu den Leidenden, die auch zu Opfern bereit ist. Eine Herausforderung also, die sich ein wenig komplexer gestaltet als die Verteilung von Kondomen und die mir, mit Verlaub, ein wenig gerechter, vernünftiger und humaner erscheint. Sicher, erkläre das erst mal jemand den großen Pharmafirmen oder den äußerst gut bezahlten Funktionären der Vereinten Nationen. Für sie (sowie ihre Touren durch die lokale Prostitutionsszene) sind Kondome mehr als ausreichend – von wegen kostenlose Behandlung, von wegen Erziehung zur Sexualität (innerhalb der dann über die Verwendung von Präservativen gesprochen wird, sonst schaden sie nur), von wegen Freundschaft, bei der das eigene Leben riskiert wird."

„Nun haben die Medien wie immer", so Bonacina weiter, „diese ernsthafte Debatte verhackstückt. Den Papst anzugreifen, gilt nunmehr als zeitgemäß in einem Kontinent, der (armer Träumer Johannes Paul II.) sich auf seine christlichen Wurzeln hätte besinnen sollen! Alles das gehört jedoch zu dem komischen Theater von heute. Doch eines ist wirklich unerträglich: Die Stellungnahmen der Regierungen etwa aus Frankreich, Deutschland oder der Europäischen Kommission. Das bitte nicht, erspart uns das, möge es Euch, Ministern und Ministerinnen, die Schamesröte ins Gesicht treiben! Diejenigen, die sich heute aufspielen, sind dieselben Verantwortlichen, die seit einigen Jahrzehnten alle internationale Verpflichtungen in den Wind schlagen. Hier äußern sich dieselben Repräsentanten jener Regierungen, die nicht einmal rot werden angesichts der Tatsache, dass sie das im Jahr 2002 auf der Konferenz in Barcelona festgelegte Ziel verfehlt haben, bis zum Jahr 2006 0,33 Prozent des BIP für internationale Hilfen zur Verfügung zu stellen. Dass sie ein weiteres Ziel verfehlt haben: die Verpflichtung, die sie 2004 im Rahmen der Millenniumsziele eingegangen sind, als sie unterschrieben hatten, die Quote für die Kooperation zur Entwicklung bis zum Jahr 2015 auf 0,7 Prozent des BIP anheben zu wollen. Hinzu kommt auch noch das Versprechen der G8-Länder im Jahr 2005, die Hilfe für Afrika verdoppeln zu wollen. Wie es darum steht, hat die OECD vor wenigen Wochen erklärt."

Tatsächlich hatten die Geberländer versprochen, ihre Finanzierungshilfen – ausgehend vom Stand des Jahres 2004

– bis zum Jahr 2015 um etwa fünfzig Milliarden Dollar jährlich zu erhöhen. Das steht im Bericht über Entwicklung und Zusammenarbeit, der gerade in jenen Tagen veröffentlicht wurde. Doch die Prognosen der OECD zur Bestimmung dieser Geldmittel verzeichnen einen Rückgang von circa dreißig Milliarden jährlich. Die Zahlen sind aussagekräftig. Zwischen 2006 und 2007 haben die Länder der OECD ihre Hilfe auf internationaler Ebene um 8,5 Prozent verringert: mit Spitzen von 29,6 Prozent im Vereinigten Königreich, 29,8 Prozent in Japan, 16,4 Prozent in Frankreich und 11,2 Prozent in Belgien. Auch Italien hat mit minus 2,6 Prozent im Jahr 2007 einen Rückgang zu verzeichnen.

Auch hier zeigt sich die Analyse von Benedikt XVI. als begründet.

Edward C. Green lehrt medizinische Anthropologie an der Universität Harvard. 35 Jahre lang hat er Social Marketing-Programme in 34 Ländern der Welt – davon siebzehn in Schwarz-Afrika – entworfen, umgesetzt und bewertet, die sich mit der Verteilung von Verhütungsmitteln beschäftigten. Green äußert sich zunächst in der „Washington Post" und dann in verschiedenen Interviews in den internationalen Medien. Dies sind Auszüge eines Gesprächs mit der italienischen Wochenzeitung „Tempi": „Die Fakten sind folgende: Es gibt keine Beweise, dass Kondome als erfolgreiche Operation der öffentlichen Gesundheitsbehörden angesehen werden können, um HIV-Infektionen auf Ebene der Bevölkerung zu reduzieren. Es ist ein bisschen schwer, das zu akzeptieren, aber ich kann das erklären. Wenn wir uns einen einzelnen Menschen ansehen, dann hätte es einen Sinn zu sagen, dass er, wenn er bei jedem Geschlechtsverkehr – oder wenigstens so oft wie möglich – ein Kondom benutzt, die Wahrscheinlichkeit reduziert, sich mit Aids anzustecken. Doch hier reden wir von Programmen, von großen Operationen, die auf der Ebene ganzer Länder oder auf Bevölkerungsebene, wie wir im Bereich der öffentlichen Gesundheitsversorgung sagen, gelingen oder versagen. Wichtige Artikel in den Zeitschriften ‚Science', ‚The Lancet', ‚British Medical Journal' und sogar in ‚Studies in Family Planning' haben diese Entdeckung schon von 2004 an mitgeteilt."

„Zum ersten Mal", so Green weiter, „habe ich in dem 1988 erschienen Buch ‚Aids in Afrika' darauf hingewiesen, dass zur Vorbeugung gegen Aids die Förderung der partnerschaftlichen Treue wirksamer ist als die Förderung der Verwendung von Kondomen. Die Kondome versagen, weil die Menschen sie nicht richtig benutzen, weil die Menschen aufhören, sie zu benutzen, wenn sie überzeugt sind, den anderen gut zu kennen, oder weil sie ein Gefühl falscher Sicherheit erzeugen, aufgrund dessen die Menschen größere Risiken eingehen, die sie nicht eingegangen wären, hätten ihnen keine Kondome zur Verfügung gestanden. Zudem ziehen die Kondome Mittel von solchen Maßnahmen ab, die besser funktioniert hätten, wie etwa die Förderung der partnerschaftlichen Treue."

„Bei korrekter Verwendung", so der Professor weiter, „schützen Kondome in 80 bis 85 Prozent der Fälle. Doch im wirklichen Leben ist die Schutzrate weitaus geringer, als oben angegeben. In Wirklichkeit wussten wir auf Grundlage unserer Erfahrungen im Bereich der Familienplanung vor dem Ausbruch von Aids, dass Kondome nicht besonders gut funktionierten, um einer Ansteckung mit dem HIV-Virus vorzubeugen."

Greens Analyse stellt im Übrigen keine Neuigkeit dar. Es ist seltsam, dass ausgerechnet die britische Zeitschrift „The

Lancet" den Papst gleich nach dem Interview im Flugzeug angegriffen hatte, indem sie einen Leitartikel mit dem Titel „Redemption for the Pope" veröffentlichte, in dem behauptet wird, dass Benedikt XVI. öffentlich die wissenschaftlichen Beweise so verzerrt hätte, dass es nicht klar sei, ob der Irrtum auf die Unwissenheit des Papstes zurückzuführen sei oder einen bewussten Versuch darstelle, die Wissenschaft zu manipulieren.

Das ist deshalb erstaunlich, weil ausgerechnet „The Lancet" im Januar 2000 eine Studie veröffentlicht hatte, die den begrenzten Erfolg von Präservativen als Barriere gegen Aids bewies; es hieß, das Risiko, mit dem HIV-Virus angesteckt zu werden, liege bei fünfzehn Prozent, selbst wenn beim Geschlechtsverkehr Kondome verwendet würden. Die Studie war von John Richens, John Imrie und Andrew Copas durchgeführt worden, die zu dem Ergebnis kamen, dass das Gefühl der Sicherheit, das die Präservative vermittelten, das Risikoverhalten erhöhe. Und sie zeigten, dass in Afrika die Länder, in denen Kondome am weitesten verbreitet sind (Zimbabwe, Botswana, Südafrika und Kenia), auch die Länder mit der höchsten Aidsrate sind. „Der Erfolg von Präservativen", so das Fazit der Forscher, „ist ausschließlich an eine wirkliche Veränderung des Risikoverhaltens geknüpft."

Zwei Tage nach dem Interview, in dem sich der Papst über Präservative geäußert hatte, meldet sich der italienische Onkologe Umberto Tirelli zu Wort, Koordinator der „Gruppo Italiano Cooperativo Aids e Tumori" (Gicat), die seit 1986 die Beziehung zwischen Tumoren und Infektionserregern untersucht. In einem Interview mit „Il Giornale" erklärt er: „Der Papst hat recht. Mit Präservativen wird man das Problem in Afrika nicht lösen. Die Sache ist die: In Washington, in der Hauptstadt des fortschrittlichsten Landes der Welt, wo umfangreich über den HIV-Virus informiert wird und der Vatikan keine Macht hat, sind drei Prozent der Bevölkerung über zwölf Jahren mit dem Virus infiziert. Das reicht, dass wir uns fragen", so der Wissenschaftler, „mit welcher Glaubwürdigkeit wir in Afrika die Verwendung von Kondomen fordern können". Auf die Frage, welchen Werbeslogan er für eine Kampagne gegen Aids verwenden würde, antwortet er: „Das, was wir als ABC bezeichnen: abstinence (Abstinenz), be faithful (Treue) und condom (Kondome). Ja auch Präservative, aber nicht nur."

Pater Bernardo Cervellera, der Direktor von Asianews, erklärt, dass „in Thailand Dr. Somchai Pinyopornpanich, stellvertretender Generaldirektor der Abteilung für Gesundheitskontrolle in Bangkok, angibt, dass 46,9 Prozent der Männer und 39,1 Prozent der Frauen, die ein Präservativ benutzen, an Aids erkranken. Auch die Erklärung des Papstes, dass Präservative das Problem vergrößern können, wird von den Statistiken bestätigt. Länder wie Südafrika, die die von der UNO, der Europäischen Union und verschiedenen Nichtregierungsorganisationen geförderte Kampagne für „sicheren Sex" mit Kondomen voll und ganz unterstützt haben, hatten eine erschreckende Zunahme der Ausbreitung von Aids zu verzeichnen. In Ländern hingegen, in denen auf Verantwortung, Abstinenz und Treue gedrängt wurde, war ein Rückgang der Epidemie zu verzeichnen."

Man muss auch in Erinnerung rufen, dass die Position, Präservative könnten keine angemessene Antwort im Kampf gegen Aids sein, wie sie Benedikt XVI. auf dem Flug nach Yaoundé zum Ausdruck gebracht hat, bereits mehrfach von Johannes Paul II. geäußert worden war. Am 3. September

1999 erklärte Papst Wojtyla vor den Bischöfen aus Sambia bei ihrem „Ad-Limina"-Besuch in Rom: „Externe kulturelle Einflüsse und traditionelles Brauchtum wie Polygamie bedrohen die Einheit und Stabilität der Familien Sambias. Gleiches gilt für Ehescheidung, Abtreibung, die Verbreitung einer für Empfängnisverhütung offenen Mentalität und das die Verschärfung des Aids-Notstands verursachende verantwortungslose Sexualverhalten. All diese Faktoren erniedrigen die Würde des Menschen auf eine Art und Weise, die die Verpflichtungen der ehelichen Gemeinschaft zunehmend erschweren."

Im Februar 2003 sagte Johannes Paul II. den Bischöfen der Bischofskonferenzen von Gambia, Liberia und Sierra Leone: „Leider wird dieses Evangelium des Lebens, Quelle der Hoffnung und der Stabilität, in euren Ländern durch die Verbreitung von Polygamie, Ehescheidungen, Abtreibungen, Prostitution, Menschenhandel und einer die Empfängnisverhütung fördernden Mentalität gefährdet. Diese Faktoren tragen zu einem verantwortungslosen und unmoralischen sexuellen Verhalten bei, das zur Verbreitung von AIDS führt, einer Pandemie, die nicht ignoriert werden darf."

Im Juni desselben Jahres erklärte Johannes Paul II. bei einer Begegnung mit den indischen Bischöfen des lateinischen Ritus: „Gleichzeitig hat eine falsche Auffassung des Sittengesetzes zahlreiche Menschen veranlasst, unmoralisches sexuelles Verhalten unter dem Vorwand der Freiheit zu rechtfertigen, was wiederum die allgemeine Anerkennung einer empfängnisfeindlichen Mentalität zur Folge hat (vgl. Familiaris consortio, 6). Die Folgen eines so verantwortungslosen Handelns gefährden nicht nur die Institution der Familie, sondern tragen auch zur Verbreitung von HIV/AIDS bei,

Krankheiten, die in einigen Teilen eures Landes epidemische Ausmaße angenommen haben."

Und in der Botschaft an die Bischöfe Tansanias zu ihrem „Ad-Limina"-Besuch schrieb Wojtyla nunmehr wenige Tage vor seinem Tod, als er sich in der Gemelli-Klinik befand: „Die Förderung wirklicher familiärer Werte ist angesichts der schrecklichen Geißel Aids, unter der Euer Land und der ganze afrikanische Kontinent leiden, umso dringender notwendig. Die eheliche Treue und die Abstinenz außerhalb der Ehe sind die einzigen sicheren Methoden, um die weitere Verbreitung der Infektion zu begrenzen. Die Vermittlung dieser Botschaft muss das wichtigste Element der kirchlichen Antwort auf die Epidemie sein."

Es stimmt, dass Benedikt XVI. bei der Formulierung seiner Antwort im Flugzeug die Lehre und die Überzeugung der Kirche direkter, unmittelbarer und freimütiger zum Ausdruck gebracht hat. Doch es kann auch nicht abgestritten werden, dass die Reaktionen auf seine Worte übertrieben und überraschend waren, als ob jemand nach den Vorfällen in Regensburg und der Aufhebung der Exkommunikation Williamsons auf eine neue Gelegenheit für Kritik gewartet hätte.

Kardinal André Vingt-Trois, Erzbischof von Paris und Präsident der Französischen Bischofskonferenz, bezeichnet den Vorfall als „medialen Wirbel", der nicht von den afrikanischen Ländern organisiert worden sei, die der Papst besucht hat. Eine Kampagne, die alle weiteren Aussagen Benedikts XVI. verdunkelt und den Protest der Afrikaner hervorgerufen hat. So hat die regionale Bischofskonferenz Westafrikas am 8. April 2009 eine Mitteilung verbreitet, in der sie ihre Nähe zum Papst zum Ausdruck brachte: „Wir haben es mit einer Entstellung der Wahrheit zu tun, die die Kommunikatoren [das bezieht sich vor allem auf die französischen Medien, A. d. V.] in professioneller Hinsicht diskreditiert. Unter ihnen finden sich manchmal auch Afrikaner, die, ohne sich zu schämen, ihre Unterschrift für das schmutzige Geld derer verkaufen, die ihre Völker ausgebeutet haben."

Eine neue Medienpanne? Oder steckt mehr hinter der heftigen Kritik gegen den Papst, an der auch Vertreter der europäischen Regierungen beteiligt sind?

In Italien versucht Kardinal Angelo Bagnasco, Erzbischof von Genua und Präsident der Italienischen Bischofskonferenz, darauf eine Antwort zu geben: „Der Papst hat Fragen von äußerster Wichtigkeit angesprochen, die bedeutende wirtschaftliche und politische Interessen berühren. Daher reagieren gewisse hochgestellte Bereiche mit Missgunst und Bosheit." Während sich die italienische Wochenzeitschrift „Famiglia cristiana" fragt, ob hinter der Medienkampagne gegen den Papst „nicht in Wirklichkeit der Druck der multinationalen Kondomkonzerne" stecke.

Am 3. April 2009 stellt Kardinal Paul Josef Cordes, Präsident von Cor Unum und ein guter Freund Ratzingers, die Vermutung an, dass auch die Nationalität des Papstes die Reaktion der Regierungen mit ausgelöst haben könnte: „Johannes Paul II. ist auch angegriffen worden, aber niemals von den Regierungen. Mir scheint, dass dies zum ersten Mal geschieht. Vielleicht genoss Johannes Paul II. aufgrund seiner Herkunft als Pole größeren Schutz auf Regierungsebene."

Der Aussage des deutschen Kardinals zufolge hätten wir es demnach mit einer besonderen und ungerechtfertigten Aufgebrachtheit gegenüber Benedikt XVI. zu tun. Der italienische Politiker Pierferdinando Casini sagt es weitaus deutlicher und erklärt – wenige Tage nach dem Interview des Papstes im Flugzeug, das ihn nach Afrika brachte – im Laufe einer Fernsehsendung („Telecamere" auf RAI 3): „Mir scheint, die Freimaurer haben bei dieser wiederholten Kritik am Papst ihre Finger im Spiel. Es stimmt nicht, dass Informationen auf höchster Ebene nicht manipuliert wären, gewisse Reaktionen werden manipuliert, und ich glaube, dass die Leute die Augen aufmachen müssen. Nicht, um dem zuzustimmen, was der Papst sagt, und seiner Meinung zu sein, das gehört zu den persönlichen Entscheidungen. Doch dieser Prozess der Verleumdung und der Entziehung der Glaubwürdigkeit ist für mich besorgniserregend."

Hätte der Angriff, der in einigen Fällen offensichtlich instrumentalisiert wurde, wirklich vermieden werden können? Es ist schwer, darauf eine Antwort zu geben. Ratzinger hat seine Meinung offen äußern wollen, und es musste ihm bewusst sein, dass seine Worte angesichts der wichtigen Interessen, die hinter der Verteilung von Kondomen in Afrika stehen, Kritik hervorrufen würden.

Der amerikanische Vatikanberichterstatter John L. Allen ist der Meinung, es sei nicht ausschließlich oder vorrangig Schuld der Medien, dass die Aufmerksamkeit allein auf die Präservative gelenkt und dabei die Bedeutung der Reise nach Afrika vergessen wurde. Die Frage sei, so Allen, ob es der rechte Zeitpunkt und der rechte Ort gewesen seien, gewisse Dinge zu sagen, in dem Bewusstsein, dass dies die Botschaft in den Schatten stellen würde, die Benedikt nach Afrika brachte. Der Meinung des Vatikanberichterstatters zufolge hätte der Papst etwas in dem Stile sagen sollen wie: „Die Kirche befasst sich eingehend mit dem Aidsproblem, was erklärt, warum ein Viertel aller Aidskranken auf der Welt in katholischen Krankenhäusern und anderen katholischen Strukturen gepflegt werden. Was die Präservative anbelangt, so ist unsere Lehre dazu hinlänglich bekannt, und hier ist nicht der Moment, um darüber zu diskutieren." Allen gibt allerdings auch zu, dass es, wenn der Papst wirklich so geantwortet hätte, am Ende geheißen hätte: „Benedikt weicht der Frage nach Präservativen aus."

„Vielleicht wäre es angesichts der Umstände notwendig gewesen", gibt Pater Giulio Albanese zu bedenken, „dass nach dieser so direkten Antwort des Papstes und der unmittelbar darauf folgenden Reaktion der Journalisten jemand aus der Umgebung des Papstes sofort den Kontext dieser Antwort erklärt hätte. Jemand, der sofort, noch vor der Ankunft in Yaoundé, darauf hingewiesen hätte, dass es ernsthafte Studien und statistische Daten gibt, die beweisen, dass sich die wahllose Verteilung von Kondomen nicht als wirksame Antwort gegen Aids erwiesen hat. Und ich glaube, dass das auch auf andere Episoden zutrifft, in denen Kritik gegen den Papst laut wurde."

Selbst ein Jahr später hält die Kritik noch an: Am 18. Mai 2010 bringt die holländische Condoomfabriek über das Internet Präservative mit den Namen „Paus condom" (Papstkondom) auf den Markt und kündet eine kostenlose Verteilung zu Werbezwecken in Rotterdam an. Die Herstellergesellschaft der Kondome erklärte, sie wolle auf diese Weise direkt gegen die Kirche und deren Position zur Verwendung von Kondomen polemisieren. In der Kampagne von Condoomfabriek wird das Bild eines Geistlichen verwendet, neben dem der Schriftzug zu lesen ist: „I said no! We say yes!" („Ich habe Nein gesagt! Wir sagen Ja!").

6

DIE KRITIK DER AMERIKANISCHEN KONSERVATIVEN

Am 29. Juni 2009 unterschreibt Benedikt XVI. seine dritte Enzyklika „Caritas in veritate", die sich mit sozialen Fragen befasst: Auf mehr als hundert Seiten aktualisiert sie die Enzykliken „Populorum progressio" von Paul VI. (1967) und vor allem „Centesimus annus" von Johannes Paul II. (1991). In den Jahren von 1991 bis 2009 hat sich die Welt verändert. Neue Überlegungen sind erforderlich. Die Enzyklika fordert in äußerst gedrängter Form, dass die wirtschaftliche Entwicklung der einzelnen Länder nach drei eng miteinander verbundenen Leitlinien erfolgen müsse: Verantwortung, Solidarität und Subsidiarität.

Neben der allgemeinen Zustimmung wird auch hier und da Kritik laut. Einigen Kritikern zufolge würden verschiedene Themen ambivalent dargestellt und ließen keine klare Position erkennen. Was etwa die Globalisierung betreffe – so einige Stimmen –, sei sowohl von „großen Problemen der Ungerechtigkeit in der Entwicklung der Völker" die Rede als auch davon, „dass die Entwicklung ein positiver Faktor war und weiterhin ist, der Milliarden von Menschen aus dem Elend befreit". In einem weiteren Beispiel geht es um die Entwicklungshilfe: „Die wirtschaftlich mehr entwickelten Länder (werden) das Mögliche tun, um höhere Sätze ihres Bruttoinlandprodukts für die Entwicklungshilfe bereitzustellen", auch wenn sie „oft durch Verantwortungslosigkeiten sowohl in der Kette der Geber als auch in der der Nutznießer zweckentfremdet worden (sind)".

Die deutlichste Kritik an der neuen Enzyklika bezieht sich auf die Abschnitte, in denen der Papst über den Markt und die Globalisierung spricht. Und bezeichnenderweise kommen sie von „rechts" beziehungsweise von denen, die eine genaue und vor allem positive Vorstellung vom Markt und von der Globalisierung haben. Folgende Passagen werden am häufigsten kritisiert:

„Der global gewordene Markt", schreibt der Papst, „hat vor allem bei den reichen Ländern die Suche nach Zonen angetrieben, in die die Produktion zu Niedrigpreisen verlagert werden kann ... Folglich hat der Markt neue Formen des Wettstreits unter den Staaten angeregt, die darauf abzielen, mit verschiedenen Mitteln – darunter günstige Steuersätze und die Deregulierung der Arbeitswelt – Produktionszentren ausländischer Unternehmen anzuziehen. Diese Prozesse haben dazu geführt, dass die Suche nach größeren Wettbewerbsvorteilen auf dem Weltmarkt mit einer Reduzierung der Netze der sozialen Sicherheit bezahlt wurde."

„Die Gesamtheit der gesellschaftlichen und wirtschaftlichen Veränderungen bewirkt, dass die Gewerkschaftsorganisationen bei der Ausübung ihrer Aufgabe, die Interessen der Arbeitnehmer zu vertreten, auf größere Schwierigkeiten stoßen."

„Der globale Rahmen, in dem die Arbeit ausgeübt wird, verlangt auch, dass die nationalen Gewerkschaftsorganisationen (...) den Blick ebenso auf die Nichtmitglieder richten und insbesondere auf die Arbeitnehmer in den Entwicklungsländern."

Dann die Worte, die sich mit dem Außenhandel befassen: Es gelte „ernsthaft zu bedenken, welchen Schaden es dem eigenen Land zufügen kann, wenn Kapital nur zum persönlichen Vorteil ins Ausland geschafft wird", während es keinen Grund gebe zu leugnen, „dass ein gewisses Kapital Gutes bewirken kann, wenn es im Ausland und nicht in der Heimat investiert wird".

Am 5. August, weniger als einen Monat nach dem Erscheinen der Enzyklika, äußert sich Michael Novak – zusammen mit dem nunmehr verstorbenen Richard John Neuhaus und George Weigel einer der Hauptvertreter des neokonservativen Katholizismus in den Vereinigten Staaten – in der italienischen Tageszeitung „Liberal". Novaks Ansichten sind nicht unbekannt. Seit Jahren erklärt er, sein „demokratischer Kapitalismus" sei das politische und wirtschaftliche System, das am besten mit dem Christentum und vor allem mit dem Katholizismus zu vereinbaren sei. Den Katholiken hat sich Novak immer als Gegner einer letztlich als marxistisch geprägten Befreiungstheologie gezeigt und versucht, sie vom „kapitalistischen Markt" zu überzeugen. Eine Theorie, die Novak in den päpstlichen Texten und vor allem in den Enzykliken immer nachgewiesen hat, ohne jedoch gleichzeitig auf die päpstliche Verurteilung jener Mechanismen von Schulden und Monopolisierung hinzuweisen, unter denen einige Entwicklungsländer leiden. Nicht zufällig schrieb Novak in einem Kommentar zu „Centesimus annus' in der „National Review": „Rom hat beim Zweiten Vatikanischen Konzil die amerikanische Vorstellung von der Religionsfreiheit angenommen und in der Enzyklika ‚Centesimus annus' die amerikanische Vorstellung von der Wirtschaftsfreiheit."

Novak ergreift also das Wort, und bereits der Titel, den „Liberal" seinen Überlegungen voranstellt, macht klar, worauf er hinaus will und worauf sich seine Kritik richtet: „Viel ‚Caritas', weniger ‚Veritas'. Die neue Enzyklika von Benedikt

XVI. zwischen richtigen Eingebungen und (unfreiwilligen) Auslassungen".

Am Anfang drückt sich Novak noch vage aus. Man ahnt, dass er deutlicher werden möchte, aber die ersten Zeilen sind noch zurückhaltend. Doch dann kommt er aus der Deckung heraus. Er schreibt: „Die redaktionelle Bearbeitung [der Enzyklika A. d. V.] erweist sich als ziemlich schlecht." Was ihn betreffe, so bevorzuge er den ersten Teil der „Caritas", zumal es ihn mit tiefer Freude erfülle, einem Papst zu folgen, der auf so wunderbare Weise über die „Caritas" spreche.

Aber dann greift er an: „Doch ehrlich gesagt: Würden wir jeden Abschnitt aus ‚Caritas in veritate' im Licht der empirischen Wahrheiten untersuchen, die sich aus den für die politische Ökonomie von 1967 an kennzeichnenden Ereignissen ableiten lassen, könnten wir entdecken, dass sowohl die ‚veritas' als auch die ‚caritas' nicht so präsent sind. Hier hätten die Vorteile für die Armen durch die Verbreitung der ökonomischen Initiativen und Märkte (für einige klingt der Begriff ‚Kapitalismus' zu ‚unangenehm') stärker berücksichtigt werden müssen. So lag etwa im Jahr 1970 die Lebenserwartung der Männer und Frauen in Bangladesch bei 44,6 Jahren. Im Jahr 2005 ist sie jedoch auf 63 Jahre angestiegen. Stellen Sie sich vor, welche Freude diese Errungenschaft für die Familien bedeutet. Auch die Rate der Kindersterblichkeit (Sterbefälle pro tausend Neugeborene) lag bei 152 oder 15,2 Prozent. 2005 ist der Durchschnitt auf 57,2 Sterbefälle zurückgegangen, etwas weniger als sechs Prozent. Nochmals: Wie viel Leid bleibt Müttern und Vätern erspart und wie groß ist die Freude, die daraus erwächst. Es bleibt sicher noch viel zu tun, wenn man den Lebensstandard der Bengalen anheben will. Doch die Fortschritte, die in den letzten dreißig

Jahren erzielt wurden, sind beispiellos in der internationalen Geschichte. In der Enzyklika werden weitere Fakten weggelassen und es finden sich zweifelhafte Unterstellungen sowie unbeabsichtigte Fehler. Jeder Mangel an ‚veritas' schadet der ‚caritas'. Das ist die wunderbare und mächtige Verknüpfung dieser Enzyklika."

Man mag den Gedankengängen Novaks zustimmen oder nicht. Es bleibt jedoch bei der Tatsache, dass ein herausragender Vertreter der katholischen Konservativen in Amerika den Papst kritisiert. Ein Zeichen, dass die Kritik an Benedikt aus allen Lagern und nicht nur vom progressiven Teil der Intelligenzija kommt.

Nicht nur Novak distanziert sich von der Sozialenzyklika. Einer der wichtigsten Biografen von Papst Johannes Paul II., aber auch von Benedikt XVI., der amerikanische Theologe George Weigel, tut dies ebenfalls. Am 7. Juli 2009 schreibt Weigel in der „National Review" einen Artikel mit der Überschrift „Caritas in veritate in Gold and Red". Dem leitenden Mitglied des „Ethics and Public Policy Center" zufolge ist „Caritas in veritate" ein „Mischwesen" (sie wird mit einem Schnabeltier verglichen). Die auf Benedikt XVI. zurückführbaren Passsagen könne man erkennen und „golden" unterstreichen. Die „nicht korrekten" Teile, die vom Päpstlichen Rat für Gerechtigkeit und Frieden erarbeitet worden seien und sich durch eine unverbesserliche, naive Dritte-Welt-Ideologie konziliarer Prägung auszeichneten, müssten hingegen rot unterstrichen werden.

Weigel kritisiert das, was für ihn wohl bei der Ausarbeitung der Enzyklika erfolgt ist: „Der Päpstliche Rat Iustitia et Pax, der meint, er müsse für die Kurie die Flamme der wahren katholischen Soziallehre hüten, hat einen Entwurf vorbereitet, der an Papst Johannes Paul II. gesandt wurde. Dieser hatte schon bei der Vorbereitung der Sozialenzyklika ‚Sollicitudo rei socialis' von 1987 schlechte Erfahrungen mit dem konventionell ‚gauchistischen' und nicht besonders originellen Denken bei der Kommission Iustitia et Pax gemacht. Johannes Paul II. besprach den Vorschlag mit Kollegen, deren Urteil er vertraute. Und ein bedeutender Intellektueller, der bereits lange mit dem Papst im Gespräch war, sagte ihm, dass der Vorschlag inakzeptabel sei, da er die Art und Weise, in der die globale Wirtschaft nach dem Kalten Krieg funktioniere, einfach nicht widerspiegele. So verwarf Johannes Paul II. den Entwurf von ‚Iustitia et Pax' und verfasste eine Enzyklika, die ‚Rerum novarum' auf angemessene Weise gedachte. Nicht nur, weil ‚Centesimus annus' die Denkstruktur der katholischen Soziallehre Leos XIII. geschickt zusammenfasste; sie zeichnete auch eine kühne Bahn für die weitere Entwicklung dieses einzigartigen Gedankengebäudes auf, indem sie den Vorrang der Kultur in einer dreifach freien Gesellschaft hervorhob (wirtschaftlich frei, demokratische Politik und dynamische öffentliche moralische Kultur). Indem ‚Centesimus annus' die menschliche Kreativität als Quelle des Reichtums der Nationen herausstellte, veranschaulichte sie auch eine empirisch sehr viel scharfsinnigere Lesart der wirtschaftlichen Zeichen der Zeit, als sie in den fehlerhaften Positionen von Iustitia et Pax sichtbar wurden. Zudem verwarf ‚Centesimus annus' die Vorstellung von einem ‚dritten katholischen Weg', der in gewisser Weise zwischen oder über dem Kapitalismus und dem Sozialismus stünde oder über sie hinausgehe – einer der Lieblingsträume der Katholiken, von G. K. Chesterton bis zu John A. Ryan und Ivan Illich."

Weigel rekonstruiert also die Entstehungsgeschichte der Enzyklika und weist sowohl auf die Abschnitte hin, die Ratzingers Handschrift tragen, als auch auf die Teile, die aus der Feder des Päpstlichen Rats für Gerechtigkeit und Frieden stammen. „Es gibt Passagen", meint er, „die rot markiert werden müssen – die Abschnitte, die die Vorstellungen und Ansätze von Iustitia et Pax wiedergeben, die Benedikt offensichtlich aufzunehmen versucht hat."

Für Weigel würden die Abschnitte über die „Unentgeltlichkeit" und das „Geschenk" gewiss gut in einen geistlichen Kontext passen, aber weniger in einen sozioökonomischen. Die Passagen über eine internationale politische Autorität hätten zur Zeit Johannes' XXIII. eine Rechtfertigung finden können, heute eher weniger. Und er schließt: „Wenn sich diejenigen, die beim Päpstlichen Rat für Gerechtigkeit und Frieden in der intellektuellen und institutionellen Versenkung vergraben sind, vorgestellt haben, sie könnten mit ‚Caritas in veritate' die Niederlage wettmachen, die sie mit ‚Centesimus Annus' erlitten zu haben glauben, und wenn sie sich weiter vorstellen, ‚Caritas in veritate' würde die katholische Soziallehre auf einen vollkommen neuen, von ‚Populorum Progressio' vorgegebenen Kurs bringen (wie ein Konsultor von Iustitia et Pax bereits gesagt hat), dann dürften sie vermutlich enttäuscht werden. Die Passagen von Iustitia et Pax in der neuen Enzyklika sind so inkohärent und ihre Sprache zum Teil so unzugänglich, dass das, was die Verteidiger von ‚Populorum Progressio' für den Schall von Posaunen halten möchten, eher dem Gepiepse einer nicht gestimmten Piccoloflöte ähnelt."

Zwei prominente Vertreter der katholischen Konservativen in Amerika distanzieren sich also offen von der päpstlichen Enzyklika. Wenn in „Centesimus annus" der Kapitalismus auf gewisse Weise entideologisiert wurde, bleibt der neue päpstliche Text vorsichtiger und bringt sogar eine gewisse Kritik vor. Und das stellt für sie etwas Unannehmbares dar. Wahrscheinlich hatten sie mit einem Text dieser Art nicht gerechnet, zumindest hatten sie ihn von Ratzinger nicht erwartet. Daher also der Versuch, die Enzyklika einer Art Komplott des Päpstlichen Rats zuzuschreiben, dem Kardinal Renato Raffaele Martino vorsteht: „Die Rache von Iustitia et Pax". Ein Komplott, das, offen gestanden, erst noch zu beweisen ist.

Der Historiker Paolo Prodi erklärt sich einverstanden, ein wenig genauer auf den Text der Enzyklika einzugehen, und erklärt uns sofort, dass er die Ansichten Novaks und Weigels nicht teilt: „Ich habe keine Kritik in der Art der Kreise vorzubringen, die diese beiden amerikanischen Denker vertreten." Doch auch für Prodi gibt es etwas, das ihm an der Enzyklika nicht behagt. Er sagt: „Ratzinger schlägt einen etwas professorenhaften Ton an, er redet eher wie ein Theologe als wie ein Papst. Doch meine Kritik bezieht sich nicht auf die ganze Enzyklika, sondern nur auf den zweiten Teil. Er erscheint mir wie eine Art enzyklopädischer Übersicht, in der nichts offen gelassen werden soll, was dann auf Kosten einer prophetischen Auslegung der aktuellen Situation geht. Meiner Meinung nach ist der Papst in diesem Teil nicht angemessen beraten worden." In äußerst geraffter Form lautet Prodis Kritik: „Die Enzyklika weist nicht darauf hin, dass der Kapitalismus nicht getrennt von der Politik entstanden ist, sondern in Dialektik zu ihr. Also darauf, dass ohne die Politik auch der Kapitalismus nicht überleben kann. Kapitalismus und Demokratie sind aus der Spannung zwischen der Suche nach dem Allgemeinwohl und der Suche nach Profit entstanden. Meiner Meinung nach besteht die Herausforderung unserer Tage nicht so sehr zwischen dem westlichen Markt, der nur egoistische Ziele verfolgt, bei denen Profite und Verluste berechnet werden, und einem ostasiatischen Markt, der sich auf den Staat gründet und von ihm gefördert wird. Das Problem ist vielmehr, zu verstehen, ob es dem Westen gelingen wird, mit der Demokratie die Trennung zwischen religiöser, politischer und wirtschaftlicher Macht in der Dialektik von Privatinteresse und Gemeinwohl zu bewahren: Ob also das Gebot, nicht zu stehlen, sowohl Bedingung für die Rettung des Individuums als auch für den Markt bleibt."

Im Grunde liegt für Prodi dem westlichen Markt eine ständige Spannung zwischen drei Polen oder Mächten zugrunde, die niemals zusammenfallen dürfen: Einem Markt, der nur durch den Profit reguliert werden kann; der Politik, die Ziele und Regeln vorgeben muss, die auf das Allgemeinwohl ausgerichtet sind; dem Religiösen, das den Menschen zum Heil führen muss. „Ich glaube nicht", so Prodi weiter, „dass es einen guten Markt geben kann, der sich an eine christliche Humanität anlehnt, in der die Bereiche der Gerechtigkeit und der Liebe harmonisch vereint sind, und einen schlechten Markt, der sich nur nach dem Profit ausrichtet: Auch die nicht gewinnorientierten Unternehmen müssen sich am Markt zwangsläufig den Problemen stellen, die dieser im Zeitalter der Globalisierung aufwirft (Arbeitskosten, Standortverlagerung und so weiter). Das Problem, das sich heute meiner Meinung nach der Kirche stellt, ist die Rückgewinnung des Bereichs des Heiligen als Ausdruck der Liebe, nicht die Beschreibung einer eigenen Vorstellung vom Markt, wie sie sich in der katholischen Sozially bis vor

Kurzem als Alternative zum Kapitalismus oder zum staatlichen Sozialismus finden konnte. Nach dem Ende der Ideologien besteht im neuen Horizont der Globalisierung das wahre Problem darin, dass die Politik angesichts der Übermacht des Marktes im Bereich der Gerechtigkeit wieder zu ihrer Rolle findet (Rawls usw.) und dass die Kirche den Bereich zurückgewinnt, der der Gnade im Bereich der Liebe vorbehalten ist und der ihr im Hinblick auf das Heil des Menschen eigen ist."

Prodis Kritik ist eine der wenigen – vielleicht die einzige –, die aus Kreisen kommt, die nichts mit Novak oder Weigel zu tun haben. Dennoch zeigt sie, dass stimmt, was der „National Catholic Reporter" in den Tagen geschrieben hat, in denen der Text des Papstes erschien: Die Enzyklika „bietet sowohl der Rechten als auch der Linken etwas, das sie loben, und etwas, über das sie sich empören können". Als ob er sagen wolle: Rechts oder links gibt es immer irgendjemanden, der Gründe finden kann, um den Papst zu kritisieren.

Eine Kritik, die der Wirtschaftswissenschaftler Stefano Zamagni, einer der Ratgeber des Papstes bei der Abfassung von „Caritas in veritate", natürlich nicht teilt. Bei der Vorstellung der Enzyklika im Vatikan bezeichnet er sie als „road map", um das Schema des „mitfühlenden Konservativismus" Bush'scher Prägung zu verlassen und die soziale Marktwirtschaft nach dem No-Profit-Modell auszudehnen.

Es sind jedoch die Anklagen der amerikanischen Konservativen, die den Vatikan am meisten schmerzen. Und die Benedikt XVI. als einen Papst zeigen, der von „der Rechten" nicht verstanden wird. Oder der vielleicht verstanden wird, das aber nach einem vorgefertigten Interpretationsschema, welches für einige Ratzinger-Kreise typisch ist, die gleich bereit sind, von einem Komplott gegen ihn auszugehen, wenn die Vorstellungen und Äußerungen des Papstes diesem Schema nicht entsprechen.

Um auf die Hervorhebungen von Novak und Weigel zu antworten, haben wir uns – wenngleich ein Jahr später – an Kardinal Renato Raffaele Martino gewandt, der zu dem Zeitpunkt, als die Sozialenzyklika Benedikts XVI. erschien, Präsident des Päpstlichen Rats für Gerechtigkeit und Frieden war. Er ist es also, der – wenngleich er niemals direkt erwähnt wird – der Kritik der amerikanischen Konservativen zufolge auf der Anklagebank sitzt. Uns sagte er Folgendes: „Die Kritik aus einigen amerikanischen Kreisen an der Enzyklika Benedikts XVI. überrascht mich nicht besonders. ‚Caritas in veritate‘ ist ein wichtiges Schreiben, das unter anderem herausstellt, dass die so genannte ethische Notlage auch eine wirkliche soziale Notlage ist und mit alten Klischees aufräumt, nach denen sich die so genannten katholischen Progressiven für die soziale Solidarität und die so genannten katholischen Konservativen für den Lebensschutz einsetzen: Es handelt sich um zwei Seiten desselben Bemühens, angesichts der neuen vorherrschenden Ideologie der Technik, die menschliche Würde jeder Person zu verteidigen." Weiter erklärte er: „Die Kirche – wie das auch im Kompendium der Soziallehre der Kirche verdeutlicht wird – vergisst nicht und kann nicht vergessen, dass der wissenschaftliche und technologische Fortschritt sowie auch die Globalisierung der Märkte, die eine Quelle der Entwicklung und des Fortschritts sein können, die Arbeiter dennoch dem Risiko aussetzen, im Getriebe der Wirtschaft von der zügellosen Suche nach Produktivität ausgenutzt zu werden. Die Kirche vergisst nicht und sie kann nicht vergessen, dass das Recht auf Privateigentum dem Prinzip der allgemeinen Bestimmung der Güter untergeordnet ist. Ein Prinzip, das auch die Güter im finanziellen, technischen, geistigen und persönlichen Bereich betrifft. Die Mechanismen des Wirtschaftssystems müssen im Dienst des Menschen und nicht in dem der unrechtmäßigen Ausbeutung und der Spekulation stehen. Mir scheint, dass die Kritik aus bestimmten amerikanischen Kreisen am Ende den Wunsch durchscheinen lässt, den Papst sagen zu lassen, was sie gerne hätten, um ihre berechtigten Positionen zu unterstützen, und zu vergessen oder zu zensieren, was das Lehramt der Kirche sagt und was sich nicht auf einer Linie mit diesen Positionen befindet, etwa was die Globalisierung, den Markt oder den Schutz und die Bewahrung der Schöpfung anbelangt."

7

DER MISSBRAUCHSSKANDAL. IRLAND, DEUTSCHLAND UND DIE „MORALISCHE PANIK"

Die Vorzeichen des großen Sturmes, den der Missbrauchsskandal auslösen sollte und der in den ersten Monaten 2010 in seiner ganzen Heftigkeit zutage trat, zeigten sich bereits 2009 kurz nach den Krisen, die der Fall Williamson, die Äußerungen des Papstes über das Kondom auf dem Flug nach Afrika sowie der erzwungene Rücktritt des Weihbischofs von Linz hervorgerufen hatten.

Im Mai 2009 erschien dann in Irland der „Ryan Report". 2 575 Seiten, in die neun Jahre an Nachforschungen und Interviews eingegangen waren. Zwei im Jahr 1998 ausgestrahlte Dokumentarfilme hatten die Sache ins Rollen gebracht und zum ersten Mal die Mauer des Schweigens durchbrochen, die um Missbräuche und Gewalttaten errichtet worden war. Die Filme berichteten von den Missbräuchen, die Kinder in den von den Barmherzigkeitsschwestern und Christlichen Brüdern geleiteten „Industriellen Schulen" erlitten hatten. Das Land war erschüttert und man setzte eine Regierungskommission zur Untersuchung der so genannten „Industriellen Schulen" ein. Diese Einrichtungen waren entstanden, um Waisen, uneheliche und verlassene Kinder aufzunehmen oder solche, die sich kleiner Vergehen schuldig gemacht hatten.

Der „Ryan Report" – dem bereits eine andere, aber wesentlich begrenztere und auf die Diözese Ferns beschränkte

Untersuchung vorangegangen war – zieht einen Zeitraum in Betracht, der sich über fünfzig Jahre erstreckt; er betrifft Hunderte von Instituten, die von katholischen Orden geleitet werden. Im Jahr 2002 richtet die irische Regierung auch das „Residential Redress Board" ein, eine Kommission mit dem Auftrag, all jenen eine Entschädigung anzubieten, die Missbräuche oder Gewalt erlitten hatten. Die Frist, einen Antrag auf Entschädigung zu stellen, endete 2005, und um die Entschädigung zu erhalten, genügt eine der Wahrscheinlichkeit nach wahre Zeugenaussage. Es werden fast alle 14 000 eingegangenen Anzeigen angenommen, nur 0,4 Prozent weist man ab. Am Ende musste der Staat über eine Milliarde Euro zahlen. Ein Teil dieser Mittel war für die Anwaltskanzleien bestimmt, die die Opfer vertreten und in der ganzen Welt ehemalige Zöglinge gesucht hatten, um sie zu befragen. Gut neunzig Prozent der Mitglieder der Kongregation der Christlichen Brüder werden mit wenigstens einer Anklage konfrontiert. Auch wenn es in Irland nicht an Leuten mangelt, die gegenüber den angewandten Methoden Zweifel hegen, war die Wirkung verheerend.

Aus dem Report, der nach dem Koordinator der Untersuchung, Richter Sean Ryan, benannt ist, geht hervor, dass in einem Zeitraum von fünfzig Jahren ungefähr 2 500 Kinder und Jugendliche Opfer von Gewalt und Missbräuchen wurden. Dabei handelte es sich nicht immer um sexuelle Missbräuche. Der Großteil der Fälle betrifft sehr strenge körperliche Züchtigungen, Prügel, psychologische Druckausübung und so weiter. Wie dem auch sei: gewalttätige Übergriffe.

Die Nachrichten, die aus Irland kommen, bestürzen Benedikt XVI. Seit 2003 leitet Diarmuid Martin die Erzdiözese Dublin, zunächst als Koadjutor und seit 2004 als Erzbischof. Joseph Ratzinger kennt ihn sehr gut. Auch wenn ihn das im Verhältnis zum übrigen Episkopat Irlands eher isoliert, verfolgt Martin die Linie der „Null-Toleranz", die der Vatikan im Jahr 2001 nach dem Pädophilieskandal in den Vereinigten Staaten mit der Veröffentlichung des Motu proprio „Sacramentorum sanctitatis tutela" Johannes Pauls II. und der Note „De delictis gravioribus" der Kongregation für die Glaubenslehre eingeleitet hatte. Praktisch unterstellen diese Dokumente alle Fälle des Missbrauchs Minderjähriger durch Priester oder Ordensleute der ausschließlichen Zuständigkeit der Glaubenskongregation, an deren Spitze zu jener Zeit Kardinal Ratzinger zusammen mit dem heutigen Kardinalstaatsekretär Tarcisio Bertone als dem zweiten Mann stand. Beide stehen für ein schnelles und strenges Durchgreifen bei den kanonischen Verfahren.

Am 26. November 2009 wird eine zweite, von der Richterin Yvonne Murphy koordinierte Untersuchung veröffentlicht, die sich allein auf die Diözese Dublin bezieht. Justizminister Dermoit Ahern stellt den Bericht vor. Auf siebenhundert Seiten wird beschrieben, was in der Diözese zwischen 1975 und 2004 geschehen ist. Es werden die Verantwortlichkeiten im Rahmen einer repräsentativen Auswahl von 46 pädophilen Priestern erläutert, die von den kirchlichen Vorgesetzten in irgendeiner Weise gedeckt oder wie auch immer nicht verfolgt worden sind. Doch beläuft sich die Zahl der im „Report" benannten Priester auf 172. Auch die zivilen Behörden kommen nicht gut davon, insofern sie in einigen Fällen den Verantwortlichen eine Art Immunität gewährt zu haben scheinen. Es geht um 320 Fälle von Gewalt, und einer der Priester gibt zu, über hundert Jungen missbraucht zu haben. Erzbischof Martin bittet um

Vergebung und bringt seinen „Schmerz" und seine „Scham" zum Ausdruck.

Der Bericht betrifft auch die vier Vorgänger von Martin: die Erzbischöfe John Charles McQuaid, Dermot Ryan, Kevin McNamara und den einzigen noch lebenden Kardinal Desmond Connell. Der Report hält fest, dass die Diözese wenigstens bis 1990 „mehr darum besorgt war, die Geheimhaltung zu wahren, Skandale zu vermeiden, den Ruf der Kirche zu schützen und ihre Güter zu retten. Alle weiteren Überlegungen, die Gesundheit der Kinder und die Gerechtigkeit gegenüber den Opfern eingeschlossen, wurden dem untergeordnet."

Hatte der „Ryan Report" eine traurige Wirklichkeit aufgedeckt und die Dimensionen des Phänomens gezeigt, so verdeutlicht der „Murphy Report" nicht nur die Verantwortung einiger Priester, die sich mit abscheulichen Taten befleckt hatten, sondern auch jene der Hierarchie. In vielen Fällen sind die Bischöfe nicht eingeschritten, um zu verhindern, dass der Angeklagte weiteren Schaden anrichten kann. Um den öffentlichen Skandal zu vermeiden, haben sie es vorgezogen, die Priester von einer Pfarrei in die andere zu versetzen. Sie haben keine Sensibilität für die Missbrauchsopfer gezeigt, die oft als Gegner, wenn nicht gar als Feinde der Kirche betrachtet wurden. Es tritt im Ganzen die mangelnde Leitungsfähigkeit der Bischöfe zutage.

Mitte Februar 2010 zitiert Benedikt XVI. 24 Bischöfe Irlands nach Rom. Das Schlusskommuniqué der Versammlung ist sehr hart. Der Papst bezeichnet die Missbräuche „nicht nur als ein abscheuliches Verbrechen, sondern auch als eine schwere Sünde, die Gott beleidigt und die Würde der menschlichen Person verletzt". Anstelle eines wirksamen Umgangs mit sexuellen Missbräuchen durch einige Priester wird ein „jahrelanges Versagen der kirchlichen Obrigkeiten" festgestellt. Es wird in Erinnerung gerufen, dass „wichtige Maßnahmen getroffen wurden", um eine Wiederholung dieser Missbräuche zu verhindern, und dass sich die Bischöfe verpflichten, „mit den zuständigen Obrigkeiten zu kooperieren".

Während des Gipfeltreffens im Vatikan wird den Bischöfen der Entwurf des Hirtenbriefes vorgestellt, den Benedikt XVI. an die irische Kirche zu richten beabsichtigt. Der Papst gibt damit ein starkes Signal. Der Fall ist schwerwiegend, aber er scheint auf Irland beschränkt zu sein.

Doch es kam anders. Der Missbrauchsskandal sollte auch ein deutsches Thema werden. Mitte Januar hatte Benedikt XVI. die Synagoge von Rom besucht – was die jüdische Welt gespalten hatte: Wegen der Entscheidung des Papstes, einen Monat zuvor das Dekret über den heroischen Tugendgrad Pius' XII. zu veröffentlichen, waren viele Stimmen laut geworden, die den Besuch verhindern wollten. Am 20. Januar sendet der Jesuitenpater Klaus Mertes, Rektor der Karmelitenkirche, die zur Wiedergutmachung für die Opfer der Schoah errichtet worden war, und Direktor des angesehenen Canisius-Kollegs in Berlin, einen Brief an alle ehemaligen Schüler des Kollegs und spricht zum ersten Mal über die Missbräuche, zu denen es in der Schule in den Siebziger- und Achtzigerjahren gekommen war. Der Brief reiht sich ein in die „Operation Transparenz", die der Jesuit zusammen mit der Anwältin Ursula Reihe angestoßen hatte. In weniger als einem Monat wird die Zahl von den anfänglich dreißig gemeldeten Fällen auf rund hundert ansteigen.

In einem Interview mit dem „Tagesspiegel" vom 7. Februar antwortet Pater Mertes auf die Frage, ob er sich durch die

Kirche bei seiner Aufklärungsarbeit unterstützt fühle, wie folgt: „Durch das Berliner Erzbistum ja. Aber durch die katholische Kirche als Ganze? Da wünsche ich mir, dass man ohne Angst über alles miteinander sprechen könnte. Auch über die eigene Sexualität. Ich hoffe, dass sich die Kirche mit der Moderne und der Freiheit versöhnt. Dass man offen ist für das, was Gott mit der Kirche heute vorhat. Ob das zur theologischen Neubewertung von Homosexualität führt oder zur Ordination von Frauen, ist offen. Aber man sollte sich auf die Gegenwart einlassen und nicht auf alles mit Abwehr reagieren."

Am 8. Februar veröffentlicht dann „Der Spiegel" eine Untersuchung über Pädophilie im deutschen Klerus. Die Journalisten setzten sich mit einzelnen Diözesen in Verbindung und baten um Informationen über die Zahl der Fälle. Nur drei weigern sich, zu antworten: die Diözesen Regensburg, Limburg und Dresden-Meißen. Aus dem Spiegel-Artikel gehen diese Daten hervor: Von 1995 bis heute handle es sich um 94 angeklagte Priester, von denen dreißig bereits von staatlichen Gerichten verurteilt worden sind, während bei zehn das Verfahren noch läuft.

Am 4. und 5. März geht der Fall Regensburg hoch. Und sofort ist der Versuch offensichtlich, den Bruder des Papstes, Georg Ratzinger, von 1964 bis 1994 Kapellmeister der Regensburger Domspatzen, in die Angelegenheit zu verwickeln. Die Domspatzen werden willkürlich mit schweren Fällen von Gewalt und Missbräuchen in Verbindung gebracht, zu denen es im Schatten religiöser Einrichtungen gekommen war, ohne dass es tatsächlich aber irgendeine Anklage oder einen Verdacht gegenüber Georg Ratzinger gegeben hätte.

Deutsche Nachrichtenagenturen und On-line-Zeitungen, darunter auch solche, die nicht die geringste Sympathie für die katholische Kirche hegen, berichten korrekt über den Vorfall und vermeiden es vor allem, in den Schlagzeilen den Namen des Bruders des Papstes mit den Missbrauchsfällen in Verbindung zu bringen. Dasselbe geschieht leider nicht in den Medien anderer Länder, wie zum Beispiel in Italien, wo Internetseiten und Fernesehsender den ganzen Tag vom „Fall Regensburg" sprechen und die Missbräuche mit Georg Ratzinger in Verbindung bringen. Nicht direkt, aber durch die Titel und Bilder. Die Botschaft, die in die Öffentlichkeit lanciert wird, ist die, dass der Bruder Benedikts XVI. in den Fall verwickelt ist.

Die Sachlage ist so: Der Bischof von Regensburg, Georg Ludwig Müller, hatte in den vorangegangen Tagen die Opfer und deren Familien für einige Fälle von Missbräuchen um Vergebung gebeten, zu denen es in der Vergangenheit gekommen war. Auf der Homepage der Diözese war ein Artikel veröffentlicht worden, der erklärt, dass in der jüngsten Zeit einige neue Anklagen zu Vorfällen vorgebracht wurden, die auf die Sechzigerjahre zurückgehende Geschehnisse betreffen. Der Chor der Domspatzen wird im Zusammenhang mit Missbrauchsfällen zitiert, die 1958 ein Priester zu verantworten hatte, der zu jener Zeit Vizedirektor des Internats war, in dem die Sängerknaben lebten. Dieser für schuldig befundene Priester war zu zwei Jahren Haft verurteilt worden. Es ist festzuhalten, dass Georg Ratzinger in jenen Jahren noch nicht der Leiter des Chores war. Ein zweiter Priester dagegen war 1971 wegen zwei Jahre zuvor verübten Missbräuche zu elf Monaten Gefängnis verurteilt worden. Dieser zweite Priester hatte im Jahr 1959 für nur acht Monate die Aufgabe des Verantwortlichen für das Internat der Sängerknaben des Domes wahrgenommen (also wieder in Jahren, in denen Georg Ratzinger noch nicht die musikalische Verantwortung für den Chor innehatte), doch die Missbräuche, für die er für verantwortlich erklärt wurde, hatten sich zehn Jahre später zugetragen, als er bereits seit Langem das Internat verlassen hatte und der Diözesanbeauftragte für die sakrale Musik war. Auch dieser zweite Fall hat also nichts mit den Domspatzen zu tun.

Beide verurteilten Priester sind 1984 weit weg von Regensburg verstorben. Was dagegen die noch zu untersuchenden Episoden betrifft, zu denen die Diözese volle Aufklärung schaffen will, so handelt es sich zu jenem Zeitpunkt um drei Fälle, die zur Anzeige gebracht wurden, von denen einer keinen sexuellen Missbrauch, sondern körperliche Züchtigungen und zu strenge Lehrmethoden betrifft. Zu einem zweiten Fall sei es in einer Schule gekommen, während in einem dritten Fall ein Missbrauch angezeigt wird, zu dem es im Internat gekommen ist, wo die Domspatzen wohnten und studierten, jedoch immer Anfang der Sechzigerjahre, als der Bruder des Papstes noch nicht Chorleiter war.

Clemens Neck, der Sprecher des Bischofs, stellt klar, dass es sich bis zu diesem Moment sowohl bei den alten als auch bei den neu eingegangenen Anzeigen in keinem Fall um Missbräuche aus der Zeit handelt, in der der heute 86-jährige Georg Ratzinger den Chor dirigierte. Der heutige Kapellmeister der Domspatzen, Roland Buecher, der Schulleiter Berthold Wahl und der Direktor des Internats, Rainer Schinko, unterzeichnen einen Brief, in dem zu lesen ist: „Wir sind bestürzt darüber, dass derart beschämende Vorkommnisse an kirchlichen Einrichtungen geschahen. Wir haben mittlerweile Kenntnis davon erlangt, dass sich auch ein ehemaliger Schüler (Anfang der 60er-Jahre) gegenüber der Presse als Missbrauchsopfer bekannt hat ... Nach derzeitigem Kenntnisstand ist es jedoch unklar, ob der mutmaßliche Missbrauch in unserer Institution oder in der Vorschule Etterzhausen (jetzt Pielenhofen) stattgefunden hat. Über einen uns zugeleiteten Presseartikel aus den Fünfzigerjahren ist uns ein konkreter Hinweis auf sexuellen Missbrauch bekannt geworden. Der damalige Internatsleiter wurde nach unserem Kenntnisstand rechtskräftig verurteilt ... Weitere konkrete Hinweise auf Verdachtsfälle von sexuellem Missbrauch bei der Stiftung Regensburger Domspatzen liegen uns bis zum heutigen Tag nicht vor."

Dennoch wurde der Name Georg Ratzinger, der in der Zwischenzeit im Bayerischen Rundfunk gesagt hatte, er habe „keine Kenntnis über Fälle sexuellen Missbrauchs", mit diesen Ereignissen in Verbindung gebracht. Aus dem Vatikan lässt der Vizedirektor des Presseamts, Pater Ciro Benedettini, verlauten, dass der Heilige Stuhl „diese ganze Angelegenheit des Pädophilieskandals in Deutschland sehr ernst nimmt", jedoch „nicht direkt in den Fall Regensburg eingreifen will". Einen Tag darauf, am 6. März, veröffentlicht der Vatikan eine Note, mit der der Wille bekräftigt wird, über die Missbrauchsfälle in den deutschen Diözesen Klarheit zu schaffen: „Der Heilige Stuhl unterstützt die Diözese in ihrer eigenen Bereitschaft, die schmerzliche Frage mit Entschiedenheit und in aller Offenheit im Sinne der Leitlinien der Deutschen Bischofskonferenz zu analysieren. Hauptziel der Klärungen seitens der Kirche ist es, eventuellen Opfern Gerechtigkeit widerfahren zu lassen. Der Heilige Stuhl ist darüber hinaus dankbar für dieses Bemühen um Klarheit im Innern der

Kirche und wünscht sich, dass mit derselben Klarheit auch bei anderen Institutionen, öffentlichen und privaten, vorgegangen werde, wenn allen wirklich das Wohl der Kinder am Herzen liegt."

Es wird nicht spezifiziert, welche Institutionen gemeint sind, man kann annehmen, dass es um Schulen, Institute, Krankenhäuser, Sportvereine wie auch um die Familien geht: Seit 1995 wurden in Deutschland 210 000 Vergehen gegen Minderjährige zur Anzeige gebracht. Die Zahl der verdächtigen Fälle im Bereich der katholischen Kirche beläuft sich auf 94.

Was den Fall des Chores von Regensburg betrifft, schreibt Bischof Müller in einem Kommuniqué, das auch im „L'Osservatore Romano" veröffentlicht wird: „Die ‚Regensburger Domspatzen' sind in drei selbstständige Bereiche unterteilt: dem Gymnasium unter der Leitung eines weltlichen Schuldirektors; dem Internat unter der Leitung eines Priesters, den Präfekten und Erzieher unterstützen, und dem Chor, der vom Domkapellmeister geleitet wird. Die Grundschule Etterzhausen, jetzt Pielenhofen, ist eine von den Domspatzen unabhängige Einrichtung, bei der es nur punktuelle Zusammenarbeit auf dem Gebiet der Musikerziehung gibt (deshalb volkstümlich Vorschule der Domspatzen genannt)."

In letzterer Einrichtung ereignete sich der vom stellvertretenden Leiter der Grundschule begangene Fall sexuellen Missbrauchs aus dem Jahr 1958. Dieser wurde unmittelbar nach Bekanntwerden der Tat seines Amtes enthoben und auch strafrechtlich verurteilt. Im zweiten Fall „handelt es sich um eine Person, die vom 1. 1. bis 31. 8. 1959 bei den Domspatzen war. Zwölf Jahre später (1971) gab es eine Verurteilung wegen sexuellen Übergriffs. Es wird zurzeit geprüft, ob sich das auf Vorfälle während seiner achtmonatigen Zeit bei den Domspatzen bezieht." Der Bischof präzisiert abschließend: „Beide Fälle waren zur damaligen Zeit öffentlich bekannt und gelten als juristisch abgeschlossen. Die Amtszeit von Domkapellmeister Professor Georg Ratzinger (1964–94) wird nicht berührt."

Es ist festzustellen, dass auch in diesem Fall die ersten verbreiteten Meldungen nicht von neuen Episoden handeln, sondern von Missbräuchen, zu denen es vor fünfzig Jahren gekommen ist und die bereits öffentlich bekannt waren. Dass diese für die Medien interessant sind, ist nicht auf die Fälle als solche zurückzuführen, sondern auf die Tatsache, dass sie sich in jenem Chor ereignet haben, dessen Leiter der Bruder des Papstes war.

Francesco Colafemmina schreibt auf seinem Blog „Fides et Forma": „Einer guten journalistischen Regel entsprechend, läuft man Gefahr, der Verleumdung zu verfallen, wenn man in einem Titel einen Namen mit einem sehr schweren Verbrechen in Verbindung bringt. Der Leser wird nämlich automatisch dazu verführt, künftig immer jenen Namen mit jenem Verbrechen zusammenzudenken, unabhängig davon, was dazwischen steht. Würde ich zum Beispiel schreiben: ‚Fälle von Pädophilie im Wohnblock von Albert Mustermann', so würde sich der durchschnittliche Leser immer daran erinnern, dass Albert Mustermann mit Pädophilie zu tun hat. Dieser Mechanismus basiert auf einem visuellen Eindruck und wird sehr oft dann benutzt, wenn man einen Politiker oder Vertreter der Regierung einfach dadurch treffen will, dass man ihn diffamiert. In unserem Fall stehen wir vor einer zweifachen Diffamierung auf einheitlicher internationaler Ebene, und die Worte lauteten: ‚Pädophilie', ‚Bruder', ‚Papst'. Diese Meldung war entscheidend, um in den Medien die Glaubwürdigkeit Papst Benedikts XVI. zu untergraben, und leider waren die Antworten des Heiligen Stuhls weniger von einer starken, gegen die Diffamierung gerichteten Strategie geleitet, sondern basierten auf der einfachen Berichtigung oder Klärung, was journalistisch gesprochen unwirksame Techniken sind."

In der Zwischenzeit bekräftigt Georg Ratzinger, dass er nichts von den sexuellen Missbräuchen gewusst habe, zu denen es in der Grundschule der Domspatzen gekommen ist, und gibt zu, seinen Sängerknaben ein paar Ohrfeigen gegeben zu haben, wobei er „die Opfer um Verzeihung" bittet. Der ehemalige Leiter des Chores der „Regensburger Domspatzen" wird von der Zeitung „Passauer Neue Presse" interviewt. Bei den „Gewalttätigkeiten", von denen der Bruder des Papstes auch in Beziehung auf die Schule und das Internat spricht, in dem die Knaben lebten, handelt es sich immer und ausschließlich um körperliche Züchtigungen, da das jetzt bekannt gewordene Problem sexuellen Mussbrauchs, so erklärt er, „nie zur Sprache gekommen ist" und er selbst davon nichts gewusst habe.

Georg Ratzinger erklärt, an die undisziplinierten Sänger Ohrfeigen ausgeteilt zu haben, wenn er depressiv aus dem Proben rausgegangen sei, „weil ich einfach das nicht hingebracht hatte, was ich wollte"; er habe jedoch „eigentlich immer ein schlechtes Gewissen dabei gehabt": „Ich war dann froh, als 1980 körperliche Züchtigungen vom Gesetzgeber ganz verboten wurden." Ratzinger hat jedoch nie von sexuellen Missbräuchen gehört: „Leid getan haben mir die betroffenen Opfer, deren körperliche und seelische Integrität verletzt wurde." Dagegen bestätigt er, von den brachialen Methoden der Züchtigung durch den Direktor der Grundschule von Etterzhausen, aus der die jungen Sängerknaben seiner Chores kamen, gewusst zu haben, der „sehr heftige Ohrfeigen" verteilte und dies oft „aus nichtigen Anlässen" tat. Schüler hätten ihm auf Konzertreisen erzählt, wie es ihnen in Etterzhausen ergangen sei. „Aber ihre Berichte sind bei mir nicht so angekommen, dass ich glaubte, etwas unternehmen zu müssen", so der Bruder des Papstes. Auch wenn er eingegriffen hätte, so präzisierte er, hätte er wenig tun können, da die Schule von Etterzhausen eine „selbstständige Institution" gewesen sei. Doch „wenn ich gewusst hätte, mit welch übertriebener Heftigkeit er vorging, dann hätte ich etwas gesagt. Natürlich – heute verurteilt man es umso mehr, als man sensibler geworden ist. Auch ich tue das. Gleichzeitig bitte ich die Opfer um Verzeihung."

In der Zwischenzeit kommt es zu neuen Zeugnissen, die vom „Spiegel" gesammelt werden, und ein ehemaliger Schüler des Chores, Thomas Mayer, berichtet, dass der Leiter der Domspatzen einmal die Geduld verloren und während der Proben einen Stuhl gegen die Sängerknaben geschleudert hätte.

Am 9. März meldet sich Pater Federico Lombardi zu Wort und erklärt in einem Leitartikel für „Radio Vatikan", dass die in den Skandal verwickelten kirchlichen Institutionen „dem Auftreten des Problems zeitig und entschlossen begegnet sind". Lombardi gibt zu, dass „die in den Einrichtungen von kirchlichen Verantwortlichen begangenen Irrtümer angesichts der erzieherischen und moralischen Verantwortung der Kirche besonders verwerflich sind". Doch er betont erneut, dass „das Problem bedeutend breiter angelegt ist. Die

Anklagen nur auf die Kirche zu konzentrieren, führt dazu, die Perspektive zu verfälschen. Um nur ein Beispiel zu machen: Die kürzlich von den zuständigem Stellen in Österreich gelieferten Angaben besagen, dass sich im selben Zeitraum die Zahl der in kirchlichen Institutionen ermittelten Fälle auf siebzehn beläuft, während es weitere 510 Fälle in anderen Bereichen gibt. Man tut gut daran, sich auch im diese zu kümmern."

Nach Georg Ratzinger ist sein Bruder an der Reihe. Am 12. März, parallel zur Ankunft des Vorsitzenden der Deutschen Bischofskonferenz in Rom, der dem Papst über den Missbrauchsskandal in Deutschland berichten will, veröffentlicht die „Süddeutsche Zeitung" eine neue Enthüllung. Im Jahr 1980 hätte Kardinal Joseph Ratzinger, damals Erzbischof von München und Freising, einen pädophilen Priester in seiner Diözese aufgenommen und in gewisser Weise geschützt. Der von der Zeitung berichtete Fall geht um die Welt und wird als der „Beweis" für die Verantwortung des heutigen Papstes präsentiert. In Wirklichkeit hat das Ordinariat von München und Freising die Angelegenheit genauestens auf der Grundlage der im Archiv präsenten Dokumente rekonstruiert: Als Ergebnis wird festgehalten, dass Benedikt XVI. nichts mit dem Vorwurf zu tun hat, da es zur Verwendung des fraglichen Priesters in der Seelsorge gegen seine Entscheidung gekommen war. Auch war es von Januar 1980 bis zum August 1982, also zu der Zeit, als Ratzinger noch Erzbischof war (die Ernennung zum Präfekten der Kongregation für die Glaubenslehre erfolgte im November 1981, im darauf folgenden Februar zog der Kardinal nach Rom), weder zu Berichten über den pädophilen Priester wegen Belästigungen noch zu Anzeigen aufgrund von Missbrauchsfällen gekommen.

Es war der damalige Generalvikar Gerhard Gruber gewesen, der jenen Priester ermächtigte, in einer Pfarrei seinen Dienst zu tun, während der Erzbischof seine Zustimmung nur dafür gegeben hatte, ihn in München aufzunehmen, um sich einer Psychotherapie zu unterziehen.

Das Kommuniqué der Diözese spricht von Kaplan „H", ohne dessen Namen offenzulegen, wozu es dann in den darauf folgenden Stunden kommt: Es handelt sich um Peter Hullermann, der aus der Diözese Essen nach München gekommen war. Das Ordinariat gibt zu, „dass damals bekannt war, dass er diese Therapie vermutlich wegen sexueller Beziehungen zu Jungen machen sollte". Erzbischof Joseph Ratzinger beschloss, ihm Unterkunft in einem Pfarrhaus zu gewähren. „Abweichend von diesem Beschluss", so ist in der Rekonstruktion auf der Homepage der Erzdiözese München und Freising zu lesen, „wurde H. dann jedoch vom damaligen Generalvikar uneingeschränkt zur Seelsorgemithilfe in einer Münchner Pfarrei angewiesen. Aus dieser Zeit (1. Februar 1980 bis 31. August 1982) liegen keine Beschwerden oder Vorwürfe über H. vor." Auch wenn der Priester auf Veranlassung von Generalvikar Gruber und über das hinausgehend, wozu Kardinal Ratzinger seine Zustimmung gegeben hatte, in der Seelsorge eingesetzt wurde, wird also in jenen ersten drei Jahren nichts gegen ihn gemeldet.

Im September 1982, als der heutige Papst bereits seit Monaten Deutschland verlassen hat, wird Hullermann in die Pfarrei Grafing versetzt, wo er bis Anfang 1985 bleibt. Nach Bekanntwerden von Vorwürfen sexuellen Missbrauchs und der Aufnahme polizeilicher Ermittlungen wurde er vom Dienst entpflichtet. Im Juni 1986 wurde Kaplan H. vom Amtsgericht Ebersberg wegen sexuellen Missbrauchs Minderjähriger zu achtzehn Monaten Freiheitsstrafe auf Bewährung und einer Geldstrafe in Höhe von 4000 Mark verurteilt. Die Bewährungszeit wurde auf fünf Jahre festgesetzt. Der Verurteilte wurde angewiesen, sich in psychotherapeutische Behandlung zu begeben.

Ab November 1986 bis Oktober 1987 wurde H. als Kurat in einem Altenheim eingesetzt. Abschließend war er bis September 2008 in Garching/Alz in einer Gemeinde tätig, zunächst als Kurat, später als Pfarradministrator. „Für den erneuten Einsatz in der Pfarrseelsorge waren offenbar die relativ milde Strafe des Amtsgerichts Ebersberg und die Ausführungen des behandelnden Psychologen ausschlaggebend", so das Kommuniqué der Erzdiözese.

„Der wiederholte Einsatz von H. in der Pfarrseelsorge war ein schwerer Fehler", erklärte der frühere Generalvikar Gerhard Gruber. „Ich übernehme dafür die volle Verantwortung. Ich bedaure zutiefst, dass es durch diese Entscheidung zu dem Vergehen mit Jugendlichen kommen konnte und entschuldige mich bei allen, denen Schaden zugefügt wurde."

In den folgenden Wochen wird der Fall erneut von den deutschen Zeitungen und der „New York Times" aufgegriffen, wobei diese in Zweifel ziehen, dass Kardinal Ratzinger nichts mit der Entscheidung zu tun hatte, Hullermann wieder in der Seelsorgearbeit einzusetzen. Es werden jedoch keine neuen Beweise oder Zeugenaussagen geliefert, die dazu geeignet wären, die Worte von Prälat Gerhard Gruber sowie dessen Übernahme der direkten Verantwortung zu widerlegen, auch wenn viele auf die Tatsache pochen, dass die Letztverantwortung beim Bischof liegt.

Der Vatikan ist auf die steigende Spannung in den Medien unvorbereitet. Sowohl im Fall der Vorwürfe gegen den Bruder des Papstes als auch im Fall München, der Joseph Ratzinger direkt berührt, werden die Klärungen und Rekonstruktionen der jeweiligen Diözesen nicht übersetzt.

„Zwei Wochen lang", so Guido Horst, Chefredakteur der Zeitschrift „Vatican-magazin" und Rom-Korrespondent der Zeitung „Die Tagespost", „standen die Kommuniqués der Diözesen Regensburg und München, in denen die beiden Fälle detailliert erklärt wurden, nur in deutscher Sprache zur Verfügung. Daher fehlte es nicht an Missverständnissen und ungenauen Rekonstruktionen. Der Vatikan hatte nicht begriffen, dass es nützlich gewesen wäre, diese Kommuniqués zeitig auch in andere Sprachen zu übersetzen, auch wenn es sich nicht um Dokumente des Heiligen Stuhles handelte. Der vernichtenden Wirkung, die im Zusammenhang mit diesen Geschehnissen der Name des Bruders des Papstes und dann des Papstes selbst auf die öffentliche Meinung haben würde, wurde keine Beachtung geschenkt. Viele Leute lesen keine langen Artikel oder detaillierte Rekonstruktionen, sie beschränken sich darauf, die Titel zu lesen, die sie in den Internetportalen oder während der Nachrichtensendungen vorbeiziehen sehen. Mit der Veröffentlichung des Irland-Briefs Benedikts XVI. vom 20. März änderte sich endlich die Lage: Das vatikanische Presseamt richtete auf der Homepage des Heiligen Stuhls eine eigene Sektion ein, in der verschiedene Übersetzungen von Dokumenten zur Verfügung gestellt werden, die sich auf die jeweils zur Diskussion stehenden Fälle beziehen."

„Leider aber", so der Journalist abschließend, „bleibt die erste Nachricht hängen, auch wenn sie nicht richtig gemeldet worden ist. Soweit mir bekannt ist, wurde zum Beispiel in Italien die falsche Nachricht, dass der Bischof von Augsburg, Walter Mixa, einen Minderjährigen missbraucht habe, nie richtig gestellt. Er hat andere Verantwortungen, und sein Rücktritt ist angenommen worden. Aber er hat kein Kind und keinen Jugendlichen vergewaltigt."

Massimo Introvigne, Soziologe und Gründer des „Zentrums für Studien über neue Religionen" (CESNUR) sowie Autor des Buches „Preti pedofili" (Pädophile Priester, 2010), stellt zu den deutschen Fällen die folgende Überlegung an: „Die aktuelle Diskussion über pädophile Priester stellt ein typisches Beispiel von ‚moralischer Panik' dar. Der Begriff ist in den Siebzigerjahren entstanden, um zu erklären, wie einige Probleme Gegenstand einer sozialen ‚Hyperkonstruktion' sind. Genauer wurden die Situationen moralischer Panik als sozial konstruierte Probleme definiert, die sich durch eine systematische Ausweitung der wirklichen Gegebenheiten charakterisieren, und dies sowohl in der Darstellung durch die Medien als auch in der politischen Diskussion. Um es nicht zu Missverständnissen kommen zu lassen: Am Anfang der Zustände moralischer Panik stehen objektive Bedingungen und wirkliche Gefahren. Sie erfinden das Bestehen eines Problems nicht, sondern übertreiben die statistischen Dimensionen. In einer Reihe von angesehenen Studien (angefangen mit „Pedophiles and Priests. Anatomy of a Contemporary Crisis", Oxford University Press, 1996) hat Philip Jenkins – der übrigens nicht katholisch ist – gezeigt, dass das Problem der pädophilen Priester vielleicht das typischste Beispiel einer moralischen Panik ist. Es sind nämlich zwei charakteristische Elemente gegeben: eine reale Tatsache, die am Anfang steht, und eine Übertreibung dieser Tatsache durch zweideutige ‚moralische Agenten'."

Die im März 2010 zum Ausbruch gekommenen Polemiken, so Introvigne weiter, „weisen eine typische Charakteristik von Zuständen moralischer Panik auf: Tatsachen, zu denen es vor vielen Jahren – in einigen Fällen vor über dreißig Jahren – gekommen ist und die teilweise bereits bekannt sind, werden als ‚neu' präsentiert. Die Art und Weise, mit der – und das mit einer gewissen Betonung Bayerns, des Herkunftslands des Papstes, sowie der Zeit, in der Kardinal Ratzinger die Kongregation für die Glaubenslehre leitete – Ereignisse aus den Achtziger- oder sogar Siebzigerjahren präsentiert wurden, als seien sie gestern geschehen, und dass daraus heftige Polemiken entstehen, verbunden im einem konzentrischen Angriff, der jeden Tag in schreierischem Stil neue ‚Enthüllungen' ankündigt, lässt gut erkennen, wie die moralische Panik von ‚moralischen Agenten' organisiert und systematisch gefördert wird. Der Fall München, der – wie einige Zeitungen titulierten – ‚den Papst betrifft', ist auf seine Weise ein lehrbuchmäßiger Fall."

Sowohl als Antwort auf den Fall Hullermann als auch generell auf die durch den Missbrauchsskandal in der Kirche verursachte Polemik veröffentlichte schließlich „Avvenire", die Zeitung der Italienischen Bischofskonferenz, ein aufschlussreiches Interview mit dem so genannten „Anwalt der Gerechtigkeit" der Kongregation für die Glaubenslehre, dem Malteser Charles Scicluna, der in der Glaubenskongregation vor allem für die von Klerikern begangenen Missbrauchsfälle zuständig ist. Das Interview hatte der „vaticanista" des „Avvenire", der Journalist Gianni Cardinale, geführt. Der Vatikan übernimmt es, übersetzt es in verschiedene Sprachen und verteilt es als Anhang zum Bulletin des vatikanischen Presseamts.

In den Jahren zuvor hatte die Kongregation Scicluna immer gebeten, keine öffentlichen Erklärungen abzugeben.

Jetzt aber hat sich die Lage geändert. Scicluna legt statistische Angaben vor und erklärt, dass von den zwischen 2001 und 2010 der Kongregation für die Glaubenslehre vorgelegten dreitausend Fällen aus aller Welt nur eine Minderheit von zehn Prozent „tatsächliche Akte der Pädophilie betrafen, bei denen es also um das sexuelle Hingezogensein zu Kindern im vorpubertären Alter ging". In sechzig Prozent der Fälle handle es sich um Akte von Ephebophilie, „das heißt Akte, die mit dem sexuellen Hingezogensein zu Heranwachsenden desselben Geschlechts zusammenhängen"; weitere dreißig bezögen sich auf heterosexuelle Beziehungen mit Minderjährigen. „Die Fälle von Priestern, die der Pädophilie im strengen Sinn des Wortes beschuldigt werden, belaufen sich also auf etwa dreihundert im Laufe von neun Jahren", so Scicluna. „Das sind – um Gottes willen! – immer noch viel zu viele, aber man sollte doch anerkennen, dass das Phänomen nicht so verbreitet ist, wie einige glauben machen wollen."

Der Anwalt der Gerechtigkeit der Glaubenskongregation erklärt weiter: „Man kann in etwa sagen, dass es in zwanzig Prozent der Fälle einen richtigen Prozess gegeben hat, ob straf- oder verwaltungsrechtlich, und normalerweise ist er im Herkunftsbistum – immer unter unserer Aufsicht – durchgeführt worden und nur in sehr seltenen Fällen hier in Rom. Wir halten das auch deswegen so, damit das Verfahren schneller ablaufen kann. Doch hat es in sechzig Prozent der Fälle vor allem wegen des fortgeschrittenen Alters der Beschuldigten keinen Prozess gegeben; allerdings wurden gegen sie Verwaltungs- und Disziplinarmassnahmen ergriffen wie etwa die Auflage, keine Messen mit den Gläubigen mehr zu feiern, keine Beichte mehr zu hören, ein zurückgezogenes Leben des Gebets zu führen. Man sollte noch einmal betonen, dass es sich in diesen Fällen, unter denen auch einige besonders eklatante sind, mit denen sich die Medien beschäftigt haben, nicht um Freisprüche handelt. Zwar hat es keine formale Verurteilung gegeben, aber wenn jemand zu Schweigen und Gebet verpflichtet wird, dann gibt es dafür schon einen guten Grund."

Und was den gegenüber den kirchlichen Hierarchien häufig vorgebrachten Vorwurf betrifft, nicht auch bei den zivilen Stellen die Vergehen von Pädophilie zur Anzeige zu bringen, von denen sie Kenntnis bekommen, antwortet Scicluna: „In einigen Ländern mit angelsächsischer Kultur, aber auch in Frankreich, sind die Bischöfe dazu verpflichtet, wenn sie außerhalb des sakramentalen Beichtgeheimnisses Kenntnis von Vergehen ihrer Priester erhalten, diese den Justizbehörden anzuzeigen. Es handelt sich um eine Verpflichtung, die alles andere als leichtfällt, denn diese Bischöfe sind dazu gezwungen, etwas zu tun, was man damit vergleichen könnte, dass Eltern ihren eigenen Sohn anzeigen. Dennoch geben wir in diesen Fällen die Vorgabe, das Gesetz zu respektieren."

Und in den Fällen, wo die Bischöfe nicht diese gesetzliche Verpflichtung haben? „In diesen Fällen legen wir es den Bischöfen nicht auf, ihre eigenen Priester anzuzeigen, aber wir ermuntern sie, sich an die Opfer zu wenden und sie einzuladen, diese Priester, deren Opfer sie geworden sind, anzuzeigen. Außerdem raten wir ihnen dazu, diesen Opfern jeden nur möglichen geistlichen und sonstigen Beistand zu leisten. In einem Fall vor nicht langer Zeit, der einen von einem italienischen Zivilgericht verurteilten Priester betrifft, war es tatsächlich diese Kongregation, die den Anzeigenden vorschlug, als diese sich wegen eines kanonischen Prozesses an uns wandten, sich doch im Interesse der Opfer und um andere Vergehen zu verhindern auch an die zivilen Autoritäten zu wenden."

Man kann davon ausgehen, dass der Vatikan das Interview mit Scicluna übernommen hat, weil er es für eine gelungene Zusammenfassung der Position des Heiligen Stuhles gegenüber den Skandalen sowie für ein Zeugnis dafür hält, dass man seit wenigstens einem Jahrzehnt die Schwere des Problems erfasst hat und es auf angemessene Weise angeht, während im Augenblick der höchsten Spannung die Betonung der Unterscheidung zwischen Pädophilie und Ephebophilie schwach scheint. Diese bezieht sich auf eine Wortmeldung des ständigen Beobachters bei den Vereinten Nationen in Genf, Erzbischof Silvano Tomasi, der nach einem Angriff der Internationalen Humanistischen Union gegen die Kirche aufgrund des Missbrauchsskandals im September 2009 gesagt hatte: „Bei achtzig bis neunzig Prozent der betroffenen Priester handelte es sich um ein homosexuelles Hingezogensein zu Jungen zwischen 11 und 17 Jahren." Während die Unterscheidung im Fall von 17-jährigen Jungen leichter zu begreifen ist, ist sie für eine Mutter oder einen Vater im Fall eines Elf- oder Zwölfjährigen objektiv schwerer zu verstehen. Es mag sein, dass es unangemessen ist, diese als Fälle von Pädophilie zu definieren, gewiss jedoch bleiben sie sehr schwerwiegende Missbräuche von Minderjährigen, die dazu bestimmt sind, deren Leben für immer zu zeichnen.

In den Tagen, in denen in der Weltpresse der Missbrauchsskandal in der Kirche jeden Tag die ersten Seiten erobert, wird endlich der Hirtenbrief des Papstes an die Katholiken Irlands veröffentlicht. Das am 20. März 2010 veröffentlichte Dokument nimmt die irischen Verhältnisse in den Blick, wird aber natürlich auf einer mehr allgemeinen Ebene gelesen und stellte eine starke Antwort Benedikts XVI. dar. Der gesamte Kontext des Briefes ist von Reue durchdrungen. Benedikt XVI. zeigt, dass er die Leiden der Opfer versteht und teilt. Dabei beschreibt er den Schrecken über das Empfinden derjenigen, die in den Internaten missbraucht wurden und sich dem nicht entziehen konnten, mit Worten, die fast an gewisse Stimmungen im Film „Magdalene" erinnern, der gerade diesem Thema gewidmet war.

„Ich kann nur die Bestürzung und das Gefühl des Vertrauensbruchs teilen, die so viele von Euch verspürten, als sie von diesen sündhaften und kriminellen Taten erfahren haben und davon, wie die kirchlichen Autoritäten in Irland damit umgegangen sind", schreibt Papst Benedikt, der von den für die Missbräuche verantwortlichen Priestern fordert, sich „vor dem allmächtigen Gott und vor den zuständigen Gerichten dafür zu verantworten". Dabei sparte der Papst auch nicht mit strenger Kritik an den Bischöfen, die die Schuldigen nicht ernst genug nahmen oder gedeckt hatten.

Der Papst analysiert den Kontext, innerhalb dessen es zu diesem Phänomen gekommen ist: die Säkularisierung der Gesellschaft, die Vernachlässigung des „sakramentalen Lebens und der Frömmigkeitsübungen" wie etwa die regelmäßige Beichte und das tägliche Gebet; die Tendenz vieler Priester und Ordensleute, „Denk- und Urteilsweisen weltlicher Realitäten ohne ausreichenden Bezug zum Evangelium zu übernehmen", wie auch die Tatsache, dass „das Programm der Erneuerung, das das Zweite Vatikanische Konzil vorgeschlagen hat, zuweilen falsch gelesen wurde". Benedikt XVI. beklagt die Tendenz, „Strafverfahren für kanonisch irreguläre Umstände zu vermeiden". In diesem Gesamtkontext also müsse das Problem des sexuellen Missbrauchs von Kindern verstanden werden, das „nicht wenig zur Schwächung des Glaubens und dem Verlust des Respekts vor der Kirche und ihren Lehren beigetragen hat".

Zu dem Problem beigetragen hätten auch unangemessene Verfahren zur Feststellung der Eignung von Kandidaten für das Priesteramt und das Ordensleben sowie „eine unangebrachte Sorge um den Ruf der Kirche und die Vermeidung von Skandalen", eine Sorge, die zum Versagen bei der Verhängung vorgesehener kanonischer Strafen geführt habe.

Benedikt XVI. ruft in Erinnerung, dass er in diesen fünf Jahren mehrfach Opfer sexuellen Missbrauchs getroffen und mit ihnen gebetet habe. Der Direktor des vatikanischen Presseamts, Pater Lombardi, zitierte die Begegnungen in Washington und Sydney sowie eine dritte Begegnung mit Opfern aus Kanada, zu der es im April 2009 in Rom gekommen war. Einen Monat später sollte eine vierte, besonders bedeutsame Begegnung während der Reise nach Malta dazukommen. „Ihr habt schrecklich gelitten, und das tut mir aufrichtig leid", ist im deutschen Text des Hirtenbriefes Papst Benedikts an die Iren zu lesen, „I'm truely sorry", klingt stärker und lässt auch den Schmerz erkennen. „Ich weiß, dass nichts das von Euch Erlittene ungeschehen machen kann. Euer Vertrauen wurde missbraucht und Eure Würde wurde verletzt." „Viele von Euch mussten erfahren", fügt er hinzu, „dass Euch niemand zugehört hat, als Ihr den Mut gefunden habt, über das zu sprechen, was Euch zugestoßen ist." „Diejenigen von Euch, die in Heimen und Internaten missbraucht wurden, müssen gefühlt haben, dass es kein Entkommen aus Eurem Leid gab."

Extrem harte Worte sind dann den Priestern vorbehalten, die sich des Missbrauchs schuldig gemacht haben, die den

Opfern schweren Schaden zugefügt und das Priestertum entehrt haben: „Ihr habt das Vertrauen, das von unschuldigen jungen Menschen und ihren Familien in Euch gesetzt wurde, missbraucht, und Ihr müsst Euch vor dem allmächtigen Gott und vor den zuständigen Gerichten dafür verantworten." Der Papst ermahnt sie, Verantwortung für die begangenen Sünden zu übernehmen und demütig die eigene Schuld anzuerkennen: „Stellt Euch den Forderungen der Rechtsprechung, aber zweifelt nicht an der Barmherzigkeit Gottes."

Benedikt XVI. erkennt schließlich die Verantwortung der Bischöfe sowie deren „Versagen in der Leitung" an, was deren Glaubwürdigkeit und Handlungsfähigkeit untergraben hat. „Es kann nicht geleugnet werden, dass einige von Euch und von Euren Vorgängern bei der Anwendung der seit Langem bestehenden Vorschriften des Kirchenrechts zu sexuellem Missbrauch von Kindern bisweilen furchtbar versagt haben. Schwere Fehler sind bei der Aufarbeitung von Vorwürfen gemacht worden." Der Papst lädt sie ein, „neben der vollständigen Umsetzung der Normen des Kirchenrechts im Umgang mit Fällen von Kindesmissbrauch weiter mit den staatlichen Behörden in ihrem Zuständigkeitsbereich zusammenzuarbeiten". Er fordert ein „entschiedenes Vorgehen, das in vollkommener Ehrlichkeit und Transparenz erfolgt", und rät den Bischöfen, ihren Priestern nahe zu sein und auf ihre Anliegen zu hören.

Das Einschreiten des Papstes mit dem Brief vom 20. März 2010 scheint die Polemik einzudämmen. Aber es handelt sich um eine nur scheinbare Waffenruhe. In der Tat: Es dauert weniger als fünf Tage, bis ein neuer (in Wirklichkeit alter) Fall zum Ausbruch kommt. Und dieses Mal kommt die Anklage gegen Papst Ratzinger aus Übersee.

8

DIE MISSBRAUCHSFÄLLE IN AMERIKA UND DER KRIEG GEGEN DIE MEDIEN

Am 25. März und am 9. April 2010 wird der Vatikan von zwei Begebenheiten erschüttert, die zwar Ereignisse der Vergangenheit betreffen, sich aber auf die Gegenwart auswirken. Es handelt sich um Anschuldigungen gegen Benedikt XVI. bezüglich der Jahre, in denen er Präfekt der Glaubenskongregation war. Er wird angeklagt, zu spät Maßnahmen gegen zwei notorisch pädophile Priester ergriffen zu haben. Mit ihm wird auch Kardinalstaatssekretär Tarcisio Bertone an den Pranger gestellt, da er von 1995 bis 2002 Sekretär der Glaubenskongregation und daher schon damals Ratzingers engster Mitarbeiter war.

Am 25. März berichtet die „New York Times" über den bestürzenden Fall von Lawrence Murphy, und am 9. April fördert die „Associated Press" den „Fall Stephen Kiesle" zutage. Die beiden pädophilen Geistlichen haben sich des schlimmsten Missbrauchs schuldig gemacht, und die kirchlichen Behörden und Vorgesetzten – so berichten beide Medien – unterließen es nicht nur, prompt und transparent einzugreifen, sondern versuchten im Gegenteil, solange wie möglich die Sache zu verheimlichen und zu vertuschen.

Beide Anklagen besitzen eine faktische und dokumentierte Grundlage, wenn auch nicht alles, was die zwei amerikanischen Presseorgane berichten, in den richtigen Kontext gesetzt wird. Die Artikel aus Übersee führen jedenfalls zu einzelnen, nicht abgesprochenen Reaktionen seitens einiger

Mitarbeiter des Papstes, die die These einer gegen Benedikt XVI. angezettelten Medienkampagne vertreten. Zwar sind diese Reaktionen nicht völlig unbegründet, sie werden jedoch die schon an sich schwierige Situation nur weiter verschärfen.

Am 25. März also erschüttert zunächst die New Yorker Tageszeitung mit Chefredakteur Bill Keller an der Spitze den Heiligen Stuhl durch einen direkten Angriff gegen den Papst. An prominenter Stelle im Blatt erscheint ein Artikel von Laurie Goodstein mit dem Titel *Vatican declined to defrock U.S. priest who abused boys* (Vatikan lehnte Amtsenthebung eines amerikanischen Priesters ab, der Jungen missbraucht hatte). Im Artikel steht zu lesen: „Hohe Würdenträger des Vatikans, Benedikt XVI. eingeschlossen, unterließen es, einen Priester, der etwa zweihundert gehörlose Jungen belästigt hatte, von seinem Amt zu entheben", obwohl verschiedene amerikanische Bischöfe sie nachdrücklich auf die für die amerikanische Kirche negativen Folgen dieser Geschichte hingewiesen hatten. Die „New York Times" rekonstruiert die Ereignisse aufgrund der Briefe, die die Bischöfe von Wisconsin an den damaligen Kardinal Joseph Ratzinger sandten und die – zusammen mit vielen weiteren Dokumenten – auf der Internetseite der Zeitung einzusehen sind. Es geht um den Priester Lawrence Murphy, der von 1950 bis 1974 an der St. John's School der Diözese Milwaukee für taube Kinder tätig war. Laut Aussagen seiner Opfer „zog er ihnen die Hosen herunter und berührte sie in seinem Büro, in seinem Auto, im Landhaus seiner Mutter, auf Schulausflügen sowie nachts in den Schlafsälen". Im Jahr 1974 hatte ihn der Erzbischof von Milwaukee, William Cousins, von der Schule genommen und diskret in die Diözese Superior versetzt, wo er weitere 24 Jahre zurückgezogen lebte.

1996 war Rembert Weakland Erzbischof von Milwaukee. Er schrieb Kardinal Ratzinger zwei Briefe, um ihn auf die Vorwürfe der Pädophilie gegen Lawrence Murphy hinzuweisen. Zu dem Zeitpunkt ist die Glaubenskongregation nicht für alle Fälle von Kindesmissbrauchs zuständig (sie wird es erst nach 2001 infolge der verschärften Normen, die von Johannes Paul II. und Kardinal Ratzinger durchgesetzt wurden), aber die Anzeige des Erzbischofs betrifft ein *crimen sollicitationis*, das sehr wohl in den Zuständigkeitsbereich der Kongregation fällt, handelt es sich doch um eines der schwersten Delikte, die in der katholischen Kirche vorkommen können, nämlich um die Aufforderung an den Büßenden, während der Beichte sexuelle Handlungen vorzunehmen.

Acht Monate später bittet der Sekretär der Glaubenskongregation, Tarcisio Bertone, die Bischöfe von Wisconsin, ein kirchenrechtliches Verfahren vorzubereiten, das zur Rückversetzung Murphys in den Laienstand führen sollte. „New York Times" schreibt: „Tarcisio Bertone setzte dem Verfahren jedoch ein Ende, nachdem Murphy ein persönliches Schreiben an Kardinal Ratzinger gerichtet hatte, in dem er behauptete, dass er sein Verhalten bereue, nicht gesund sei und der Fall ohnehin kirchenrechtlich verjährt sei. Die ‚New York Times' hat die Texte von den Anwälten der fünf Männer erhalten, die Klage gegen die Erzdiözese Milwaukee eingereicht haben."

Und weiter: „Anstatt einem Disziplinarverfahren unterworfen zu werden, wurde Murphy 1974 nach Nord-Wisconsin versetzt; dort verbrachte er die letzten 24 Jahre seines Lebens in ungehinderter Tätigkeit mit Kindern in Schulen und Pfarreien, bis er 1998 – immer noch als Priester – starb."

Unter den vielen Dokumenten, die die „New York Times" dem Artikel beilegt, befindet sich auch die Zusammenfassung einer Sitzung am 30. Mai 1998 im Vatikan, an der Bischof Weakland mit seinem Weihbischof Richard Sklba, der Bischof von Superior, Raphael Fliss, verschiedene Prälaten der Glaubenskongregation und natürlich Erzbischof Bertone teilnahmen. Es war eine sehr wichtige Sitzung. Die „New York Times" stellt sie als letzten Versuch der amerikanischen Bischöfe dar, die römische Kurie von der Notwendigkeit starker Maßnahmen gegen Murphy zu überzeugen. Weakland ergreift das Wort und erklärt, der pädophile Priester habe „keinerlei Zeichen der Reue gezeigt und scheint sich der Schwere seines Verhalten nicht bewusst zu sein". Er führt aus, dass „die Gemeinschaft der Gehörlosen über den Fall sehr aufgebracht ist und jede pastorale Lösung ablehnt". Bertone, so berichtet die Zeitung, beruft sich auf die seitdem vergangenen 35 Jahre und erläutert die mit einem etwaigen kirchenrechtlichen Verfahren verbundenen Probleme. Insbesondere verweist er auf „die Schwierigkeiten für Taubstumme, Beweise und Zeugenaussagen vorzulegen, ohne dabei – unter Berücksichtigung der durch ihre Behinderung verursachten Beschränkungen und des zeitlichen Abstands von den Ereignissen – die Fakten zu verschlimmern".

Das ist eine zweifelhafte Begründung, und in der Tat wird sie vom größten Teil der Medien als Beleidigung der Behinderten interpretiert (oder jedenfalls als unzureichende Rechtfertigung).

Andererseits muss man bedenken, dass Bertone in dieser Sitzung hinter verschlossenen Türen in der Glaubenskongregation über die Glaubwürdigkeit der Zeugen und der Anklagen Fragen stellte, bevor man konkrete Maßnahmen beschloss.

Die Vorgehensweise, die Bertone am Ende jenes römischen Gipfeltreffens von den anderen Teilnehmern erbat, war folgende: geografische Beschränkung der Feier der Eucharistie und Einwirkung auf den Priester, damit er Reue zeige. Anderenfalls „würde Murphy sich drastischeren Maßnahmen augesetzt sehen, die Entlassung aus dem Priesteramt nicht ausgeschlossen".

Die Vorwürfe der „New York Times" sind in jedem Fall äußerst gravierend: Die Zeitung vertritt die Ansicht, Bertones Verhalten sei der Beweis dafür, dass der Vatikan jahrelang jegliche Bestrafung von Pädophilen so weit wie möglich einschränkte. Mitschuldiger, oder besser Verantwortlicher, dieses Verhaltens sei demnach als Bertones unmittelbarer Vorgesetzter Kardinal Ratzinger selbst. Am Tag nach der Veröffentlichung des Artikels kommen die Tageszeitungen in aller Welt mit sensationslüsternen Überschriften heraus: Die Anklage der New York Times: „Ratzinger deckte pädophilen Priester"; Angriff der New York Times: Ratzinger wusste Bescheid; Murphy, der Räuber, und die Straffreiheit des Vatikans. Die Heftigkeit mancher Leitartikel ist beeindruckend: In der „New York Times" schreibt Maureen Dowd verschiedene sehr kritische Beiträge über den Papst, sie geht sogar so weit, seinen Rücktritt zu verlangen, und wünscht sich die Wahl einer Ordensfrau zum Papst, während Christopher Hitchens in „Slate" eine wütende Anklageschrift gegen Ratzinger veröffentlicht; in dessen Wahl zum Papst will er sogar den Eingriff des Satans erkennen. Zur Erhärtung seiner These zitiert er den Exorzisten Gabriele Amorth, der in einem Interview-Buch mit Gabriele Tosatti (*Memorie di un esorcista*, 2010) erklärt hatte: „Der Teufel ist innerhalb der Vatikanmauern am Werk."

Hitchens schreibt: „Die römisch-katholische Kirche wird von einem mittelmäßigen bayerischen Bürokraten geleitet, dem seinerzeit der Auftrag gegeben wurde, die schrecklichste aller Ungerechtigkeiten zu vertuschen, und dessen Untauglichkeit bei dieser Aufgabe uns einen Menschen zeigt, der für die Zulassung einer Welle schmutziger Schandtaten persönlich und beruflich verantwortlich ist. Ratzinger selbst mag banal sein, aber seiner ganzen Karriere haftet der Mief des Bösen an – eines dauerhaften und systematischen Bösen, für das es keine Möglichkeit der Ausrottung durch Exorzismus gibt." Eine in solcher Vehemenz noch nie vorgekommene Attacke.

Die Antwort seitens diverser Vertreter des Vatikans lässt nicht auf sich warten. Der Leiter des vatikanischen Presseamtes und die italienische katholische Zeitung „Avvenire" äußern sich zwar kritisch gegenüber der „New York Times", sind jedoch unisono eher daran interessiert, den Fall in den richtigen Kontext zu setzen. Im „L'Osservatore Romano" erscheint ein nicht gezeichneter Artikel, in dem die New Yorker Zeitung angegriffen und der Idee einer konzentrierten Medienkampagne gegen den Papst und seine Mitarbeiter Vorschub geleistet wird.

Pater Federico Lombardi ergreift als Erster das Wort und sagt, der Fall Murphy sei „tragisch" und beträfe „besonders verletzliche Opfer, die entsetzlich unter seinen Taten gelitten" hätten. Lombardi erläutert: „Im Gegensatz zu anders lautenden Behauptungen in der Presse haben weder ‚Crimen sollicitationis' [also das 1962 aktualisierte vatikanische Dokument über das gemäß Kirchenrecht anzuwendende Prozedere in den Prozessen wegen *sollicitatio ad turpa*, das heißt wenn ein Priester angeklagt wurde, das Sakrament der Beichte für sexuelle Annäherungen zu missbrauchen – A. d. V.] noch der Codex des Kanonischen Rechts je die Anzeige von

Missbrauchsfällen gegen Kinder an die Strafverfolgungsbehörden verboten." Lombardi weiter: „Gegen Ende der Neunzigerjahre, also über zwei Jahrzehnte nach der Anzeige der Missbrauchsfälle bei den Diözesanbehörden und der Polizei, wurde die Kongregation für die Glaubenslehre zum ersten Mal befragt, wie mit dem Fall Murphy kirchenrechtlich umzugehen sei. Die Kongregation wurde mit dem Problem befasst, weil es um Verführung im Beichtstuhl ging."

Aus diesen Worten geht klar hervor, dass Ratzinger und der Vatikan vor den Neunzigerjahren noch nicht informiert waren. Der Pressesprecher erklärt: „Aufgrund der Tatsache, dass Murphy betagt und krank war, dass er isoliert lebte und zwanzig Jahre lang keine weiteren Missbrauchsfälle angezeigt worden waren, empfiehlt die Kongregation für die Glaubenslehre, dass der Erzbischof von Milwaukee sein Vorgehen möglicherweise so gestalten solle, dass zum Beispiel das öffentliche Wirken Murphys beschränkt und von ihm gefordert wird, die volle Verantwortung für die Schwere seiner Taten zu übernehmen."

Differenzierter und etwas hitziger fällt die Verteidigung durch die Vatikanzeitung „L'Osservatore Romano" aus. Zwar verneint sie ein organisiertes Komplott hinter den Vorwürfen, spricht aber von einer von den Medien konzertierten Attacke. Der Kommentar, wahrscheinlich von Chefredakteur Giovanni Maria Vian verfasst, erscheint am 26. März, nur einen Tag nach der Veröffentlichung der New Yorker Zeitung, und trägt einen beredten Titel: „Zu einem Artikel des New York Times: Es gab keine Vertuschung". Laut „L'Osservatore Romano" ist Benedikt XVI. mit Missbrauchsfällen stets „transparent, entschlossen und streng" umgegangen. Seine Vorgehensweise sei „offensichtlich gefürchtet bei denen, die keine Aufdeckung der Wahrheit wünschen, sowie bei denen, die – ohne jede faktische Grundlage – schreckliche und leidvolle Ereignisse, die teilweise schon Jahrzehnte zurückliegen, für eigene Zwecke instrumentalisieren möchten".

Außerdem habe es „keinerlei Vertuschung" gegeben: „Das bestätigen uns die Dokumente, die dem fraglichen Artikel beigefügt sind; darunter ist auch der Brief von Murphy aus dem Jahr 1998 an den damaligen Kardinal Ratzinger, in dem er wegen seines schlechten Gesundheitszustands um eine Unterbrechung des kirchenrechtlichen Verfahrens bittet."

Dem folgt ein direkter und generalisierter Angriff gegen die Medien: „Bei den Medien macht sich ein allgemeiner Trend bemerkbar, Tatsachen zu vernachlässigen und Interpretationen so zu forcieren, dass ein Bild von der katholischen Kirche vermittelt wird, als sei sie die einzige Verantwortliche für sexuellen Missbrauch, was ja nicht der Fall ist, was jedoch der offenkundigen, schändlichen Absicht dient, Benedikt XVI. und seine engsten Mitarbeiter um jeden Preis niederzumachen."

„L'Osservatore Romano" sagt also, die Darstellung der „New York Times" sei tendenziös und beabsichtige, sowohl den Papst als auch Kardinal Bertone zu diskreditieren. Vor allem aber greift die Zeitung die Medien an, denen eine Verdrehung der Tatsachen vorgeworfen wird. Wenn man die Dokumente der „New York Times" richtig interpretiert, erscheint Ratzinger darin nicht als jemand, der vertuschen will. Was jedoch am Kommentar der Vatikanzeitung wirklich betroffen macht, ist die Attacke gegen die Medien, die angeblich Tatsachen absichtlich verdrehen, um ein verzerrtes Bild der Kirche zu vermitteln. Ein Komplott wird verneint, die Existenz einer Medienkampagne allerdings bejaht. Von wem sollte sie angezettelt worden sein und warum?

Monate nach jenem 26. März fragen wir Giovanni Maria Vian, Chefredakteur des „Osservatore Romano", warum es zu dem damaligen Beitrag gekommen sei und ob er ihn heute erneut schreiben würde. Vian antwortet: „Der Artikel *Keine Vertuschung* ist ein Kommentar der Zeitung und erschien sofort nach der Veröffentlichung der New York Times, die dem schlimmen und schändlichen Fall des Priesters Lawrence C. Murphy gewidmet war. Es handelt sich natürlich um kein offizielles Kommuniqué, aber die Zeitung des Heiligen Stuhls besitzt schon als solche eine besondere Autorität. Es war der erste wirklich strenge Artikel gegen die ‚New York Times', und die Reaktion war vollkommen berechtigt, denn selbst die Dokumente, die das amerikanische Blatt vorgelegt hatte, belegen die Verzerrung der Tatsachen. Auch Wochen nach der Episode würde ich den Beitrag genauso schreiben. Im Artikel gibt es keinerlei Hinweise auf eine Intrige. Ich selbst habe die Komplotttheorie sogar stets bestritten. Gleichzeitig aber habe ich die Existenz einer offensichtlichen, beharrlichen Medienkampagne gegen Benedikt XVI. und im Allgemeinen gegen die katholische Kirche deutlich gemacht."

Wie kam es überhaupt zum Artikel der New Yorker Zeitung über den Fall Murphy? Rachel Donadio, Rom-Korrespondentin der Zeitung, erklärt: „Die ‚New York Times' befasste sich mit der Geschichte, weil es sich um eine Fortsetzung des Missbrauchsskandals in Amerika von vor zehn Jahren zu handeln schien, und schon damals hatte die Zeitung darüber berichtet. Ich weiß nicht, ob man sich in anderen Ländern darüber bewusst ist, wie verheerend die durch diesen Skandal verursachte Krise für die katholische Kirche in den Vereinigten Staaten gewesen ist. Nicht nur hat sie mehr als zwei Milliarden Dollar für Prozesskosten und Abfindungen bezahlen müssen, sie hat auch einen großen Teil ihrer moralischen Autorität verloren. Und gerade während die amerikanischen Bischöfe für die Durchsetzung von Sondergesetzen für Missbrauchsfälle kämpften, hat die jüngste Skandalwelle dazu geführt, dass sich viele amerikanische Katholiken gefragt haben, ob sich bei der Behandlung solcher Fälle durch die vatikanischen Behörden überhaupt etwas geändert hat.

Die ‚New York Times' hat mit intensiven Nachforschungen und Artikeln über das Problem des sexuellen Missbrauchs begonnen, nachdem Benedikt XVI. zu einem Protagonisten der Ereignisse geworden war. Dieser Umstand kam in einigen Artikeln der deutschen Presse Anfang März ans Licht, in denen nicht nur das Verhalten des Papstbruders Georg Ratzinger hinterfragt wurde, sondern sogar Joseph Ratzingers eigenes Verhalten als Erzbischof von München im Jahr 1980, als er mit dem Fall eines pädophilen Priesters konfrontiert wurde, der aus seiner Diözese entfernt worden war, um sich anderswo behandeln zu lassen."

„Meine Kollegen Nicholas Kulish und Katrin Bennhold", führt die Korrespondentin weiter aus, „schrieben aus Bayern, wie die Erzdiözese München 1980 mit der Versetzung des pädophilen Priesters umgegangen war. Sie machten den Arzt ausfindig, der dem Bistum empfohlen hatte, den Geistlichen nicht wieder in Dienst zu nehmen. Außerdem verfassten sie ein Profil des Mannes, der die Missbrauchsfälle an die Öffentlichkeit brachte. Die Geschichte bekam allerdings eine andere Wendung, als Laurie Goodstein, eine Journalistin, die sich schon lange mit religiösen Themen beschäftigt und in

New York für die ‚New York Times' schreibt, auf den Fall von Lawrence Murphy stieß. Dabei ging es nämlich um das Verhalten des künftigen Pontifex im Umgang mit Missbrauchsfällen zu der Zeit, als er noch Präfekt der Glaubenskongregation war. Wie in ihrem Artikel angegeben, erhielt Laurie eine ganze Reihe von Dokumenten von Jeff Anderson, dem Anwalt der Opfer. Die ‚New York Times' verfasste auch ein Profil von ihm, um seine besondere, polarisierende Rolle im Zusammenhang mit den amerikanischen Missbrauchsfällen darzustellen."

Donadio weiter: „Die Dokumente über den Fall Murphy, die alle in der Online-Ausgabe der ‚New York Times' veröffentlicht wurden, liefern eine einzigartige Momentaufnahme der Korrespondenz zwischen der Kongregation für die Glaubenslehre und einer Diözese im Hinblick auf die Bestrafung eines Priesters, der gehörlose Kinder jahrzehntelang systematisch missbraucht hatte. Diese Geschichte belegt, dass die Kongregation für die Glaubenslehre (unter der Leitung des späteren Papstes und Kardinal Bertones) keine Maßnahmen ergriff, um den Geistlichen vor dessen Tod in den Laienstand zurückzuversetzen, obwohl er systematischen Missbrauch über verschiedene Jahrzehnte zugegeben hatte. Als der Bericht dann am 26. März auf der Titelseite der ‚New York Times' erschien, war die Hölle los. Viele Mitarbeiter des Vatikans warfen der Zeitung einen direkten Angriff gegen Papst und Kirche vor, während viele (insbesondere katholische) Amerikaner sich von der Art und Weise, wie der Vatikan offenbar mit den Missbrauchsfällen umgegangen war, schwer beleidigt fühlten."

Nur wenige Stunden nach der Veröffentlichung des Artikels liefert die Tageszeitung der italienischen Bischöfe, „Avvenire", eine detailreiche Rekonstruktion des Falls, zuerst im Internet und dann in der gedruckten Ausgabe. Riccardo Cascioli ist Autor des Beitrags, in dem von einer „tendenziösen Auslegung der Fakten" durch die „New York Times" die Rede ist: Während die Kongregation für die Glaubenslehre die Ereignisse auf Schritt und Tritt verfolgt habe, hätten die weltlichen Behörden „den Fall ad acta gelegt". Laut „Avvenire" würden alle von der „New York Times" veröffentlichten Dokumente die von der Zeitung gebotene Version dementieren: „Die Dokumente zeigen, dass sich nur die Leiter der amerikanischen Diözese und die Kongregation für die Glaubenslehre der schändlichen Taten Murphys annahmen, während die Zivilbehörden ihr Verfahren eingestellt hatten."

Wie hat sich die Sache tatsächlich abgespielt? Wie wurde der pädophile Priester Lawrence Murphy von den vatikanischen Behörden behandelt? Alles beginnt am 15. Mai 1974, als ein ehemaliger Schüler der St. John's School für Gehörlose Anzeige erstattet wegen des von ihm und anderen Jungen erlittenen Missbrauchs durch Murphy zwischen 1964 und 1970. Der Untersuchungsrichter stellt zuerst Nachforschungen an und dann das Verfahren ein. Erzbischof Cousins eröffnet kein kirchenrechtliches Verfahren; er will den Anklagen nicht weiter nachgehen und versetzt Murphy sofort. Grundlage der Versetzung ist eine zunächst bis November 1974 befristete Genehmigung aus gesundheitlichen Gründen, die später unbefristet wird. In einem Schreiben der Diözese Superior von 1980 steht, dass Murphy in Wisconsin bei seiner Mutter lebt und dass er nach wie vor sein priesterliches Amt ausübt, indem er den Ortspfarrer unterstützt.

„Avvenire" schreibt auch: „In der Zwischenzeit haben sich die Anzeigen bei der Diözese Milwaukee vervielfacht.

Murphy muss sich vier langen Befragungen durch die Bistumsleitung (unterstützt von Psychologen und Missbrauchsexperten) unterziehen. Aus den Gesprächen ergibt sich der Befund eines ‚typischen Pädophilen'. Das Erzbistum Milwaukee setzt seine Nachforschungen fort und versucht, das Ausmaß des Geschehenen und andere Tatsachen festzustellen. Am 17. Juli 1996 wendet sich Bischof Weakland mit der Bitte um Rat an den damaligen Präfekten der Glaubenskongregation. Weakland bezieht sich auf die Anzeige von 1974 und erklärt, es sei ihm erst vor Kurzem bekannt geworden, dass bestimmte Sexualstraftaten während der Beichte erfolgt seien. Er habe daraufhin James Connolly, einen Priester seiner Diözese, offiziell mit der Durchführung einer sorgfältigen Überprüfung beauftragt (das entsprechende Dekret stammt aus dem Jahr 1995)."

Weakland bittet die Kongregation um eine Klärung über die Zuständigkeit in diesem Fall eines *crimen sollicitationis*. Aus nachfolgenden Dokumenten geht nicht hervor, dass der Brief je auf Ratzingers Schreibtisch gelandet wäre. Da keine Antwort eintrifft, geht die Erzdiözese ihren eigenen Weg weiter und informiert Murphy im Dezember 1996, dass am 22. November des Jahres ein kirchenrechtliches Strafverfahren vor einem eigens bestellten Gericht gegen ihn eingeleitet wurde. Die Anklage fordert „Entlassung von Lawrence Murphy aus dem geistlichen Stand". Ende 1997 geht der Prozess in den Zuständigkeitsbereich der Diözese Superior über, da der pädophile Geistliche dort wohnt; der Gerichtsvorsitzende bleibt jedoch derselbe wie in Milwaukee, nämlich Pater Thomas Brundage. Aus den Dokumenten der „New York Times" geht deutlich hervor, wie sehr den kirchlichen Behörden von Milwaukee und Superior an einem möglichst raschen Prozedere gelegen war, um zu einem Akt der Gerechtigkeit und Wiedergutmachung für die Missbrauchsopfer zu gelangen.

In der Zwischenzeit aber schreibt Murphy (am 12. Januar 1998) einen Brief an Ratzinger mit der Bitte um Annullierung des Verfahrens gegen ihn, da laut geltender Regeln eine Frist von dreißig Tagen zwischen Vorlegung der Anklage und Einleitung des Strafverfahrens gewahrt werden musste. Murphy behauptet unter anderem, dass er sein Tun nicht nur bereue, sondern auch schwer krank sei und seit 24 Jahren zurückgezogen lebe. Er bittet, nicht in den Laienstand zurückversetzt zu werden. Am 6. April 1998 schreibt Bertone an den Erzbischof von Superior, es gäbe – anders als von Murphy behauptet – keine Frist für das Strafverfahren, weswegen der Prozess weiterlaufen könne. Er empfiehlt allerdings, Artikel 1341 des Codex des Kanonischen Rechts zu berücksichtigen, wonach eine Strafe nur dann verhängt werden solle, wenn festgestellt worden sei, dass „die hinreichende Behebung eines Ärgernisses, die Wiederherstellung der Gerechtigkeit und eine Besserung des Täters" nicht mit anderen Mitteln zu erreichen sind.

Bischof Fliss antwortet am 13. Mai, um zu betonen, dass im Hinblick auf die Schwere der Ereignisse ein Prozess gegen Murphy geboten sei. So kommen wir zum 30. Mai, an dem sich Bertone, der Untersekretär der Kongregation für die Glaubenslehre, Gianfranco Girotti, und die betroffenen amerikanischen Bischöfe im Vatikan zusammensetzen. Aus dem Protokoll der Sitzung, das im Internet auf der Webseite der „New York Times" einzusehen ist, sind die Zweifel der Kongregation hinsichtlich der Durchführbarkeit und Opportunität eines kirchenrechtlichen Verfahrens ersichtlich. Bertone fasst die zwei wichtigsten Handlungslinien zusammen: geografische Beschränkung für die Ausübung des priesterlichen Amts (Murphy muss praktisch in Superior bleiben) und entschlossene Maßnahmen, damit der Priester seine Taten bereut, inklusive der Drohung einer „Entlassung aus dem geistlichen Stand". Noch einmal schreibt der Bischof von Milwaukee am 19. August Bertone an, um ihn über die ergriffenen Maßnahmen auf dem Laufenden zu halten und ihn darüber zu informieren, dass seine Diözese weiterhin die Kosten für die Therapie der Missbrauchsopfer tragen wird. Zwei Tage nach dem Schreiben, am 21. August, stirbt Lawrence Murphy und setzt damit dem Fall ein Ende.

Während „Avvenire" die Abfolge der Ereignisse genau dargestellt hatte, fällt die Reaktion zweier hochgestellter Vertreter der katholischen Kirche (Kardinal Willian Joseph Levada, Präfekt der Glaubenskongregation, und Timothy Dolan, Erzbischof von New York) ganz anders aus.

In einem Kommentar für die Internetseite von „Catholic San Francisco" – der Zeitung „seiner" Diözese als Erzbischof, bevor er von Benedikt XVI. zur Leitung der Glaubenskongregation berufen wurde – wirft Levada der „New York Times" „das Fehlen jeglichen vernünftigen Gerechtigkeitsstandards" vor und fordert von dem Blatt, „seinen Angriff gegen Benedikt XVI. zu überdenken und der Welt eine ausgewogenere Sicht über ein Oberhaupt zu bieten, auf das sie zählen kann und sollte". Der Kardinal hält mit Kritik gegenüber der Zeitung nicht zurück; besonders wendet er sich gegen Laurie Goodstein, die Autorin des Berichts, und versucht, ihre Thesen mit der Behauptung auseinanderzunehmen, die Journalistin habe sich selbst widersprochen. „Hat sie vergessen, oder haben ihre Revisoren übersehen, was sie in Absatz neun schreibt bezüglich der Tatsache, dass Murphy einen ‚Persilschein' von der Polizei und der Staatsanwaltschaft erhielt? Aus ihrer Darstellung scheint klar hervorzugehen, dass die Strafverfolgungsbehörden informiert worden waren, höchstwahrscheinlich von den Opfern und ihren Familien ... Goodsteins Reportage springt vor und zurück, als seien nicht zwei Jahrzehnte vergangen zwischen den Anzeigen, die in den Sechziger- und Siebzigerjahren bei der Diözese Milwaukee und bei der Polizei eingingen, und der Bitte um Hilfe von Bischof Weakland an den Vatikan im Jahr 1996. Warum?"

Kardinal Levada beharrt auf seiner Verteidigung Benedikts XVI. und schreibt: „Wir haben ihm gegenüber eine große Dankesschuld, da er die Verfahren eingesetzt hat, die es der Kirche ermöglichen, Maßnahmen zu ergreifen gegen den Skandal des sexuellen Missbrauchs Minderjähriger durch Priester. Die entsprechenden Bemühungen begannen, als der jetzige Papst noch Präfekt der Glaubenslehre war, und setzten sich nach seiner Papstwahl fort."

Auch Erzbischof Dolan attackiert die „New York Times" – mit einem eher gefährlichen Vergleich. Der Erzbischof war ohnehin nicht gut auf die Zeitung zu sprechen, da sie ein paar Monate zuvor seine Meinungsäußerungen nicht gedruckt hatte und er daraufhin „die stark anti-katholische Einstellung" des Blatts anprangerte. Jetzt klagt er, die Zeitung hätte bei der Behandlung der Fälle von Missbrauch Minderjähriger in der Gemeinschaft der orthodoxen Juden von Brooklyn und denen in katholischen Einrichtungen „zweierlei Maß" angesetzt. Im ersten Fall sei die Zeitung sanfter vorgegangen, „indem sie auf die Veröffentlichung der Namen der Täter verzichtete, indem sie einräumte, dass die Straftaten verjährt waren, und indem sie weder eine unabhängige Nachforschung noch absolute Transparenz oder die Veröffentlichung aller Dokumente über den Fall verlangte". Dolan will „in Anbetracht der schrecklichen Erfahrungen innerhalb der katholischen Kirche nicht unsere jüdischen Nachbarn kritisieren", er kritisiert aber die „einseitige Empörung" der „New York Times".

Ein Punkt tritt jedenfalls deutlich hervor: In ihrem Bericht hat die „New York Times" der Version von Erzbischof Weakland breiten Raum gegeben und die Maßnahmen der Kongregation für die Glaubenslehre ins zweite Glied abgedrängt. In dem Artikel ist es sogar der ehemalige Erzbischof von Milwaukee, der den Vatikanbehörden die Schuld aufbürdet. Dieses Vorgehen bleibt nicht folgenlos, auch weil Weakland ein nicht unumstrittener kirchlicher Würdenträger ist – um es vorsichtig auszudrücken. Am 25. März schreibt Sandro Magister für den Blog „Settimocielo.it" einen Beitrag mit dem Titel: „Ausgerechnet er! Weakland meldet sich bei Ratzinger". Darin steht: „Zur Information: Seit 2002 ist Weakland nicht mehr Erzbischof von Milwaukee; damals wurde er ‚entlassen', nachdem ein Theologiestudent ihn der Vergewaltigung bezichtigt hatte. Dieser brach damit das Schweigen, das Weakland ihm mit 450 000 Dollar aus der Bistumskasse auferlegt hatte. Als der Skandal 2002 ans Licht kam, wurde Weakland von der liberalen Presse nicht etwa gesteinigt, im Gegenteil: Er wurde sehr zuvorkommend behandelt, wie es sich für einen prominenten Repräsentanten der fortschrittlichen Kirche, wie er ja einer war, geziemte. Aber das ist nicht alles: 2009 veröffentlichte Weakland seine Autobiografie unter dem Titel ‚A Pilgrim in a Pilgrim Church. Memoirs of an Archbishop'. Es handelt sich um über vierhundert Seiten Selbstverteidigung. Gegner und letztendlicher Schuldiger (auch der Entgleisungen des Autors) ist Joseph Ratzinger. Auf dem Buchumschlag fügt Weakland seinem Namen das Kürzel OSB hinzu, denn er war ja auch Abtprimas der Benediktiner in aller Welt. Das artige Vorwort trägt die Unterschrift von Margaret O'Brien Steinfels, einer berühmten Vertreterin des liberalen Flügels der katholischen Kirche in den Vereinigten Staaten. Nun ist Weakland erneut auf den Seiten der ‚New York Times' aufgetaucht – und wieder gegen seinen Erzfeind."

Die Geschichte geht weiter: Thomas Brundage, von 1995 bis 2003 Rechtsvikar der Erzdiözese Milwaukee und in dieser Funktion Vorsitzender des Richterkollegiums im Prozess gegen Murphy, wirft der „New York Times" Oberflächlichkeit vor. Am 30. März 2010 sendet Radio Vatikan seine Version, die zuvor vom „Catholic Anchor" von Anchorage (Alaska) publiziert worden war. Laut Brundage ist der Bericht der New Yorker Zeitung „sehr schlampig und ungenau", „er basiert auf den Lügen Weaklands, des großen Anklägers, der dargestellt wird als glaubwürdiger Zeuge, obwohl er nach einer homosexuellen Affäre mit einem Theologiestudenten zur Aufgabe der Leitung der Erzdiözese Milwaukee gezwungen wurde."

Weakland lüge, erklärt Brundage, wenn er behaupte, dass die Weisung zur Einstellung des Verfahrens gegen Murphy vom Vatikan ausgegangen sei. Außerdem wirft Brundage der Zeitung vor, sich nie an ihn gewandt zu haben, obwohl er als Vorsitzender des Richterkollegiums einer der kenntnisreichsten Experten des Falles war. Gegenüber Radio Vatikan erklärt er: „Das Blatt fand es ausreichend, ihn aus völlig unzuverlässigen Internetquellen zu zitieren und ihm Dinge in den Mund zu legen, die er nie gesagt hat. Ungenau, schlampig und auf Lügen gegründet: So wurde die Kampagne der ‚New York Times' gegen den Papst zusammengezimmert."

Ähnlich wie Brundage greift auch der gegenwärtige Erzbischof von Milwaukee, Jerome Listecki, in die Debatte ein, um zu betonen, dass Fehler nicht im Vatikan, sondern in Milwaukee gemacht wurden, und zwar seitens der Ortskirche und der Strafverfolgungsbehörden. Brundage wiederholt seinerseits, dass keiner der Journalisten der „New York Times" ihn je kontaktiert habe. „Wäre das erfolgt", so bemerkt er, „dann hätten sie anerkennen müssen, dass sich Ratzinger in dieser Sache wirklich als starke und wirkungsvolle Persönlichkeit gezeigt hat."

Wenn man zwischen den Zeilen des Artikels der „New York Times" liest, fallen noch weitere Aspekte ins Auge: Der erste betrifft wiederum die Dokumente, die von der Zeitung ins Netz gestellt wurden; der zweite dreht sich um die Anwälte, die ihr die Akten überlassen haben.

Die Aufmerksamkeit konzentriert sich zunächst auf das Protokoll der Sitzung am 30. Mai 1998 mit den Verantwortlichen der Kongregation für die Glaubenslehre, Bischof Weakland, seinem Weihbischof Sklba und Bischof Fliss aus Superior. Die Aufzeichnungen machen klar, in welche Richtung Bertone (in Ratzingers Namen) vorzustoßen gedenkt, nachdem er über die Umstände unterrichtet worden ist. Dazu schreibt die italienische Tageszeitung „Il Foglio" am 6. April: „Auf den ersten Blick ist alles korrekt. Auf der Webseite der Zeitung erscheinen sowohl die (italienische) Originalversion des Protokolls als auch eine englische Übersetzung. Eines wird allerdings verschwiegen, nämlich dass die englische Version eine elektronisch von ‚Yahoo Translator' erstellte, also schludrige und ungenaue Übersetzung ist. Der Rechtsvikar der Diözese Milwaukee, Thomas Brundage, hatte sie seinem Vorgesetzten, Bischof Fliss, geschickt, um diesem das Verständnis zu erleichtern. Für Brundage war es selbstverständlich, dass der Bischof die Übersetzung lesen würde, aber ohne darüber die (korrekte) Originalversion zu vergessen. ‚Es ist eine sehr oberflächliche Übersetzung‘, schreibt Brundage in seinem Brief an Fliss, ‚weil der Computer nicht zwischen bestimmten Begriffen des Kirchenrechts unterscheiden kann‘. Nie hätte sich Brundage träumen lassen, dass zehn Jahre später die ‚New York Times‘ – entweder absichtlich oder einfach aus Oberflächlichkeit – einen Artikel drucken würde, dessen Anklagen ausschließlich auf der englischen Fassung beruhen. Darin verändert der automatische Übersetzer von Yahoo den Sinn der Worte und stellt Bertone als Murphy gegenüber sehr nachgiebig dar. Wenn man nur die englische Version zu Rate zieht, kann man sogar sagen, dass Ratzinger und sein Stellvertreter 1998 den Fall tatsächlich zu vertuschen versuchten. Das geht jedoch nicht, wenn man korrekt mit dem Quellenmaterial umgeht, das heißt, wenn man auf den offiziellen, von der Kongregation auf Italienisch verfassten Text zurückgreift, denn darin werden einige wichtige Dinge gesagt. Es wird gesagt, dass sich Weakland während des Treffens mit Bertone ‚dazu verpflichtet (zumindest zu dem Versuch), von Murphy, den er mit einem schwer erziehbaren Kind vergleicht, ein Reueerklärung zu erhalten‘. Es wird gesagt, dass Murphy von drei Psychologen untersucht wurde, die ihn als ‚typischen Pädophilen‘ ansehen, der sich nämlich ‚selbst als Opfer betrachtet‘. Es wird erklärt, dass entweder Murphy ‚klare Anzeichen der Reue‘ zeigt oder das kirchenrechtliche Verfahren bis zum Ende fortgesetzt und zur Entlassung des Priesters aus dem geistlichen Stand führen wird. In der englischen, von der ‚New York Times' konsultierten Fassung hingegen werden nicht nur einige Passagen ausgelassen, sondern oft steht etwas ganz anderes da. Dass nämlich Weakland von Murphy nicht etwa eine Reueerklärung, sondern einfach eine Erklärung ‚der Verhinderung der Amtsausübung' fordern wird. Es wird nicht gesagt, dass drei Psychologen Murphy als typischen Pädophilen beurteilt haben und dass die Glaubenskongregation dieser Beurteilung Glauben geschenkt hat. Und es wird auch nicht gesagt, dass über Murphy, sollte er keine Reue zeigen, die schwerste vom Kirchenrecht vorgesehene Strafe verhängt werden soll: die Entlassung aus dem geistlichen Stand."

Es lohnt sich auch, die Anwälte – es handelt sich um die Kanzlei Anderson & Associates – etwas genauer zu beschreiben. Diese Kanzlei hatte die Akten der Klage eines der Opfer der Missbrauchsfälle zwischen 1950 und 1974 durch Lawrence Murphy gegen die Diözese Milwaukee der „New York Times" überlassen. Diese Dokumente umfassen sowohl die Aussagen von Murphy (worin er einräumt, etwa neunzehn Jugendliche zwischen 16 und 25 Jahren sowie einen elfjährigen Jungen jeweils mindestens 25-mal belästigt zu haben) als auch die Korrespondenz zwischen dem Erzbistum und der Glaubenskongregation in Bezug auf die Möglichkeit, ein kirchenrechtliches Verfahren gegen Murphy einzuleiten. 1974 hatte es eine erste Untersuchung durch die US-Richter gegeben, die jedoch zu keinem Ergebnis führte. In einem Dokument der Diözese Milwaukee steht, der Priester habe schätzensweise mindestens zweihundert gehörlose Schüler an seiner Schule missbraucht. Also beschließt Weakland, dem Vatikan zu schreiben.

Was aber wollen die Anwälte heute erreichen? Darauf gibt es keine einfache Antwort, auch wenn ein Plan recht deutlich zutage tritt: Im November 2009 verlangte der Oberste Gerichtshof vom Solicitor General der Vereinigten Staaten Klärungen über den Fall „John V. Doe vs. Holy See". John Doe ist ein erfundener Name, den man verwendet, um die wahre Identität des Opfers zu verbergen. Doe wird von Rechtsanwalt Anderson vertreten und hat beantragt, eine Klage gegen den Heiligen Stuhl einzureichen. Die Grundlage dazu bietet ein Gesetz des Staates Oregon, wonach die Verantwortung für die Taten eines „Mitarbeiters" auf dessen Arbeitgeber zurückfallen kann. Dem vorliegenden Fall liegt der Gedanke zugrunde, der Priester, der John Doe missbraucht hatte (es handelte sich nicht um Lawrence Murphy, sondern um einen anderen Geistlichen), könne als Mitarbeiter des Vatikans angesehen werden, und da der Heilige Stuhl hierarchisch aufgebaut sei, liege die letztendliche Verantwortung bei seinem Oberhaupt. Die Kanzlei Anderson & Associates scheint demnach auch im Fall Murphy ein klares Ziel vor Augen zu haben: zu bewirken, dass die Opfer direkt vom Vatikan entschädigt werden.

In seinem Blog „Fides et Forma" schreibt Francesco Colafemmina: „Man hat die Geschichte von Lawrence Murphy genutzt, weil man damit beweisen will, dass die Straftat des 1998 verstorbenen ‚Priester-Monsters' zwar verjährt ist, das Delikt eines vom Vatikan und seinen Behörden organisierten ‚Komplotts' hingegen nicht. Außerdem will man belegen, dass die unterlassene Anzeige von Murphys Verbrechen seitens der Vatikanbehörden ein Beweis dafür darstellt, dass der Vatikan (alias Arbeitgeber der diversen pädophilen Priester) seine Leute stets gedeckt hat."

Auch nach einigen Tagen hat sich der Sturm gegen den Vatikan wegen des Falls Murphy noch nicht gelegt. Am 9. April nehmen Verwirrung und Bestürzung sogar noch zu, denn aus den Vereinigten Staaten legt die „Associated Press" mit neuen Vorwürfen nach. Die amerikanische Presseagentur gibt an, ihr liege ein Beweisstück vor, wonach Benedikt XVI., als er noch Präfekt der Glaubenskongregation war, den pädophilen Priester Stephen Kiesle aus dem kalifornischen Oakland gedeckt haben soll. Zur Untermauerung ihrer Behauptung präsentiert die Agentur einen Brief auf Latein mit Datum vom 6. November 1985, in dem der damalige Kardinal Ratzinger Bedenken äußert hinsichtlich der Rückversetzung in den Laienstand eines kalifornischen Priesters, der des Missbrauchs von Minderjährigen angeklagt wird. Es handelt sich um die Antwort auf die Anfragen des Bischofs von Oakland, Stephen Cummins, und laut „Associated Press" will der Kardinal damit „Zeit schinden", um „zum Wohl der Kirche" die traurige Wirklichkeit zu verheimlichen. „Associated Press" sieht darin den Beweis, dass auch Ratzinger seinerzeit versuchte, einen pädophilen Priester zu decken und der Justiz zu entziehen.

Dieser Fall verbreitet sich ebenfalls wie ein Lauffeuer um die Welt, aber die Dinge passen irgendwie nicht zusammen. Die Wochenschrift „Tempi" rekonstruiert die Ereignisse detailgenau und veröffentlicht etwa zwanzig Tage nach der Reportage von „Associated Press" eine ausführliche Verteidigung Ratzingers, verfasst vom jetzigen Bischof von Oakland, Salvatore Joseph Cordileone. In seiner Diözesanzeitung „The Catholic Voice" schreibt „Tempi", habe Cordileone eine sorgfältige und detaillierte Rekonstruktion der Begebenheiten in jenen Jahren und des Verhaltens von Joseph Ratzinger veröffentlicht. Die Schlussfolgerungen gründeten auf denselben Beweisstücken wie bei „Associated Press" und auf einer Darstellung des historischen Kontexts der Angelegenheit. Sie ergäben allerdings das genaue Gegenteil von dem, was die amerikanische Presseagentur präsentiert habe. „Gegen Ende der Siebzigerjahre", schreibt Cordileone, „wurde Stephen Kiesle, ein Priester der Diözese, der sexuellen Belästigung Minderjähriger bezichtigt. Der damalige Bischof Cummins enthob ihn unverzüglich seines Amtes, hielt ihn von den Kindern fern und stellte ihm einen Psychiater und einen Anwalt zur Seite. Dazu muss auch gesagt werden, dass sich bis 2001 die einzelnen Diözesen selbst um die solcherart angeklagten Priester kümmern mussten. Genau das tat Bischof Cummins, denn er war zuständig für die kirchenrechtliche Untersuchung, um den Priester zum Rücktritt aus dem geistlichen Stand zu führen. Ratzinger konnte also gar nicht in die Angelegenheit eingreifen, denn – ich wiederhole – erst 2001 ging die Zuständigkeit für solche Fälle von den Diözesen an die von ihm geleitete Kongregation für die Glaubenslehre über." Wie lässt sich dann der Brief von 1985 erklären? „Der Brief wurde von Cummins verfasst, weil mein Vorgänger beim Heiligen Stuhl anfragte, wie er mit Kiesles Gesuch um Entlassung aus dem geistlichen Stand zu verfahren habe. Es war sozusagen eine *Gefälligkeit*, eine Dispens, um die Kiesle den Vatikan bat, denn in der Kirche ist nur Rom befugt, sie ihm zu gewähren."

Cordileone sagt es zwar nicht ausdrücklich, aber Kiesles Strategie ist unschwer zu verstehen: Hätte der Vatikan ihm die erbetene *Gefälligkeit* erwiesen, so hätte er sich den Untersuchungen seiner Diözese leichter entziehen können und wäre nur von den weltlichen Behörden zu belangen gewesen, die zur Feststellung der Wahrheit erheblich länger brauchen und weniger effektiv vorgehen als die kirchlichen. Cordileone weiter: „Ratzingers Antwort muss in diesem Zusammenhang gelesen werden. Wer mit dem Kirchenrecht vertraut ist, wird in Ratzingers Schreiben viele Formeln erkennen, die damals bei Anfragen solcher Art üblich waren; es handelte sich gleichsam um eine Routineantwort. Damit meine ich, dass der damalige Präfekt alle solche Anfragen auf diese Art beantwortete. Allerdings muss betont werden, dass manche seiner Äußerungen weder formell noch distanziert klingen. Zum Beispiel mahnt er zu *größter väterlicher Fürsorge* gegenüber den Opfern und den Kindern, denen *Kiesle sich nie mehr nähern sollte.*"

Die Weltmedien wollten in manchen Passagen des Briefes Beweise dafür erkennen, dass der heutige Papst Kiesle decken wollte, so zum Beispiel wenn Ratzinger schreibt, man müsse „das Wohl der Universalkirche" bedenken wie auch „den Schaden, den die Gewährung der Dispens in der Gemeinschaft der Christgläubigen anrichten kann, vor allem im Hinblick auf das noch jugendliche Alter des Priesters". Cordileone erklärt dazu: „Kiesle war damals 38 Jahre alt. Gemäß einer Praxis, die als Regel gilt, nahm die Kongregation grundsätzlich keine Dispensgesuche von unter 40-jährigen Priestern an." Die Regel war eingeführt worden, weil in jenen Jahren zahlreiche junge Priester aus den unterschiedlichsten Gründen um Laisierung baten, nicht zuletzt im Hinblick auf eine Heirat (Kiesle selbst hatte in seinem Antrag diesen Grund angegeben). Die Kirche hatte deshalb eine Art Wartezeit eingerichtet und nahm Laisierungsanträge nur von Priestern entgegen, die schon mindestens vierzig Jahre alt waren, um ihnen die Möglichkeit und die Zeit zu einer Neuentdeckung des Werts ihrer Berufung zu geben. „Das", schreibt Cordileone, „erklärt Ratzingers Worte. Seine Mahnungen an Cummins dürfen nicht so verstanden werden, als wolle er den Bischof zur Vertuschung auffordern, sondern in dem Sinne, dass die Dispens nicht gewährt werden konnte, um keinen Präzedenzfall zu schaffen. Für seinen Zuständigkeitsbereich verhielt sich Ratzinger also vollkommen korrekt."

Das Bistum Oakland hatte seine Nachforschungen über Kiesle fortgesetzt und ihn von seelsorglichen Tätigkeiten ausgeschlossen. In der Zwischenzeit (1987) hatte Kiesle das vierzigste Lebensjahr vollendet, und, so berichtet Cordileone, „an seinem Geburtstag gewährte ihm die Kongregation für die Glaubenslehre die Dispens". Kiesle heiratete, landete im Gefängnis und beging weitere Straftaten gegen Minderjährige.

Cordileone hat seine eigene Theorie über die Entwicklung der Ereignisse in jenen Monaten. Er behauptet, es gebe „ein Missverhältnis zwischen unseren Kräften und denen unserer Angreifer" und der Zweck der immer häufigeren Attacken gegen den Papst sei „wirtschaftlicher Art. Wie Jeff Anderson, der Anwalt einiger vermeintlicher Opfer, unbefangen zugibt, will er den Heiligen Vater vor Gericht bringen, um dann den Vatikan zur Entschädigung der Opfer zu zwingen. Außerdem gibt es eine tiefere Ebene, auf der man durch eine Diskreditierung der christlichen Moralität zu beweisen versucht, dass das Christentum nicht mehr zur modernen Welt passt" – einer Welt, die „den Angriff gegen die Kirche als letztes Vorurteil betrachtet, das sich durchaus rechtfertigen lässt".

Jenseits aller Verschwörungstheorien scheint die Rekonstruktion des „Falls Kiesle" durch „Associated Press" löchriger zu sein als die des „Falls Murphy". Wenige Tage nach deren Publikation greift in Italien Professor Marco Valerio Fabbri, Dozent für Heilige Schrift an der Päpstlichen Universität Santa Croce, in die Debatte ein: „Der von der ‚Associated Press' aufgeworfene Fall enthält ein Missverständnis der lateinischen Begriffe ... Meine These ist, dass die Übersetzung des lateinischen Briefs von Ratzinger, die ‚Associated Press' anfertigen ließ, einen schweren Fehler aufweist. Entweder können sie kein Latein oder sie tun so, als könnten sie's nicht. In Ratzingers Brief ist von *dispensatio* die Rede, nicht von Ausschluss aus dem geistlichen Stand. Das war 1985, als der neue Codex des Kanonischen Rechts bereits seit zwei Jahren in Kraft war. Zu den schwersten Strafen, die über einen Priester verhängt werden können, gehört die *dimissio* (Entlassung) aus dem geistlichen Stand. Laut Codex von 1983, canon 290, kann ein Kleriker den klerikalen Stand entweder durch das richterliche Urteil eines kirchlichen Gerichts oder durch ein Reskript des Apostolischen Stuhls verlieren. Unter den Entlassungsgründen nennt der Codex ausdrücklich den sexuellen Missbrauch Minderjähriger (canon 1395). Laut canon 292 führt die Entlassung aus dem Klerikerstand für den Straftäter zum Verlust aller mit diesem Stand verbundenen Rechte und Pflichten, mit ausdrücklicher Ausnahme der Dispens von der Zölibatsverpflichtung (canon 291). Was bedeutet das? Dass ein ehemaliger Priester nicht kirchlich heiraten darf. Wenn ein Geistlicher von der Zölibatsverpflichtung entpflichtet werden möchte, muss er den Heiligen Stuhl um Dispens bitten (canon 291). Niemand sonst kann sie ihm gewähren. Die Dispens ist keine Strafe, sondern ein Zugeständnis. Auf Lateinisch spricht man von *relaxatio disciplinae ad casum*, also von einer Lockerung der Normen, die in einem konkreten

Fall gewährt wird, um einem Menschen entgegenzukommen. Warum wird die Dispens vom Zölibat nicht automatisch gewährt? Ganz einfach: Weil anderenfalls jemand, der vom feierlichen Gelübde dispensiert werden will, die Dispens jedoch nicht bekommt, eine mit Ausschluss geahndete Straftat begehen könnte, um die Dispens doch noch zu erhalten. Und das wäre dann wirklich die Höhe: Man würde einen Verbrecher auch noch belohnen, in dem man ihm das gewährt, was er will. Nun, in Ratzingers Brief steht, dass der Heilige Stuhl die Dispens nicht gewährt.

Ratzinger schreibt, mit Blick auf das Wohl der Kirche sei es nicht angezeigt, dem Straftäter entgegenzukommen. Er lehnt es ab, die Normen zu lockern! Das ist das Gegenteil von den Behauptungen von ‚Associated Press', die von der Weltpresse wiederholt wurden. Im Falle von ‚Associated Press' könnte man annehmen, die Journalisten hätten in Unkenntnis der lateinischen Sprache gehandelt. (Auch dann ist es gravierend, dass sie vorgeben, sie zu kennen.) Aber in Italien? Hier legt sich der Verdacht der vorsätzlichen Falschinformation nahe. Das Verfahren zur Entlassung aus dem geistlichen Stand ging autonom voran, und da die Vorwürfe erhärtet wurden, ging es aus, wie es ausgehen musste: mit einer Entlassung. Das Bistum hat den Heiligen Stuhl gebeten, ihn vom Zölibat zu dispensieren, und Ratzinger hat Nein gesagt. Kardinal Ratzinger war also streng zu dem Verbrecher, nicht entgegenkommend."

Kardinal Camillo Ruini, ehemaliger Papstvikar von Rom und Vorsitzender der Italienischen Bischofskonferenz, betont in einem Interview mit der italienischen Tageszeitung „La Repubblica": „Es gibt die objektiv äußerst schweren Sünden mancher Priester, und es gibt eine beharrliche Absicht, die gesamte Kirche und speziell den Papst auf die Anklagebank zu setzen: Das ist zutiefst ungerecht und unbegründet, denn es ist das genaue Gegenteil dessen, was aufscheinen sollte. Sein Hirtenbrief an die irischen Katholiken ist nur der jüngste Beweis seines Engagements und seiner Entschlossenheit, gegen den Schmutz in der Kirche vorzugehen."

Die „New York Times", die „Associated Press" und der größte Teil der Medien nehmen die Antworten des Vatikans auf ihre Vorwürfe mit Unwillen zur Kenntnis. Doch man muss auch zugeben, dass die Stellungnahmen von zwei höchst einflussreichen kirchlichen Würdenträgern in den Vereinigten Staaten (Kardinal William Joseph Levada und Erzbischof Timothy Dolan) nicht etwa zu einer Klärung der Tatsachen beitragen, sondern letztlich die Auseinandersetzung nur noch verschärfen. Und auch der Kommentar, der am 26. März im „Osservatore Romano" erscheint, ist nicht sehr hilfreich.

So versuchen die Medien, allen voran die „New York Times", noch einmal nachzulegen. Die Zeitung reagiert auf Levadas Worte, indem sie eine Front über einen weiteren Pädophiliefall eröffnet, in den auch der Kardinal selbst verwickelt ist. Ein Artikel über Levada trägt den unmissverständlichen Titel: „Ein Kardinal mit einer gemischten Bilanz in Missbrauchsfällen".

Die erste Begebenheit geht auf das Jahr 1985 zurück, als Levada im Auftrag der Bischofskonferenz der Vereinigten Staaten drei katholische Wissenschaftler traf, die ein detailliertes Dokument über den Missbrauch Minderjähriger in der Kirche verfasst hatten. Levada hatte vor, das Dokument als Grundlage zur Behandlung des Problems zu verwenden, teilte jedoch später die Entscheidung der Bischöfe mit, dass nichts daraus würde.

Das ist der „New York Times" jedoch noch nicht genug: Das Blatt schreibt auch über den Vorgang, als Levada einen pädophilen Priester wieder an seinen Platz setzte und diese Entscheidung während einer richterlichen Anhörung 2006, als er Erzbischof von San Francisco war, verteidigte. Die Episode geht auf die Jahre 1986 bis 1995 zurück, als Levada noch in Portland (Oregon) amtierte, und betrifft Joseph Baccellieri.

Gerard O'Connell, Vatikankorrespondent englischsprachiger Zeitungen, merkt an: „Die Entscheidung des Chefredakteurs Giovanni Maria Vian, die Medien über den ‚Osservatore Romano' anzugreifen, und zwar am selben Tag, als der Fall Murphy hochging, war meiner Ansicht nach fragwürdig (ich persönlich habe sie nicht geteilt), und sie erwies sich in der Tat als wahrer Bumerang, denn sie schürte das Feuer der Polemik und löste weitere negative Stellungnahmen in den Medien aus. Ich glaube auch, dass die Reaktion Kardinal Levadas auf den Artikel der ‚New York Times' nicht sehr klug war, ja eigentlich kontraproduktiv, denn sie führte zu diversen Reportagen über die Zeit, als Levada Bischof von Portland und dann von San Francisco war, und über die Art und Weise, wie er selbst damals mit Missbrauchsfällen umging. Anstatt die Medien zu attackieren, wäre meiner Ansicht nach die beste Reaktion eine möglichst nüchterne gewesen, die die Vorwürfe im Einzelnen entkräftet, Fakten und Umstände erläutert und zu einer korrekten Interpretation der Dokumente verhilft, wie es Pater Lombardi in letzter Zeit zu tun versuchte."

9

DIE „SCHWARZE WOCHE"

Man könnte meinen, dass die Überschrift zu diesem Kapitel stark und vielleicht auch nicht angebracht ist. Er ruft nämlich die sieben Tage des Konzils im November 1964 in Erinnerung, während derer Papst Paul VI. bedeutende Änderungen an den Entwürfen, die den Konzilsvätern zur Debatte vorgelegt wurden, vornahm und die berühmte Vorläufige Erläuternde Note zur Konstitution „Lumen gentium" vorstellte, mit der er eine korrekte Interpretation des Konzilstextes sichern wollte und bekräftigte, dass die Kollegialität immer „cum et sub Petro" (mit Petrus und unter dessen Autorität) zu verstehen ist. Trotzdem hat es eine „schwarze Woche" auch in der Geschichte des Missbrauchsskandals gegeben. Eine Woche, in der eine unglückliche Abfolge von Negativberichten in den Medien dafür sorgten, neue Auseinandersetzungen mit der jüdischen Welt und homosexuellen Kreisen heraufzubeschwören. Es waren Fälle, die nicht durch neue Dokumente, durch das Auftreten von neuen Missbrauchsgeschichten oder Enthüllungen hinsichtlich der Unfähigkeit der Bischöfe bei der Behandlung des Pädophilieskandals verursacht worden sind, sondern vielmehr durch die wenig umsichtigen Erklärungen der Mitarbeiter des Papstes.

Nach drei Versuchen, Benedikt XVI. mit den Fällen Hullermann, Murphy und Kiesle direkt ins Spiel zu bringen, schien die Polemik in jenen Tagen abzunehmen. Man wartete darauf, was der Papst während der Karwoche sagen würde. Viele gingen davon aus, dass Papst Ratzinger in der Predigt am Gründonnerstag zur Chrisammesse, die er mit den Priestern der Diözese Rom feierte, erneut auf den Skandal zurückkommen würde. Doch der Papst hatte bereits zehn Tage vorher mit dem Hirtenbrief an die Iren gesprochen. Die Predigten zur Osterzeit hatte er sorgfältig und im Voraus während der Exerzitien für die römische Kurie vorbereitet. Benedikt XVI. zieht es vor, die Ereignisse zu betrachten, die die Grundlagen des christlichen Glaubens bilden und in jenen Tagen in Erinnerung gerufen werden. Im Übrigen erklärte das Dokument für Irland bereits in erschöpfender Weise die Wende beim Umgang mit dem Skandal: Nähe und Verständnis für die Opfer, absolute Strenge gegenüber den Schuldigen, Kritik an den Bischöfen, die weder ihrer Leitungspflicht noch ihrer Pflicht als Väter nachgekommen sind, Reform der Seminare, Zusammenarbeit mit der zivilen Justiz, Notwendigkeit der Reinigung und Buße.

Der Karfreitag fällt auf den 2. April, die Kirche durchlebt erneut die Passion Jesu Christi. Wie es der Tradition entspricht, steht der Papst um 17 Uhr in der Petersbasilika der Liturgie zur Feier der Passion vor. Wie immer an diesem Tag predigt der Kapuzinerpater und Prediger des Päpstlichen Hauses, Raniero Cantalamessa.

Der Karfreitag ist ein besonderer Tag für die Empfindsamkeit der Juden, die des Vorwurfs des „Gottesmordes" gedenken, der gegen ihr Volk über die Jahrhunderte hinweg erhoben worden war. All jene, die den Ritus nach dem durch das Motu Proprio „Summorum Pontificum" liberalisierten alten Messbuch feiern werden, werden zum zweiten Mal die „achte Fürbitte" für die Juden in der von Benedikt XVI. selbst verfassten neuen Form benutzen. Der Papst wollte damit antijüdische Akzente der alten Formulierung tilgen, womit er jedoch die jüdische Welt nicht zufrieden stellen konnte. Am Gründonnerstag hatten die Presseagenturen die Worte des Rabbiners von Rom, Riccardo Segni, wiedergegeben, der im Newsletter der Gemeinde geschrieben hatte: „Morgen, am finstersten Tag der Geschichte der jüdisch-christlichen Beziehungen, wird jemand für unsere Bekehrung beten, damit unsere Herzen endlich das Licht sehen. Dies wird er in der nunmehr toten Sprache jenes Imperiums tun, das Jerusalem zweimal zerstörte." Bittere Worte.

Während der Predigt am Karfreitag, die zum Großteil der Gewalt gegen Frauen, vor allem im Bereich der Familie, gewidmet war, streift Pater Raniero Cantalamessa auch das Thema des Pädophilieskandals und der Polemik gegen die Kirche und den Papst. Und dann sagt er:

„Aufgrund eines seltenen Zusammentreffens fällt Ostern dieses Jahr in die Woche des jüdischen Pesach, das der Vorfahre und die Gestalt ist, in der sich unser Osterfest herausgebildet hat. Dies drängt uns dazu, einen Gedanken an die jüdischen Brüder zu richten. Sie wissen aus Erfahrung, was es bedeutet, Opfer kollektiver Gewalt zu sein, und auch deshalb sind sie bereit, deren wiederkehrende Symptome zu erkennen. Dieser Tage habe ich einen Brief von einem jüdischen Freund erhalten, und mit seiner Erlaubnis möchte ich hier einen Teil daraus mit euch teilen. Er sagt: ‚Ich verfolge angeekelt den brutalen und konzentrischen Angriff auf die Kirche, den Papst und alle Gläubigen seitens der ganzen Welt. Der Gebrauch von Stereotypen, der Übergang von der persönlichen Verantwortung und Schuld zu einer Kollektivschuld rufen mir die schändlichsten Aspekte des Antisemitismus in Erinnerung. Daher möchte ich Ihnen persönlich, dem Papst und der ganzen Kirche meine Solidarität als Jude des Dialogs sowie all jener zum Ausdruck bringen, die in der jüdischen Welt (und es sind viele) diese Gefühle der Brüderlichkeit teilen. Unser Pesach und euer Ostern zeichnen sich durch unzweifelhafte Unterschiede aus, doch beide leben in der messianischen Hoffnung, die uns gewiss in der Liebe des gemeinsamen Vaters wieder zusammenführen wird. Deshalb wünsche ich Ihnen und allen Katholiken ein frohes Osterfest.'"

Der Prediger des Päpstlichen Hauses zitiert also den Brief eines jüdischen Freundes. Cantalmessa wird dessen Namen nie offenlegen, obwohl er anfänglich erklärte, dass er dazu vom Autor des Schreibens autorisiert worden sei, und jemand hat sogar die Vermutung angestellt, dass es den Brief in Wirklichkeit nicht gibt: Der Kapuzinerpater habe Ansichten und den Austausch von Meinungen mit Freunden aus der jüdischen Welt in eine an ihn gerichtete schriftliche Botschaft umgeformt. Das aber ist nicht der Punkt. Bereits in den folgenden Stunden wird der Abschnitt, der die „die schändlichsten Aspekte des Antisemitismus" mit den verallgemeinerten und unterschiedslosen Vorwürfen gegen die Kirche und den Papst aufgrund des Missbrauchsskandals vergleicht, in der ganzen Welt aufgenommen. Noch bevor die Predigt gehalten wurde, wurde gerade dieser Abschnitt auf der ersten Seite des „L'Osservatore Romano" besonders hervorgehoben. Es wäre nicht schwer gewesen, sich vorzustellen, wie jene Worte zusammengefasst und weitergegeben werden würden und welche Reaktion sie hervorrufen können. Zu denen es natürlich pünktlich wenige Stunden später kommt.

Nach dem Urteil des Zentralrats der Juden in Deutschland sind die Worte Cantalamessas eine „Frechheit": „Es ist widerwärtig und obszön und vor allem beleidigend gegenüber den Missbrauchsopfern und auch den Opfern der Shoah", erklärt der Generalsekretär des Zentralrates, Stephan J. Kramer. „Der Vatikan verfällt wieder den üblichen Methoden, die er jahrzehntelang benutzt hat, um jedes kompromittierende Problem auszumerzen oder zu verbergen. Es hat sich um eine auf hoher Ebene getroffene Entscheidung gehandelt, um dem Antisemitismus und den Holocaust zu relativieren."

Sehr hart ist auch der Kommentar des Rabbiners Di Segni, der in einem Interview mit der Turiner Zeitung „La Stampa" den Vergleich, den der Prediger des Papstes gezogen hat, als „unschicklich und eine Geschmacklosigkeit" bezeichnet, und der „vor allem sowohl gegenüber den Opfern der Missbräuche als auch gegenüber der Opfern der Shoah beleidigend ist". Der „unangebrachte" Vergleich, so der Rabbiner weiter, werde noch unangebrachter durch die Tatsache, dass er „nicht an irgendeinem Tag, sondern am Karfreitag ausgesprochen wurde, das heißt am finstersten Tag der Geschichte der Beziehungen zwischen Christen und Juden".

David Clohessy von der Gruppe „Survivors Network of those Abused by Priests", einer amerikanischen Vereinigung von Missbrauchsopfern des Klerus, kommentiert: „Es zerreißt einem das Herz, wenn man einen weiteren hochrangigen Vertreter des Vatikans derart unsensible Auslassungen machen hört. Die Menschen, die absichtlich und auf lange Zeit die Sexualverbrechen gegen Kinder verbergen, sind absolut keine Opfer. Der Vergleich der Forderung nach einer öffentlichen Untersuchung derartiger Taten mit den schrecklichen Gewalttaten, die gegen die Juden verbrochen wurden, könnte nicht falscher sein."

Während in der ganzen Welt die stark polemischen Stellungnahmen zu der Predigt zunehmen, versucht der Direktor des vatikanischen Presseamts mit folgender Erklärung das Feuer auszutreten, in der Pater Lombardi auch die Unangemessenheit der Worte des päpstlichen Predigers zugibt: „Die Angriffe gegen den Papst aufgrund des Pädophilieskandals in die Nähe des Antisemitismus zu rücken, entspricht nicht der vom Heiligen Stuhl verfolgten Linie. Pater Cantalamessa wollte nur die Solidarität mit dem Papst bekunden, die ein Jude im Licht der besonderen Erfahrung des von seinem Volk erlittenen Schmerzes zum Ausdruck gebracht hat. Doch es handelte sich um ein Zitat, das dazu geeignet war, zu Missverständnissen zu führen."

Einen Tag später äußert sich der Prediger selbst entschuldigend in einem Interview mit Gian Guido Vecchi im „Corriere della Sera": „Wenn ich gegen meine Absicht die Sensibilität der Juden und der Missbrauchsopfer verletzt habe, so bedauere ich dies aufrecht und bitte um Entschuldigung, wobei ich meine Solidarität mit den einen wie mit den anderen bekräftige." Cantalamessa ruft in Erinnerung, dass er im Jahr 1998 eine ganze Karfreitagspredigt den geschichtlichen Wurzeln des christlichen Antisemitismus gewidmet hatte. Und er präzisiert, dass „der Papst meine Worte nicht nur nicht inspiriert, sondern sie wie alle anderen zum ersten Mal während des Gottesdienstes in Sankt Peter gehört hatte. Nie hatte jemand aus dem Vatikan gefordert, den Text meiner Predigten im Vorhinein zu lesen, was ich für einen großen Akt des Vertrauens in mich und in die Medien halte."

„Ich denke mitnichten", so Cantalamessa abschließend, „dass der Antisemitismus und die Angriffe gegen die Kirche dieser Tage miteinander verglichen werden können, und ich glaube, dass dies auch nicht die Absicht des jüdischen Freundes war. Er bezieht sich nicht auf den Antisemitismus der

Shoah. Er verstand – und es scheint mir, dass er das klar zum Ausdruck bringt – das Wort vom ‚Gebrauch von Stereotypen' und vom ‚Übergang von der persönlichen Verantwortung und Schuld zu einer Kollektivschuld', das heißt den Antisemitismus, mehr als ein kulturelles Faktum denn als eine effektive Verfolgung. Doch er scheint mir nicht der Einzige und Erste zu sein, der gedacht hat, dass wir vor der Präsenz eines weitverbreiteten ‚Antichristianismus' in unserer westlichen Gesellschaft stehen."

Zur Verteidigung Cantalamessas und korrekten Interpretation seiner Worte schreiben die Historikerin Lucetta Scaraffia, Spitzenautorin des „Osservatore Romano" (doch der zur Frage stehende Artikel erscheint in der Tageszeitung „Il Riformista"), und R. A. Segre, ein zu historischen Themen schreibender italienisch-israelischer Journalist, der in „Il Giornale" veröffentlicht.

Was ist geschehen? Warum ist sich niemand der möglichen Instrumentalisierungen dieses Zitats bewusst gewesen? Warum hat man es zugelassen, dass sich wieder eine polemische Front mit der jüdischen Welt bildet, die sich bis zu diesem Augenblick mit Kommentaren zum Fall „Pädophilie" zurückgehalten hatte? Bruno Bartolini, Mitarbeiter des „Corriere della Sera" und von „Paris Match", der 45 Jahre lang als *vaticanista* der Nachrichtenagentur „France Press" gearbeitet hatte und an jenem Vormittag im Presseamt des Vatikans anwesend war, erklärt: „Ich war es, der Pater Cantalamessa angerufen hat, um ihn im Voraus um den Text der Predigt zu bitten. Dasselbe hatte auch der Kollege der Nachrichtenagentur ‚Ansa' getan. Der Prediger des Päpstlichen Hauses zeigte sich anfangs perplex, da er der Ansicht war, dass die Medien im vorangegangenen Jahr einige Passagen aus seiner Predigt in etwas gezwungener Weise interpretiert hätten. Am Ende haben wir Journalisten die Predigt nicht direkt vom ihm erhalten. Gegen 13 Uhr hat sie uns der Vizedirektor des Presseamtes, Pater Ciro Benedettini, gebracht. Und sie war, daran erinnere ich mich gut, bereits auf Englisch und Spanisch übersetzt: ein Zeichen dafür, dass es sich nicht um eine Abfassung des letzten Augenblicks handelte. Wenige Stunden später war gerade jenes Zitat aus dem Brief des jüdischen Freundes auf der ersten Seite des ‚Osservatore Romano' hervorgehoben worden. Ich frage mich: Hat keiner derjenigen, die den Text vorab gelesen hatten, die Tragweite jenes Satzes und jenes Vergleichs mit dem Antisemitismus begriffen? Offensichtlich sind sie sich der Reaktionen, die er entfesseln konnte, nicht bewusst gewesen."

Der Schriftsteller Vittorio Messori schreibt dazu: „Die Hierarchie war in diesen Jahren an weiteren und zu vielen Unfällen mit den Medien beteiligt. Die Gründe? Vor allem vielleicht der Exzess an geschriebenen und gesprochenen Worten; dann die geringere Qualität der kirchlichen ‚Maschinerie', die für die Kontrolle der Texte zuständig ist; schließlich eine gewisse Naivität der Männer der Kirche."

Die Erklärung Pater Lombardis und das Interview Cantalamessas scheinen die Wasser zu beruhigen. Doch die Waffenruhe wird nur kurz, sehr kurz sein.

Am Ostersonntag, den 4. April, regnet es in Rom. Das feuchte und graue Klima steht im Gegensatz zu den Zeichen der Freude, die auf dem von Blumen bedeckten Sagrato der Petersbasilika an die Auferstehung erinnern. Zu Beginn der von Benedikt XVI. zelebrierten Messe geschieht etwas noch nicht Dagewesenes. Der vormalige Staatssekretär und jetzige Dekan des Kardinalkollegiums, Kardinal Angelo Sodano, nähert sich dem Mikrofon, um eine Grußadresse an den Papst zu richten, die sich jedoch tatsächlich allein auf die Angriffe und die vom Missbrauchsskandal verursachten Polemiken beziehen wird.

Sodano bringt vor Papst Benedikt die Nähe aller Katholiken zum Ausdruck. „Die Liturgie der Kirche lädt uns zu einer heiligen Freude ein; auch wenn der Regen auf diesen historischen Platz niedergeht, scheint die Sonne über unseren Herzen, wir halten uns fest an Sie, den unvergänglichen Felsen der heiligen Kirche Christi."

Der Hinweis auf den „Felsen" ist biblisch: Wenn Christus selbst der „Stein ist, den die Bauleute verworfen haben, und der zum Eckstein geworden ist", so ist Petrus, der Apostelfürst, der „Fels", auf dem Jesus seine Kirche errichtet.

„Wir sind Ihnen zutiefst dankbar für Ihre Geisteskraft und Ihren apostolischen Mut. Wir bewundern Ihre große Liebe, die sich mit dem Herzen eines Vaters die Hoffnungen der ganzen Menschheit von heute, besonders der Armen und der Leidenden, zueigen macht. Heute möchte Ihnen die ganze Kirche durch mich einstimmig sagen: Frohe Ostern, geliebter Heiliger Vater, die Kirche ist mit Ihnen, mit Ihnen sind die Kardinäle, die Ihre Mitarbeiter an der römischen Kurie sind, mit Ihnen sind die Bischöfe, die dreitausend Kirchenbezirke leiten, und jene vierhunderttausend Priester, die großherzig dem Volk Gottes in Pfarreien, Schulen, Krankenhäusern wie auch in den Missionen dienen."

Sodano geht nicht direkt auf die Polemiken ein, sondern unterstreicht das große Wohl, das viele ihrer Sendung hingegebene Priester täglich auf allen Breiten der Erde vollbringen. „Das Volk Gottes ist mit Ihnen", fügt der Kardinal hinzu, „das sich nicht vom Geschwätz beeindrucken lässt." Der Gebrauch des Wortes „Geschwätz", um die Angriffe dieser Tage zu definieren, ist nicht zufällig: Genau eine Woche zuvor hatte Benedikt XVI. in der Messe zum Palmsonntag gesagt, dass Gott „in die Tapferkeit führt, die sich nicht vom Geschwätz der herrschenden Meinungen einschüchtern lässt". Der Horizont der Worte des Papstes war gewiss breiter angelegt und der Text lange im Voraus vorbereitet, doch er war, wie dem auch sei, in den journalistischen Zusammenfassungen gerade in Bezug auf die Polemik zum Missbrauchsskandal gelesen und mit diesen in Verbindung gebracht worden. Es hatte den Anschein, als bestätige der Kardinaldekan mit seinen Worten diese Interpretation der Medien. Der Gebrauch des Wortes „Geschwätz" hinsichtlich der Pädophilieskandale wird dem Purpurträger in der Folgezeit zum Vorwurf gemacht werden.

Der Kardinal endet: „Wie Sie uns am Gründonnerstag gelehrt haben, indem Sie den heiligen Petrus zitierten, hat der beleidigte Jesus nicht mit Beleidigungen geantwortet und eilt uns in den Prüfungen zur Hilfe: In der Welt, so sagte er uns, werdet ihr Qualen erleiden, doch habt Mut: Ich habe die Welt besiegt."

Dann die abschließenden Glückwünsche: „Frohe Ostern, Heiliger Vater, die Kirche ist mit Dir, süßer Christus auf Erden." Am Schluss seiner kurzen Wortmeldung nimmt Sodano das rote Birett ab und nährt sich dem Papstthron, um Papst Benedikt zu umarmen, der seine Wertschätzung für den kurzen Gruß zu erkennen gibt.

Wie war es zu dieser Solidaritätsbotschaft gekommen? Der Historiker Alberto Melloni äußerte sich später zu der Kritik des Erzbischofs von Wien, Kardinal Christoph Schönborn, an Sodano (womit wir uns eingehender im nächsten Kapitel beschäftigen werden) und schreibt auf den Seiten des „Corriere della Sera" vom 9. Mai 2010: „Schönborn weiß, dass Benedikt XVI. Sodano um ein Grußwort an Ostern gebeten hatte, das auf dem Petersplatz gesprochen werden sollte ...". Auf diese Weise gibt Melloni zu verstehen, dass die Anfrage nach einer Solidaritätsbotschaft vom Papst selbst ausgegangen ist.

Pater Lombardi lässt am 10. Mai – was eher selten ist – eine von ihm gezeichnete Note in der Mailänder Zeitung veröffentlichen, mit der er präzisiert: „Der Wahrheit zuliebe: Benedikt XVI. hatte um absolut nichts gebeten. Die Grußadresse Kardinal Sodanos war eine Initiative des in Rom anwesenden Kardinalkollegiums, das von seinem Dekan vertreten wurde. Der Papst war kurz davor informiert worden, auch weil er als Zelebrant natürlich wissen musste, was geschehen würde ... Ich halte es für meine Pflicht, klarzustellen, dass Benedikt XVI. auch in schwierigen Zeiten weder um Demonstrationen der Verteidigung ansucht noch diese organisiert, um seine geistliche Ruhe im Glauben und seine Autorität zu stützen. Ich würde hinzufügen: Wenn es jemanden gibt, den ich kenne – wie dies Melloni zurecht am Ende seines Artikel hofft –, der die aktuellen Umstände der Kirche mit dem Bewusstsein ihrer Bedeutung ohne die Sorge um einen Machtverlust lebt, sondern in einem dem Evangelium gemäßen Geist der Reinigung, der Buße und der tiefen Erneuerung, dann ist dies gerade Benedikt XVI."

Die Worte des vatikanischen Pressesprechers sind gewiss von den leitenden Stellen des Staatssekretariats inspiriert, und einige lesen aus ihnen sogar eine Distanzierung von Sodano heraus. War es also seine und nur seine Entscheidung, an den Papst, der unter Beschuss stand, ein Grußwort der Solidarität zu richten?

„Wollen Sie die Wahrheit wissen?", fragt ein anderer Prälat, der die Geschehnisse jener Tage ganz aus der Nähe erlebt hat. „Die Wahrheit ist, dass in einem gewissen Sinn sowohl Melloni als auch Lombardi Recht haben. Nicht Benedikt XVI. hat um diese Wortmeldung gebeten, und es ist wahr, dass er nichts davon wusste. Doch jemand aus der Nähe des Papstes hat in den ersten Tagen der Karwoche beim Kardinaldekan angerufen und ihm die Idee zu dieser Botschaft suggeriert. Er hat sofort akzeptiert, den Text vorbereitet und diesen am Ostersonntag verlesen. Die Initiative wurde vom Kardinaldekan ergriffen, ging jedoch nicht von ihm aus. Sie wurde ihm von jemandem aus der engsten Nähe des Papstes eingegeben. Und somit konnte Sodano denken, dass Benedikt XVI. dazu in gewisser Weise die Genehmigung gegeben hatte. In Wirklichkeit wurde der Papst kurz vor der Feier informiert."

Die internationale Presse hebt die Tatsache hervor, dass der Papst während der Feierlichkeiten zu Ostern nicht erneut auf die Skandale eingegangen ist. Doch in einem ersten Augenblick kritisiert sie nicht die von Sodano geäußerten Worte der Solidarität. Neue Polemiken mit der jüdischen Welt werden dagegen durch das Interview provoziert, das der Dekan des Kardinalkollegiums dem „Osservatore Romano" gibt und das am Dienstag, den 6. April, veröffentlicht wird. Es handelt sich um einen kurzen Text. Auch dieses Mal geht die Initiative nicht vom Kardinal aus, der einer präzisen Anfrage der Direktion der Vatikanzeitung entspricht.

In seiner Begründung des ungewöhnlichen Grußwortes an den Papst am Ostersonntag scheint der Ex-Kardinalstaatssekretär einerseits die These des Komplotts zu vertreten, wenn er sagt: „Hinter den ungerechten Angriffen gegen den Papst stehen Konzeptionen der Familie und des Lebens, die mit dem Evangelium in Widerspruch stehen"; andererseits stellt er eine Parallele zwischen Papst Ratzinger und dessen drei Vorgängern auf, die Gegenstand von Kritik gewesen waren. Zu diesen gehört auch Pius XII.

Laut Sodano sei Benedikt XVI. das Ziel von Angriffen und Anklagen aufgrund seiner Positionen zugunsten der auf der Ehe zwischen einem Mann und einer Frau gegründeten Familie, seiner Reden gegen die Abtreibung, seines Widerstands gegen die künstlichen Mittel zur Empfängnisverhütung. „Jetzt wird gegen die Kirche der Vorwurf der Pädophilie vorgebracht. Vorher gab es die Kämpfe des Modernismus gegen Pius X., dann den Angriff auf Pius XII. aufgrund seines Verhaltens während des letzten Weltkrieges und schließlich gegen Paul VI. aufgrund von ‚Humanae vitae‘."

Der Kardinaldekan deklariert also Kritik, Polemik und die direkten Angriffe gegen Benedikt XVI. aufgrund des Missbrauchsskandals im Klerus als eine Neuausgabe der bereits in der Vergangenheit von seinen Vorgängern erlebten „Schlachten". Vor allem beeindruckt der Vergleich mit dem Angriff auf den Pacelli-Papst, der jedoch in Wirklichkeit zu seinen Lebzeiten keinen Attacken ausgesetzt war, sondern erst ab Mitte der Sechzigerjahre aufgrund seiner vorsichtigen Haltung in seinen öffentlichen Äußerungen während der Shoah zur Zielscheibe von schweren Anfeindungen wurde. Es war gerade Benedikt XVI., wie wir bereits in Erinnerung gerufen haben, der im Dezember 2009 den heroischen Tugendgrad seines Vorgängers per Dekret festgestellt hatte, dessen Gestalt in der jüdischen Welt heftiger Kritik ausgesetzt ist. Am ehesten jedoch passt der Vergleich mit

Paul VI., der mit der Veröffentlichung der Enzyklika „Humanae vitae" einen Sturm der Entrüstung außer- wie innerhalb der Kirche auslöste.

Sodano fährt fort: „Mittlerweile handelt es sich um einen kulturellen Kontrast. Der Papst verkörpert moralische Wahrheiten, die nicht mehr akzeptiert werden, und so werden die Vergehen und Irrtümer von Priestern als Waffen gegen die Kirche gebraucht."

Die Worte des Dekans des Kardinalkollegiums bestätigen, dass die leitenden Stellen des Heiligen Stuhls die Ansicht vertreten, dass es sich bei dem, was geschieht, um einen „kulturellen Kontrast" handelt und daher die Skandale des Missbrauchs von Minderjährigen, die es leider gibt, in Wirklichkeit einen Vorwand bilden, um den Papst und sein Lehramt zu delegitimieren.

Der von Sodano im Gespräch mit der Vatikanzeitung vorgebrachte Vergleich bleibt nicht unbeachtet. Renzo Gattegna, der Präsident der Union der jüdischen Gemeinden Italiens (UCEI), spricht von „einigen Wortmeldungen und einigen unangebrachten und unangemessenen Vergleichen, die umso mehr Sorgen bereiten, als sie von angesehenen Vertretern der katholischen Kirche kommen und die Gefahr mit sich bringen, gefährliche und abwegige historische Parallelen zu ziehen". Den jüdischen Gemeinden liege nicht nur in Italien am Herzen, so Gattegna weiter, dass „der komplexe Dialog mit der katholischen Welt auf einer kulturellen, religiösen und politischen Ebene weitergeführt wird" und sich „in einer Atmosphäre der Zusammenarbeit und der konstruktiven Auseinandersetzung entfaltet, die gewisse Erklärungen nur erschweren können".

Auf Kardinal Sodano antwortet auch der ehemalige Präsident der UCEI, Amos Luzzatto, der festhält: Von jüdischer Seite „gibt es hinsichtlich Pius' XII. keine Aggression". Wenn überhaupt, so handelt es sich um „eine historische und kulturelle Kritik, die als solche zu verstehen ist".

Eine angesehene Vertreterin des italienischen Judentums, Tullia Zevi, geht jedoch weiter und macht den Zölibat der Priester für die Fälle von Pädophilie unter dem Klerus verantwortlich: „Es fällt mir schwer, die Begründetheit gewisser Parallelen zu erkennen. Zuerst Pater Cantalamessa und nun Kardinal Sodano. (...) Es handelt sich um unterschiedliche Angelegenheiten und Gestalten, um unterschiedliche Ebenen. Und", so fügt sie hinzu, „es gibt auch bei Weitem andere Gründe für das, was heute geschieht." Für Levi „ist die Pädophilie eine Folge der erzwungenen Keuschheit. Wann wird die Kirche das verstehen? Warum bringt sich Papst Benedikt XVI. bezüglich der Sexualität nicht auf den neuesten Stand? Der Zölibat ist gegen die Natur."

Zwei Tage später ist es die britische Wochenzeitschrift „Economist", die die Verteidigungsstrategie des Vatikans kritisiert. Es wird festgehalten, dass die Rede von „Komplott", „Verschwörung" und „Geschwätz" dem Image des Heiligen Stuhls mehr schadet als hilft. Der „Economist" bezieht sich auf die Predigt Pater Cantalamessas sowie die Vergleiche von Kardinal Sodano. Wobei zu sagen ist, dass niemand im Vatikan die Komplott- und Verschwörungsthese offen vertreten hat. „Der Versuch des Vatikans, versteckte Gründe zu suchen, steht in Einklang mit der italienischen politischen Kultur, mit ihrer Liebe zu Verschwörungstheorien", heißt es in der Zeitschrift. „Darüber hinaus legen diejenigen, die bei den verschiedenen Skandalen angeklagt werden, die Tendenz an den Tag, die Rolle des Opfers zu übernehmen. Der italienische Ministerpräsident Silvio Berlusconi hat erfolgreich beide Taktiken benutzt ... Trotz der deutschen Herkunft des jetzigen Papstes spiegeln viele Aspekte des Vatikans immer noch das Land wieder, in dem er sich befindet. Das kann die Unfähigkeit seiner hohen Hierarchien erklären, die Irritation oder gar Missbilligung zu begreifen, die durch gewisse Erklärungen hervorgerufen werden", zum Beispiel in der jüdischen Welt.

Am Montag, den 12. April, stellt der Vatikan auf der dem Missbrauch von Minderjährigen gewidmeten Sektion seiner Homepage die internen Leitlinien der Kongregation für die Glaubenslehre online, die bezeugen, wie der Vatikan in den letzten Jahren, ab 2003, den Akzent auf ein strenges und zeitiges Eingreifen gesetzt hatte, um diesen Fällen zu begegnen. Eine wirksame und konkrete Antwort. Die Wirkung der Veröffentlichung verraucht jedoch innerhalb weniger Stunden mit dem Start einer neuen Auseinandersetzung.

Bereits seit einer Woche, seit dem Ostermontag, hält sich Kardinalstaatssekretär Tarcisio Bertone im Rahmen einer langen Reise in Chile auf, die bereits vor dem Erdbeben, das das südamerikanische Land erschüttert hatte, auf dem Terminkalender stand und nun auch die Bedeutung einer Solidaritätsbekundung mit allen annimmt, die vom Erdbeben betroffen sind. Am 12. April hält Bertone im Päpstlichen Seminar von Santiago eine Pressekonferenz. Aufgrund der unterschiedlichen Zeitzonen erreichen die Worte des ranghöchsten Mitarbeiters Benedikts XVI. Europa erst am späten Abend. Es endet damit, dass sie für zwei Tage im internationalen Medienkreislauf präsent sind.

Der Audiomitschnitt der Pressekonferenz, an der auch der Kardinalerzbischof von Santiago teilnimmt, steht im

Internet unter www.iglesia.cl zur Verfügung. Bertone, der abwechselnd auf Italienisch und Spanisch spricht, antwortet auf alle ihm gestellten Fragen. Er erklärt, dass das Phänomen der Pädophilie „alle Kategorien von Menschen und in geringerem Prozentumfang die Priester betrifft – auch wenn das Verhalten der Priester in dieser Sache negativ, sehr schwerwiegend und skandalös ist". Der Kardinal erklärt, dass er die Presse nicht mundtot machen wolle; er hoffe jedoch, dass „diese Kampagne ein Ende findet". Und er kritisiert die „New York Times", indem er sagt, dass sie „nicht mehr über die Welt informiert", sondern sich darauf beschränke, „allein die katholische Kirche" anzugreifen.

Der Kardinalstaatssekretär bekräftigt die Haltung des Vatikans im Fall Murphy und ruft in Erinnerung, dass der Schuldige sehr krank und dem Tode nahe war. Gegen Ende der Pressekonferenz bittet ein chilenischer Journalist, noch eine Frage stellen zu dürfen. Und diese betrifft den Priesterzölibat, den manche mit den Missbräuchen von Minderjährigen in Beziehung gebracht hatten, womit sie zeigten, die Statistiken nicht gut zu kennen.

Die Antwort des Kardinals, der auf Spanisch spricht, ist knapp zusammenfassend: „Viele Psychologen und viele Psychiater haben gezeigt, dass zwischen Zölibat und Pädophilie kein Zusammenhang besteht. Doch viele andere haben aufgezeigt – so wurde mir kürzlich gesagt –, dass es eine Beziehung zwischen Homosexualität und Pädophilie gibt. Das ist die Wahrheit. Dies sagen die Dokumente der Psychologen, das ist das Problem."

Aus dem Zusammenhang der Frage heraus ist zu verstehen, dass Bertone sich damit allein auf die Priester beziehen wollte, auch wenn die extrem knappe Antwort den Vorwand bieten konnte, sie verallgemeinernd auf alle Männer zu beziehen. Die Meldung geht sofort um die Welt und provoziert die unmittelbare und zornige Reaktion der homosexuellen Gemeinschaften.

Sofort kritisiert die chilenische Bewegung für die sexuellen Minderheiten (MOVIKH) die Worte des Kardinals: „Bertone lügt in einer offensichtlichen und unmenschlichen Weise, wenn er behauptet, dass es Studien gebe, die Zusammenhänge zwischen Homosexualität und Pädophilie beweisen." In Italien sagt der legendäre Chef des Homosexuellen-Verbands „Arcigay", Aurelio Mancuso: „Wie immer verzerren die Kardinäle die Wirklichkeit." Franco Grillini, Vertreter der Partei „Italien der Werte" und Aktivist von „Gaynet", definiert die Äußerungen des „Premierministers" des Vatikans als „extrem schwerwiegend". Und die italienische Abgeordnete Paola Concia von der „Demokratischen Partei" bringt ihre „Empörung" zum Ausdruck: „Es ist wirklich entmutigend, dass sich herausragende Vertreter der katholischen Kirche noch heute zu derart groben Analysen hinreißen lassen." Noch härter fällt die Reaktion der italienischen homosexuellen Vereinigung „Gaylib" aus, die dem Mitte-Rechts-Lager nahesteht: „Der Vatikan sollte die Welt und die Geschichte bei der Vollversammlung der Vereinten Nationen um Vergebung bitten."

Die Verlegenheit im Vatikan ist deutlich zu spüren. „L'Osservatore Romano" bringt weder die Worte des Staatssekretärs noch die nachfolgende Polemik. Am 14. April ist es erneut Aufgabe des vatikanischen Pressesprechers, das Ganze ins Lot zu bringen. Pater Lombardi erklärt in einer schriftlichen Note, die eindeutig mit dem Staatssekretariat abgestimmt ist: „Die kirchlichen Autoritäten sehen es nicht als Teil ihrer Kompetenz, allgemeine Erklärungen von spezifisch psychologischem oder ärztlichem Charakter abzugeben; diesbezüglich verweisen sie natürlich auf die Studien der Spezialisten sowie auf die die entsprechende Materie betreffenden Forschungen." Und er fügt hinzu: „Was die kirchliche Kompetenz im Bereich der Prozesse zu Missbräuchen von Minderjährigen durch Priester betrifft, die die Kongregation für die Glaubenslehre in den letzten Jahren aufgenommen hat, ist als statistisches Ergebnis das festzuhalten, was Msgr. Scicluna in seinem Interview angegeben hat. Es wurde festgehalten, dass zehn Prozent tatsächlich Akte der Pädophilie sind, während neunzig Prozent der Fälle vor allem als Akte von Ephebophilie zu definieren sind (das heißt Akte, die mit dem sexuellen Hingezogensein zu Heranwachsenden desselben Geschlechts zusammenhängen), von denen es sich bei ungefähr sechzig Prozent um homosexuelle und bei dreißig Prozent um heterosexuelle Beziehungen handelt. Es ist offensichtlich, dass es hierbei um die Problematik der Missbräuche durch Priester und nicht in der Bevölkerung im Allgemeinen geht."

In der Zwischenzeit jedoch provoziert der neue „Brand" Reaktionen im Bereich der Diplomatie, wie dies bereits 2009 hinsichtlich der Worte des Papstes zum Präservativ geschehen war. Der Sprecher des französischen Außenministeriums, Bernard Valero, definiert die vom Kardinal zitierte Korrelation zwischen Pädophilie und Homosexualität als eine „unannehmbare Vermischung". Es lohnt sich auch, angesichts der Erklärungen von Paris in Erinnerung zu rufen, dass es sich beim stellvertretenden Generalsekretär des Ministeriums um Jean-Loup Kuhn-Delforge handelt, einen homosexuellen Aktivisten, den Paris zu seiner Zeit als Botschafter beim Heiligen Stuhl vorgeschlagen hatte, was jedoch 2008 vom Vatikan abgelehnt worden war.

Die Studien, auf die Bertone während der Pressekonferenz im Allgemeinen Bezug genommen hatte, wurden in den Vereinigten Staaten durchgeführt, wie die Nachrichtenagentur „Zenit" in Erinnerung ruft. Dort wurde im Jahr 2004 ein vom „John Jay College of Criminal Justice" (University of New York) verfasster Bericht über die Pädophilie unter dem Klerus veröffentlicht. Der Bericht analysierte die zwischen 1950 und 2002 in den verschiedenen Diözesen gegen Kleriker vorgebrachten Anzeigen wegen Missbrauchs und stellte fest, dass der Großteil der Opfer, 81 Prozent, männlichen Geschlechts war. Die Studie des „John Jay College" erklärte weiter, dass die Pädophilie, das heißt ein Hingezogensein zu Kindern in vorpubertärem Alter, das als psychiatrische Krankheit definiert wird, nur einen kleinen Teil des Problems der sexuellen Missbräuche ausmachte. Die Opfer waren zum Großteil Heranwachsende, die nicht mehr im vorpubertären Alter waren. Diese Schlüsse wurden auch von anderen angesehenen amerikanischen Gelehrten sowie von Massimo Introvigne, dem Direktor des „Zentrums für Studien über neue Religionen" (CESNUR), unterstützt.

Der Kardinal beabsichtigte also nicht, eine allgemeine Annäherung von Pädophilie und Homosexualität zu behaupten, sondern wollte sich auf Statistiken beziehen, welche die Priester betreffen. In den darauf folgenden Tagen werden mehrere katholische Kommentatoren auf die „Heuchelei" einer gewissen homosexuellen und libertinistischen Kultur aufmerksam machen, die oft dazu eingeladen hat, „an die lebenswichtige, ursprüngliche und unbändige kindliche Sexualität zu denken, damit diese nicht in den Zwängen der

Norm gefangen genommen wird, was unvermeidlich Repression erzeugt". Und man wird sich auch daran erinnern, dass einige Jahre zuvor in Holland eine ausdrückliche Pädophilenpartei entstanden war.

Die „schwarze Woche", während der sich in einem Augenblick, in dem die Kirche aufgrund des Missbrauchsskandals unter Beschuss stand, aus Leichtsinn neue polemische Fronten mit der Welt des Judentums und homosexuellen Kreisen auftaten, geht endlich zu Ende.

Doch sie hat einen Epilog. Die progressive katholische Internetseite „Golias" in Frankreich, die mit der gleichnamigen Zeitschrift verbunden ist, veröffentlicht die Kopie eines Briefs, den der kolumbianische Kardinal Darío Castrillón Hoyos, in seiner Zeit als Präfekt der Kongregation für den Klerus, am 8. September 2001 an den französischen Bischof Pierre Pican gesandt hatte. Der Bischof, welcher der Diözese Bayeux vorsteht, war soeben zu drei Monaten Gefängnis auf Bewährung verurteilt worden, da er gegenüber den staatlichen Autoritäten einen seiner Priester, einen Pädophilen, nicht angezeigt hatte. Der Priester, René Bissey, war im Oktober 2000 wegen in den Jahren zuvor begangenen sexuellen Missbräuchen gegenüber Minderjährigen verurteilt worden. Bischof Pican hatte sich hinter dem „Berufsgeheimnis" (nicht dem Beichtgeheimnis) verschanzt, auf das man sich jedoch entsprechend der französischen Gesetzgebung bei Fällen wie jenen, die den Missbrauch von Minderjährigen betreffen, nicht berufen kann.

Im Jahr 2000 hatte Castrillón dem Bischof ein erstes Mal geschrieben, um ihn zu unterstützen, und er tat dies erneut nach dessen Verurteilung, indem er ihm gratulierte: „Sie haben richtig gehandelt, ich freue mich, einen Mitbruder im bischöflichen Dienst zu haben, der es vor den Augen der Geschichte und der anderen Bischöfe der Welt vorgezogen hat, lieber ins Gefängnis zu gehen als einen Priester seiner Diözese anzuzeigen ... Um die Brüder im bischöflichen Dienst in einer so heiklen Materie zu ermutigen, wird diese Kongregation eine Kopie dieses Schreibens allen Bischöfen übermitteln."

Am Abend des 15. April verurteilt Pater Lombardi, der nunmehr fast jeden Tag antreten muss, um alle möglichen Brände zu löschen – auch die selbst verursachten –, zum ersten Mal offen die Haltung eines Kurienkardinals. Der Direktor des Presseamtes des Vatikans erklärt: „Dieses Dokument ist ein erneuter Beweis dafür, wie angemessen die Vereinigung der Behandlung der Fälle sexuellen Missbrauchs von Minderjährigen durch Mitglieder des Klerus unter der Zuständigkeit der Kongregation für die Glaubenslehre war, um ein strenges und konsequentes Verfahren zu gewährleisten, wie dies mit den vom Papst approbierten Dokumenten des Jahres 2001 geschehen ist."

Lombardi, der – wie wir in einem früheren Kapitel gesehen haben – bereits im Zusammenhang mit der Rücknahme der Exkommunikation des Lefebvre-Bischofs Willamson mit Castrillón einen Streit ausgetragen hatte, erklärt also, dass die Haltung des Kardinals der Vergangenheit angehört und dass die neuen, von Papst Johannes Paul II. im Jahr 2001 festgelegten Normen ein neues Zeitalter eingeleitet haben. Die Erklärung des vatikanischen Pressesprechers stellt einen Wendepunkt dar. Zum ersten Mal nämlich wird der Heilige Stuhl verteidigt, indem man zu einem Verantwortungsträger der römischen Kurie aus der Zeit Papst Woytilas auf Abstand geht.

Am selben Tag wird auch der Text eines Interviews verbreitet, das Castrillón der amerikanischen Nachrichtenagentur CNN gegeben hatte. „Als Präfekt der Kongregation für den Klerus habe ich Begegnungen mit Wissenschaftlern gehabt, die erklärten, dass es keine Pädophilie gebe, sondern Menschen, die pädophile Akte begehen, aber dass die Pädophilie als Krankheit nicht existiere. Und wenn daher ein Mensch einen Irrtum begeht, der sehr oft ein minimaler Irrtum war, und wenn dieser Mensch angeklagt wird und sein Vergehen gesteht, bestraft ihn der Bischof entsprechend dem, was er rechtlich tun kann, er suspendiert ihn oder schickt ihn in eine andere Pfarrei. Das bedeutet, ihn zu bestrafen. Das heißt nicht, dass er ungestraft bleibt. Es ist dies keine Vertuschung, sondern die Achtung des Gesetzes, wie dies die Zivilgesellschaft tut, wie dies Ärzte und Anwälte tun, die nicht immer das Recht auf Berufsausübung verlieren. (...) Die Kirche bestraft die Pädophilie als ein sehr schwerwiegendes Vergehen", erklärt der Kardinal weiter, „aber sie betraft entsprechend dem Gesetz, was heißt, dass der Bischof die angeklagte Person nicht ohne den Prozess bestrafen kann, auf den der Verbrecher ein Recht hat."

Nachdem Castrillón von der ihn betreffenden Erklärung Lombardis erfahren hatte, war er nicht bereit, den Sündenbock abzugeben, als wäre die im lobenden Brief an Bischof Pican an den Tag gelegte Haltung sein eigener Irrtum, Ergebnis einer persönlichen Einstellung, einer vereinzelten Entscheidung. Am Samstag, 17. April, dem Tag der Ankunft Benedikts XVI. in Malta zu einer zweitägigen Reise, in deren Verlauf der Papst einigen Missbrauchsopfern beggnen wird, verbreitet sich eine Meldung aus Spanien. Castrillón ist in Murcia zu einer Konferenz, und dort offenbart er vor einem Publikum von Bischöfen und Kardinälen, dass der Brief an Pican von Johannes Paul II. selbst autorisiert und aus diesem Grund auch an die Vorsitzenden der Bischofskonferenzen zur Kenntnisnahme übersandt und auf der Homepage der Kongregation für den Klerus veröffentlicht worden war. Die Nachricht wird zuerst auf der Internetseite der spanischen Zeitung „La Verdad" gemeldet.

„Nachdem ich den Papst konsultiert und ihm den Brief gezeigt hatte, schickte ich ihn dem Bischof und gratulierte ihm dazu, das Vorbild eines Vaters gewesen zu sein, der seine Kinder nicht der Justiz ausliefert", erklärt der Kardinal. Papst Johannes Paul II. „autorisierte mich, den Brief an alle Bischöfe der Welt zu senden und ihn ins Netz zu stellen".

Aber das ist noch nicht alles. Ein heute im Ruhestand lebender Prälat, der in zurückliegenden Jahren ein enger Mitarbeit der Verantwortlichen des Staatssekretariats unter Papst Wojtyla war, vertraut uns Umstände an, die es nahelegen, dass die Position Castrillóns bei Weitem keine vereinzelte oder einsame war, sondern im Gegenteil zu jenem Augenblick die Haltung des Papstes und des Vatikans bei der Auseinandersetzung mit dem Problem wiedergab. Der Prälat klärt uns über ein Schreiben Kardinal Sodanos auf, der nun wiederum dem kolumbischen Kardinal gratulierte: „Ich habe an der Verfassung des Briefes mitgewirkt, den Kardinalstaatssekretär Angelo Sodano an den damaligen Präfekten der Kongregation für den Klerus, Kardinal Castrillón, als Unterstützung seiner Initiative gesandt hatte, dem französischen Bischof Solidarität zu bekunden, der den Priester und Urheber der Missbräuche nicht bei der zivilen Obrigkeit angezeigt hatte. Ich glaube, dass der Brief Anfang März 2000 geschrieben worden ist, denn ich erinnere mich, dass wir uns zu jenem Zeitpunkt auch um die Seligsprechung der brasilianischen Priester André de Soveral und Ambrósio Francisco Ferro sowie ihrer 28 Gefährten, die Laien waren, kümmerten, zu der es in der ersten Märzwoche kam. Ich kann die im Brief vom Kardinalstaatssekretär benutzten Worte nicht wiederholen, doch ich glaube, dass er die Initiative Castrillóns als ‚angemessen' bezeichnet hat. Sodano teilte die Sorge, dass es zu einer gegen die Kirche gerichteten Rechtsprechung kommen könnte."

Tatsächlich findet zwischen dem Ende der Neunzigerjahre und dem Anfang des neuen Jahrtausends eine hitzige Debatte zwischen dem Heiligen Stuhl und den amerikanischen Bischöfen statt. In den Vereinigten Staaten und im Allgemeinen in der angelsächsischen Welt tauchten damals Überlegungen auf, der zivilen Obrigkeit einen Zugriff auf die Diözesanarchive einzuräumen, um Pädophilievorwürfe gegen Priester bewerten zu können. In einem Fall war es dazu gekommen, dass die Namen von angeklagten oder angezeigten Priestern im Internet veröffentlicht wurden. Im Vatikan besteht die Befürchtung, dass diese Praxis auch in der lateinischen Welt Fuß fasst; so kommt es zur Bildung einer Arbeitsgruppe, um den Fall zu untersuchen. Es finden Versammlungen von Vertretern verschiedener Dikasterien statt, an denen die Kardinäle Castrillón, Re und Ratzinger wie auch der damalige Sekretär der Glaubenskongregation, Tarcisio Bertone, teilnehmen. Findet man eine gemeinsame Linie? Gibt es neue Direktiven?

Für eine Antwort ist es nicht nötig, vertrauliche Dokumente zu konsultieren. Es genügt, den Text eines umfangreichen Interviews mit dem damaligen Sekretär der Kongregation für die Glaubenslehre, Erzbischof Tarcisio Bertone, zu lesen, das er im Februar 2002 der Monatszeitschrift „30 Giorni" gegeben hat, das heißt in der Zeit, während der die neuen Verfahrensnormen für die Fälle pädophiler Priester festgelegt wurden, nachdem die Zuständigkeit dafür der Glaubenskongregation übertragen worden war. In dem Gespräch, das der Journalist Gianni Cardinale führte, ist jedes Wort abgewogen, da es immerhin um die Position des Vatikans geht. Der Journalist fragt: „Gegen diese neuen Normen wurde vor allem von ziviler Seite ein Einwand erhoben. Warum darf ein Bischof, der vom Verhalten eines seiner Priester erfährt, das für die Kirche, aber auch für die zivile Obrigkeit ein Delikt darstellt, nicht die Staatsanwaltschaft informieren?"

Erzbischof Bertone antwortet: „Die Normen, von denen die Rede ist, befinden sich innerhalb einer eigenen juristischen Ordnung, die nicht nur in den Ländern eine garantierte Autonomie besitzt, mit denen ein Konkordat abgeschlossen worden ist. Ich schließe es nicht aus, dass es in besonderen Fällen zu einer Art der Zusammenarbeit in der Form eines Informationsaustausches zwischen der kirchlichen Obrigkeit und der Staatsanwaltschaft kommen kann. Doch meines Erachtens ist der Anspruch unbegründet, dass ein Bischof zum Beispiel verpflichtet ist, sich an die Staatsanwaltschaft zu wenden, um einen Priester zur Anzeige zu bringen, der ihm anvertraut hat, das Verbrechen der Pädophilie begangen zu haben. Natürlich hat die Zivilgesellschaft die Pflicht, ihre Bürger zu verteidigen. Doch es muss auch das ‚Berufsgeheimnis' der Priester respektiert werden, wie auch das Berufsgeheimnis einer jeden anderen Kategorie respektiert wird. Dabei handelt es sich um einen Respekt, der nicht auf das Beichtgeheimnis beschränkt werden darf, das unverletzlich ist."

Der Interviewer fragt nach: „Und dennoch könnte man meinen, dass alles, was außerhalb der Beichte gesagt wird, nicht zum ‚Berufsgeheimnis' eines Priesters gehört...". Der damalige Sekretär der Glaubenskongregation und heutige Staatssekretär Papst Benedikts antwortet: „Es ist offensichtlich, dass es sich um zwei verschiedene Ebenen handelt. Doch Kardinal Ersilio Tonini hat das Problem während einer Sendung im Fernsehen gut erklärt: Wenn ein Gläubiger, Mann oder Frau, nicht einmal mehr die Möglichkeit hat, außerhalb der Beichte frei mit einem Priester vertraulich zu sprechen, um einen Rat zu erhalten, da er Angst haben muss, dass ihn dieser Priester anzeigen könnte; wenn ein Priester dasselbe nicht mit seinem Bischof tun kann, da auch er Angst hat, angezeigt zu werden ..., dann heißt das, dass es keine Gewissensfreiheit mehr gibt." Wie man hier sieht, kann die Erwähnung des „Berufsgeheimnisses" sowie der Tatsache, dass ein Bischof nicht verpflichtet werden kann, einen seiner Priester anzuzeigen, also auch auf die Angelegenheit bezogen werden, in die Bischof Pican verwickelt war.

Angesichts der zwischenzeitlich bekannt gewordenen Missbrauchsfälle ist es nur verständlich, dass die Normen des Vatikans weiteren Revisionen unterzogen werden. Die von der amerikanischen Bischofskonferenz nach dem Skandal der letzten Jahre beschlossene Linie der „Null-Toleranz" macht Schule. Die seit 2003 geltenden Richtlinien zur Bekämpfung der Pädophilie sehen heute vor, dass „immer den Bestimmungen des staatlichen Gesetzes zu folgen ist, was die Anzeige von Verbrechen an die zuständigen Autoritäten betrifft". Der Fall, in den der Bischof von Bayeux verwickelt war, ist in diesem Sinn tatsächlich exemplarisch, da sich der Bischof weigerte, den pädophilen Priester anzuzeigen, auch wenn es nicht um das Beichtgeheimnis ging, sondern um ein für diese Fälle von der französischen Gesetzgebung nicht geschütztes „Berufsgeheimnis".

Pater Lombardi ist zwar sofort zu Kardinal Castrillón auf Distanz gegangen, aber dennoch hat es den Anschein, dass der Kardinal gerade im Fall der Anzeige von Missbrauchs-Priestern bei der staatlichen Obrigkeit, um was es schließlich bei dem an Bischof Pican gerichteten Solidaritätsschreibens ging, nicht alleine stand. Das zumindest legen die Billigung Johannes Pauls II. und Kardinal Sodanos sowie das Interview mit Bertone nahe.

Wie dies bereits bei Kardinal Levada der Fall war, provoziert das Medieninteresse für Castrillón weitere journalistische Recherchen, und so veröffentlicht Jason Berry im „National Catholic Reporter" Dokumente, welche die Rolle belegen, die der damalige Präfekt der Kongregation für den Klerus 1997 in einer Angelegenheit gespielt hat, die mit dem kanonischen Prozess gegen Robert Trupia verbunden war, einen Priester der Diözese Tucson, der viele Kinder missbraucht hatte und 2004 in den Laienstand zurückversetzt wurde. In einem Schreiben lud Castrillón den damaligen Bischof von Tucson, Manuel Moreno, ein, Turpia zu versetzen und es ihm zu gestatten, trotz der schweren Anklagen außerhalb der Diözese zu arbeiten.

Auch bei dieser Gelegenheit wird als einer der Informanten der Dominikanerpater Thomas Doyle zitiert, der bereits an der Pressekonferenz teilgenommen hatte, die der Anwalt Anderson am 25. März 2010 in New York dem Fall Murphy gewidmet hatte. Der amerikanische Pater, ein Experte in Kirchenrecht, hat von 1981 bis 1986 in der päpstlichen

Vertretung in Washington gearbeitet, gehört innerkirchlich zum progressiven Flügel und ist seit Jahren zugunsten der Missbrauchsopfer engagiert. Heute tritt er auch dafür ein, eine Verantwortung des Vatikans für den Skandal zu beweisen.

10

KARDINÄLE GEGEN KARDINÄLE. DIE FÄLLE „MACIEL" UND „GROËR"

Der von Kardinal Darío Castrillón Hoyos an Bischof Pican geschickte Brief, die Distanzierung durch Pater Lombardi und die darauf folgende Verteidigung des kolumbianischen Kardinals, der direkt Johannes Paul II. in die Sache verwickelte, verdeutlichen die überwiegende Einstellung der römische Kurie während des letzten Jahrzehnts des Pontifikats von Karol Wojtyla.

Kurz nach Ostern kommt jedoch noch eine weitere Angelegenheit zum Vorschein, deren Umrisse nach wie vor nicht ganz geklärt sind: eine Geschichte von sexuellem Missbrauch, Doppelleben, erheblichen Geldtransfers und hochgestellten Deckungen. Es ist die Geschichte des mexikanischen Paters Marcial Maciel Degollado, geboren 1920, verstorben 2008, der 1941 die Legionäre Christi gründete. Seine konservativ orientierte Gemeinschaft war eine der Spitzenkräfte der von Johannes Paul II. initiierten Neuevangelisierung und zählt 650 Priester, 2 500 Theologiestudenten, 1 000 geweihte Laien, 30 000 aktive Mitglieder in zwanzig Ländern, Dutzende von qualifizierten Schulen und Universitäten, zwei davon in Rom (die Hochschule Regina Apostolorum päpstlichen Rechts, die 2002 eröffnet wurde, und die Università Europea di Roma, die vom italienischen Staat anerkannt ist).

Am 23. Februar 1997 waren in „The Hartford Courant", der Tageszeitung von Connecticut, die ersten Anklagen gegen den mächtigen Pater Maciel erschienen. Acht seiner ehemaligen Seminaristen bezichtigten ihn des wiederholten sexuellen Missbrauchs im Laufe der Fünfzigerjahre im römischen Ausbildungszentrum für die künftigen Legionärspriester. Einer von ihnen sagt aus, Maciel habe seine Geschlechtsteile von den jungen Männern berühren lassen mit der Behauptung, er habe dazu „eine Sondergenehmigung Pius' XII." Zum Zeitpunkt, als diese Vorwürfe publik werden, war in den Vereinigten Staaten noch nicht der Skandal um die Missbrauchsfälle ausgebrochen, der zum Rücktritt von Kardinal Bernard Law, dem Erzbischof von Boston, und zur Verschärfung der Anti-Pädophilie-Regeln seitens des Heiligen Stuhls (durch die Dekrete von 2001) führen sollte.

Jene ehemaligen Seminaristen, die zu Anklägern des Gründers wurden, sind nicht irgendwer: Sie arbeiten als Anwälte, Universitätsprofessoren, Ingenieure. Manche von ihnen hatten bei den Legionären Christi wichtige Ämter inne. Felix Alarcon hatte 1965 die Legion in die Vereinigten Staaten „exportiert". Ein weiterer Ankläger, Juan Vaca, hatte fünf Jahre lang (1971–1976) das Amt des Vorsitzenden der Legionäre in den Vereinigten Staaten bekleidet, und er war es auch, der zweimal versucht hatte, Maciel anzuzeigen: Dazu schrieb er zwei vertrauliche Briefe an Johannes Paul II. (1978 und 1989) mit dem Vorwurf des sexuellen Missbrauchs. Auf keinen der Briefe bekam er je eine Antwort. Höchstwahrscheinlich gelangten sie nie auf den Schreibtisch des Papstes. Auch aus diesem Grund beschlossen er und seine sieben ehemaligen Mitbrüder im Jahr 1997, sich an die Presse zu wenden und im Folgejahr eine formelle Anzeige beim Heiligen Stuhl einzureichen.

Es waren also schon zweimal Briefe mit Anklagen gegen Marcial Maciel im Vatikan eingegangen – ohne dass diese jedoch Beachtung gefunden hätten. Nach der öffentlichen Anklage durch die Medien beschreiten die Ex-Seminaristen also den kirchlichen Rechtsweg. Drei von ihnen, Arturo Jurado, José Barba Martin und Juan Vaca, übergeben dem damaligen Untersekretär der Glaubenskongregation, Gianfranco Girotti, am 17. Oktober 1998 einen Antrag auf Strafverfahren gegen den Gründer der Legionäre.

Auf dem Aktenumschlag steht: „Absolutionis complicis. Arturo Jurado et alii – Rev. Marcial Maciel Degollado", also die Bezeichnung der Straftat, der Name des ersten Anzeigeerstatters und der des Angeklagten. Die genannte Straftat, also die Absolution des Mittäters in der Beichte, ist eine der schwersten für die Kirche und verjährt nie.

Auch wenn bis zum Inkrafttreten der neuen Normen, die alle von Geistlichen verübten Missbrauchsfälle gegen Minderjährige in die Zuständigkeit der Glaubenskongregation stellen, noch drei Jahre fehlen, ist die Kongregation unter der Leitung von Joseph Ratzinger in diesem Fall auch schon zuständig, da es sich um die Absolution eines Mittäters handelt. Die Untersuchung über Pater Maciel kommt aber nicht voran. Niemand nimmt Kontakt mit den Zeugen auf, um von ihnen Rechenschaft über ihre Aussagen zu verlangen. Es wird nicht nach Bestätigungen für ihre Behauptungen gesucht, um zu überprüfen, ob es sich um begründete Vorwürfe handelt oder nur um eine böswillige Anschwärzung des verdienten Gründers einer Organisation, auf die Johannes Paul II. für seine Neuevangelisierung zählt – eben einer „Legion" disziplinierter Priester, die den Habit tragen und sich nicht von den Sirenen der modernen Welt verführen lassen. Im Vatikan scheint niemand den Erzählungen der Kläger Glauben zu schenken.

Maciel verteidigt sich nach dem Medienrummel, streitet die Vorwürfe rundweg ab und stellt sich selbst als Opfer einer Verleumdungskampagne dar. Als Beweis seiner Unschuld erinnert er daran, dass ursprünglich neun Männer Anzeige erstattet hatten, dass jedoch der neunte, Miguel Diaz Rivera, ehemaliger Legionär und heute Professor in Oaxaca, seine Anzeige mit der Begründung zurückzog, er sei von den anderen zur Falschaussage angestiftet worden. Auch drei weitere ehemalige Legionäre, Armando Arias Sanchez, Valente Velazquez und Jorge Luis Gonzalez Limon, seien bereit, zu bezeugen, dass auf sie Druck ausgeübt wurde, um unwahre Vorwürfe zu erhärten.

Maciels Mitarbeiter erinnern außerdem an das Ergebnis einer früheren Untersuchung des Heiligen Stuhls im Jahr 1956 gegen den Gründer, aus der er unbescholten hervorgegangen war. Damals war Maciel achtzehn schwerer kirchenrechtlicher Straftaten angeklagt (darunter Drogenkonsum). Das Heilige Offizium hatte ihn aller Ämter enthoben und von Rom entfernt. Seine Legionäre waren einzeln vernommen worden. Unter ihnen waren auch die Leute, die 42 Jahre später Maciel des sexuellen Missbrauchs während der besagten Fünfzigerjahre bezichtigten, jedoch während der damaligen Untersuchung keinerlei Aussage dazu machten.

Die erste Untersuchung endete im Februar 1959 mit einem Freispruch und der Wiedereinsetzung ins Amt des Angeklagten.

Als Karol Wojtyla zum Papst gewählt wurde, hatten die Legionäre Christi auf einmal einen starken Unterstützer und Freund im Vatikan. Johannes Paul II. schätzt die Tätigkeit der Legionäre und ermutigt Maciel. Im Verlauf seines Pontifikats, insbesondere im letzten Jahrzehnt, werden auch Maciels Beziehungen zu diversen hochgestellten Vertretern der römischen Kurie immer enger und freundschaftlicher. Der Legion gegenüber positiv eingestellt sind: Kardinalstaatssekretär Angelo Sodano, mit dessen Hilfe die Gemeinschaft das Grundstück erwerben kann, auf dem die große Hochschule Regina Apostolorum entstehen soll, der spanische Kardinal Eduardo Martinez Somalo und der persönliche Sekretär des Papstes, Stanislaw Dziwisz.

Die einzelnen Anzeigeschreiben, die im Laufe der Jahre an den Heiligen Vater gerichtet werden, erreichen gar nichts, und es gibt keinen Beweis dafür, dass sie je auf den Schreibtisch Johannes Pauls II. gelangten. Auch der förmliche Antrag auf ein kirchenrechtliches Strafverfahren, von den Klägern 1998 eingereicht, bleibt sechs Jahre lang in einer Schublade, ohne dass sich augenscheinlich irgendetwas bewegen würde. Warum? Das ist die wichtigste Frage, die derzeit noch unbeantwortet bleiben muss. Übrigens fragte ein mexikanischer Bischof während eines „Ad Limina"-Besuchs ein paar Jahre später den damaligen Kardinalpräfekten Ratzinger nach dem Fortgang des Verfahrens, und dieser gab ihm zu verstehen, er könne in dieser Angelegenheit nichts tun. Hatte ihm etwa jemand Einhalt geboten?

Im November 2004 begeht der ergraute Gründer der Legionäre Christi sein sechzigstes Priesterjubiläum in Rom; es wechseln sich Feierlichkeiten mit Bischöfen und Kardinälen ab. Im April 2003 war in Madrid ein Interview-Buch von Jesus Colina mit Maciel unter dem Titel „Mein Leben ist Christus" erschienen. Der Band war als Reaktion auf die Vorwürfe der Ex-Legionäre sowie auf die Zweifel gedacht, die sich vor allem unter den mexikanischen Bischöfen breitmachten. Es ist von „Missverständnissen" die Rede und (auf ganzen neun Seiten) von „Verleumdung". Das Leben Maciels wird hagiografisch nachgezeichnet. Ein Jahr später kommt die italienische Ausgabe heraus, diesmal mit einem Vorwort von Kardinal Tarcisio Bertone, der gerade zum Erzbischof von Genua ernannt worden war. „Die Antworten Maciels in dem Interview sind tief und doch einfach, und sie sind geprägt von der Offenheit der Menschen, die ihre Aufgabe in Kirche und Welt mit Blick und Herz auf Christus gerichtet erfüllen", schreibt Bertone.

Am 25. November 2004 werden in der Basilika Santa Maria Maggiore 59 Diakone der Legion Christi von Franc Rodé, dem Präfekten der Kongregation für die Institute geweihten Lebens und für die Gesellschaften apostolischen Lebens, zu Priestern geweiht. Dieser sagt in seiner Predigt: „Heute sind wir im Geiste mit Pater Marcial Maciel vereint, der ... das sechzigste Jubiläum seiner Priesterweihe feiert. Als sich der Zeitpunkt seiner Weihe (26. November 1944) näherte, wollte sich sein Geist tief mit Christus vereinen, denn er wusste, dass das priesterliche Amt eine vollständige Identifizierung mit Ihm verlangt, genauso wie es eine Begleitung Christi bis hin zur Passion verlangt ... Danke, Pater Maciel, für Ihre sechzigjährige priesterliche Treue und für diese jungen Menschen, die Ihnen heute im Dienst für den Priester Christus nachfolgen."

In Sankt Paul vor den Mauern konzelebriert Pater Maciel am 26. November zusammen mit etwa fünfhundert Priestern der Legionäre, in Anwesenheit von Kardinalstaatssekretär Angelo Sodano, Kardinal Norberto Rivera Carrera, dem Primas von Mexiko, und weiteren acht Kardinälen. Bemerkenswert ist jedoch die Abwesenheit Kardinal Ratzingers und seines neuen Sekretärs in der Glaubenskongregation,

Erzbischof Angelo Amato, der seit gut einem Jahr Bertones Posten übernommen hat. Zum Abschluss der Feier verliest der Substitut im Staatssekretariat, Leonardo Sandri, eine Botschaft Johannes Pauls II. Darin steht unter anderem: Die sechzigjährige priesterliche Tätigkeit Maciels „war von einer bedeutenden spirituellen und missionarischen Fruchtbarkeit geprägt".

Die Feierlichkeiten gipfeln in der Papstaudienz am 30. November für Maciel selbst und Tausende von Legionären in der großen Audienzhalle. Luis Garza, Generalvikar der Gemeinschaft, richtet eine Ansprache an den Papst, in der der anwesende Pater Maciel mit diesen Worten verherrlicht wird: „Wenn wir auf das lange Priesterleben unseres Gründers zurückblicken, entdecken wir, dass seiner Berufung, aus der ja auch die Berufung jedes Legionärs Christi und jedes Mitglieds von Regnum Christi hervorgeht, die Erfahrung der Liebe Gottes zugrunde liegt. Sie wird in den Mysterien unserer Erlösung fassbar und wirklich. Außerdem entdecken wir, dass der priesterliche Weg Pater Maciels von vier ‚großen Liebschaften' beseelt war: persönliche Liebe zu Jesus Christus, Liebe zur seligen Jungfrau Maria, Liebe zur Kirche und zum Papst, Liebe schließlich zu den Seelen, für die er sein ganzes Leben hingab und für deren Heil er – nach Gottes Willen – die Legion Christi und die Bewegung Regnum Christi gründete."

Die Gesundheit Johannes Pauls II. ist damals wegen der unaufhaltsam fortschreitenden Parkinsonkrankheit und der misslungenen Hüftoperation schon sehr prekär. Wojtyla kann nicht mehr gehen und spricht nur mit größter Mühe, weswegen sein persönlicher Sekretär Stanislaw Dziwisz nun eine noch viel wichtigere Rolle als früher spielt, was wiederum Spannungen mit dem Staatssekretariat verursacht. Es ist Dziwisz, der die päpstlichen Weisungen interpretiert und weitergibt.

Am Audienztag umarmt der Papst Marcial Maciel in aller Öffentlichkeit und gratuliert ihm zu seiner sechzigjährigen Priestertätigkeit. Mit Mühe liest er den ersten Abschnitt seiner Rede, die dann von Bischof Paolo de Nicolò, dem Präfekten des Päpstlichen Hauses, vorgelesen wird. Darin steht: „Liebe Brüder und Schwestern! Gerne begegne ich euch allen in dieser Atmosphäre der Freude und Dankbarkeit gegenüber dem Herrn anlässlich des sechzigsten Priesterjubiläums von Pater Marcial Maciel Degollado, Gründer und Generaloberer eurer jungen und verdienstvollen religiösen Familie.

Mein herzlicher Gruß geht vor allem an den lieben Pater Maciel, dem ich meine besten Wünsche für einen von den Gaben des Heiligen Geistes erfüllten priesterlichen Dienst ausspreche. Außerdem grüße ich die Oberen des Instituts, insbesondere den Generalvikar, dem ich für die Worte danke, die er im Namen aller an mich gerichtet hat. Ferner richte ich meinen Gruß an euch, liebe Priester und Seminaristen der Legionäre Christi, liebe Mitglieder der Bewegung Regnum Christi, sowie an all jene, die an den Jubiläumsfeiern in diesen Tagen teilgenommen haben. Der freudige Anlass, der euch alle hier um den Gründer versammelt sieht, lädt ein, jener Gaben zu gedenken, die er in den sechzig Jahren seines priesterlichen Dienstes vom Herrn empfangen hat, und bietet zugleich die Gelegenheit, jene Verpflichtungen zu bekräftigen, die ihr als Legionäre Christi im Dienst am Evangelium übernommen habt."

Zum Schluss kniet Maciel vor dem Papst nieder, der ihn herzlich grüßt. Die Bilder gehen um die Welt und machen deutlich, dass die öffentlichen Anklagen von 1997, die im Jahr darauf zu einer formellen Anzeige führten, im Vatikan keinerlei Beachtung erfahren haben.

Das ist aber noch nicht alles, denn um die Ansprache, mit der Papst Wojtyla den Legionsgründer zu seinem sechzigsten Priesterjubiläum beglückwünscht, entwickelt sich ein subtiles Duell im Vatikan: Auf ausdrückliche Bitte aus dem päpstlichen Appartement hin, also von Erzbischof Dziwisz, sollte die Ansprache voll des Lobes sein, und auf diese präzise Weisung hin war sie ursprünglich auch so verfasst worden. Der Substitut im Staatssekretariat, Leonardo Sandri, hatte sie jedoch erheblich zusammengestrichen und vor allem viele Ruhmesworte über Maciel herausgenommen. Es handelte sich um eine Vorsichtsmaßnahme, denn – wie wir noch sehen werden – die Kongregation für die Glaubenslehre hatte just in jenen Tagen beschlossen, die schon sechs Jahre zurückliegende Akte wieder hervorzuholen und eine formelle Untersuchung zur Feststellung etwaiger Verantwortlichkeiten des Gründers der Legionäre Christi in Gang zu setzen.

Die endgültige Abfassung des Textes geschah jedoch wieder in den päpstlichen Gemächern, und so kommt es, dass in die „vorsichtige" Rede wieder einige der Lobesworte aus der ersten Fassung eingefügt werden.

In der Zwischenzeit hatte jedoch Kardinal Joseph Ratzinger in einem anderen Vatikanspalast, dem der Glaubenskongregation, seinem „Promotor Iustitiae", Charles Scicluna aus Malta, aufgetragen, die Verfahren wieder aufzunehmen, die wegen des Inkrafttretens der neuen Regelungen auf der Warteliste standen. Deshalb fragt Martha Wegan, eine in Rom wohnende Österreicherin und Rechtsanwältin des Heiligen Stuhls bei der Römischen Rota, nur zwei Tage später nach der oben genannten Audienz schriftlich bei Arturo Jurado, José Barba Martin und Juan Vaca an, ob sie beabsichtigen, den sechs Jahre zuvor gestellten Antrag auf ein kirchliches Strafverfahren zu bestätigen. Wie zu erwarten war, wird die Frage von allen drei bejaht. Anwalt Wegan setzt davon Monsignor Scicluna in Kenntnis, der endlich mit der Voruntersuchung beginnt.

Im Januar 2005 geht es mit der Gesundheit des Papstes rapide bergab. Zweimal wird er stationär im Policlinico Gemelli aufgenommen, das zweite Mal wird sogar ein Luftröhrenschnitt durchgeführt. Allen wird deutlich, dass sein irdisches Dasein kurz vor dem Ende steht.

In den Meditationen, die Kardinal Ratzinger im Auftrag des Papstes für den Kreuzweg beim Kolosseum am Karfreitag, dem 25. März 2005, verfasst hat, steht unter anderem: „Wie viel Schmutz gibt es doch in der Kirche gerade unter denen, die im Priesteramt ganz Christus gehören sollten." In Nachhinein – also nach der Wahl Ratzingers in das höchste Amt in der Kirche – lassen diese Worte den Willen zu einer entschlossenen Aufräumaktion erahnen.

In genau jenen Tagen bricht Monsignor Scicluna nach Amerika auf, um die Vorwürfe gegen Maciel zu verifizieren. Am 2. April, dem Todestag Johannes Pauls II., befragt er in New York Juan Vaca, einen der acht Anzeigeerstatter, sofort danach einen anderen wichtigen ehemaligen Legionär: Paul Lennon, der die Anklagen seines Mitbruders bestätigt und von weiteren Vorfällen berichtet, die sich in jüngeren Jahren zugetragen haben. Am 4. April kommt Scicluna nach Mexiko-Stadt, wo er seine Befragungen bis zum 10. April fortsetzt. In mehreren Sitzungen und viele Stunden lang interviewt er die beiden Protagonisten der kirchlichen Anzeige,

Jurado und Barba Martin. Ebenfalls verhört er die anderen der acht ursprünglichen Kläger, mit Ausnahme von Fernando Perez Olvera, der ihm ein Schriftstück schickt. Darüber hinaus treibt er zahlreiche weitere Zeugen auf: in Mexiko, den Vereinigten Staaten, Irland und Spanien; manche von ihnen hatten bis wenige Jahre zuvor der Vereinigung der Legionäre Christi angehört. Sie alle bestätigen die Vorwürfe und fügen sogar neue hinzu, auch gegen andere Verantwortliche der Legion.

Mit Scicluna reist ein Prälat aus dem Vatikan, der als Notar fungiert, jede Aussage aufzeichnet und seine Niederschrift dann vom Zeugen durchlesen, überprüfen und schließlich unterzeichnen lässt. Mitte April 2005 kehren die beiden Monsignori nach Rom zurück. Bis zur Papstwahl Benedikts XVI. sind es nur noch drei Tage. Die Untersuchung nahm zwar ihren Anfang unter Johannes Paul II., aber es ist Joseph Ratzinger, der der mächtigen Legion Christi keine Sonderkonditionen einräumen will.

Maciel jedoch zeigt, dass er „trans Tiberim" viele einflussreiche Freunde besitzt. Am Freitag, dem 20. Mai 2005, nur wenige Stunden nach dem Bekanntwerden erster Indiskretionen über Sciclunas Amerikareise und die Wiedereröffnung der Untersuchung, geben die Legionäre Christi ein Kommuniqué heraus, das folgendermaßen beginnt: „Der Heilige Stuhl hat kürzlich die Kongregation der Legionäre Christi informiert, dass gegenwärtig kein kirchenrechtlicher Prozess gegen den Gründer, Pater Marcial Maciel LC, anhängig ist und dass auch keiner begonnen werden soll."

Am selben Tag schreibt die Presseagentur der Bischofskonferenz der Vereinigten Staaten, „Catholic News Service": „Der Vatikan hat bestätigt, dass keinerlei kirchenrechtlicher

Prozess gegen den Gründer der Legionäre Christi ansteht." Außerdem wird erklärt, dass diese wichtige Aussage von Ciro Benedettini stammt, dem Vizedirektor des vatikanischen Presseamtes.

Am 22. schreibt auch Ian Fischer in der „New York Times", er habe mit Benedettini gesprochen und dieser habe ihm zugesichert, es seien keine Prozesse anhängig und es seien für die Zukunft auch keine vorgesehen. Am Tag darauf kommen auf einer von ehemaligen Legionären organisierten und verwalteten Homepage (ReGAIN) weitere Aussagen Benedettinis heraus. Der stellvertretende Leiter der Sala Stampa erklärt, dass das Kommuniqué der Legionäre Christi kein Kommuniqué des Heiligen Stuhls sei. „Sie haben sich an mich gewandt, genauso wie Sie sich jetzt an mich wenden", sagt der Stellvertreter von Navarro-Valls, „und haben gefragt, ob es Mitteilungen hinsichtlich der Nachforschungen oder einer etwaigen Untersuchung über Pater Maciel gibt. Ich habe geantwortet, dass das Pressebüro keinerlei Mitteilung erhalten hat hinsichtlich des Umstands, ob eine Untersuchung anhängig oder vorgesehen ist. Die Angelegenheit betrifft nicht das Pressebüro, sondern direkt Monsignor Scicluna."

Der amerikanische Vatikankorrespondent des „National Catholic Reporter", John Allen, findet heraus, dass die früheren Aussagen auf ein Fax vom 20. Mai – ohne Unterschrift, dafür aber mit dem Stempel des Staatssekretariats – basierten, in dem zu lesen stand: „Gegenüber P. Maciel ist keinerlei kirchenrechtliches Verfahren anhängig oder für die Zukunft vorgesehen." Wer hat es geschrieben und warum?

Ein Jahr später erscheinen die ersten Ergebnisse der Untersuchung, und sie wirken wie eine kalte Dusche für die Legion. Das vatikanische Presseamt veröffentlicht am 19. Mai

2006 folgendes Kommuniqué: „Ab 1998 gingen bei der Kongregation für die Glaubenslehre diverse Anklagen (manche davon schon publik gemacht) gegen den Gründer der Gemeinschaft der Legionäre Christi, Marcial Maciel Degollado, wegen Straftaten ein, für die ausschließlich die Kongregation zuständig war. Im Jahr 2002 veröffentlichte Pater Maciel eine Erklärung, um die Vorwürfe anzufechten und sein Bedauern für die Beleidigung zum Ausdruck zu bringen, die ihm durch einige ehemalige Legionäre Christi zuteilgeworden war. Aus Altersgründen zog sich P. Maciel 2005 aus seinem Amt als Generaloberer der Gemeinschaft der Legionäre Christi zurück.

Alle diese Elemente waren Gegenstand detaillierter Nachforschungen seitens der Kongregation für die Glaubenslehre. Gemäß des Motu Proprio ‚Sancramentorum sanctitatis tutela', am 30. April 2001 vom Diener Gottes Johannes Paul II. erlassen, hat der damalige Präfekt der Kongregation für die Glaubenslehre, Seine Eminenz Kardinal Joseph Ratzinger, eine Untersuchung der Vorwürfe bewilligt. In der Zwischenzeit starb Johannes Paul II., und Kardinal Ratzinger wurde zu seinem Nachfolger gewählt.

Nach eingehender Überprüfung der Untersuchungsergebnisse beschloss die Kongregation für die Glaubenslehre unter der Leitung des neuen Präfekten, Seiner Eminenz Kardinal William Levada, in Anbetracht sowohl des fortgeschrittenen Alters als auch des prekären Gesundheitszustands Pater Maciels, von einem kirchenrechtlichen Verfahren abzusehen und Pater Maciel zu einem zurückgezogenen Leben des Gebets und der Buße aufzufordern, wobei er auf jedes öffentliche Amt verzichten soll. Der Heilige Vater hat diese Entscheidungen gebilligt."

Unabhängig von der Person des Gründers, wird das hochverdiente Apostolat der Legionäre Christi und der Vereinigung Regnum Christi dankbar anerkannt."

Das Kommuniqué ist deutlich und gleichzeitig sanft. Wie es heißt, sollen Staatssekretär Angelo Sodano und Pressesprecher Joaquin Navarro-Valls persönlich eingegriffen haben, um die Note so diplomatisch wie möglich abzufassen. Der Vatikan zeigt, dass er von der Stichhaltigkeit der Anklagen überzeugt ist, und fordert Maciel auf, zurückgezogen zu leben und auf jeden öffentlichen Auftritt zu verzichten. Interessant ist auch die „Rechtfertigung", die in der Vatikannote für die sechsjährige Verspätung in der Durchführung der Untersuchung geliefert wird: 2002 hatte Maciel selbst eine Erklärung unterzeichnet, um die Vorwürfe von sich zu weisen, und offensichtlich hatte man ihm geglaubt. Außerdem wird daran erinnert, dass erst die Veröffentlichung des Motu Proprio von 2001 diesem und ähnlichen Verfahren einen neuen Impuls gab, da es den Verantwortlichen angemessenere Instrumente an die Hand gab.

Am gleichen Tag reagieren die Legionäre mit einem weiteren Kommuniqué und erklären: „Angesichts der gegen ihn (Maciel) erhobenen Vorwürfe hat er seine Unschuld beteuert und – dem Beispiel Jesu Christi folgend – beschlossen, sich in keiner Weise zu verteidigen." Außerdem: „Im Geiste des Gehorsams gegenüber der Kirche, von dem er stets geprägt war, hat er dieses Kommuniqué akzeptiert – im Glauben, in völliger Zuversicht und mit ruhigem Gewissen, denn er weiß: Es handelt sich um ein neues Kreuz, das Gott, Vater des Erbarmens, ihm zu tragen erlaubt und durch das er bedeutende Gnaden für die Legion Christi und für die Bewegung Regnum Christi erwirken wird."

Am 30. Januar 2008 stirbt Marcial Maciel im Alter von 87 Jahren. Die Gemeinschaft gibt seinen Tod mit folgenden Worten bekannt: „In Trauer teilen die Legionäre Christi und die Mitglieder der Bewegung Regnum Christi den Verlust ihres verehrten Gründers mit, der Werkzeug Gottes in der Begründung dieses Werkes zum Dienst für die Kirche und die Gesellschaft war. Während seiner 87 Lebensjahre hat Pater Maciel seine Tatkraft der Erfüllung des Werkes gewidmet, das Gott ihm im Rahmen der Evangelisierungssendung der Kirche anvertraute, damit Männer und Frauen aller Milieus die Liebe Christi und die Frohe Botschaft seines Evangeliums kennen lernen, leben und verbreiten könnten."

Ein mehr als positives Porträt. Die Strafe, die der Heilige Stuhl über ihn verhängt hatte, wird mit keinem Wort erwähnt, und es findet sich nicht der leiseste Hinweis auf die vielen Anklagen, die gegen ihn ausgesprochen worden waren.

Ausgerechnet anlässlich seines Todes kommen neue Details über Maciels Doppelleben zum Vorschein. Man entdeckt, dass der Gründer der Legionäre nicht nur Seminaristen missbraucht, sondern sich auch zwei „parallele" Familien (in Spanien und in Mexiko) geschaffen hatte, also mit zwei Lebensgefährtinnen, die ihm Kinder geboren hatten. In zwei Fällen hatte er auch diese missbraucht. Die Kinder hatte er übrigens zur Audienz bei Johannes Paul II. mitgenommen. Es wird auch bekannt, dass Maciel praktisch jedes Wochenende in Zivilkleidung schlüpfte, sich vom Ökonom etwa zehntausend Dollar geben ließ und zwei, drei Tage lang verschwand, ohne Angaben zu seinem Aufenthaltsort zu machen. Das Wochenende verbrachte er bei seinen heimlichen Familien. Viele fragen sich jetzt, wie es sein konnte, dass seine engsten Mitarbeiter nie etwas gemerkt hatten.

Benedikt XVI. beschließt eine Apostolische Visitation der Legion und deren kommissarische Leitung. Im Mai 2010 bestätigen die Schlussfolgerungen der Visitation die Schuldigkeit Maciels, wie aus dem Kommuniqué des Heiligen Stuhls hervorgeht: „Die Apostolische Visitation konnte feststellen, dass das Verhalten von P. Marcial Maciel Degollado schwerwiegende Konsequenzen im Leben und in der Struktur der Legionäre Christi verursacht hat, die einen Weg der tiefen Revision notwendig machen. Das extrem schwerwiegende und objektiv unmoralische Verhalten von P. Maciel, das durch unumstößliche Beweise bestätigt worden ist, besteht bisweilen in wirklichen Straftaten und offenbart ein skrupelloses Leben ohne echten religiösen Sinn. Von diesem Leben wusste der Großteil der Legionäre nichts, dies vor allem aufgrund des Systems von Beziehungen, das P. Maciel aufgebaut hatte, dem es gekonnt gelungen war, sich Alibis zu verschaffen, Vertrauen, Vertraulichkeit und Schweigen seitens der ihn umgebenden Menschen zu erlangen und seine Rolle als charismatischer Gründer zu stärken."

Das sind äußerst harte Worte. Betroffen macht vor allem die Aussage, wonach Maciel keinen wahren religiösen Sinn besaß. Joseph Ratzinger hat also, sobald es ihm als Kardinal möglich war, die Ermittlungen über den Gründer eingeleitet und sie als Papst zu Ende geführt.

Die traurige Geschichte um den Gründer der Legionäre Christi fördert auch die Deckungen zutage, wegen der er jahrzehntelang unbehelligt blieb. Der „National Catholic Reporter" beklagt dies offen, nennt die Namen von Kardinal Eduardo Martinez Somalo (ehemaliger Präfekt der Kongregation für die Institute geweihten Lebens und für die Gesellschaften apostolischen Lebens), Erzbischof Stanislaw Dziwisz (ehemaliger Sekretär Johannes Pauls II.) und Kardinal Angelo Sodano (ehemaliger Staatssekretär). Die Jesuitenzeitschrift „America" geht so weit, ausdrücklich den Rücktritt von Sodano als Kardinaldekan zu verlangen. Dem schließt sich die Zeitschrift der amerikanischen Konservativen, „First Things", an.

Der Fall Maciel lässt ungelöste Probleme und unbeantwortete Fragen erkennen, die den letzten Abschnitt von Wojtylas Pontifikat und die Rolle seiner engen Mitarbeiter betreffen. Diese Probleme schlagen sich natürlich auch auf den Seligsprechungsprozess nieder, der dank päpstlicher Dispens (also ohne die eigentlich vorgeschriebene fünfjährige Wartezeit nach dem Tod) schon 2005 eingeleitet wurde. Formell endet die Causa am 19. Dezember 2009, als Benedikt XVI. das Dekret über den heroischen Tugendgrad Johannes Pauls II. erließ. In den folgenden Monaten untersuchte die Kongregation für die Selig- und Heiligsprechungsprozesse ein vermeintliches Wunder, nämlich die Heilung einer französischen Ordensschwester von der Parkinsonkrankheit, um das Verfahren zu besiegeln und Papst Wojtyla zur Ehre der Altäre zu erheben. Zunächst hatten manche die Seligsprechung schon zu seinem fünften Todestag im April 2010 erwartet, dann war von Oktober die Rede; schließlich sah man ein, dass mehr Zeit nötig war und die Seligsprechungsfeier erst 2011 stattfinden konnte.

Die vorgezogene Eröffnung des Verfahrens für Johannes Paul II. war eine der ersten und bedeutendsten Amtshandlungen seines Nachfolgers. Ratzinger kannte ihn sehr gut, stand er doch von 1981 bis 2005 als Präfekt der Glaubenskongregation an Wojtylas Seite, länger als jeder andere Leiter eines vatikanischen Dikasteriums. Auch wenn Benedikt

XVI. die Schrauben fester anziehen und strengere Regeln für Selig- und Heiligsprechungsprozesse durchsetzen sollte (einschließlich rigoroserer Untersuchungen zur Feststellung von Wundern), kommt die „Causa Wojtyla" schnell voran. Trotz seines äußerst langen Pontifikats – 27 Jahre, der zweitlängste in der Kirchengeschichte nach dem von Pius IX. – und obwohl Millionen Dokumente noch zu erfassen sind, konnte das Ganze in weniger als fünf Jahren abgeschlossen werden. Übrigens hatte Erzbischof Dziwisz, entgegen einer testamentarischen Weisung Johannes Pauls II., die Privatdokumente Wojtylas aufbewahrt und nach Polen mitgenommen; auch diese Akten wurden noch nicht eingesehen.

„Eine Zeit lang", offenbart uns ein mit Benedikt XVI. eng vertrauter Prälat, „dachte man sogar daran, auf die Stufe der Seligsprechung zu verzichten und Johannes Paul II. direkt heilig zu sprechen. Also tatsächlich ein *Santo subito*. Ratzinger war dem Vorschlag von Dziwisz nicht grundsätzlich abgeneigt, sprach sich jedoch zuerst mit seinen Mitarbeitern ab und beschloss zu guter Letzt, das Verfahren normal fortzuführen."

Ein Problem, mit dem sich die Verantwortlichen des Seligsprechungsprozesses befassen mussten, betraf in der Tat die Position Johannes Pauls II. im Fall Maciel. Der polnische Papst war gewohnheitsmäßig nicht sehr geneigt, dieser Art von Vorwürfen priesterlicher Unsittlichkeit Glauben zu schenken, es sei denn, sie waren stichhaltig bewiesen und genau dokumentiert. Diesbezüglich darf man nicht vergessen, dass Wojtyla jahrzehntelang in einem kommunistisch regierten Land gelebt hatten wo künstlich zusammengestellte Dossiers mit Vorwürfen sexueller Art zur Diskreditierung oder Erpressung von Klerikern an der Tagesordnung waren. Manche fragen sich jedoch, ob eine Beeinflussung (und wenn ja, welcher Art) des Papstes durch seine engsten Mitarbeiter erfolgte. Einige von ihnen standen ja auch in engem Kontakt zu Maciel und wollten den Heiligen Vater vielleicht davon überzeugen, dass die Anklagen der ehemaligen Legionäre unbegründet waren. Ist etwas passiert, damit den Anzeigen nicht weiter nachgegangen wurde?

Über den damaligen Präfekten der Kongregation für die Selig- und Heiligsprechungsprozesse, den portugiesischen Kardinal José Saraiva Martins, senden die Verantwortlichen der Causa eine Anfrage zum Fall Maciel an den Präfekten der Glaubenskongregation, Kardinal William Levada. Seine Antwort ist im streng geheimen Teil der Prozessakten enthalten. Der Brief (AZ 147/05 – 14478) trägt das Datum vom 17. November 2007 und bleibt bis heute das einzige Dokumente in diesem Seligsprechungsverfahren, das den beschriebenen extrem heiklen und brisanten Missbrauchsfällen gewidmet ist.

Um richtig mit diesem Thema umgehen zu können (wie auch mit der „sittlichen Krise" der katholischen Kirche in den Vereinigten Staaten), bitten Postulator und Relator der Causa über Kardinal Saraiva, die entsprechenden Dokumente einsehen zu können. Auf die erste Frage „in Bezug auf die persönliche Verwicklung des Dieners Gottes Johannes Pauls II. in dieses Verfahren" antwortet Kardinal Levada: „Die einzige Antwort, die diese Kongregation dazu geben kann, lautet: Es gibt einige Briefe und Bittschriften, die von den Anzeigeerstattern an Johannes Paul II. gesandt wurden. Es ist jedoch keinerlei persönliche Verwicklung des Dieners Gottes in das Verfahren gegen P. Marcial Maciel bekannt." Papst Wojtyla wurde also in keiner Weise in die Sache hineingezogen.

Die zweite Frage hingegen betrifft die Maßnahmen gegen Pädophilie „nach der Anzeige einiger Fälle des Missbrauchs Minderjähriger und der Homosexualität in diversen Kirchenorganisationen mit Blick auf die Einbeziehung Johannes Pauls II. in die Lösung solcher Fälle". Kardinal Levada beschränkt sich auf eine Darlegung schon bekannter Umstände, also die Entscheidung (durch den Erlass des Motu proprio „Sacramentorum sanctitatis tutela" im Jahr 2001), den Missbrauch Minderjähriger unter die *delicta graviora* einzureihen, und die Ansprache Johannes Pauls II. vom 23. April 2002 an die amerikanischen Bischöfe, die in Rom zusammengekommen waren, um über die Situation zu diskutieren. Es sind nur wenige Zeilen, in denen schon publizierte Ansprachen zitiert werden, um zu bestätigen, dass Johannes Paul II. nicht in das Verfahren verwickelt ist. Laut Daniel Ols und Monsignor Slawomir Oder, respektive Postulator und Relator der Causa, „räumt die Mitteilung jeden Zweifel in Bezug auf die transparente Verhaltensweise des Dieners Gottes aus" und „gibt eine direkte Antwort auf alle, die seiner Haltung irgendeine Form der Zweideutigkeit unterstellen könnten."

Auch diejenigen, die die Durchführung des Verfahrens und die Behandlung bestimmter Problembereiche kritisierten, haben niemals Zweifel an der persönlichen Heiligkeit Karol Wojtylas geäußert. Es bleibt jedoch der heikle Punkt seiner Mitarbeiter. So muss man fragen, warum sich Kardinal Angelo Sodano, der fünfzehn Jahre lang Staatssekretär des polnischen Pontifex war, bis zuletzt weigerte, in einem Seligsprechungsverfahren auszusagen, dessen Kronzeuge Erzbischof Dziwisz war, und stattdessen an die Postulatoren nur ein kurzes Schreiben richtete. Kardinal Leonardo Sandri, fünf Jahre lang Substitut im Staatssekretariat, verhielt sich ähnlich.

„Es wäre natürlich nötig", erklärt der Prälat aus dem Umkreis Benedikts XVI., der sich in Seligsprechungsfragen auskennt, „dass jemand aus dem Mitarbeiterstab Erklärungen abgibt und eventuell Verantwortung übernimmt, vielleicht auch zugibt, dass der Papst nicht ausreichend informiert wurde, dass man ihn wegen seines schlechten Gesundheitszustands schützen wollte."

Ein erleuchtendes Beispiel der Mechanismen innerhalb der Kurie während der letzten Lebensjahre Johannes Pauls II. liefert uns der Fall des Erzbischofs von Posen, Juliusz Paetz, früher in den päpstlichen Gemächern tätig, und die Rolle von Wanda Poltawska in diesem Fall. Eine langjährige Freundschaft verband sie mit Karol Wojtyla, „sie war die Einzige, die unmittelbaren Zutritt zu den Gemächern des Papstes hatte", und sie nutzte dieses Privileg, um auch Informationen über Skandale sexueller Art auf den Schreibtisch Johannes Pauls II. zu bringen. Die beschriebenen Fälle betrafen verschiedene Prälaten, und der Papst war offensichtlich nicht ausreichend darüber informiert worden. Giacomo Galeazzi und Francesco Grignetti haben die Geschichte in ihrem Buch „Karol e Wanda" (2010) nachgezeichnet. Die polnische Freundin spielte auch eine wesentliche Rolle beim Rücktritt von Erzbischof Paetz. Schon sechs Jahre zuvor hatten einige Priester gegen Paetz Klage erhoben: Sie schrieben dem Papst, um ihr Leid darüber zu bekunden, dass sie während ihrer Zeit im Seminar zum Gegenstand sexueller Avancen seitens des Erzbischofs geworden waren. Das Schreiben war anscheinend nie bis zum Papst vorgedrungen. Warum nicht? War es von einem Mitarbeiter des Papstes, der Paetz schützen wollte oder von seiner Unschuld überzeugt war, zurückgehalten worden? Im Herbst 2001 übergibt Wanda Poltawska direkt an Johannes Paul II. eine Mitteilung des Rektors des Seminars, der die Vorwürfe bestätigt und den Papst bittet, zu intervenieren. Wojtyla ist nun ausreichend informiert und greift ein: Er schickt einen Apostolischen Visitator in die Diözese Posen, während Wanda Poltawska in Krakau öffentlich gegen die Kirchenoberen wettert „wegen des langen Schweigens, mit dem versucht wurde, die Angelegenheit zu vertuschen". Im März 2002 wird Erzbischof Paetz, der nach wie vor seine Unschuld beteuert, ohne offizielle Begründungen entlassen.

Könnte etwas Ähnliches auch im Falle des Gründers der Legionäre Christi passiert sein? Nur dass es da keine Wanda Poltawska gab? Der Fall Maciel und die guten Beziehungen, die er bis ganz oben im Vatikan besaß, sind ein schweres Erbe, das Papst Wojtylas Kurie dessen Nachfolger Joseph Ratzinger hinterlässt.

Zum Skandal um Pater Maciel hat sich auch der ehemalige Pressesprecher Johannes Pauls II., Joaquin Navarro-Valls, geäußert. In einem Interview für die spanische Web-Agentur „Aciprensa" versichert er, Wojtylas Seligsprechung sei wegen dieses Skandals „nicht in Gefahr", denn der Papst habe „niemals etwas zurückgehalten oder verheimlicht"; er räumt jedoch ein: Benedikt XVI., „der weise Papst, lädt sich die Verantwortung für Fehler auf, die – wie wir alle wissen – er selber nicht gemacht hat". Navarro meint weiter: „In einem Menschen stehen manchmal die Tugenden in direktem Bezug zu den persönlichen Unzulänglichkeiten. Johannes Paul II. war ein Beispiel an Güte. Die Güte muss jedoch vom Verstand kontrolliert werden, denn sonst kann es zu Fehlern kommen." Und im Zusammenhang mit Maciel sagt er: „Damals konnte man auf der Internetseite der Gemeinschaft ein Dokument finden, in dem in etwa stand: ‚Ich weiß, dass ich beschuldigt werde, dies und dies und dies getan zu haben. Ich schwöre vor Gott, dass das alles unwahr ist. Ich werde mich nicht verteidigen, sondern gebe alles in die Hände Gottes. Unterzeichnet: Maciel.' Das konnte man auf der Internetseite bis zu dem Zeitpunkt nachlesen, als ich der Öffentlichkeit die Ergebnisse des kirchlichen Verfahrens gegen Maciel mitteilen musste. Das Verfahren begann unter Johannes Paul II. und wurde kurze Zeit nach seinem Tod, im ersten Pontifikatsjahr Benedikts XVI., abgeschlossen."

Schließlich antwortet Navarro auf die Frage, ob Kardinal Sodano persönlich eingriff, damit gewisse „heikle" Informationen über den Fall Maciel nicht bis zum Papst dringen konnten: „Ich habe keine Ahnung. Der einzige konkrete Anhaltspunkt, den ich habe, ist, dass das kirchliche Verfahren gegen Maciel unter Johannes Paul II. begann. Außerdem erinnere ich mich an eine Besprechung des Papstes mit allen amerikanischen Kardinälen über das Pädophilieproblem."

Eine viel größere Bombe geht jedoch Ende April 2010 hoch, als Kardinal Christoph Schönborn den ehemaligen Kardinalstaatssekretär Sodano direkt attackiert. Der Erzbischof von Wien, ein Schüler und Freund des Papstes, hatte schon einmal von den Schwierigkeiten gesprochen, auf die der damalige Kardinal Ratzinger bei seinen Bemühungen zur Durchsetzung einer härteren Linie bei sexuellem Missbrauch Minderjähriger stieß. Das war bei einem Treffen mit Journalisten am 28. März. Bei jener Gelegenheit hatte er jedoch keine Namen genannt und nur gesagt, Ratzinger habe ihm offenbart, er sei „von der diplomatischen Partei der römischen Kurie" gebremst worden. Damit ist nicht der Fall Maciel gemeint, sondern ein anderer, der Kardinal Hans Hermann Groër betraf.

Am 28. April 2010 kommt Schönborn wieder mit Pressevertretern zu einem informellen Treffen zusammen, bei dem er Hintergrundinformationen liefern kann, ohne dass seine Worte zitiert oder ihm Erklärungen zugeschrieben werden könnten. So lautet die Abmachung. Am Folgetag jedoch veröffentlichen zwei Journalisten Schönborns Worte: Er habe sich direkt auf Sodano bezogen und diesem vorgeworfen, vor zwölf Jahren zur Vertuschung der Anklagen gegen Hans Hermann Groër beigetragen zu haben. Dieser war der sexuellen Belästigung von Seminaristen (viele Jahre früher) bezichtigt worden. Schönborns Kritik bezieht sich auch auf den Umstand, dass Sodano in seiner Ansprache am Ostermorgen den Missbrauchsskandal als „Geschwätz" abgetan hatte.

Schon am 4. Mai legt die österreichische katholische Nachrichtenagentur „Kathpress" nach. Die Worte des Kardinals gehen um die Welt. Schönborn ist ein Ratzingerschüler und unter den Kardinälen gehört er zu denjenigen, die der Medienwelt größte Aufmerksamkeit widmen. Auf dieser Grundlage kommen einige zu dem Schluss, dass der Angriff auf Kardinal Sodano die Schlussabrechnung zwischen der alten Garde, verkörpert durch den ehemaligen Staatssekretär und Dekan des Kardinalkollegiums, und der neuen darstellt, vertreten durch den päpstlichen Umkreis, der in den ersten Jahren des Ratzinger-Pontifikats *peu a peu* ausgetauscht worden war.

Tatsächlich aber ist Benedikt XVI. vom Verhalten seines Schülers Schönborn nicht immer begeistert. So war der Papst nicht gerade darüber erfreut, dass sich der Wiener Kardinal während eines Neujahrbesuchs in Medjugorje persönlich mit Erklärungen über die dortigen Marienerscheinungen exponiert hatte. Auf dieser als „Privatbesuch" deklarierten Reise zelebrierte Schönborn Messen, nahm die Beichte ab, traf die Seher, hielt Reden. Vor allem sagte er, das, was sich in dem Dörfchen der Herzegowina ereignet habe, sei „kein Menschenwerk". De facto wurde damit die These der Übernatürlichkeit der dortigen Geschehnisse von hoher Stelle gestützt. Harte Kritik daran äußert der Bischof von Mostar, Ratko Peric, der den Erscheinungen äußerst skeptisch gegenübersteht. Im Übrigen hat Benedikt XVI. eine vatikanische Untersuchungskommission für die Erscheinungen unter der Leitung von Kardinal Camillo Ruini eingesetzt, dem ehemaligen Vikar für die Diözese Rom. Aber anscheinend machten die Worte des Wiener Erzbischofs über den Kardinal-Dekan dem Papst noch viel weniger Freude.

Vor den Journalisten hatte Schönborn am 28. April zunächst auf die Solidaritätsäußerung Sodanos gegenüber Ratzinger am Ostermorgen Bezug genommen: Der Begriff „chiacchiericcio" (Geschwätz), der – wie wir im vorigen Kapitel bemerkten – einen ähnlichen Ausdruck des Papstes bei der Palmsonntagspredigt aufnahm, habe „für die Opfer beleidigend" geklungen, wie Schönborn meint. Sodann erinnert Schönborn daran, dass Sodano derjenige gewesen sein soll, der „die Einsetzung einer Untersuchungskommission über den Fall Groër verhinderte", obwohl der Glaubenspräfekt Ratzinger diese einsetzen wollte.

Das sind präzise, detaillierte Anklagen. Sie führen ins letzte Jahrzehnt des Pontifikats von Johannes Paul II. zurück und nennen die Schwierigkeiten, die sich dem damaligen Präfekten der Glaubenskongregation in den Weg stellten, beim Namen. Schönborns Worte rufen den traurigen Fall des Erzbischofs von Wien, Kardinal Hans Hermann Groër, in Erinnerung, des konservativen Kirchenmanns, den Johannes Paul II. zum Nachfolger des progressiven Kardinals Franz König ernannt hatte. Wir erinnern uns: König war eine der Schlüsselfiguren der vatikanischen Ostpolitik, des Zweiten Vatikanischen Konzils und des Konklaves im Oktober 1978.

Am 13. Oktober 1994, seinem 75. Geburtstag, gab Groër zu verstehen, dass er bis zur Vollendung seines achtzigsten Lebensjahrs im Amt bleiben möchte, ein Privileg, das Johannes Paul II. besonders angesehenen Mitgliedern des Kardinalkollegiums einräumte, die wichtigen Diözesen vorstanden (zum Beispiel Erzbischof John Joseph O'Connor von New York und Erzbischof Eugenio de Araujo Sales von Rio de Janeiro).

Am 27. März 1995 veröffentlichte dann die in Österreich weit verbreitete Wochenschrift „Profil" die Aussagen eines ehemaligen Schülers Groërs, der diesen des sexuellen Missbrauchs bezichtigte, und zwar während der Zeit, als der künftige Kardinal noch Studienpräfekt am Knabenseminar und am Bundesgymnasium Hollabrunn war (1946–1974), bevor er ins Benediktinerstift Göttweig eintrat. Am 6. April tritt der Kardinal als Vorsitzender der Bischofskonferenz zurück; sein Nachfolger wird Johann Weber, der Bischof von Graz. Am 13. April wird Schönborn, bis dato Groërs Weihbischof, zum Koadjutor von Wien mit Nachfolgerecht ernannt und nimmt Mitte September vollen Besitz der Erzdiözese.

Das ist der so genannte „erste Fall Groër". Dieser beharrt zwar auf seiner Unschuld, gibt aber keine öffentliche Erklärung ab. Genau in denselben Monaten formiert sich in Österreich die Plattform „Wir sind Kirche", die über eine halbe Million Unterschriften sammelt.

Nach der Ernennung seines Nachfolgers zieht sich Groër zunächst in das von ihm gegründete Zisterzienserinnenkloster Marienfeld zurück. Der Abt von Göttweig ernennt ihn am 1. September 1996 zum Prior des Hauses St. Josef in Maria Roggendorf. Ende 1997 werfen ihm jedoch auch einige Mönche von Göttweig und Maria Roggendorf sexuelle Belästigungen in der Vergangenheit vor. So kommt es zum „zweiten Fall Groër", der am 5. Januar 1998 auch das Amt als Prior aufgeben muss. Der Heilige Stuhl sendet einen Apostolischen Visitator (den damaligen Abtprimas) nach Göttweig. Anfang März 1998 erklären vier der fünf Mitglieder des ständigen Rats der Österreichischen Bischofskonferenz (Kardinal Schönborn, Erzbischof Eder von Salzburg, die Bischöfe Weber und Kapellari, allerdings nicht der Bischof von Linz, Maximilian Aichern) öffentlich, sie seien zur „moralischen Gewissheit" über die Schuldigkeit Groërs gelangt.

Wenige Wochen später macht der angeklagte Kardinal eine Erklärung publik, in der er um Vergebung bittet, „wenn ich Schuld auf mich geladen habe", ohne sich jedoch schuldig zu bekennen. Er verlässt Österreich und zieht in ein deutsches Kloster. Nach dem Besuch Johannes Pauls II. in Österreich (Juni 1998) kehrt Groër in die Heimat zurück, genauer gesagt nach Marienfeld, wo er bis zu seinem Tod im Jahr 2003 bleiben wird.

Das sind die allgemein bekannten Fakten. Wann aber kam es zu den Meinungsverschiedenheiten zwischen Schönborn und Sodano, von denen der Erzbischof von Wien jetzt vertraulich vor Journalisten spricht? Die Hintergründe der Angelegenheit konnten wir mit Hilfe eines Prälaten rekonstruieren, der heute aus Altersgründen pensioniert ist, zu der Zeit jedoch Schönborn sehr nahe stand und uns eine schriftliche Notiz zukommen ließ. Er schreibt Folgendes:

„Während der zweiten Anklagewelle wünschten sich die österreichischen Bischöfe – allen voran Schönborn, Weber und Kapellari – eine offizielle Erklärung über Groërs Schuld und eine Bestätigung durch den Heiligen Stuhl zu ihrer Stellungnahme vom März 1998, in der sie angegeben hatten, zu der ‚moralischen Gewissheit‘ gelangt zu sein, dass der inzwischen alt gewordene Kardinal schuldig sei. Die offizielle Erklärung aus dem Vatikan wird jedoch nie kommen, und das ist einer der Gründe für die Verstimmung gegenüber dem Staatssekretariat. Ich erinnere mich noch – weil ich anwesend war – an die Pressekonferenz von Bischof Weber, der bei seinem Rücktritt vom Amt des Vorsitzenden der Österreichischen Bischofskonferenz erklärte, Rom habe den österreichischen Bischöfen die Zuständigkeit für den Fall Groër entzogen."

Unser Vertrauensmann, der damals enge Verbindungen zur Wiener Kurie besaß, fährt fort: „Man muss auch bedenken, dass die Kardinalserhebung Christoph Schönborns im Lauf des so genannten ‚zweiten Falls Groër‘ erfolgte. Damals versuchte der neue Erzbischof im Wiener Ordinariat die Teilnahme seines Vorgängers am Konsistorium zu verhindern, allerdings erfolglos, das Gegenteil geschah: Groër wurde vor der Feier, bei der Schönborn das rote Birett erhielt, vom Papst empfangen. Verständlicherweise war der frisch gebackene Kardinal darüber sehr erbost, denn er betrachtete jene Audienz als unverdiente Auszeichnung für Groër, so als ob der Heilige Stuhl den gegen ihn erhobenen Vorwürfen keinen Glauben schenkte."

Schönborn reagiert darauf bei einer Pressekonferenz: Er fordert von Groër ein Schuldbekenntnis und eine Bitte um Vergebung. Während seiner ersten Messe als Kardinal im Wiener Stephansdom sagt er am 25. Februar 1998, dass „die Diplomatie" die Kirche nicht aus ihrer gegenwärtigen Krise herausführen könne. Zwei Tage später sollte das oben genannte Kommuniqué der vier Bischöfe herauskommen. Es fand im Vatikan keine positive Resonanz, wie unser Gewährsmann weiß:

„Der Vatikan reagierte mit einer Missbilligung der Erklärung und forderte die vier Bischöfe auf, die Gemeinschaft mit ihrem Mitbruder Groër wiederherzustellen, obwohl Schönborn ihn nach wie vor als schuldig betrachtete und ihn anmahnte, in der Diözese keine Firmungen mehr zu spenden – eine Forderung, die in Absprache mit Giovanni Battista Re, dem damaligen Substitut im Staatssekretariat, erfolgt war. Schönborn, Weber und Eder werden am Dienstag der Karwoche, dem 7. April, von Johannes Paul II. in Audienz empfangen. Danach hatten sie einen Termin mit Staatssekretär Sodano, der ihnen wegen des Kommuniqués gegen Groër scharfe Vorhaltungen macht."

Am Geburtstag des Papstes, es ist der 18. Mai 1998, findet ein Mittagessen in der päpstlichen Wohnung statt. Der damalige Mitarbeiter des Erzbischofs von Wien gibt preis: „Um den Tisch mit Johannes Paul II. sitzen die Kardinäle Sodano, Ratzinger, Meisner aus Köln und Schönborn sowie der Nuntius in Österreich, Erzbischof Donato Squicciarini. Während des Essens wird die Möglichkeit erörtert, eine allgemeine Erklärung über Groër abzugeben, aber keinen eigentlichen Urteilsspruch. Letztlich wird jedoch nichts daraus. Im Laufe des Essens kommt es zu einer Auseinandersetzung zwischen

Sodano und Schönborn. Obwohl Kardinal Ratzinger Schönborns Ansichten nicht hundertprozentig teilt, ergreift er für ihn Partei."

Die Angelegenheit hat während des dritten Besuchs Johannes Pauls II. in Österreich ein Nachspiel. „Bei dem Mittagessen mit den Bischöfen sollte der Papst eine Ansprache halten. Kardinal Sodano und Nuntius Squicciarini hatten zu diesem Anlass einen Textzusatz verfasst, in dem die drei österreichischen Kardinäle König, Stickler und Groër genannt wurden, obwohl der emeritierte Erzbischof von Wien natürlich nicht anwesend war. Schönborn sagte mir, er habe mit allen Mitteln zu verhindern versucht, dass Groër genannt wurde (wie es hingegen am Vortag Bischof Kurt Krenn während einer Predigt in St. Pölten getan hatte), aber nichts erreicht. Zu guter Letzt hatte der Papst den vorbereiteten Text (einschließlich Zusatz) gelesen; dieser wurde jedoch weder an die Journalisten verteilt noch je veröffentlicht."

Der Prälat beschließt seine Ausführungen wie folgt: „Man läge allerdings falsch mit der Annahme, Kardinal Sodano sei für diese verständnisvollere und sanftere Haltung gegenüber Groër allein verantwortlich. Man muss in dieser Frage ehrlich sein und anerkennen, dass der Kardinalstaatssekretär sich so verhalten konnte, weil dies der Meinung des Papstes entsprach."

Schönborns Äußerungen gegen Sodano stellen jedenfalls eine Neuheit dar. In jüngerer Zeit hatte es keine solch direkten Angriffe eines Kardinals gegen den Dekan des Kardinalskollegiums gegeben, wobei es nicht um theologische Fragen, sondern um solche der Kirchenregierung ging. Die Angelegenheit macht im Vatikan auch manche nervös, die nicht zum Freundeskreis des ehemaligen Staatssekretärs zählen. Er selbst, als guter Diplomat, hüllt sich weise in Schweigen. Es geht die Befürchtung um, die persönliche Attacke gegen den Purpurträger könne einen neuen Abschnitt gegenseitiger giftiger Anschuldigungen einläuten. Man tuschelt auch über einen Brief, den Benedikt XVI. an Schönborn geschrieben haben soll, um diesem seinen Unmut kundzutun.

Andere wiederum ergreifen für den Erzbischof von Wien Partei, darunter der Erzbischof von Boston, Sean O'Malley: In einem Interview mit dem amerikanischen Vatikankorrespondenten John Allen teilt der Erzbischof Schönborns negative Meinung über die Worte, die Sodano zu Ostern gebraucht hat, als er im Zusammenhang mit dem Missbrauchsskandal von „Geschwätz" sprach. O'Malley ist der Ansicht, diese Äußerung habe den Opfern „einen immensen Schaden" zugefügt. Im Wesentlichen ist er auch mit Schönborns Kritik an Sodano wegen seines Umgangs mit dem Fall Groër einverstanden und fügt hinzu, die Kirche solle sich nicht von einer Analyse der Art und Weise bedroht fühlen, wie die Krise in der Zeit vor Benedikt XVI. von Kurienvertretern wie Sodano gemanagt wurde. Manche von ihnen, meint er, „haben die Schwere des Problems beziehungsweise alle seine Implikationen nicht verstanden".

Der Erzbischof von Boston betont jedoch, dass Johannes Paul II. nicht in die Kritik einbezogen werden darf: „Ich denke, es ist ungerecht, Johannes Paul II. irgendwelche Verantwortlichkeiten zuzuschreiben. Die Krise kam in ihrer ganzen Schwere erst gegen Ende seines Pontifikats zum Vorschein, als der Gesundheitszustand des Papstes schon sehr schlecht war. Wäre er jünger gewesen, hätte er zum Beispiel nach Boston kommen sollen. Er hatte keine Angst davor, sich Problemen zu stellen. Meiner Ansicht nach wurde er von Menschen, die ihn schützen wollten, von solchen Angelegenheiten ferngehalten."

Der Vatikanexperte Sandro Magister meint: „Die Offensive der beiden Kardinäle findet in der Kurie Unterstützung durch den Nachfolger Sodanos im Staatssekretariat, Kardinal Tarcisio Bertone. Dieser war Sekretär der Kongregation für die Glaubenslehre, also an Ratzingers Seite, als dieser von Sodano und seinen Mitstreitern ‚behindert' wurde. Heute zeigt er, dass er sich selbst nach einer Abrechnung mit der alten Garde der Kurie sehnt. Das erkennt man an der Strenge, mit der Bertone die ‚Reinigungsaktion' bei den Legionären Christi vorantreibt."

„Ich denke, der einzige Hauptgrund, weswegen der Vatikan es vermied, die Geschichte Benedikts XVI. zu erzählen", sagt uns John Allen, Leitartikler des „National Catholic Reporter", „war der Umstand, dass man zur Verteidigung Ratzingers die Hindernisse erklären muss, gegen die er ankämpfte. Und dies bedeutet, formell Anklage zu erheben gegen manch bedeutende Persönlichkeit des Pontifikats von Karol Wojtyla. Kardinal Castrillón ist dabei nicht das einzige Beispiel. Sowohl Kardinal Sodano als auch Stanislaw Dziwisz – heute ebenfalls Kardinal – gehörten zu der ‚Opposition', der sich Ratzinger gegenübersah, vielleicht vor allem in den Angelegenheiten Groër und Maciel. Traditionsgemäß besitzt der Vatikan einfach keine Terminologie, um das Scheitern seiner höchsten Vertreter öffentlich anzuerkennen. Normalerweise tadelt der Heilige Stuhl einen der Seinen durch Schweigen. Die Insider verstehen das, die Außenstehenden natürlich nicht. Dieser Ansatz muss sich ändern, und er ändert sich in der Tat – man denke nur daran, dass Pater Lombardi sich öffentlich von Castrillón distanziert hat. In Bezug auf Johannes Paul II. muss sich Benedikt XVI. mit einem Paradox herumschlagen: Je wirksamer er gegen die Missbrauchsfälle vorgeht, desto mehr Leute werden sich wahrscheinlich fragen, warum nicht schon Johannes Paul II. diese Maßnahmen ergriff. Mit anderen Worten: Papst Ratzingers Fortschritte sind direkt proportional zur Kritik an seinem Vorgänger in der Sache. Wie berechtigt diese Kritik ist, mag die Geschichte entscheiden, vor allem, weil die Krise in ihrer ganzen Tragweite ja erst nach der offensichtlichen Verschlechterung des Gesundheitszustand Wojtylas zum Vorschein kam. Wenn die Bewältigung der Missbrauchskrise mit einer Entheiligung des Erbes von Johannes Paul II. einhergeht, so muss die Kirche dieses Risiko dennoch in Kauf nehmen. Letztlich gibt es niemanden, dessen Ruf wichtiger wäre als das Gemeinwohl der Kirche."

Anderer Ansicht ist der Kirchenhistoriker Alberto Melloni, Dozent an der Universität Modena-Reggio Emilia und Direktor der „Fondazione per le scienze religiose Giovanni XXIII" in Bologna: „Man muss, meine ich, vorsichtig sein, wenn man den gegenwärtigen Pontifex ‚verteidigt', indem man ihn als isolierte Persönlichkeit darstellt, als denjenigen, der sich mehr als alle anderen gegen Missbrauch eingesetzt hat, obwohl ihm mehrere Mitbrüder in seinem Umfeld Hindernisse in den Weg stellten. Wenn man nämlich nach diesem Schema vorgeht, wird es immer jemanden geben, jetzt oder in ein paar Jahren, der versuchen wird, sich in der Abwehr gegen die Pädophilie noch wirksamer und engagierter zu zeigen. Wenn man außerdem Ratzinger vollständig von der Kurie trennen wollte, in der er während des Pontifikats Johannes Pauls II. 23 Jahre lang wirkte, würde man diese Kurie und dieses Pontifikat als unzulänglich in der Bewältigung dieses Problems darstellen. Eine solche Vereinfachung kann vielleicht für eine Pressemeldung dienlich sein, birgt aber das Risiko verheerender Folgen."

11

DIE KONSTITUTION FÜR DIE ANGLIKANER UND DIE REISE NACH GROSSBRITANNIEN

Die ersten Gerüchte machen Anfang 2009 die Runde: Die australische Tageszeitung „The Record" schreibt, der Papst habe vor, Bischöfe, Priester und Gläubige aus den Reihen der anglikanischen Gemeinschaft in die katholische Kirche aufzunehmen. Der Artikel kommt am 30. Januar mit dem Titel heraus: „Traditional Anglicans to be offered personal prelature by the Pope" – „Den traditionalistischen Anglikanern soll vom Papst eine Personalprälatur angeboten werden". Die Zeitung notiert:

„Laut Informationen von heute Morgen wird der Papst in Kürze der Traditional Anglican Communion (TAC), einer Gemeinschaft von etwa einer halben Million abtrünniger Anglikaner, eine Personalprälatur anbieten ... Die TAC zählt heute etwa 400 000 Mitglieder, und sie tat einen wichtigen Schritt 2007, als sie den Wunsch nach voller Gemeinschaft und sakramentaler Union mit der katholischen Kirche aussprach. Wenn dieser Schritt zu seinem geplanten Ziel führen würde, stünden wir vor der bedeutendsten Entwicklung der katholisch-anglikanischen Beziehungen seit der englischen Reformation unter Heinrich VIII. Die Mitglieder der TAC haben sich mit der anglikanischen Gemeinschaft von Canterbury unter der Leitung von Erzbischof Rowan Williams über Themen wie die Priesterweihe von Frauen oder die erklärte und praktizierte Homosexualität entzweit ...

Der Primas der TAC, Erzbischof John Hepworth mit Sitz in Adelaide, hat einen von ihm persönlich unterzeichneten Antrag dem Ökumenetheologen der Kongregation für die Glaubenslehre, Monsignor Joseph Augustine Di Noia, vorgelegt, und zwar schon am 11. Oktober 2007 im Laufe einer vom Sekretär der Kongregation, Erzbischof Angelo Amato, organisierten Sitzung. Potentiell problematisch für den Heiligen Stuhl wären die Bischöfe der TAC, denn viele von ihnen sind verheiratet. Weder die römisch-katholische noch die orientalische Kirche erlauben verheiratete Bischöfe ... Während der Weltkonferenz von Lambeth, die 2008 im Vereinigten Königreich stattfand, haben drei katholische Kardinäle – Walter Kasper, Präsident des Päpstlichen Rats zur Förderung der Einheit der Christen, der Erzbischof von Westminster, Cormac Murphy-O'Connor, und der Präfekt der Kongregation für die Evangelisierung der Völker, Ivan Dias – dieses Thema erörtert."

Die Enthüllungen der Zeitung kommen etwa neun Monate vor der Ankündigung der Entscheidung des Vatikans, die anglikanischen Gemeinden, die dies wünschen, durch eine spezielle Apostolische Konstitution wieder in die katholische Kirche aufzunehmen. Die im Artikel genannten Gemeinschaften sind die am meisten traditionsverhafteten, die nicht mehr bereit sind, die liberalen Orientierungen der anglikanischen Kommunität hinzunehmen – von der Priester- und Bischofsweihe von Frauen bis zur Öffnung gegenüber erklärt homosexuellen Priestern, die in Partnerschaften leben.

Die von „The Record" wiedergegebenen Informationen sind im Wesentlichen korrekt; der einzige Fehler betrifft die kirchenrechtliche Form, in der die Anglikaner von Rom aufgenommen werden: Es handelt sich nicht um eine neue Personalprälatur (wie das Opus Dei eine ist), sondern um Personal-Ordinariate.

Es ist der Abend des 19. Oktober 2009, als in Rom zwei Pressekonferenzen für den folgenden Vormittag einberufen werden – ein äußerst kurzer Zeitraum, der den Gedanken nahelegt, im Vatikan befürchte man das Durchsickern von Nachrichten. Das frühzeitige Bekanntwerden von Informationen hätte in der Tat für den heiklen Prozess der ökumenischen Beziehungen sehr problematisch werden können. Im Presseamt des Heiligen Stuhls sitzen Kardinal William Joseph Levada, Präfekt der Kongregation für die Glaubenslehre, und Untersekretär Augustine Di Noia, heute Sekretär der Kongregation für den Gottesdienst und die Sakramentenordnung. In London hingegen treten Vincent G. Nichols, Primas der katholischen Kirche von England und Wales, sowie Rowan Williams, der Primas der anglikanischen Kirche, vor die Presse. Die vier Kirchenmänner halten ihre Pressekonferenzen zur selben Zeit: Überraschend verkünden sie die unmittelbar bevorstehende Veröffentlichung einer Apostolischen Konstitution Benedikts XVI. Das neue Dokument soll die Bedingungen und die rechtliche Struktur zur Aufnahme ganzer anglikanischer Gemeinden in die katholische Kirche festschreiben. Den Medienvertretern wird allerdings der Text noch nicht ausgehändigt, denn er ist noch nicht fertig. Es wird nur der baldige Erlass der Konstitution angekündigt. Das ist ein Unikum in der Geschichte der Pressekonferenzen des Vatikans, der normalerweise sehr zurückhaltend ist in der Ankündigung von Dokumenten, deren Text noch nicht endgültig feststeht. Diesmal jedoch macht der Vatikan eine Ausnahme.

Die angekündigte Neuheit ist wichtig: Nach Veröffentlichung der Apostolischen Konstitution können die anglikanischen Pfarreien und Diözesen (in Großbritannien, den Vereinigten Staaten, Australien und anderen Ländern), die in den vergangenen Jahren an die Tür der katholischen Kirche angeklopft haben, praktisch „en bloc" die volle Gemeinschaft mit Rom wiederaufnehmen, nach den vom Heiligen Stuhl festgelegten Modalitäten. Es sollen ganze Gemeinden aufgenommen werden.

Die Erklärung, die Kardinal Levada der Presse vorliest, nimmt einige Eckpunkte des päpstlichen Dokuments vorweg: Nach ihrer Weihe im katholischen Ritus können die verheirateten Priester und Bischöfe ihr priesterliches (jedoch nicht das bischöfliche) Amt wiederaufnehmen, wie es schon jetzt für die verheirateten Geistlichen der orientalischen Riten vorgesehen ist. Die Gemeinden sollen in Personal-Ordinariaten unter der Leitung unverheirateter Bischöfe oder Priester zusammengefasst werden; auch dies entspricht der ständigen Praxis der katholischen und orthodoxen Kirchen. Die Liturgie soll weiterhin nach dem geltenden anglikanischen Ritual gefeiert werden, das übrigens dem katholischen in vielem sehr ähnlich ist.

Damit ist jedoch noch lange nicht alles geklärt, und die Ankündigung ohne offiziellen Text stiftet eine gewisse Verwirrung.

Die schwierigste Frage, die während der Pressekonferenz nicht ausreichend erläutert wird, betrifft die verheirateten Priester, denn die Aufnahme aller anglikanischen Priester (einschließlich der schon verheirateten) in die katholische Kirche ist eine Sache – eine andere wäre es jedoch, zuzulassen, dass diese Ausnahme in Zukunft für die anglikanischen, zum Katholizismus übergetretenen Seminaristen zur Praxis wird. Wenn dem so wäre, würde den künftigen Priestern der wieder mit Rom vereinten Gemeinden, die ja dann voll und ganz Priester nach lateinischen Ritus sind, ein Privileg eingeräumt, das bisher allein den Katholiken der orientalischen Riten vorbehalten war. Der Priesterzölibat ist in der lateinischen Kirche eine altehrwürdige Tradition, und auch die letzten Päpste haben sie bestätigt und sahen keine Veranlassung, daran etwas zu ändern. Es handelt sich nicht, wie oftmals behauptet wurde, um ein Glaubensdogma, sondern um eine Praxis, die also jederzeit gelockert oder verändert werden könnte. Als in den Jahren nach dem Konzil der Wert des Zölibats in Frage gestellt wurde, hat Paul VI. auf der Aufrechterhaltung bestanden. Genauso verhielten sich seine Nachfolger, einschließlich Benedikts XVI., der mehrfach auf die tieferen Beweggründe des Priesterzölibats hingewiesen hat.

Der Wortlaut der Erklärung Levadas ist in dieser Hinsicht nicht eindeutig. In Bezug auf die verheirateten Priester sagt der Präfekt der Glaubenskongregation: „Das Modell [des Personal-Ordinariats] sieht die Möglichkeit der Weihe von verheirateten, ehemals anglikanischen Klerikern zu katholischen Priestern vor. Historische und ökumenische Gründe gestatten sowohl in der katholischen als auch in der orthodoxen Kirche keine Weihe von verheirateten Männern zu Bischöfen. Daher legt die Konstitution fest, dass der Ordinarius ein Priester oder ein nicht-verheirateter Bischof sein kann. Die Seminaristen der Ordinariate werden neben den anderen katholischen Seminaristen ausgebildet." Obwohl also die Leitung der neuen Ordinariate unverheirateten Priestern und Bischöfen anvertraut wird, bedeutet dies nicht, dass in

Zukunft nicht auch verheiratete Priester in den Ordinariaten zugelassen werden können. Und die Seminaristen? Levada antwortet auf die Frage eines Journalisten aus dem Stegreif, dass bezüglich der anglikanischen Seminaristen von Fall zu Fall entschieden werden soll. Am 21. Oktober schreibt die italienische Tageszeitung „Corriere della Sera": „Dass die zum Katholizismus übergetretenen anglikanischen Geistlichen zum katholischen Priesteramt zugelassen werden sollen, auch wenn sie schon verheiratet sind, stellt keine Neuheit dar. Eine Neuheit wird sich diesbezüglich jedoch im Laufe der Zeit einstellen, wenn nämlich die schon verheirateten anglikanischen Seminaristen, die jetzt in die katholische Kirche eintreten, zur Priesterweihe gelangen. Es wurde gesagt, es soll über ihre Weihe von Fall zu Fall entschieden werden, aber ich gehe jede Wette ein, dass es auf jeden Fall großen Wirbel geben wird."

Der Knoten löst sich erst mit der tatsächlichen Veröffentlichung der Konstitution „Anglicanorum coetibus" am 9. November. Der Papst hat sie am 4. November, dem liturgischen Gedenktag des heiligen Karl Borromäus, unterzeichnet. Viele von den angekündigten Elementen werden bestätigt: Der Papst öffnet die Tore für die anglikanischen Gruppen, die zur katholischen Kirche zurückkehren möchten, und lässt sogar einige Ausnahmen für verheiratete Priester und Bischöfe zu. Er betont jedoch, dass dies in keiner Weise als Änderung im Reglement der Kirche hinsichtlich des Priesterzölibats interpretiert werden soll. Die Konstitution wird von einer Reihe von Anmerkungen und Erläuterungen begleitet, in denen unter anderem die Bedeutung des Dokuments bestätigt wird, das „einen neuen Weg zur Förderung der Einheit der Christen" auftut und den ökumenischen Dialog mit der anglikanischen Gemeinschaft in keiner Weise gefährden wird.

Ein am 20. Oktober schon teilweise erläutertes Konzept wird bestätigt: Der Heilige Vater kann „von Fall zu Fall" verheirateten, ehemals anglikanischen Geistlichen die Zulassung zur katholischen Priesterweihe gewähren. Fest steht auf jeden Fall, dass verheiratete Priester nicht Bischöfe werden können und dass die ehemals katholischen Priester, die nach einer Eheschließung zur anglikanischen Kirche übergetreten sind, nicht wieder in die volle Gemeinschaft mit Rom eintreten können. Alle, die von „Irregularitäten" (in Partnerschaft lebend oder geschieden) betroffen sind, können nicht zum Priesteramt zugelassen werden.

Doch wie steht es nun um die knifflige Frage der verheirateten Seminaristen, die in Zukunft in die katholische Kirche aufgenommen werden möchten? Die Konstitution räumt die Möglichkeit ein, dass innerhalb der Ordinariate der ehemaligen Anglikaner auch künftig Verheiratete zum Priesteramt zugelassen werden können. Zitat aus „Anglicanorum coetibus" (Ergänzende Normen, Art. 6): „Der Ordinarius muss für die Zulassung von Kandidaten zu den heiligen Weihen die Zustimmung des Leitungsrates einholen. Unter Berücksichtigung der anglikanischen kirchlichen Tradition und Praxis kann der Ordinarius den Heiligen Vater nach einem Entscheidungsprozess, der auf objektiven Kriterien und den Bedürfnissen des Ordinariates basiert, um die Zulassung verheirateter Männer zur Priesterweihe im Ordinariat bitten. Diese objektiven Kriterien werden vom Ordinarius bestimmt, nachdem er die örtliche Bischofskonferenz angehört hat, und müssen vom Heiligen Stuhl approbiert werden."

Der Rektor der Päpstlichen Universität Gregoriana, der Jesuit Gianfranco Ghirlanda, hat an der Abfassung des Textes mitgewirkt. Bei der Präsentation bekräftigt er, es gebe „die

Möglichkeit, nach eingehender Erwägung aufgrund objektiver Kriterien und der Bedürfnisse des Ordinariats den Heiligen Vater zu bitten, von Fall zu Fall auch verheiratete Männer zur Priesterweihe zuzulassen", in Abweichung von der für die römisch-katholische Kirche geltende Zölibatsnorm.

Die anglo-katholischen Bischöfe können also auch in Zukunft den Papst um die Möglichkeit der Weihe „verheirateter Männer" bitten. Die Ausnahme ist zwar auf diese Gemeinschaften beschränkt, aber sie besteht – obwohl Kardinal Levada diese Sachlage in einer Erklärung zehn Tage zuvor als „rein hypothetisch" bezeichnet hatte. Natürlich muss jeder einzelne Antrag dem Vatikan zur Genehmigung unterbreitet werden. Jeder Verheiratete, der in den anglo-katholischen Ordinariaten zum Priester geweiht werden möchte, braucht also eine solche Genehmigung des Heiligen Stuhls. Die Neuheit bleibt, trotz aller Dementis, und es handelt sich um den ersten offiziell verkündeten Dispens dieser Art für eine Gemeinschaft des lateinischen Ritus seit dem Konzil von Trient.

In der „Washington Post" erscheint ein Kommentar des ehemaligen Chefredakteurs der Wochenzeitigung der Jesuiten „America", Pater Thomas J. Reese, zu der päpstlichen Entscheidung. Darin zählt Reese verschiedene mögliche (wenn auch paradoxe) Folgen auf: „Der Vatikan hat klargestellt, dass die verheirateten katholischen Priester nicht wieder ins Priesteramt eingesetzt werden. Könnte jedoch ein verheirateter Katholik nicht zu den Anglikanern übertreten, in ein anglikanisches Seminar eintreten und dann zur katholischen Kirche zurückkehren? Wenn dem so wäre, könnte dies zu einer reichen Quelle von Priestern für die katholische Kirche werden."

Es könne aber auch sein, erläutert Reese weiter, „dass viele verheiratete Katholiken zu den Anglikanern gehen und dann Priester werden: In diesem Fall wäre das Problem des Priestermangels innerhalb einer Generation gelöst; es gäbe jedoch mehr Priester in den anglikanischen Ordinariaten als in den traditionellen Bistümern – mit der Wirkung, dass die Gläubigen ihnen bald folgen würden und das anglikanische Ordinariat mehrheitlich aus Katholiken bestünde."

Der Text der Konstitution wird am 9. November 2009 nur von Pater Federico Lombardi der Presse vorgestellt. Der Pressesprecher sagt, die Konstitution sei nicht eine Initiative des Heiligen Stuhls, sondern eine großherzige Antwort des Heiligen Vaters auf den legitimen Wunsch einiger Gruppen, die darum gebeten haben. Laut Lombardi ist die Kirche allerdings nicht bereit, dafür irgendetwas in ihrer internen Struktur zu verändern, weder Regeln noch Riten.

Eine Frage bleibt unbeantwortet: Warum hat Levada die Veröffentlichung eines so wichtigen päpstlichen Dokuments angekündigt, als es die offizielle Fassung noch gar nicht gab? Warum hat der Vatikan nicht die Freigabe des endgültigen Textes abgewartet, um die Pressekonferenz einzuberufen? Vielleicht wollte man rasch handeln, um internen Diskussionen zuvorzukommen. Manche waren der Meinung, im Vatikan habe jemand einen Text durchsetzen wollen, in dem die Streitfrage der künftigen verheirateten Seminaristen in restriktivem Sinn gelöst würde, nämlich durch eine Bestimmung, wonach in Zukunft kein Verheirateter Zutritt zur Priesterweihe in den anglo-katholischen Ordinariaten haben sollte.

Am wahrscheinlichsten ist jedoch, dass die Konstitution noch etwas zurückgehalten werden sollte, um weitere Korrekturen und Anpassungen rechtlicher Art (wie vom Staatssekretariat empfohlen) vorzunehmen. Die Journalisten, die damals fragten, wer sich denn tatsächlich mit der Textformulierung beschäftige, erhielten die nicht-offizielle Antwort des Vatikans: „Zum Teil das Staatssekretariat und zum Teil der Päpstliche Rat für die Gesetzestexte." Das Ergebnis haben wir schon angesprochen: Etwa drei Wochen lang, vom 20. Oktober bis zum 9. November, wusste niemand, welche Bedingungen der Papst für die Wiederherstellung der vollen Gemeinschaft mit Rom für die anglikanischen Gemeinden tatsächlich gestellt hatte.

In diesen zwanzig Tagen „in der Schwebe" zwischen Ankündigung und Veröffentlichung des Texts werden dem Vatikan viele Fragen gestellt – nicht nur von Journalisten. Es erheben sich auch kritische Stimmen, die düstere Szenarien zeichnen. Eine von ihnen ist die des Theologen Hans Küng. Die italienische Tageszeitung „La Repubblica" bringt einen Beitrag von ihm mit dem bezeichnenden Titel „Ein Papst, der in rechten Gewässern fischt". Laut Küng besteht Ratzingers einziges Ziel darin, die Ränge der Katholiken wieder aufzufüllen, indem er den reaktionärsten und konservativsten Gruppen die Tore der römischen Kirche öffnet; Beweise dafür seien die Aufhebung der Exkommunikation für die Lefebvre-Bischöfe und nun das grüne Licht für traditionalistische Anglikaner. Küng bezeichnet letztere Entscheidung als „Tragödie" für die Ökumene „nach den Beleidigungen, die Benedikt XVI. schon in der Vergangenheit Juden und Muslimen, Protestanten und Reformkatholiken zugefügt hat".

Dazu bemerkt der Vatikanexperte Luigi Accattoli: „Die Öffnung gegenüber dem verheirateten Klerus anglikanischer

Provenienz muss im Gesamtbild der großherzigen Aufnahme aller Anglikaner, die in die katholische Kirche eintreten wollen, gesehen werden. Anderenfalls kann man die Logik des Ganzen, die ja nicht auf die Zölibatsfrage beschränkt werden darf, nicht verstehen. Benedikt XVI. gewährt den künftigen Personal-Ordinariaten die Möglichkeit, den Heiligen Stuhl um eine Genehmigung für die Weihe (wenn nötig) verheirateter Männer zu bitten, außerdem die Befugnis, (auch ‚verheiratete') Kandidaten als Kandidaten zur Ernennung als ‚Ordinarius' vorzuschlagen, und das Recht, die liturgischen Bücher des anglikanischen Ritus zu verwenden. Diese Entscheidungen wurden von rechts und links aus unterschiedlichen Gründen kritisiert. Von rechts kommt Kritik, weil man eine Unterhöhlung des Zölibatsgesetzes in der lateinischen Kirche befürchtet, und von links auch, weil dem gesamten Vorhaben unterstellt wird, die römische Kirche wolle den traditionalistischen Gruppierungen der anglikanischen Gemeinschaft goldene Brücken bauen. Beide Kritikansätze scheinen mir kurzsichtig: Der eine schaut nur auf die Zölibatsfrage, der andere allein auf die Provenienz der Traditionalisten in der katholischen Ökumene. Meiner Ansicht nach kann man hingegen in diesen Entscheidungen, wenn man sie als Ganzes betrachtet, ein zukunftsweisendes Zeichen sehen, das über die unmittelbaren Gegebenheiten hinausgeht. Es handelt sich um Schritte in die Richtung einer flexiblen Ökumene und einer größeren Vielfalt innerhalb des Katholizismus. Morgen wird es nicht mehr nötig sein, dass alle das gleiche Messbuch verwenden: Bürgerrecht haben dann sowohl das Messbuch Johannes' XXIII. als auch das anglikanische und das ‚normale' von Paul VI. Neben den ehelosen Priestern der lateinischen Kirche gibt es dann die verheirateten der orientalischen Tradition und die ‚Neuen' anglikanischer Provenienz."

Wir haben die recht zahlreichen Schwierigkeiten gesehen, die es zu überwinden galt, um zur endgültigen Fassung der Konstitution zu gelangen. Dazu gehörten auch Probleme mit der anglikanischen Welt.

Kehren wir zum vorhin genannten, gut informierten Artikel in „The Record" zurück, denn er enthält einige weitere interessante Angaben, darunter einen Umstand, der im Nachhinein zu heftigen Debatten führt und noch heute Diskussionen nicht nur innerhalb der katholischen Kirche, sondern genauso zwischen dieser und der anglikanischen Kirche verursacht. „The Record" zitiert die Aussagen des Primas der TAC, wonach der Vatikan seine Verhandlungen mit den anglikanischen Gemeinschaften schon lange vor 2009 aufnahm. Erzbischof John Hepworth erklärt, schon 2007 habe es ein vertrauliches Treffen zwischen den Leitern der Kongregation für die Glaubenslehre und den Verantwortlichen der TAC gegeben, zu dem nur wenige Teilnehmer geladen waren.

Man weiß, dass danach drei Bischöfe konsultiert werden: ein Engländer, ein Amerikaner und ein Australier. Das geschah jedoch auf persönlicher Basis und ohne Hinzuziehung der jeweiligen Bischofskonferenzen. Es handelt sich um: Vincent G. Nichols, Primas der katholischen Kirche von England und Wales, Donald W. Wuerl, Erzbischof von Washington, Mark Benedict Coleridge, Erzbischof von Canberra. Man weiß auch, dass die Kongregation für die Glaubenslehre beschlossen hat, jedes Treffen im Geheimen abzuhalten, um den positiven Ausgang der Verhandlungen nicht zu gefährden und Nachrichtenlecks zu vermeiden. Allerdings hat die

TAC selbst von Anfang an um eine solche Vertraulichkeit gebeten. Viele fragen sich, wie der Vatikan diese äußerst weitreichende Entscheidung treffen konnte, ohne die katholischen Bischöfe Australiens, Englands und der Vereinigten Staaten (also der Länder, in der es die größten anglikanischen Gemeinschaften gibt) einzubeziehen und zu befragen.

Vatikanexperte Gerard O'Connell meint: „Ich habe persönlich sowohl mit dem Erzbischof von Canterbury und mit seinen Beratern als auch mit diversen katholischen Bischöfen in England und den Vereinigten Staaten gesprochen; sie alle haben ausnahmslos Kritik am Entscheidungsfindungsprozess für die Konstitution geübt. Manche Bischöfe in Großbritannien sagten mir, sie seien erschüttert und erbost über die Art und Weise, wie die Sache durchgeführt worden sei, auch wenn sie das nicht öffentlich vertreten wollten. Anglikaner und Katholiken haben also ähnliche Urteile über das Vorgehen der Kongregation für die Glaubenslehre bei der Konsultation und der Abfassung des Dokuments, da die Vorgehensweise die ökumenischen Beziehungen nicht berücksichtigt hat. Auch eine gewisse Anzahl katholischer Laien hat sich in Großbritannien so geäußert. Einige katholische Bischöfe Englands und der Vereinigten Staaten sagten mir, in dem ganzen Prozess habe es vollständig an Kollegialität gefehlt. Auch konnten sie nicht verstehen, warum die Kirchenoberen in England und Wales, genauso wie der Erzbischof von Canterbury, erst im letzten Moment informiert (und nicht etwa konsultiert) wurden. Einige Vatikanfunktionäre haben versucht, mir die Gründe für diese Geheimhaltung und für das Fehlen einer offenen Absprache verständlich zu machen, aber ich muss sagen, dass ich ihre Ausführungen nicht sehr überzeugend fand."

Der anglikanische Primas wird demnach erst gegen Ende des Prozesses, wenige Wochen vor der Ankündigung, informiert. Am 19. Oktober 2009, dem Tag vor der Pressekonferenz, fliegt Kardinal Levada nach London und trifft dort sowohl die englischen Bischöfe, um ihnen die Absichten des Heiligen Stuhls darzulegen, als auch den Primas der anglikanischen Kirche, „um ihn zu informieren" – offensichtlich wurde Rowan Williams in den Monaten davor in keiner Weise einbezogen.

Manche haben an diese Umstände erinnert, als der anglikanische Primas am 3. April 2010 das Verhalten der irisch-katholischen Kirche zum Thema des sexuellen Missbrauchs Minderjähriger mit unüblich harten Worten kritisierte. Es sind schwere Zeiten für die katholische Kirche: Seit zwei Monaten steht sie wegen der bekannt gewordenen Missbrauchsfälle unter Beschuss. Wie wir in den vorigen Kapiteln gesehen haben, liegt das Epizentrum der neuen Skandalwelle in Irland, weitet sich dann auf Deutschland und schließlich auf die Vereinigten Staaten aus. Wir möchten nur betonen, dass Williams' Worte – wenn man einen Bezug zum Klima jener Tage herstellt – besonders scharf klingen. In einem Interview für den Radiosender der BBC äußert sich Williams zum „Fall Irland". Er spricht von einem „kolossalen Trauma" für die katholische Kirche in Irland und betont den „Verlust an Glaubwürdigkeit".

Auch die angesehene „Times" bestätigt die Annahme, der anglikanische Primas sei im Dunkeln gelassen worden über die Verhandlungen zur Wiedereingliederung der traditionalistischen anglikanischen Gruppen in die katholische Gemeinschaft: Am 21. Oktober schreibt die Londoner Tageszeitung, die Apostolische Konstitution sei „ein schwerer

Schlag gegen die Bemühungen des Erzbischofs von Canterbury, Rowan Williams, die anglikanische Gemeinschaft zu retten". Die „Times" erklärt sich bereit, die „aufrichtigen seelsorglichen Gründe" zu akzeptieren, die dem Handeln des Vatikans zugrunde liegen; zugleich bezeichnet sie den Umgang mit der Sache seitens der vatikanischen Behörden als „direkten Angriff gegen die Integrität der anglikanischen Tradition". Williams, so fährt die „Times" fort, stehe nun „vor der gar nicht beneidenswerten Aussicht einer wachsenden Aufsplitterung des Anglikanismus und vor einem schweren Rückschlag der katholisch-anglikanischen Beziehungen". Die Zeitung behauptet auch, der Päpstliche Rat für die Einheit der Christen habe keinerlei Rolle gespielt in dem Prozess, der zur Entscheidung für die Personal-Ordinariate führte, „als eine Art Rahmen, in dem die Anglikaner zusammengefasst werden können, die sich in der neuen, fortschrittlichen Ausrichtung ihrer Kirche in den letzten Jahren nicht anfreunden konnten".

Nicht nur Williams also, sondern auch die vatikanische Behörde, die für die Beziehungen zu den anderen christlichen Konfessionen zuständig ist, wäre demnach nicht voll in die von der Glaubenskongregation geführten Verhandlungen einbezogen gewesen. Wie Kardinal Walter Kasper selbst dem Vatikankorrespondenten Gerald O'Connell berichten wird, nahm er zwar nicht an den Sitzungen teil, war jedoch über die Ereignisse informiert; er hatte der Glaubenskongregation geraten, sofort auch den anglikanischen Primas Williams zu unterrichten. Am Rande eines Vortrags von Kardinal Kasper an der Päpstlichen Universität Gregoriana räumte dieser ein, die Ausarbeitung und Veröffentlichung der Konstitution seien nicht von Transparenz gekennzeichnet gewesen, und zwar auch aufgrund einer ausdrücklichen diesbezüglichen Bitte von anglikanischer Seite. „Ich kann nur für mich selbst sprechen", so Kasper. „Ich habe von Anfang an darauf beharrt, dass der Erzbischof von Canterbury verständigt wird." Dies ist nicht erfolgt, sowohl „weil die anglikanische Seite allzu sehr auf Vertraulichkeit bestand", aber auch „weil man die Angelegenheit nicht allzu früh publik machen durfte wegen der heiklen Elemente der Verhandlungen". Auf jeden Fall, meint Kasper abschließend, „wäre Transparenz angezeigt gewesen, und ich glaube, dass wir aus dem Geschehenen lernen müssen".

Die „Times" schreibt ihrerseits, die Art und Weise, wie Kasper „kaltgestellt wurde, zeigt, dass für Papst Benedikt die Ökumene nur zweitrangig ist". Die Bekanntmachung vom 20. Oktober, so die „Times", „verhindert nicht nur die Einheit der Kirche, sondern auch die kirchliche Zusammenarbeit".

Manche der Aussagen des Artikels sind allerdings überzogen: Man darf nicht vergessen, dass Rom auf ausdrückliche Bitten der anglikanischen Gemeinden reagiert hat und dass der Dissens innerhalb des Anglikanismus nicht von vatikanischen Entscheidungen, sondern von den liberalen Orientierungen der anglikanischen Führungsriege verursacht wurde. Der Papst konnte solche Bitten nicht unbeantwortet lassen. Berechtigt sind dagegen die Zweifel über die Führung der Angelegenheit seitens der Glaubenskongregation. In Anbetracht der diffizilen Umstände und zur Vermeidung von Indiskretionen und Einmischungen führte sie die Verhandlungen, ohne die betroffenen Episkopate, das „Ökumeneministerium" des Heiligen Stuhls und die Verantwortlichen der anglikanischen Kirche einzubeziehen. Dies auch auf Anraten der Gegenseite, nämlich der anglikanischen Gruppen, die zur katholischen Gemeinschaft stoßen wollten.

Williams' Angriff zum Thema Pädophilie ist auf jeden Fall bemerkenswert; der Erzbischof hält sich nicht zurück, obwohl schon seit geraumer Zeit auch von Missbrauchsfällen in der anglikanischen Gemeinschaft die Rede ist. Interessant ist die Aussage des Soziologen Philip Jenkins, einem auf Weltebene renommierten Experten für Pädophilie: Der Prozentsatz der wegen Missbrauchs Minderjähriger verurteilten Priester schwankt (je nach geografischem Bezirk) zwischen 0,2 und 1,7 Prozent, bei protestantischen Geistlichen hingegen zwischen 2 und 3 Prozent. Jenkins' Ausführungen beruhen auf einem Bericht, den die protestantische amerikanische Presseagentur „Christian Ministry Resources" 2002 veröffentlichte. Seine Schlussfolgerung: „Die Katholiken bekommen die ganze Aufmerksamkeit der Medien, aber das größere Problem stellt sich in den protestantischen Kirchen"; die Anzeigen in den Vereinigten Staaten hatten einen Stand von siebzig pro Woche erreicht.

Williams' Äußerungen vom 3. April rufen bei vielen Erstaunen hervor. Die englische katholische Wochenschrift „The Tablet" zum Beispiel bezeichnet den Kommentar des Primas als „sehr überraschend", bemerkt jedoch, dass „wahrscheinlich seine Meinung von vielen Katholiken geteilt werden könnte". In der katholischen Kirche gibt es jedoch auch strenge Reaktionen: Diarmuid Martin, Erzbischof von Dublin, hebt hervor, dass diejenigen, „die sich für eine Erneuerung der Kirche einsetzen, von Williams' Worten mehr als entmutigt sein" könnten; dieser hat auch verlauten lassen, dass es jetzt – laut eines „irischen Freundes"

– „in manchen Landesteilen sehr schwierig werden könnte, sich im Priesteranzug auf der Straße zu zeigen".

Die Entscheidung, ganze anglikanische Gemeinden in die katholische Kirche aufzunehmen, streut Salz in manche Wunden. Wie vorauszusehen war, stieß die Öffnung Benedikts XVI. im Vereinigten Königreich nicht nur auf Gegenliebe und sie belastete auf ihre Weise – wenn auch unterschwellig und fast nie beim Namen genannt – die Vorbereitungen auf den Papstbesuch in England, Wales und Schottland im September 2010, der in der Seligsprechung von John Henry Newman gipfelte.

In den Monaten vor dem Besuch Benedikts XVI. trübt sich das Klima im Vereinigten Königreich immer weiter ein, nicht zuletzt wegen der britischen Anwälte, die den Rechtsstatus des Papstes hinterfragen und ihn unter Anklage stellen wollen, weil der Vatikan den Missbrauch Minderjähriger durch katholische Geistliche gedeckt haben soll. Die Juristen wollen klären, ob die Staatsoberhäuptern vorbehaltene Immunität auch dem Heiligen Vater zusteht oder ob er kraft internationaler Jurisdiktion von der britischen Justiz belangt werden kann.

Offiziell wird der Besuch Mitte März 2010 von der Königin Elisabeth durch ein Kommuniqué aus Buckingham Palace bekanntgegeben. Die Details werden dann im Rahmen einer gemeinsamen Pressekonferenz der Regierung und der Bischofskonferenzen von Schottland, England und Wales mitgeteilt. In den Tagen, die unmittelbar auf die Bekanntgabe folgen, wird der Dissens gegen den Besuch fassbar: Tausende Menschen unterzeichnen diverse Petitionen, die im Internetauftritt von Downing Street veröffentlicht werden und in denen die britische Regierung aufgefordert wird, sicherzustellen, dass der Papstbesuch im Vereinigten Königreich nicht zu Lasten der Steuerzahler geht. Insgesamt wird die Reise Benedikts XVI. mit zwanzig Millionen Pfund veranschlagt. Die Internetseite zitiert auch einige Bürgerkommentare: „Nicht nur widersetzt sich der Papst dem Recht der Frauen auf Abtreibung, sondern auch ihrem Recht auf Verhütung, um der Notwendigkeit einer Abtreibung vorzubeugen", schreibt beispielsweise Peter Tatchell, Chef der englischen Homosexuellenvereinigungen. Und weiter: „Er widersetzt sich der Gleichheit vor dem Gesetz von Lesbierinnen, Homosexuellen, Bisexuellen und Transgender und ihrem vollständigen Rechtsschutz gegen die Diskriminierung von Homosexuellen und Transsexuellen."

Zur selben Zeit der Unterschriftensammlung tauchen in den englischen Zeitungen die merkwürdigsten Ankündigungen auf. Eine davon stammt von dem britischen Ethologen, Biologen und Wissenschaftsreporter Richard Dawkins, der auch ein überzeugter und militanter Atheist ist. In der „Times" schreibt er, er sei zusammen mit dem Journalisten und Schriftsteller Christopher Hitchens dabei, ein juristisches Verfahren gegen Benedikt XVI. einzuleiten, das bei der Ankunft des Papstes in Großbritannien zum Tragen kommen soll. Er hat das Verfahren zusammen mit einigen auf Menschenrechte spezialisierten Anwälten konzipiert. Sie wollen Ratzinger der Verbrechen gegen die Menschlichkeit beschuldigen wegen seiner vermeintlichen Deckung pädophiler Priester zu der Zeit, als er Präfekt der Kongregation für die Glaubenslehre war. Dawkins und Hitchens meinen, dasselbe Prozedere anwenden zu können, das 1998 zur Verhaftung von Augusto Pinochet führte, als der ehemalige chilenische Diktator zu Besuch nach London kam. Der Ethologe und der Journalist denken, die Anklage tatsächlich voranbringen und die Verhaftung durchsetzen zu können, obwohl Benedikt XVI. das Oberhaupt eines fremden Staates ist. Sie behaupten, für Ratzinger könne die Immunität nicht gelten, denn er sei zwar Oberhaupt eines ausländischen Staats, aber der Vatikan sei ja nicht als solcher von den Vereinten Nationen anerkannt.

Dawkins meint: „Besonders fasziniert mich der Angriff auf die Legitimität des Vatikans als souveräner Staat, dessen Leiter sich auf die diplomatische Immunität berufen kann. Auch wenn der Papst nicht auf die Anklagebank kommt und auch wenn der Vatikan den Besuch nicht absagen wird, meine ich nach wie vor, dass wir die öffentliche Meinung so weit sensibilisieren, dass der Papstbesuch für die britische Regierung sehr peinlich werden wird." Es ist klar, dass die Verhaftung des Heiligen Vaters nur ein Vorwand ist, um in der Presse genannt zu werden, aber die Geschichte sagt viel über das Klima im Vereinigten Königreich.

In der Tat gibt es nicht nur die Anschuldigungen der Anwälte oder die Unterschriften der Bürger gegen den Papst; es gibt noch viel mehr.

Etwas gänzlich Neues, das die Diplomatie in große Verlegenheit bringt, ereignet sich Ende April, nämlich ein unglaublicher Fauxpas des Foreign Office, des britischen Auswärtigen Amtes. Am Sonntag, dem 25. April, berichtet der „Sunday Telegraph", dass vier junge Beamte des Foreign Office eine Note mit dem Titel „The ideal visit would see ..." (Beim idealen Besuch gäbe es ...) verfasst haben. Darin nennen sie einige Aktivitäten, die Benedikt XVI. während seines Aufenthalts in Großbritannien vornehmen sollte, darunter „Segnung eines gleichgeschlechtlichen Paares, das durch eine *civil partnership* verbunden ist [eine eheähnliche, eingetragene Beziehung, Anm. d. A.]". Ferner stehen die „Eröffnung einer Abtreibungsklinik", die „Markteinführung einer neuen Kondommarke mit dem Namen ‚Benedikt'", „Purzelbaumschlagen mit Kindern, um für einen gesunden Lebensstil zu werben", „eine Nacht in einer Sozialwohnung in Bradford" und weitere ebenso nette Dinge auf dem Programm der Besuchs-Planer. Nicht zuletzt soll der Papst „um Vergebung bitten für die versuchte Invasion durch die Unbesiegbare Armada" des katholischen Spanien und „in einem Wohltätigkeitsduett mit der Königin auftreten".

Diese Ideen sind im Laufe eines Brainstormings bei einer Arbeitssitzung der vier Jungbeamten zu Papier gebracht worden. Das britische Auswärtige Amt sieht sich hochnotpeinlich zum Einschreiten gezwungen, bezeichnet die Note als „foolish" (töricht) und erklärt, dass sie weder die Position des „British Foreign & Commonwealth Office" noch die der britischen Regierung widerspiegelt. Der Abteilungsleiter, der die Verbreitung der Note genehmigt hat, wird seines Amtes enthoben.

Melanie Phillips, mit dem Orwell-Preis ausgezeichnete Journalistin, spricht in Bezug auf die Note aus dem Foreign Office von einem wahrhaftigen „kulturellen, erzieherischen und moralischen Kollaps der öffentlichen Verwaltung mit ihren immer zahlreicheren jungen Beamten ‚callow, shallow and politically correct to a fault' (völlig unreif, oberflächlich und politisch korrekt bis zum Gehtnichtmehr)". „Diese Leute", meint Phillips, „pflegen eine Weltanschauung, in der Minderheiten von vornherein respektiert werden müssen, während Christen ohne Weiteres mit abfälliger Geringschätzung behandelt werden können." Die Journalistin betont ebenfalls: „Es ist beeindruckend zu sehen, wie gerade die Menschen, die sich damit brüsten, die liberalsten, bestausgebildeten und klügsten Köpfe des Landes zu sein, in Wirklichkeit die kleinlichsten sind, dazu noch an einer riskanten Form der Illiberalität leiden und am vollständigen Fehlen von Respekt für die Meinungen anderer, vor allem jener, die sich auf die großen religiösen Überzeugungen der europäischen Tradition berufen."

Unterdessen wird in Rom darauf hingewiesen, dass es nicht etwa der Papst war, der um eine Reise ins Vereinigte Königreich ersucht hat, sondern andersherum: Benedikt XVI. folge nur einer Einladung der britischen Regierung. Zu den Ereignissen nimmt auch Sir Ivor Roberts Stellung, ehemaliger britischer Botschafter in Italien: „Es war alles sehr unglücklich und das Ergebnis eines unglaublich kindischen Verhaltens. Der Gedanke, dass die Diplomatie so tief gesunken sein kann, ist wirklich deprimierend und peinlich. Ich hoffe, dass zumindest die Verantwortlichen noch einen Sinn tiefer Scham für ihr Tun verspüren."

Viele andere Fronten und Fragen bleiben offen. Mit einer für seinen Pontifikat unüblichen Geste – da er ja beschlossen hatte, nur noch Heiligsprechungen selbst vorzunehmen – wird Benedikt XVI. in England Kardinal John Henry Newman, den ehemals anglikanischen und zum Katholizismus übergetretenen Theologen, persönlich seligsprechen. Vielleicht ist es ja diese Seligsprechung, die den Engländern sauer aufstößt?

Dazu schreibt Paolo D'Andrea in der Tageszeitung „Il Secolo": „Der Kugelhagel begann in den englischen Zeitungen, die es ohne Hemmungen auf hohe Ziele abgesehen hatten. Erklärte Zielscheibe ist die Seligsprechung des großen katholischen Theologen Kardinal John Henry Newman, der als Anglikaner geboren wurde. Seine Erhebung zu den Altären ist der Höhepunkt der bevorstehenden Englandreise Benedikts XVI. im September dieses Jahres. In Wirklichkeit jedoch soll eine Kettenreaktion in Gang gesetzt werden: Das Bild des Seligsprechungskandidaten soll revidiert werden (von einem der ‚Gründerväter' der Theologie Ratzingers zum Werbeträger des liberal-kirchlichen Dissens oder sogar zur Homosexuellen-Ikone), um dann Benedikts Besuch in Großbritannien quasi zum Spießrutenlauf seines Pontifikats zu machen. Urheber der Offensive war John Cornwell. Wie schon in der Vergangenheit hat der englische Schriftsteller seine Zündkapsel mit großer Sorgfalt (als Insider der vatikanischen Korridore) ausgesucht. Die tödliche Waffe für seinen neuen Vorstoß sind die vertraulichen Dokumente des Verfahrens, durch das die Organe des Heiligen Stuhls festgestellt haben, dass es sich bei dem durch die Fürsprache Newmans erfolgten Wunder tatsächlich um ein übernatürliches Ereignis handelte."

Cornwell, Autor des umstrittenen Buchs über Pius XII. „Hitler's Pope" (Der Papst, der geschwiegen hat), dessen Unvollständigkeit und Parteilichkeit er Jahre später selbst zugeben musste, bezweifelte also die Unerklärlichkeit der wunderbaren Heilung, die auf Newmans Fürsprache zurückging und für den Seligsprechungsprozess herangezogen wurde. Das ist jedoch nur das Vorspiel zu vielen weiteren Angriffen und Vorwürfen, von denen die Papstreise begleitet sein sollte. Monsignor Roderick Strange, ehemaliger Kaplan der Universität Oxford und Rektor des Päpstlichen Kollegs Beda in Rom, sprach während eines Vortrags in Rom im Mai 2010 von der „prophetischen Rolle" Kardinal Newmans, der nach seinem Übergang vom Anglikanismus zum Katholizismus gesagt hatte, die Kirche müsse sich auf die Aufnahme von Konvertiten vorbereiten. Die Konstitution „Anglicanorum coetibus", ihre Folgen und Implikationen sind also im Hintergrund des Papstbesuchs die ganze Zeit präsent.

Obwohl Benedikt XVI. die Reise unter schwierigen Vorzeichen antritt, kann man sich unschwer vorstellen, dass es ihm – wie mehrfach in der Vergangenheit – auch dieses Mal gelingen sollte, durch seine Haltung und seine Worte viele der Wolken zu vertreiben, die sich in den Monaten zuvor über dem britischen Himmel zusammengebraut hatten.

12

MARIANISCHE PROPHEZEIUNGEN – VON FATIMA BIS CIVITAVECCHIA

Bei Prophezeiungen, die mit einer Marienerscheinung verbunden sind, ist es nicht immer leicht, zwischen Wirklichkeit und Einbildung, Fakten und Gerüchten, echten und unechten Dokumenten zu unterscheiden – vor allem in den Zeiten des Internets, wenn nämlich die exponentielle Vervielfachung einer vermeintlichen Nachricht auf zahlreichen Internetseiten ihr den Anschein der Wahrheit verleiht.

Wir hatten also ursprünglich überhaupt nicht vor, ein Kapitel unserer Reportage über die Angriffe und Krisen, die das erste Jahrfünft des Pontifikats von Benedikt XVI. gekennzeichnet haben, ausgerechnet diesem Thema zu widmen.

Wir mussten dies jedoch tun, nachdem der Papst selbst am 11. Mai 2010 auf dem Flug von Rom nach Lissabon bei dem Treffen mit den mitfliegenden Journalisten eine Verbindung herstellte zwischen dem Leiden der Kirche an dem Missbrauchsskandal und den Prophezeiungen von Fatima, also mit dem so genannten „Dritten Geheimnis", das zwar schon zehn Jahre zuvor veröffentlicht worden war, aber immer noch Gegenstand von Debatten und Kontroversen ist.

Die Reise nach Portugal sollte ihren Höhepunkt in Fatima finden, und zwar mit den Feierlichkeiten zum zehnten Jahrestag der Seligsprechung von zwei der drei Hirten und Seherkindern, Francisco und Jacinta Marto, die bei den Erscheinungen im Jahr 1917 zugegen waren. Im Mai des Heiligen Jahrs 2000 war Johannes Paul II. nach Fatima gereist, um diese beiden, die bereits zwei Jahre nach den Erscheinungen an der Spanischen Grippe gestorben waren, seligzusprechen. Damals ließ der Papst am Schluss der Messe auf dem Vorplatz des Heiligtums den Inhalt des dritten Teils der Botschaften der Gottesmutter verkünden. Es war der damalige Kardinalstaatssekretär, der die dritte Prophezeiung von Fatima zusammenfasste: Er sprach von „einem weiß gekleideten Bischof", der „wie tot umfällt", und verband die Vision mit dem Attentat auf Johannes Paul II. am 13. Mai 1981 und mit dem Kampf der Kirche gegen die atheistisch-totalitären Regime in Osteuropa. Am 26. Juni 2000 stellten dann Kardinal Joseph Ratzinger und seine rechte Hand in der Glaubenskongregation, Erzbischof Tarcisio Bertone, den im Pressesaal des Heiligen Stuhls versammelten Journalisten den Text des Geheimnisses vor. Es handelte sich um eine Übersetzung des Originalmanuskripts, das die einzige überlebende Seherin, Schwester Lucia Dos Santos, Ende der Fünfzigerjahre auf Anordnung des Vatikans nach Rom gesandt hatte.

Die Prophezeiung, also das bestgehütete Geheimnis des zwanzigsten Jahrhunderts, enthielt – wie man weiß – eine Beschreibung des Martyriums der Christen und der Tötung des Heiligen Vaters, der von Schüssen aus Feuerwaffen und Pfeilen auf einem Berggipfel getroffen wird, nachdem er an den Leichen der Märtyrer vorbeigegangen ist. Johannes Paul II. führte seine Rettung bei dem Attentat auf den mütterlichen Schutz Mariens zurück: „Eine Hand hat geschossen, eine andere hat den Schuss abgelenkt." Er erkannte sich nämlich in dem „weiß gekleideten Bischof" wieder. Die Offenbarung, so wurde damals erklärt, habe also schon eingetretene Ereignisse betroffen und könnte daher als abgeschlossen betrachtet werden. In seinem theologischen Kommentar hatte sich

Kardinal Ratzinger vorsichtiger ausgedrückt und geschrieben, dass die prophetische Vision auf alles Leid der Päpste des zwanzigsten Jahrhunderts ausgedehnt werden könne. Während der Pressekonferenz am 26. Juni 2000 betonte er außerdem, es gebe keine offizielle Deutung der Kirche zum „Dritten Geheimnis".

Dass die Prophezeiung nicht als abgeschlossen anzusehen sei, wie mehrfach behauptet wurde, ging auch aus einem Kommentar von Bischof Salvatore Fisichella, damals Weihbischof von Rom und Berater der Glaubenskongregation, zum Inhalt des „Dritten Geheimnisses" hervor: „Es sei uns die Annahme gestattet, dass es nicht als erfüllt betrachtet werden kann." Seine Worte wurden von der italienischen Tageszeitung „Il Giornale" wieder aufgenommen und sorgten für Diskussionen im Vatikan und sogar innerhalb der Glaubenskongregation.

Wir wollen uns hier nicht in die komplizierte Kontroverse einmischen, aber doch darauf hinweisen, dass in den vergangenen Jahren sowohl Gruppen von Fatima-Begeisterten als auch ernsthafte Journalisten wie Antonio Socci dem Geheimnis von Fatima viele Aufsätze und Nachforschungen gewidmet haben und zu dem Schluss kamen, dass 2000 nicht alles veröffentlicht wurde, sondern dass es noch „mehr" gebe. Diese Hypothese würde eine Erklärung liefern für einige nicht übereinstimmende Daten wie auch für manche Einzelheiten des Geheimnisses, die die Protagonisten (also die Seherin und die Personen, die kraft ihres Amtes Zugang zu dem Dokument hatten) noch vor der offiziellen Veröffentlichung bekannt gegeben hatten. Eine solche Annahme wurde jedoch vom gegenwärtigen Kardinalstaatssekretär Bertone mehrfach und vehement dementiert.

Nehmen wir uns jedoch die Worte Benedikts XVI. auf dem Flug nach Portugal vor, insbesondere seine Antwort auf folgende Journalisten-Frage zum „Dritten Geheimnis": „Welche Bedeutung haben heute für uns die Erscheinungen von Fatima? Als Sie den Text des ‚Dritten Geheimnisses' im Juni 2000 im Presseamt des Heiligen Stuhls vorgestellt haben, waren manche von uns dabei und Sie wurden gefragt, ob die Botschaft von Fatima über das Attentat auf Johannes Paul II. hinaus auch auf andere Leiden der Päpste bezogen werden kann. Können Ihrer Ansicht nach auch die durch den Missbrauch von Minderjährigen verursachten Leiden der Kirche von heute im Rahmen dieser Vision gesehen werden?"

Die Antwort Benedikts XVI. lautete: „Ich möchte zunächst meine Freude über die Reise nach Fatima zum Ausdruck bringen und darüber, vor der Muttergottes von Fatima zu beten, die für uns ein Zeichen der Gegenwart des Glaubens ist, dass gerade aus den Kleinen eine neue Kraft des Glaubens geboren wird, die nicht auf die Kleinen beschränkt bleibt, sondern eine Botschaft für die ganze Welt hat, und die die Geschichte gerade auch in ihrem Heute berührt und diese Geschichte erleuchtet. Bei der Präsentation im Jahr 2000 habe ich gesagt, dass eine Erscheinung – das heißt ein übernatürlicher Impuls, der nicht bloß der Vorstellungskraft der Person entspringt, sondern tatsächlich von der Jungfrau Maria, vom Übernatürlichen herkommt –, dass ein solcher Impuls in das Subjekt eintritt und gemäß den Möglichkeiten des Subjekts zum Ausdruck gebracht wird. Das Subjekt ist von seinen geschichtlichen, persönlichen, und charakterlichen Gegebenheiten bestimmt und übersetzt den großen übernatürlichen Impuls daher in sein Seh-, Vorstellungs-

und Ausdrucksvermögen, aber in diesen Ausdrucksweisen, die vom Subjekt geformt sind, verbirgt sich ein Inhalt, der darüber hinausgeht, der tiefer ist, und nur im Lauf der Zeit können wir die ganze Tiefe sehen, die – sagen wir einmal – in dieser für die konkreten Personen möglichen Vision ‚gekleidet' war. So würde ich sagen, werden auch hier über die große Vision des Leidens des Papstes hinaus, die wir in erster Linie auf Papst Johannes Paul II. beziehen können, Realitäten der Zukunft der Kirche aufgezeigt, die sich nach und nach entfalten und zeigen. Daher ist es richtig, dass man über den in der Vision gezeigten Moment hinaus die Notwendigkeit eines Leidens der Kirche sieht, das sich natürlich in der Person des Papstes widerspiegelt, aber der Papst steht für die Kirche und daher werden Leiden der Kirche angekündigt. Der Herr hat uns gesagt, dass die Kirche auf verschiedene Weise immer leiden würde bis zum Ende der Welt. Wichtig ist dabei, dass die Botschaft, die Antwort von Fatima im Wesentlichen nicht auf bestimmte Andachtsübungen abzielt, sondern auf die grundlegende Antwort, das heißt die ständige Umkehr, die Buße, das Gebet und die drei göttlichen Tugenden: Glaube, Hoffnung und Liebe. So sehen wir hier die wahre und grundlegende Antwort, die die Kirche geben muss, die wir, jeder von uns, in dieser Situation geben müssen. Unter dem Neuen, das wir heute in dieser Botschaft entdecken können, ist auch die Tatsache, dass die Angriffe gegen den Papst und die Kirche nicht nur von außen kommen, sondern die Leiden der Kirche kommen gerade aus dem Inneren der Kirche, von der Sünde, die in der Kirche existiert. Auch das war immer bekannt, aber heute sehen wir es auf wahrhaft erschreckende Weise: Die größte Verfolgung der Kirche kommt nicht von den äußeren Feinden, sondern erwächst aus der Sünde in der Kirche. Und darum ist es für die Kirche zutiefst notwendig, dass sie neu lernt, Buße zu tun, die Reinigung anzunehmen; dass sie einerseits zu vergeben lernt, aber auch die Notwendigkeit der Gerechtigkeit sieht; denn Vergebung ersetzt die Gerechtigkeit nicht. Mit einem Wort, wir müssen gerade das Wesentliche neu lernen: die Umkehr, das Gebet, die Buße und die göttlichen Tugenden. So antworten wir. Seien wir realistisch darauf gefasst, dass das Böse immer angreift, von innen und von außen, aber dass auch die Kräfte des Guten immer gegenwärtig sind und dass letztlich der Herr stärker ist als das Böse. Und die Muttergottes ist für uns eine sichtbare, mütterliche Garantie der Güte Gottes, die immer das letzte Wort in der Geschichte ist."

Der Papst bestätigt demnach, dass die Voraussage nicht nur mit der Vergangenheit verknüpft ist, sondern dass sie auch eine Auslegung der Gegenwart und dementsprechend der Zukunft der Kirche erlaubt. Er deutet das „Dritte Geheimnis" im Sinne einer Verfolgung von außen wie von innen „durch die Sünde in der Kirche". Er spricht von den durch den Missbrauchsskandal verursachten Problemen und definiert diesen als „wirklich schrecklich".

In seiner Predigt am 13. Mai in Fatima sagte Benedikt XVI. dann nochmals ganz deutlich: „Wer glaubt, dass die prophetische Mission Fatimas beendet sei, der irrt sich ... Dem Menschen ist es gelungen, einen Kreislauf des Todes und des Schreckens zu entfesseln, den er nicht mehr zu durchbrechen vermag."

Dass gerade der Missbrauch Minderjähriger durch Ordensleute und Priester die Gedanken des Papstes einnimmt, wird ersichtlich aus dem „Akt des Sich-Anvertrauens und der Weihe an das Unbefleckte Herz Mariä", den er am Abend des 12. Mai in der Dreifaltigkeitskirche, dem neuen Wallfahrtsheiligtum von Fatima, vornimmt:

„Hilf uns
mit deiner mächtigen Fürsprache,
dass wir dieser erhabenen Berufung nie untreu werden,
dass wir unserem Egoismus nicht nachgeben,
noch den Schmeicheleien der Welt
und den Verlockungen des Bösen.

Bewahre uns mit deiner Reinheit,
beschütze uns mit deiner Demut."

Die Weihe an ihr Unbeflecktes Herz war die eindringliche Bitte Mariens bei der Erscheinung vor den drei Sehern in Fatima im Jahr 1917. Die Wiederholung dieser Geste für alle Priester der Welt mitten im Priesterjahr ist deshalb besonders bedeutungsvoll.

Außerdem möchten wir daran erinnern, dass der angegriffene und geschmähte Papst auch in einer Vision des 2000 seliggesprochenen Hirtenmädchens Jacinta vorkommt, wie sie von Schwester Lucia mit Datum des 31. August 1941 niedergeschrieben wurde: „Eines Tages verbrachten wir die Mittagsstunden beim Brunnen meiner Eltern. Jacinta setzte sich auf die Brunnenplatten. Francisco ging mit mir, um im Dornengestrüpp an einem nahegelegenen Abhang nach wildem Honig zu suchen. Nach einiger Zeit rief Jacinta nach mir. Hast du den Heiligen Vater nicht gesehen?

Nein!

Ich weiß nicht, wie es kam! Ich habe den Heiligen Vater in einem sehr großen Haus gesehen; er kniete vor einem großen Tisch, das Gesicht in die Hände gelegt, und weinte. Vor dem Haus waren viele Menschen; manche warfen Steine, andere fluchten und sagten viele Schimpfwörter. Armer Heiliger Vater! Wir müssen viel für ihn beten!"

Massimo Introvigne bemerkt dazu: „Diese Worte erscheinen wie eine Beschreibung des Rufmords, dem der Papst heutzutage ausgesetzt ist, wenn er wegen des Skandals der pädophilen Priester auf die Anklagebank gezerrt wird."

Von einer Verbindung zwischen der Botschaft von Fatima, die bekanntlich die Leiden eines getöteten Papstes und den Fall von Geistlichen betrifft, sprach selbst Schwester Lucia in einem Gespräch mit Pater Agostino Fuentes. Als Postulator des Seligsprechungsprozesses für Francisco und Jacinto Marto hatte er unbehinderten Zugang zu Lucia. Während eines Besuchs am 26. Dezember 1957 hatte er mit ihr über die mögliche Bedeutung der Prophezeiungen gesprochen. Der Inhalt des Gesprächs war mit kirchlicher Genehmigung 1958 in der US-amerikanischen Zeitschrift „Fatima Findings" und am 22. Juni 1959 in der portugiesischen Tageszeitung „A Voz" veröffentlicht worden. Die Aussagen, die der Seherin darin zugeschrieben wurden, verursachten großen Aufruhr, weswegen die Diözesanleitung von Coimbra im Juli 1959 Pater Fuentes heftig attackierte und dieser daraufhin seines Amtes als Postulator enthoben wurde. Einige Jahre später wurde er jedoch von Pater Joaquin Alonso, dem offiziellen Archivar des Heiligtums von Fatima, rehabilitiert. Alonso war Herausgeber der kritischen Ausgabe der Dokumente über die Erscheinungen und hatte in seinem Buch „La Verdad sobre el Secreto de Fatima" (Die Wahrheit über das Geheimnis von Fatima, 1976) geschrieben, dass die Behauptungen im Text von Pater Fuentes „im Wesentlichen mit Sicherheit den Aussagen von Schwester Lucia entsprechen".

In einem Abschnitt jenes berühmten und umstrittenen Textes werden der Seherin von Fatima folgende Worte zugeschrieben: „Pater, der Teufel schickt sich an, eine entscheidende Schlacht gegen die Selige Jungfrau zu führen. Der Teufel weiß, was Gott am meisten verletzt und was ihm, dem Teufel, in kurzer Zeit die größtmögliche Zahl von Seelen einbringen wird. Deshalb setzt der Teufel alles daran, um die Oberhand über die gottgeweihten Seelen zu gewinnen, denn er weiß, dass die Seelen der Gläubigen, wenn sie auf diese Weise ohne Führung bleiben, viel leichter in seine Hände fallen werden. Was das Unbefleckte Herz Mariens und das Herz Jesu am meisten beleidigt, ist der Abfall der Seelen von Ordensleuten und Priestern. Der Teufel weiß: Für jeden Geweihten oder Priester, der seine erhabene Berufung verleugnet, werden viele Seelen in die Hölle gerissen."

Ebenso wenig darf man die eindringlichen und mutigen Worte Pauls VI. nach dem Zweiten Vatikanischen Konzil vergessen, als er sagte, der „Rauch Satans" sei in die Kirche eingedrungen. Zu einer Zeit, als der Teufel auf eine Art Mythengestalt des finsteren Mittelalters reduziert wurde, sagte der Papst aus dem Stegreif während seiner Predigt zum Festtag der Heiligen Peter und Paul am 29. Juni 1972 in Bezug auf die Lage der Kirche:

„Ich habe den Eindruck, dass der Rauch Satans aus irgendeiner Ritze in den Tempel Gottes eingedrungen ist. Es gibt Zweifel, Unsicherheit, Probleme, Beklommenheit, Unzufriedenheit, Konfrontation. Man hat kein Vertrauen zur Kirche ... Der Zweifel ist in unser Denken durch die Fenster eingedrungen, die eigentlich das Licht hereinlassen sollten ... Auch in der Kirche herrscht dieser Zustand der Unsicherheit; man dachte, nach dem Konzil käme ein Sonnentag für die Geschichte der Kirche. Stattdessen kam ein Tag voller Wolken, Sturm, Dunkelheit, Suche, Unsicherheit … Wir glauben an etwas Nicht-Natürliches (den Teufel), das in die Welt gekommen ist, um zu stören, um die Früchte des Ökumenischen Konzils zu verderben und um zu verhindern, dass die Kirche in eine Freudenhymne darüber ausbricht, ihr Selbstbewusstsein in Fülle wiedergefunden zu haben."

In der Generalaudienz am 15. November desselben Jahres widmet Paul VI. dem Thema eine ganze Ansprache, die er unter die Überschrift: „Erlöse uns von dem Bösen" stellte: „Welches sind die Hauptbedürfnisse der Kirche? Unsere Antwort darf euch nicht verwundern oder zu einfach erscheinen oder sogar abergläubisch oder unwirklich vorkommen: Eines der größten Bedürfnisse der Kirche ist die Abwehr jenes Bösen, das wir den Dämon nennen … Das Böse ist nicht mehr nur ein Mangel, sondern es ist eine wirkende Macht, ein lebendiges spirituelles Wesen, verderbt und verderbend, eine schreckliche Realität, geheimnisvoll und beängstigend."

In jenen Monaten spricht Papst Montini auch bei Privatgesprächen über den Teufel. „Ich kann mich noch daran erinnern", vertraut uns Bischof Riccardo Citterio an, „dass wir 1972 einmal mit dem Papst über das Mailänder Seminar und die Priester in Schwierigkeiten sprachen. Wir befanden uns in seiner Bibliothek im Vatikan. Auf einmal ergriff Paul VI. meinen rechten Vorderarm und drückte ihn heftig. Er schwieg einige Augenblicke, die mir wie eine Ewigkeit vorkamen, blickte starr vor sich hin und hielt meinen Arm weiter fest. Schließlich sagte er: ‚Ja, der Satan existiert. Der Satan agiert. Man kann nicht so viel Böses bewirken ohne den Einfluss einer übernatürlichen Kraft, die den Menschen bedroht und in den Ruin führt.' Er schwieg wieder, um dann hinzuzufügen: ‚Aber wir brauchen uns nicht zu fürchten. Christus hat uns zugesichert, dass er die Welt besiegt hat, und wir müssen Vertrauen haben.'"

Don Pasquale Macchi, Sekretär Pauls VI., sagte einmal im Vertrauen zu Don Ettore Malnati: „Mit dem Ausdruck ‚Rauch Satans' wollte Paul VI. auf die Priester anspielen, die die Kirche angreifen, ihrer Identität nicht treu bleiben und ihren Zölibat nicht leben, und im Allgemeinen auf den Ungehorsam gegenüber dem kirchlichen Lehramt. Außerdem verknüpft der Papst solche Erscheinungen und die Aufgabe des Priesteramts mit dem Geheimnis von Fatima."

Die Aufgabe des Priesteramts und die moralische Krise der Geistlichen: Paul VI. erkannte darin eine Verbindung zu dem, was auch die Botschaft von Fatima beschreibt. Im Übrigen waren diese Elemente in Prophezeiungen nicht neu. Schon 1846 wurde im französischen La Salette der Abfall der Priester vorausgesagt: „In der Kirche wird eine schreckliche Krise eintreten, an heiligen Stätten geschehen Abscheulichkeiten. In den Ordenshäusern verwesen die Blumen der Kirche, und der Dämon spielt sich als König der Herzen auf ... Durch ihren schlechten Lebenswandel werden die Priester zu Kloaken der Unreinheit."

Die Erscheinung von La Salette ist zwar von der Kirche anerkannt, nicht so jedoch das „Geheimnis", das die Seherin Melanie Calvet aufgeschrieben und Papst Pius IX. geschickt hatte. Ihr Text sagt eine Zeit voraus, in der „die Zahl der Priester und Ordensleute, die sich von der wahren Religion trennen, groß sein wird; unter diesen Personen werden sich selbst Bischöfe befinden". Außerdem wird angekündigt: „Der Heilige Vater wird viel leiden ... Die Bösen werden ihm mehrfach nach dem Leben trachten."

Ausdrückliche Hinweise und Bilder, die eine schwere Krise in der Kirche ankündigen, finden sich in den Botschaften der Erscheinungen von Akita in Japan. Sie stammen aus dem Jahr 1973 und wurden vom Bischof von Niigata, John Shojiro Ito, mit der Genehmigung des Vatikans als übernatürlich anerkannt. Bevor der Bischof seine Billigung publik machte, hatte er die Angelegenheit 1988 mit Kardinal Ratzinger besprochen. Am 13. Oktober 1973, dem Jahrestag des Sonnenwunders von Fatima, hatte die Muttergottes der Ordensfrau Agnes Sasagawa gesagt: „Das Werk des Teufels wird sogar in der Kirche Einzug halten: Kardinäle werden sich gegen andere Kardinäle stellen, Bischöfe gegen Bischöfe. Die Priester, die mich verehren, werden von ihren Mitbrüdern verachtet und behindert ... Kirchen und Altäre werden geplündert. Die Kirche wird voll sein von denen, die Kompromisse hinnehmen."

Howard Dee, ehemaliger Botschafter der Philippinen beim Heiligen Stuhl, schreibt in einem Artikel für die Zeitschrift „Inside the Vatican": „Bischof Ito war davon überzeugt, dass Akita eine Verlängerung von Fatima darstellt, und Kardinal Ratzinger hat mir persönlich bestätigt, dass die beiden Botschaften von Fatima und Akita im Wesentlichen gleich sind."

Darüber hinaus möchten wir an die inneren Eingebungen des italienischen Priesters und Gründers einer marianischen Gebetsbewegung, Stefano Gobbi, erinnern. Ihm soll die Muttergottes gesagt haben, dass die Kirche „zum Kalvarienberg ihrer leidvollen Passion hinaufsteigt" und dass es dem Teufel erlaubt werden würde, „sogar ins Innere meiner Kirche einzudringen". Dem Satan würde es gelingen, „das Heiligtum Gottes in Finsternis zu versenken. Er wird unter den Amtsträgern des Heiligtums die größte Zahl an Opfern hinwegraffen. Es wird eine Zeit großen Niedergangs unter meinen liebsten Kindern, meinen Priestern, sein. Der Satan wird einige von ihnen durch ihren Stolz verführen, andere durch die Fleschesliebe, andere durch Zweifel, andere durch Ungläubigkeit und wieder andere durch Entmutigung und Einsamkeit. Wie viele von ihnen werden Zweifel über meinen Sohn und über mich hegen und glauben, dass dies das Ende meiner Kirche ist!"

Und nicht zu vergessen sind die Worte, die Kardinal Ratzinger für die neunte Station des Kreuzwegs im Kolosseum am 25. März 2005 (also eine Woche vor dem Tod Johannes Pauls II.) schrieb: „Was kann uns der dritte Fall Jesu unter dem Kreuz sagen? Wir haben an den Sturz des Menschen insgesamt gedacht, an den Abfall so vieler von Christus in einen gottlosen Säkularismus hinein. Müssen wir nicht auch daran denken, wie viel Christus in seiner Kirche selbst erleiden muss? Wie oft wird das heilige Sakrament seiner Gegenwart missbraucht, in welche Leere und Bosheit des Herzens tritt er da oft hinein? Wie oft feiern wir nur uns selbst und nehmen ihn gar nicht wahr? Wie oft wird sein Wort verdreht und missbraucht? Wie wenig Glaube ist in so vielen Theorien, wie viel leeres Gerede gibt es? Wie viel Schmutz gibt es in der Kirche und gerade auch unter denen, die im Priestertum ihm ganz zugehören sollten? Wie viel Hochmut und Selbstherrlichkeit? Wie wenig achten wir das Sakrament der Versöhnung, in dem er uns erwartet, um uns von unserem Fall aufzurichten? All das ist in seiner Passion gegenwärtig. Der Verrat der Jünger, der unwürdige Empfang seines Leibes und Blutes, muss doch der tiefste Schmerz des Erlösers sein, der ihn mitten ins Herz trifft. Wir können nur aus tiefster Seele zu ihm rufen: Kyrie eleison – Herr, rette uns (vgl. Mt 8,25)."

Pater Pio aus Pietrelcina, der Ordensbruder mit den Wundmalen, eine charismatische Gestalt und mittlerweile heiliggesprochen, hat nie ausdrücklich vom Geheimnis von Fatima gesprochen. In einem frühen Brief an seinen Spiritual schrieb der Kapuziner:

„Mein verehrter Vater, am Freitagmorgen lag ich noch im Bett, als mir Jesus erschien.

Er war übel zugerichtet und entstellt. Er zeigte mir eine große Menge von Ordens- und Weltpriestern, darunter auch einige kirchliche Würdenträger; manche von ihnen zelebrierten die heilige Messe, manche von ihnen bereiteten sich gerade darauf vor, andere legten gerade das Messgewand ab.

Der Anblick Jesu in einem solch schlechten Zustand verursachte mir große Pein. Deshalb fragte ich ihn, warum er so viel litt. Ich erhielt darauf keine Antwort von ihm.

Seinen Blick richtete er erneut auf die Priester. Wenig später jedoch, gleichsam als sei er angewidert oder müde vom Schauen, wandte er ihn wieder ab. Als er wieder zu mir schaute, sah ich zu meinem größten Schrecken, dass ihm zwei Tränen über die Wangen flossen.

Er entfernte sich von der Priesterschar mit einem Ausdruck des Ekels im Gesicht und schrie: ‚Schlächter!' Zu mir sagte er: ‚Mein Sohn, du sollst nicht glauben, mein Todeskampf habe nur drei Stunden gedauert, nein, denn ich werde wegen der Seelen, denen ich am meisten Zuwendung geschenkt habe, bis zum Ende der Welt im Todeskampf bleiben. Während der Zeit meines Todeskampfes darf man nicht schlafen, mein Sohn. Meine Seele sucht nach wenigen Tropfen menschlichen Erbarmens, aber sie lassen mich leider allein unter der Last der Gleichgültigkeit. Die Undankbarkeit und der Schlaf meiner Amtsträger machen meinen Todeskampf noch schlimmer.

Wie wenig entsprechen sie doch meiner Liebe! Was mir am meisten wehtut, ist, dass zu ihrer Gleichgültigkeit noch Verachtung und Ungläubigkeit hinzukommen.

Wie oft stand ich kurz davor, sie mit dem Blitz zu schlagen, wenn mich nicht die Engel und die in mich verliebten Seelen zurückgehalten hätten …

Schreib deinem geistlichen Vater und berichte ihm, was du heute Morgen von mir gesehen und gehört hast. Schreib ihm auch, dass er deinen Brief dem Pater Provinzial zeigen soll.'

Jesus sprach noch weiter, aber was er danach sagte, werde ich nie im Leben einem Geschöpf mitteilen können.

Diese Erscheinung verursachte mir einen solchen körperlichen (aber noch mehr seelischen) Schmerz, dass ich den ganzen Tag daniederlag und fast meinte, ich würde nun dahingerafft, wenn mir nicht der allersüßeste Jesus gesagt hätte … Jesus hat leider Recht, wenn er sich über unsere Undankbarkeit beklagt! Denn wie viele schlechte Mitbrüder reagieren auf die Liebe Jesu, indem sie sich mit offenen Armen in den Schoß der abscheulichen Sekte der Freimaurerei werfen! Beten wir für sie, damit der Herr ihren Verstand erleuchte und ihr Herz berühre.

Sprecht unserem Pater Provinzial Mut zu, denn er wird vom Herrn himmlische Gnaden in Fülle erhalten. Grüßt mir den Pater Provinzial und dankt ihm meinerseits.
Fra Pio
Pietralcina, 7. April 1913."

Der Heilige aus Apulien hatte einigen seiner Schüler anvertraut, er kenne die Prophezeiung von Fatima und betrachte sie als Erfüllung der Heiligen Schrift. Als 1933 Emanuele Brunatto, der umstrittene Verteidiger des Kapuziners, unter Pseudonym ein Pamphlet mit entehrenden Anschuldigen gegen hochrangige Kleriker und Vatikanvertreter veröffentlichen wollte (mit den entsprechenden Dokumenten und Zeugenaussagen), schrieb ihm Pater Pio auf ausdrücklichen Wunsch von zwei Apostolischen Visitatoren: „Lieber Emmanuele, die Gnade des Herrn sei immer mit dir. Ich schreibe dir diesen Brief, um dir meine Überraschung und Bestürzung mitzuteilen, denn ich habe gehört, dass du etwas in Druck geben willst, was nicht nur absolut nicht veröffentlicht gehört, sondern was kein Menschenwesen wissen soll."

Die vielen dokumentarisch belegten Episoden unsittlichen Verhaltens, einschließlich der Deckung pädophiler Priester durch einen Bischof, von dem Pater Pio regelrecht verfolgt wurde, wie auch die Verwicklung hochgestellter Prälaten, die damals dem Papst sehr nahe standen, waren demnach ein Geheimnis, von dem zu jenem Zeitpunkt „kein Menschenwesen" wissen sollte. Waren diese Offenbarungen irgendwie mit dem Geheimnis von Fatima verknüpft? Alberindo Grimani, Direktor des Brunatto-Archivs, ist davon überzeugt, auch wenn es an direkten Verweisen auf Pater Pio mangelt: „Wie der Brief vom April 1913 zeigt, erlebte Pater Pio bei der Offenbarung Jesu die gleiche Bestürzung wie Schwester Lucia Dos Santos, als sie die Botschaft des Dritten Geheimnisses von Fatima aufschreiben sollte."

Ein möglicher Hinweis auf die gegenwärtige Situation und auf die von der inneren Verfolgung (also von der „Sünde in der Kirche") verursachten Schwierigkeiten findet sich angeblich auch in den Ereignissen des Jahres 1995 im italienischen Hafenstädtchen Civitavecchia. Im Februar begann damals eine kleine Gipsstatue, eine Darstellung der Madonna von Medjugorje, plötzlich Blut zu weinen. In den darauf folgenden Tagen versammelt sich jeweils eine große Menschenmenge im Hof des kleinen Hauses von Fabio Gregori am Stadtrand und preist das Geschehnis als Wunder. Zu den Skeptikern der ersten Stunde zählt jedoch Bischof Girolamo Grillo, der nicht an ein übernatürliches Ereignis glaubt und die Statue entfernen lässt. Es werden Röntgenuntersuchungen durchgeführt, die aber keinerlei Mechanismus im Innern erkennen lassen. Es bleibt der Verdacht, jemand habe mit einem Pinsel Blut auf den Lack aufgetragen und eine kollektive Halluzination habe für die Hysterie gesorgt. Am 15. März macht morgens um 8.05 Uhr ein außerordentliches Ereignis ausgerechnet Bischof Grillo zu einem der überzeugtesten Befürworter des Wunders: Die kleine Madonna vergießt die Blutstränen in seinen Händen und in Anwesenheit weiterer Zeugen. Die Nachforschungen der Staatsanwaltschaft, die von einer Verbraucherschutzorganisation eingeschaltet worden war, führen zu keinem Ergebnis, das die Umstände erklären könnte.

Johannes Paul II. ist von dem „Tränenwunder" in Civitavecchia beeindruckt und fordert Bischof Grillo – durch Kardinalstaatssekretär Angelo Sodano – auf, die Möglichkeit eines übernatürlichen Ereignisses in Betracht zu ziehen. Am 9. Juni 1995 stattet ihm der Bischof (mit der Madonnenstatue) einen vertraulichen Besuch ab. Der Papst verweilt lange im Gebet vor der Statue und legt dann einen goldenen Rosenkranz um die Gipshände.

„‚Vorerst werden Sie schweigen und nicht darüber sprechen. Eines Tages aber werden sie der Welt sagen können, dass Johannes Paul II. die Madonnina von Civitavecchia verehrt hat.' Das sagte mir der Papst zum Abschluss des Abendessens in seiner Wohnung, wohin ich auf seinen Wunsch die Muttergottesstatuette gebracht hatte", berichtet Bischof Grillo. Er besitzt ein von Johannes Paul II. gegengezeichnetes Dokument aus dem Jahr 2000, aus dem das Gebet vor der Statue und die Aufmerksamkeit, mit der der polnische Papst die Geschichte verfolgte, hervorgehen.

„Johannes Paul II. hat von Anfang an gewollt, dass die Möglichkeit des Übernatürlichen offen gelassen würde", sagt Grillo. „Der Papst ließ mich von Kardinal Angelo Sodano anrufen und mich um größere Zurückhaltung bitten. Ich sollte der Sache nicht sofort ein Ende setzen, indem ich sagte, es sei alles nur ein Streich. Offensichtlich wusste der Papst besser Bescheid als ich."

2005 verriet Bischof Grillo, dass es auch Privatoffenbarungen gegeben hatte, und gab zu verstehen, dass das Mädchen Jessica Gregori, das als Erste das Blut an der Madonnenstatue gesehen hatte, auch Erscheinungen gehabt habe:

„Zum Zeitpunkt des Blutweinens war Jessica Gregori gerade mal fünfeinhalb Jahre alt. Ich habe sie damals nicht persönlich anhören wollen, denn ich war dem Phänomen gegenüber skeptisch und dachte, sie würde einen auswendig gelernten Text nur wie ein Papagei wiederholen. Merkwürdigerweise jedoch, jedes Mal wenn sie von ‚ihrer Madonnina' sprach, warf sie mir die Arme um den Hals und weinte lange. Dieses Verhalten setzte sich jahrelang fort. Im selben Jahr kam sie zwischen September und Dezember noch vier Mal zu mir. Der Vater trug sie auf dem Arm zu mir herein; dann bat sie ihn, sie mit mir allein zu lassen und vor dem Zimmer zu warten. Sie kam zu mir und sagte: ‚Beug dich zu mir herunter (ich saß auf meinem Stuhl), denn die Muttergottes schickt dir eine Botschaft, die nur du kennen sollst.' Natürlich erzählte sie mir, wie sie die Muttergottes sah. Ich weiß noch, dass ich sie immer recht grob behandelte und sie anfuhr: ‚Ach komm, wer hat dir denn eingeflüstert, dass du mir diesen Unsinn erzählen sollst?' Die Kleine fing dann sofort an zu weinen und sagte unter Tränen: ‚Ich wusste, dass du mir nicht glauben würdest, aber die junge Frau (so sei ihr die Muttergottes erschienen) meinte zu mir: Sag also dem Bischof, er soll die Sachen, die du ihm erzählst, aufschreiben, sonst könnte er sie vergessen.' Ehrlich gesagt habe ich aus jener Zeit nichts davon in meinem Tagebuch festgehalten. Das tat ich erst 1996, als ich an eine der letzten Botschaften zurückdachte, die das Mädchen und mich betraf und mich zum Nachdenken brachte. Heute kann ich bestätigen, dass sich der Inhalt jener Botschaften später leider bewahrheiten sollte. Ich redete auch mit jemandem darüber, aber ich kann vorerst nicht sagen, mit wem das war. Das Mädchen erinnert sich genauestens an die Botschaften von damals, obwohl sie die wahre Bedeutung mancher Ausdrücke nicht verstand. Natürlich fühlte sich die Kleine der Verschwiegenheit verpflichtet, weil die junge Frau (die sie mit der Muttergottes identifizierte) ihr das aufgetragen hatte. Falls sie befragt werden sollte, könnte sie nur sagen, dass es zwischen ihr und dem Bischof Geheimnisse gibt, die sie allerdings nicht verraten darf.

Heute kann ich sagen, dass Jessica mir den Eindruck eines sehr einfachen und aufrichtigen Mädchens macht, das jedoch damals, als es erst fünfeinhalb Jahre alt war, schon wie eine junge Frau sprach. Es fällt mir in der Tat immer noch schwer zu glauben, dass sie mir in dem Alter solche

Sachen sagen konnte. Ich kann noch hinzufügen, dass sie mit niemandem, nicht einmal mit dem Beichtvater, über diese Geheimnisse gesprochen hat, aber sie erinnert sich ausgezeichnet daran, wie ich bei einem Gespräch vor kurzer Zeit feststellen konnte."

Welche Geheimnisse meint Bischof Grillo? Wir haben den inzwischen emeritierten Bischof von Civitavecchia in seiner römischen Wohnung in der Nähe von Santa Maria Maggiore aufgesucht. „Ich bin überzeugt, dass sich die Blutstränen der Muttergottesstatue von Civitavecchia auf die Leiden von Johannes Paul II. bezogen und darauf, was Kardinal Ratzinger am Karfreitag 2005 als ‚Schmutz in der Kirche' bezeichnete. Ich bin auch überzeugt, dass sie mit dem verknüpft sind, was wir nun über den Missbrauch Minderjähriger durch Mitglieder des Klerus erfahren. Es gibt eine konkrete Spur in meinem Tagebuch", sagt der Bischof und blättert durch die Seiten, die Tag für Tag die Geschichte des Blutweinens dokumentieren. „Ich habe das nie jemandem erzählt, und jahrelang habe ich selbst fast nicht daran geglaubt. Eines Tages kam Jessica Gregori zu mir. In ihrem Garten stand die Marienstatuette aus Gips, die Bluttränen vergossen hatte, auch als ich sie selbst in meinen Händen hielt. Die Kleine wollte mich sehen und mit mir sprechen. Damals waren die Beziehungen zwischen Familie Gregori und mir gespannt, denn ich war – wie man weiß – lange Zeit skeptisch gegenüber diesem Phänomen des Blutweinens. Jessica war nur ein Kind, aber sie sagte, sie wolle mich ohne Zeugen sehen und sprechen. Sie erzählte mir, sie habe eine wunderschöne junge Frau ‚gesehen', die ihr eine Botschaft für den Bischof, also für mich, anvertraut hatte. Jessica sagte mir Folgendes: ‚Die Menschen in deiner Nähe tun Schlechtes; du wirst sehr daran leiden. Und auch die Kirche wird daran leiden.' Ich schrieb das in mein Tagebuch, ohne dem Ganzen große Bedeutung beizumessen. Ein Jahr später erfuhr ich, dass Menschen, die ich sehr gut kannte, nachts bei unsittlichen Handlungen auf frischer Tat ertappt worden waren."

Der Bischof spricht auch über eine Botschaft für Johannes Paul II. und über die Weihe der Priester an das Unbefleckte Herz Mariens. „Eine zweite Botschaft überbrachte mir die kleine Jessica Gregori im Oktober 2005. Sie sagte mir: ‚Dies ist für den Papst und auch für dich: Man muss einen Akt der Weihe aller Priester, der Priester deiner Diözese und der ganzen Kirche, an das Unbefleckte Herz Mariens vornehmen.' Ich versuchte, das Mädchen in Schwierigkeiten zu bringen, und versuchte zu verstehen, ob sie sich das alles nur einbildete. Aber sie bestand darauf und erwiderte: ‚Was weiß denn ich? Sie sagt mir das!' Ich hatte die Gelegenheit, die Botschaft an Johannes Paul II. weiterzugeben, der im Jahr 2000 die Weihe, die er zuvor in Fatima und in Sankt Peter vorgenommen hatte, wiederholte."

Bischof Grillo erzählte uns das einen Monat vor der Reise Benedikts XVI. nach Fatima. Wie wir schon sagten, verweilt der Papst dort im Gebet vor der Madonnenstatue, die in ihrer Krone eine Kugel des Attentats auf Johannes Paul II. trägt, und am 12. Mai weiht er alle Priester der Welt dem Unbefleckten Herzen Mariens.

„Ich glaube", so beendet der Bischof seine Ausführungen, „dass die Blutstränen mit dem Problem des unmoralischen Verhaltens mancher Priester verbunden waren. Ich erinnere mich noch an mein letztes Treffen mit Johannes Paul II. im Jahr 2004. Der Papst schaute mich an, sagte drei Mal: ‚Civitavecchia!' und begann zu weinen."

Die Prophezeiungen sprechen von einem Abfall des Klerus, von angegriffenen, geschmähten, sogar verletzten Päpsten, ja sogar von einem Toten unter ihnen. Die Verknüpfung, die Benedikt XVI. zwischen der Prophezeiung von Fatima und der gegenwärtigen Krise in der Kirche hergestellt hat, ist äußerst bedeutsam. Dazu muss man wissen, dass die Fragen, die während des Fluges an den Papst gestellt werden, mit größter Sorgfalt aus den vielen von den Journalisten unterbreiteten Fragen ausgewählt werden: Der Papst hätte also dem Thema sehr wohl ausweichen können.

„Die marianischen Prophezeiungen haben die schwere Priesterkrise der nachkonziliären Jahre vorausgesagt", betont Don Livio Fanzaga, der beliebte Moderator des katholischen Senders Radio Maria. „Damals legten achttausend Männer das Priestergewand ab und die Seminare entvölkerten sich im Laufe weniger Jahre. Die Muttergottes kündigte das insbesondere bei ihrer Erscheinung 1947 bei den Tre Fontane in Rom an, als sie Bruno Cornacchiola ein schwarzes Gewand auf dem Boden zeigte und daneben ein zerbrochenes Kreuz. Bei den ersten Erscheinungen in Medjugorje bat die Muttergottes um Gebete für die Priester, denn – so sagte sie damals, also während des großen Aderlasses nach dem Konzil – ‚es gibt gute und schlechte'. Maria hat selbst eine spirituelle Erneuerung der Priester bewirkt, indem sie jedes Jahr über fünftausend Geistliche in ihr Heiligtum in der Herzegowina zieht."

13

JENE OFT VERGESSENE BOTSCHAFT

„Am Anfang des Christseins steht nicht ein ethischer Entschluss oder eine große Idee, sondern die Begegnung mit einem Ereignis, mit einer Person, die unserem Leben einen neuen Horizont und damit seine entscheidende Richtung gibt." Diese Worte, die Benedikt XVI. zu Beginn seiner ersten Enzyklika „Deus caritas est" geschrieben hat, bezeichnen besser als alle anderen die Herzmitte der Botschaft Papst Ratzingers, den roten Faden seines Lehramtes. Joseph Ratzinger, den manche Medien in seiner Zeit als Präfekt der Kongregation für die Glaubenslehre als den „Carabiniere der Kirche" und als „Panzerkardinal" dargestellt haben und der noch heute als Papst oft als unbeugsamer und rückwärtsgewandter Restaurator präsentiert wird, hat als Schlüssel seines Pontifikats die – von ihm am meisten verwandten – Worte „Schönheit", „Liebe", „Freude" gewählt. Wenn am Anfang des Christseins tatsächlich kein ethischer Entschluss steht, kein rein formales Anhängen an einem Verzeichnis von Werten oder einer kulturellen Tradition, an einem Paket von Dogmen oder einer Reihe von Riten, sondern dagegen „die Begegnung mit einem Ereignis, mit einer Person", so ändert sich die Perspektive. Mehrere Male hat Papst Ratzinger in Erinnerung gerufen, dass der christliche Glaube eine Begegnung mit einer lebendigen und gegenwärtigen Person ist, mit dem Protagonisten der Geschichte, der dem Menschen entgegenkommt, ihn anzieht und fasziniert: Es ist die Begegnung mit der Schönheit. Von den ersten Stunden seiner

Wahl am 19. April 2005 an hat Benedikt XVI. dazu eingeladen, den Blick auf Christus zu richten.

In seiner ersten Botschaft „Urbi et Orbi", in der Predigt, die er in der Sixtinischen Kapelle am Tag nach seiner Wahl hielt, sagte der neue Bischof von Rom: „Bei seiner Amtsübernahme weiß der neue Papst, dass es seine Aufgabe ist, vor den Männern und Frauen von heute das Licht Christi leuchten zu lassen: nicht das eigene Licht, sondern das Licht Christi."

Mit diesen Worten kündigte sich der Stil seines Pontifikats an: Benedikt XVI. wollte kein „Protagonist" sein, sondern den wahren Protagonisten zutage treten lassen. Hinweise darauf gab es ab den ersten Monaten seines Petrusdienstes. Beim Weltjugendtag im August 2005 und dann bei vielen anderen Gelegenheiten war es der Wille Benedikts XVI., dass der Höhepunkt dieser großen Ereignisse immer die eucharistische Anbetung ist, wenn nicht der Vikar, sondern die zentrale Gestalt, jener Christus, im Mittelpunkt steht, dessen Licht der Papst „vor den Männern und Frauen von heute" leuchten lassen muss.

Auf derselben Linie muss das Lehramt Ratzingers zu Fragen der Liturgie verstanden werden. Als Kardinal hatte er lange über diese Themen nachgedacht und geschrieben und dabei die liturgischen Missbräuche und eine gewisse Eile beklagt, mit der die nachkonziliare Liturgiereform verwirklicht worden ist, sowie die Gefahr, dass die Messe in gewissen Fällen „zu einer Show entartet". Da er sich der Tatsache wohl bewusst ist, dass ständige und von oben erlassene Änderungen der Liturgie wenig angemessen sind und vor allem von den Gläubigen nur schwer angenommen und verinnerlicht werden, hat Benedikt XVI. den Weg des Beispiels gewählt. Die

Papstmessen, die oft im Fernsehen übertragen werden, haben sich allmählich verändert: Das Kreuz hat seinen zentralen Platz auf dem Altar wiedergefunden, vor dem Zelebranten, auch wenn dieser dem Gottesdienst an Altären vorsteht, die dem Volk zugewandt sind. Neben den modernen Messgewändern kamen wieder antike Paramente in Gebrauch, dem Gregorianischen Choral wurde mehr Raum gegeben. Im Jahr 2007 hat der Papst, wie wir gesehen haben, dem bis 1962 benutzten alten Messbuch wieder volles „Bürgerrecht" in der Kirche gegeben. Mit dieser Entscheidung wollte der Papst mitnichten in die Vergangenheit zurückkehren oder die Reformen des Konzils auslöschen. Er wollte vielmehr eine Versöhnung und eine gegenseitige Bereicherung fördern, um zu erreichen, dass die Messfeier im ordentlichen Römischen Ritus – der das Ergebnis der letzten Liturgiereform war, ist und bleibt – die Schönheit und die Sakralität der Feiern im alten Ritus wiederentdecken kann; und dass die Feier in der außerordentlichen Form des Römischen Ritus – der sein Bürgerrecht neben dem anderen besitzt – den Reichtum des Erbes der Heiligen Schrift entdecken kann, wie es die vom Konzil gewünschte Liturgiereform wollte. Leider ist in vielen Fällen der Geist, der Benedikt XVI. dabei inspirierte, nicht verstanden worden, und anstelle der Versöhnung kam es auf beiden Seiten zu Frontbildungen und einem Geist der Rache.

Das Lehramt Benedikts XVI. zu Fragen der Liturgie ist Teil eines weiten und tiefen Blicks auf die jüngste Geschichte der Kirche sowie auf die Weise, wie die Tradition zu verstehen ist. Grundlegend ist hier die Ansprache, die der Papst anlässlich des Weihnachtsempfangs für das Kardinalskollegium und die Mitglieder der römischen Kurie im Dezember 2005 hielt, als er von zwei Hermeneutiken des Zweiten

Vatikanischen Konzils sprach, das heißt von zwei Weisen, das Konzil zu sehen und zu interpretieren: „Die Probleme der Rezeption entsprangen der Tatsache, dass zwei gegensätzliche Hermeneutiken miteinander konfrontiert wurden und im Streit lagen. Die eine hat Verwirrung gestiftet, die andere hat Früchte getragen, was in der Stille geschah, aber immer deutlicher sichtbar wurde, und sie trägt auch weiterhin Früchte."

„Auf der einen Seite", so fuhr Papst Ratzinger fort, „gibt es eine Auslegung, die ich ‚Hermeneutik der Diskontinuität und des Bruches' nennen möchte; sie hat sich nicht selten das Wohlwollen der Massenmedien und auch eines Teiles der modernen Theologie zunutze machen können. Auf der anderen Seite gibt es die ‚Hermeneutik der Reform', der Erneuerung des einen Subjekts Kirche, die der Herr uns geschenkt hat, unter Wahrung der Kontinuität; die Kirche ist ein Subjekt, das mit der Zeit wächst und sich weiterentwickelt, dabei aber immer sie selbst bleibt, das Gottesvolk als das eine Subjekt auf seinem Weg."

Die erste Hermeneutik habe dazu geführt, das Konzil in eine verfassungsgebende Versammlung zu verwandeln, die dazu auch noch permanent weitergeht. Sie hat geglaubt, dass nicht so sehr die Texte des Zweiten Vatikanischen Konzils zählen als vielmehr sein „Geist", im Namen dessen jede Veränderung und jede Position, auch die willkürlichste, gerechtfertigt werden könnte. Die zweite Hermeneutik, die der Papst angewendet sehen will, ist dieselbe, die wir in den Worten Johannes' XXIII. finden, der erklärte, dass das Konzil „die Lehre rein und vollständig übermitteln will, ohne Abschwächungen oder Entstellungen", und der hinzufügte: „Unsere Pflicht ist es nicht nur, dieses kostbare Gut zu hüten, so als interessierte uns nur das Altehrwürdige an ihm, sondern auch, uns mit eifrigem Willen und ohne Furcht dem Werk zu widmen, das unsere Zeit von uns verlangt ... Es ist notwendig, die unumstößliche und unveränderliche Lehre, die treu geachtet werden muss, zu vertiefen und sie so zu formulieren, dass sie den Erfordernissen unserer Zeit entspricht."

In dieser Perspektive steht die Entscheidung Papst Benedikts, die alte Messe zu liberalisieren.

Und in diesem Sinn bemüht sich der Papst auch um Versöhnung und die Heilung alter Wunden. So müssen die Entscheidung zur Aufhebung der Exkommunikation der Lefebvre-Bischöfe sowie die Apostolische Konstitution „Anglicanorum coetibus" gelesen werden, die sich an die Gruppen in der anglikanischen Weltgemeinschaft richtet, die mit den liberalen Umwälzungen ihrer Hierarchien nicht einverstanden sind und die Absicht haben, zur vollen Gemeinschaft mit Rom zurückzukehren und dabei ihre Traditionen bewahren wollen.

Entscheidend für die Sicht Ratzingers ist das Bild einer Kirche, die „berufen" ist und einem Geheimnis entspricht, das ihr nicht gehört. Sie ist kein multinationales Unternehmen, sie kann nicht mit einer Unternehmenslogik betrachtet werden. Mehrmals hat der Papst festgestellt, wie die Dinge in der weltlichen Gesellschaft und „nicht ganz selten auch in der Kirche" darunter leiden, dass viele, denen Verantwortung übertragen ist, „für sich selbst statt für das Ganze, für das Gemeinwohl, arbeiten".

Am 12. September 2009 hat Benedikt XVI. während der Weihe von fünf Bischöfen im Petersdom das Bild des treuen Hirtens nachgezeichnet und an die Verantwortlichen in der Kirche den Aufruf gerichtet, dass das Priestertum nicht „Herrschaft, sondern Dienst" sei und die drei Eigenschaften des Dieners Jesu Treue, Klugheit und Güte seien. „Die Kirche ist nicht unsere Kirche, sondern Seine Kirche, die Kirche Gottes. Der Knecht muss Rechenschaft ablegen, wie er mit dem Gut umgegangen ist, das ihm anvertraut wurde. Wir binden die Menschen nicht an uns; wir suchen nicht Macht, Einfluss, Ansehen für uns selber. Wir führen die Menschen zu Jesus Christus und so zum lebendigen Gott." Und er fügte hinzu: „Wir wissen, wie die Dinge in der weltlichen Gesellschaft und nicht selten auch in der Kirche darunter leiden, dass viele, denen Verantwortung übertragen ist, für sich selbst statt für das Ganze, für das Gemeinwohl, arbeiten. Der Herr zeichnet mit wenigen Strichen ein Bild des schlechten Knechtes, der Gelage hält und die Untergebenen schlägt und so das Wesen seines Auftrags veruntreut." Die Treue des Knechts Jesu Christi „besteht gerade auch darin, dass er nicht versucht, den Glauben nach den Moden der Zeit zurechtzuschneiden".

Für den deutschen Papst besteht die Kirche nicht in ihren organisatorischen Strukturen, sie lebt nicht von Tagungen und Kommissionen. Wie er es auch am 11. Mai 2010 in der Predigt während der Messe in Lissabon erklärt hat: „Oft sorgen wir uns mühevoll um die sozialen, kulturellen und politischen Auswirkungen des Glaubens und nehmen dabei als selbstverständlich an, dass dieser Glaube auch vorhanden ist, was leider immer weniger der Wirklichkeit entspricht. Man hat ein vielleicht zu großes Vertrauen in die kirchlichen Strukturen und Programme gelegt, in die Verteilung der Macht und der Aufgaben; aber was wird geschehen, wenn das Salz schal wird?"

Ein weiterer wichtiger roter Faden, der sich durch das Lehramt Benedikts XVI. zieht, ist die Beziehung zwischen Glaube und Vernunft, die im Mittelpunkt der „Vorlesung" von Regensburg stand. Der Kern jener Botschaft, der dann in verschiedenen anderen Ansprachen und Dokumenten immer wieder aufgenommen wurde, liegt in der Synthese zwischen Glaube und Vernunft als dem Fundament für einen echten Dialog der muslimischen Welt mit dem Christentum. Für Benedikt XVI. ist der Dialog nicht vor allem eine politische oder diplomatische Frage, sondern Ausdruck der Suche nach den gemeinsamen vernünftigen Grundlagen, die alle Menschen vereinen. Für den Papst ist unser Zeitalter, ausgehend von der Aufklärung, durch einen begrenzen Vernunftbegriff geprägt, durch eine Vernunft, die sich „selbst beschränkt" und der Ansicht ist, nichts mehr über Gott, über die letzten Fragen, die das Herz des Menschen bewegen, nichts mehr über das sagen zu können, was die rein empirischen Erkenntnisse übersteigt. All dies, das heißt den religiösen Sinn, unterwirft die Moderne keiner Zensur, sondern verweist ihn in den Limbus der Subjektivität, indem sie behauptet, dass es in diesen Fragen keine vernünftige und objektive Erkenntnis geben könne. So kommt es dazu, dass der Glaube als etwas Irrationales und Subjektives angesehen wird. „Ich komme nicht, um zum Glauben zu nötigen, sondern um zur Wahrheit zu ermutigen", hatte der Papst in der Ansprache formuliert, die er im Januar 2008 an der Universität „La Sapienza" hätte halten sollen; ein Besuch, der infolge der Proteste einiger Gruppen von Studenten und einiger Dozenten aus Angst vor Zwischenfällen abgesagt wurde.

In diese Reflexion reiht sich auch der mehrmals von Benedikt XVI. geäußerte Aufruf zur Anerkennung des „natürlichen Sittengesetzes" ein, das heißt zu jener Fähigkeit, die der Mensch zur Erkenntnis des Guten und des Bösen besitzt. Es ist dies ein Aufruf, der einen Dialog und eine wahre Auseinandersetzung unter Gläubigen und Nichtgläubigen begünstigen will, dies nicht allein zu Themen des Glaubens, sondern auch zu den Themen, die an die ethischen Notstände gebunden sind, um eine „gemeinsame Grammatik" aufzubauen.

Das Lehramt Papst Ratzingers hat im Lauf dieser Jahre in Erinnerung gerufen, was er selbst „nichtverhandelbare Prinzipien" genannt hat, zu denen heute besonders das Leben, das von seinem Anfang bis zu seinem natürlichen Ende zu schützen ist, sowie die auf der Ehe gegründete Familie und die Erziehungsfreiheit zählen. Es ist interessant festzustellen, dass Benedikt XVI. den Gemeinsinn umgeworfen hat, der eine Kirche präsentiert, die zu allem ein „Nein" zu sagen hat, die gegen die Abtreibung, gegen die Euthanasie in ihren mehr oder minder maskierten Formen, gegen die Gleichstellung der auf der Ehe gegründeten Familie mit anderen Lebensgemeinschaften kämpft. Der Papst hat immer deutlich gemacht, dass der Ursprung der Überzeugungen und Vorschläge der Kirche an die Gläubigen und Nichtgläubigen kein „Nein" ist, sondern ein großes „Ja", das vor allem dem Protagonisten der Geschichte und der Schönheit des Lebens gilt, die dank seiner erfahrbar geworden ist.

Der Aufruf zu den Werten, die Wortmeldungen zu ethischen Themen stehen immer in dieser Perspektive, wie aus der in Fatima gehaltenen Ansprache an die Bischöfe Portugals vom 13. Mai 2010 hervorgeht: „Wenn der katholische Glaube im Empfinden vieler kein gemeinsames Erbe der Gesellschaft mehr darstellt und oft eine Saat zu sein scheint, der von den ‚Göttern' und Herren dieser Welt bedrängt und verdunkelt wird, dann werden die Herzen nur schwer von bloßen Worten oder moralischen Vorhaltungen berührt werden und noch weniger von allgemein gehaltenen Verweisen auf die christlichen Werte. Der mutige und umfassende Verweis auf die Prinzipien ist grundlegend und unerlässlich; dennoch kommt die bloße Darlegung der Botschaft nicht in der Tiefe des menschlichen Herzens an, berührt seine Freiheit nicht, ändert nicht sein Leben. Das, was fasziniert, ist vor allem die Begegnung mit gläubigen Menschen, die durch ihren Glauben Zeugnis von Christus ablegen und die anderen zur seiner Gnade hinführen."

Weitere wichtige Perspektiven des Pontifikats dürfen nicht vergessen werden, die weniger hervorgehoben werden, da sie im Widerspruch zum Klischee vom konservativen Papst stehen. In der Enzyklika „Caritas in veritate" (2009) hat Papst Ratzinger zu den sozialen Notständen auch die anthropologische Frage und die ethischen Notstände gezählt und auf diese Weise – ein weiterer Schritt zur Versöhnung – die gefestigte Spaltung überwunden, der zufolge sich die „progressiven" Christen den Armen und den sozialen Werken zu widmen, während sich die „Konservativen" für die Verteidigung des Lebens und der Familie einzusetzen hätten. Nein, auch die Verteidigung des Lebens und der Familie ist eine soziale Frage. Es ist die Nähe in Erinnerung zu rufen, die der Papst in den ersten sechs Jahren des Pontifikats den Armen, den Letzten zu zeigen verstand. Unvergesslich bleiben die Bilder des Besuches im Hospiz der Caritas an der „Stazione Termini" in Rom sowie die innere Bewegung des Papstes, als er den Gruß einer Obdachlosen hörte, die an psychischen Problemen litt.

Doch ebenso muss daran erinnert werden, dass sich in seinem Lehramt starke Worte gegen den zügellosen Kapitalismus und die Globalisierung finden, die dazu führen, die Armen noch ärmer zu machen. Die Einladung zur Nächstenliebe, zur Brüderlichkeit, zum Teilen der Güter, zu einem Lebensstil von größerer Nüchternheit, der den Bedürfnissen der Letzten gegenüber aufmerksamer ist – die irgendwo in einem verlorenen Dorf in Afrika oder unter unseren Wohnungen in den westlichen Metropolen leben: Diese Einladung bildet einen zentralen Punkt seines Lehramtes.

Papst Benedikt hat auch oft über die Notwendigkeit eines aufmerksameren Umgangs mit den Ressourcen der Schöpfung nachgedacht. Denn der Aufruf zu einer Humanökologie, zum Schutz der Natur, die Gott dem Menschen anvertraut hat, ist eine weitere Konstante der ersten Jahre des Pontifikats des deutschen Papstes, der sich unmittelbar nach seiner Wahl als „einen einfachen und bescheidenen Arbeiter im Weinberg des Herrn" bezeichnet hatte.

Wie sollte man schließlich nicht die große Lehre erwähnen, die der Papst mit der Art und Weise vorlebt, wie er der Missbrauchskrise begegnet, verbunden mit dem ständigen Aufruf zur Umkehr, zur Buße, zur Reinigung? Benedikt XVI. verschanzt sich nicht hinter Statistiken, klagt nicht die Massenmedien an, er spricht von dem großen Leid der „Sünde in der Kirche", der Verfolgung, die von Innen kommt. Und es hat den Anschein, dass bisweilen gerade diese seine Botschaft in seiner Umgebung und in der Kirche nicht auf angemessene Weise aufgenommen wird.

14

KOMPLOTTE, MEDIENKAMPAGNEN UND PANNEN

Warum hatten es die wichtigsten Botschaften Benedikts XVI., die wir im vorigen Kapitel in äußerster Kürze zusammengestellt haben, so schwer, zu den Menschen durchzudringen und auf fruchtbaren Boden zu fallen? Warum interessierten sich die Medien in den letzten sechs Jahren in erster Linie für die Krisen, die mit der Regensburger Vorlesung ihren Anfang nahmen? Hat es sich nur um eine Reihe unglücklicher Zufälle gehandelt, die durch Versäumnisse einiger Mitarbeiter des Papstes und das Fehlen einer Kommunikationsstrategie begünstigt wurden, oder steckt mehr dahinter?

Zum Abschluss unserer Recherchen, die uns hinter die Kulissen der schwierigsten Phasen des deutschen Pontifikats geführt haben, haben wir diese Frage Historikern, Vatikankennern und internationalen Berichterstattern gestellt. Wir haben sie gefragt, ob sie an ein Komplott oder zumindest an gezielte Medienkampagnen glauben, die organisiert wurden, um die Botschaft der Kirche hinsichtlich bestimmter „sensibler" Themen abzuschwächen. Im Fall einer positiven Antwort sollten sich die Experten auch dazu äußern, wer ihrer Meinung nach die Verantwortlichen sind.

Es steht außer Frage, dass von dem Augenblick der Wahl an das Bild des deutschen Papstes in der Öffentlichkeit in den Schmutz gezogen werden sollte. Es sei nur daran erinnert, wie noch heute im Internet seine (erzwungene) Mitgliedschaft in der Hitlerjugend dargestellt wird. Ein im Juni

1951 aufgenommenes Foto zeigt den jungen Joseph Ratzinger, wie er als frisch geweihter Priester in seinem Heimatdorf – wo er noch bei seinen Eltern lebte – seine erste Messe feiert und die Gläubigen mit ausgestreckten Armen segnet. Dieses Bild wurde bearbeitet und ist in einer Version in Umlauf gebracht worden, auf der nur ein ausgestreckter Arm, natürlich der rechte, zu sehen ist. Man sollte glauben, dass es sich um den Hitler-Gruß handelt. Aber warum hat Benedikt XVI. so große Kritik und so viele Angriffe auf sich gezogen?

„Ob es ein Komplott gegen den Papst gibt, ist schwierig zu entscheiden", erklärt uns Marcello Foa, Autor von „Il Giornale", Experte für Außenpolitik, Dozent für Journalismus an der Universität Lugano und Verfasser eines Sachbuchs über Medien-Desinformationen. „Allerdings lassen die Ereignisse der letzten Jahre den Versuch erkennen, den Einfluss der Kirche weltweit zu verringern. Es handelt sich meiner Meinung nach um ein Phänomen, das in einem größeren Kontext gesehen werden muss. Seit dem Fall der Berliner Mauer ist ein Prozess im Gang, der zu einer kontinuierlichen Schwächung der traditionellen Institutionen (Staat, Kirchen etc.) und zu einer Übertragung der Macht auf große private Unternehmen, auf internationale Organisationen, Interessengruppen oder auf nur teilweise als solche gekennzeichnete Lobbys führt.

Während des Kalten Krieges war die Kirche – insbesondere Johannes Paul II. – sehr einflussreich und stellte für die westliche Welt eine moralische Institution dar. Die Kirche trug dazu bei, unseren Gesellschaften Regeln aufzuerlegen und war gleichzeitig aufgrund ihrer Bedeutung in Osteuropa der Sowjetunion ein Dorn im Auge. Nach dem Untergang der sowjetischen Herrschaft änderten sich die Parameter und die vorherrschenden Interessen. Die Kirche war keine Stütze mehr, sondern ein Hindernis, ein konservatives Element, eine potenzielle Gegenmacht."

„Seit zwanzig Jahren", erklärt Foa weiter, „wird das Prestige des Vatikans kontinuierlich ausgehöhlt, sowohl in den Medien als auch im Kino. Filme haben ein überwältigendes Überzeugungspotenzial. Wie viele internationale Erfolgsfilme gibt es, die ein positives, beispielgebendes oder faszinierendes Bild der Kirche oder wenigstens des katholischen Glaubens zeichnen? Die Zahl ist verschwindend gering. Wie viele Filme gibt es dagegen, in denen Kirche und Kardinäle als arrogant, intrigant und heuchlerisch dargestellt werden? Eine sehr viel größere Zahl. Das ist kein Zufall. Die Diskreditierung erfolgt auch im Internet, in Sachbüchern und in der Belletristik, wie zum Beispiel in den Büchern von Dan Brown.

Wer unterstützt diesen Prozess? Ich kann es nicht mit Sicherheit beweisen, aber ich denke, dass das unsichtbare, tendenziell der Finanzwelt angehörende Establishment diesem Prozess wohlwollend zusieht und das Schwinden nationaler Souveränität zu Gunsten überstaatlicher Institutionen begrüßt, deren Einflussnahme im Verlauf der Wirtschaftskrisen 2008 und 2010 deutlich zu Tage getreten ist. Ob eine einheitliche Regie vorliegt? Einige Autoren haben die Bilderberg-Gruppe im Verdacht, also jene streng geheime Vereinigung, die in der Politik, in der Wirtschafts- und Finanzwelt in den Vereinigten Staaten und in Europa über die Eliten bestimmt und sich einmal im Jahr in großer Vertraulichkeit zu einer Vollversammlung trifft. Die Bilderberg-Gruppe, so meinen diese Autoren, unterstütze die Verbreitung einer universalen Religion und von Prinzipien, die zwar auf verschiedene bekannte Religionen zurückgehen, denen aber der Bezug zu einer zentralen Kirche fehlt.

Ich weiß nicht, ob diese Theorie richtig ist. Aber sie kann nicht *a priori* verworfen werden, unter anderem schon deshalb, weil keine ernstzunehmenden Studien über diese rätselhafte Gruppe vorliegen. Ich weiß nicht einmal, ob man von so etwas wie einem ‚Big Brother' überhaupt sprechen kann. Das wahrscheinlichste Szenario ist Folgendes: Es bestehen gemeinsame Interessen und unterschiedliche Vorgehensweisen. Vom Vatikan und von Benedikt XVI. wurde ein starres, negatives Bild gezeichnet. Jede Gelegenheit wird genützt, dieses Bild zu schärfen, wobei die Kirche gezwungen wird, sich zu rechtfertigen, Dinge klar oder richtigzustellen. Es handelt sich hier um einen aus der Kommunikation und der Sozialpsychologie bekannten Mechanismus, der sich, wenn er einmal in Gang ist, von selbst am Leben erhält."

„Ohne Zweifel", führt Foa weiter aus, „empfindet das Establishment Freude daran, die Macht der Kirche zu schwächen, die theoretisch mehr als eine Milliarde Gläubige repräsentiert, aber weltweit immer weniger Einfluss zu haben scheint. Alle behaupten, katholisch zu sein, aber die Gläubigen, die wirklich nach den Geboten der Kirche leben, sind eine kleine Minderheit. Der tatsächliche Einfluss der Kirche ist daher im Vergleich zu der Zeit vor zwanzig, dreißig Jahren sehr vermindert. Die Langsamkeit und die Zurückhaltung, mit denen die Kirche auf interne Probleme, Fehler und Störungen, die in den letzten Jahren an die Öffentlichkeit gelangt sind und in der Hierarchie bekannt waren, reagiert hat, haben zusätzlich ihre Feinde gestärkt, die viele Vorwände gefunden haben, um sie in Bedrängnis zu bringen."

Auf der Hypothese, das eine Verbindung zwischen der Medienkampagne gegen Papst Ratzinger und bestimmten, sich auf die internationale Politik beziehenden Bewegungen besteht, beruht die Analyse von Maurizio d'Orlando, die von „Asianews" veröffentlicht wurde, einer Nachrichtenagentur, die den Missionaren des Päpstlichen Missionsinstituts (PIME) nahesteht und von Pater Bernardo Cervellera geleitet wird.

D'Orlando weist darauf hin, dass an demselben Tag, an dem der Artikel der „New York Times" über den Fall Murphy erschien, bei der Nachrichtenagentur „Reuters" in Jerusalem eine Nachricht einging, die am folgenden Tag, dem 26. März 2010, veröffentlicht und auch von der „Washington Post" verbreitet wurde, während sie sowohl aus der „unabhängigen" anglo-amerikanischen Presse als auch aus der Presse fast der gesamten Welt verschwand: die Möglichkeit, dass Israel taktische Atomwaffen in einem Präventivschlag gegen den Iran einsetzen könnte. Diese Nachricht steht in enger Verbindung zu einer anderen, zwei Wochen vorher veröffentlichten Nachricht, die ebenfalls sehr schnell wieder aus der „unabhängigen" Presse verschwunden ist: „Auf Anordnung Barack Obamas soll eine Lieferung spezieller Bomben von äußerst hoher Sprengkraft (einzusetzen bei einem Angriff auf den Iran, um unterirdische Bunker zu sprengen) von Israel, dem ursprünglichen Bestimmungsort, zur amerikanischen Militärbasis Diego Garcia im Indischen Ozean umgeleitet worden sein. Tausend Meilen südlich von Indien, vor dem Inselstaat Mauritius und dem Persischen Golf gelegen, ist Diego Garcia die ideale Basis, um einen Luftangriff gegen den Iran zu führen."

Der Beobachter erinnert daran, was im Irak passiert ist: Die angeblich vorhandenen, aber nicht gefundenen Massenvernichtungswaffen, von deren Existenz sich die westlichen

Geheimdienste überzeugt gaben, dienten als Vorwand für die Invasion des Landes, die „circa 1,3 Millionen Irakern" das Leben gekostet hat. Seiner Meinung nach soll ein Krieg im Iran „dem Zweck dienen, den großen wirtschaftlichen Bankrott zu vertuschen", der von „einer neuen Welle von Insolvenzen im Kreditgeschäft und bei ‚toxischen' Wertpapieren" zu erwarten sei. D'Orlando erinnert auch daran, dass „weltweit die Staatsschulden in vielen Ländern Ausmaße angenommen haben, die nicht nur nicht mehr verwaltet werden können, sondern sich auch nicht mehr verbergen oder bis auf Weiteres ignorieren lassen, denn die Zukunft steht vor der Tür, sie ist bereits da. Nach Angaben der Bank für Internationalen Zahlungsausgleich (BIZ) – also nicht nur ‚AsiaNews' oder irgendeinem extremistischen, unzuverlässigen Blogger folgend – wird die Staatsschuld der Vereinigten Staaten bald vierhundert Prozent des Bruttoinlandsprodukts (BIP) betragen."

D'Orlando zieht daraus den Schluss, wobei er vorsichtshalber auch die Möglichkeit eines Zufalls in Erwägung zieht: „Wer könnte in einer solchen Situation Kritik üben? Die katholische Kirche und der Papst. Dies ist der Grund dafür, dass ihre moralische Autorität untergraben werden soll. Aber vielleicht handelt es sich ja auch nur um einen Zufall."

Der Kirchenhistoriker Alberto Melloni hingegen glaubt nicht an ein Komplott, auch wenn er die Möglichkeit einer Verbindung zur internationalen Politik in Betracht zieht: „Ich glaube nicht, dass ein Komplott gegen den Papst vorliegt. Seit dem neunzehnten Jahrhundert führt der Geltungsanspruch des Papstes, der seither ohne Reich und Staat, aber eben aus diesem Grund auch viel sichtbarer und unendlich freier ist, dazu, dass alles, was über die Kirche gesagt wird, letztlich auf ihn bezogen wird. Die Begräbnisfeiern für Karol Wojtyla sind zu einem Ereignis universaler Verehrung für diesen Papst geworden, genauso wie nun in den Augen einiger Beobachter der Pädophilie-Skandal alle Kritiken auf den Papst und sein Umfeld lenkt und das Ergebnis eines Komplotts gegen Benedikt XVI. zu sein scheint."

„Das schließt nicht aus", bemerkt Melloni weiter, „dass es Themen gibt, bei denen die katholische Kirche bekanntermaßen als Widersacher angesehen wird. Es kann also nicht ausgeschlossen werden, dass es jemanden gibt, der darauf bedacht ist, die Kirche in Bedrängnis zu bringen und ihre Botschaft zu diskreditieren. Ich möchte jedoch auch gleich klarmachen, dass es meiner Meinung nach nicht um Themen ethischen Inhaltes geht. Ich glaube nicht, dass die Stellungnahme der Kirche gegen Abtreibung und Homosexuellen-Ehe Regierungen und Staaten wirklich stört. Eine Parteinahme gegen den Krieg vielleicht schon. Ich erinnere mich daran, dass in einer Audienz, die dem Präsidenten der Vereinigten Staaten im Vatikan gewährt worden war, George W. Bush Johannes Paul II. eine Frage zu den Hintergründen des Pädophilie-Skandals stellte, der gerade die amerikanische Kirche erschüttert hatte. Wojtyla wiederum soll, als er die Audienz verließ, gesagt haben: ‚Ich hätte den Präsidenten fragen sollen, wie viele pädophile Republikaner es gibt.' Auf jeden Fall würde ich es vermeiden, einen Vergleich zu der heutigen Situation zu ziehen, weil ich glaube, dass das Problem um den Missbrauchsskandal in viel größerem Maße Europa als die Vereinigten Staaten betrifft."

Von einem „objektiven" Anschlag auf Benedikt XVI. spricht wiederum der russische Journalist Alexey Bukalov, Direktor des römischen Büros der Agentur „Itar-Tass": „Es ist meiner Meinung nach eine objektive Tatsache, dass eine Kampagne gegen die Kirche vorliegt. Der Papst wird mit Misstrauen beobachtet; alles, was er macht oder sagt, wird kritisiert. Nichts wird ihm verziehen, weder die Tatsache, dass er Deutscher ist, noch die Tatsache, dass er in diesem Alter und Zeitzeuge des Krieges ist ... Nichts wird ihm nachgesehen. Er selbst wiederum reagiert auf viele Angriffe nicht und unternimmt weitere Schritte, die nicht politisch korrekt sind, die aber seiner Integrität und seiner theologischen Vision entsprechen. Ich glaube, er hat sehr darunter gelitten, zum Papst gewählt worden zu sein, er hätte es vorgezogen, seinen Studien nachzugehen, Bücher zu schreiben und Mozart zu spielen.

Es ist mir nicht möglich, bestimmte Kreise als Ausgangspunkt für diese Angriffe auszumachen, aber ich sehe die Angelegenheit von einem leninistischen Standpunkt aus: Es handelt sich um politische Interessen. Angesichts der angespannten internationalen Situation – von der Aggressivität des islamischen Fundamentalismus bis hin zum Prozess der Säkularisierung – entsteht der Eindruck, dass bestimmte Kreise nach einem Schwachpunkt des Papstes suchen. Sie versuchen, ihm die gesamte Schuld in dem Pädophilie-Skandal zu geben, aber diesbezüglich liegt die Verantwortung meiner Meinung nach eher bei dem vorangegangenen Pontifikat."

Auch der irische Vatikanexperte und Leitartikler vieler britischer, amerikanischer und asiatischer Zeitungen, Gerard O'Connell, lenkt die Aufmerksamkeit auf die Programme des Pontifikats von Joseph Ratzinger. „Der Papst hat in diesen Jahren nicht viele populäre Themen aufgegriffen, aber seinen Prinzipien treu bleibend hat er bestimmte Standpunkte auch gegen die Mehrheit durchgesetzt. Mit Juden und Muslimen hat es Probleme gegeben. Während aber die Religionsführer eine akzeptable oder gute Beziehung zu ihm aufgebaut haben, gilt dies in der jüdischen und islamischen Welt nicht für den Mann auf der Straße, der nicht dasselbe Vertrauen in ihn setzt wie in Johannes Paul II."

„Mit dem Dokument, das Personen mit ausgeprägten homosexuellen Neigungen den Zugang zu den Seminaren verweigert, und mit dem 2003 veröffentlichten Dokument ‚Erwägungen zu den Entwürfen einer rechtlichen Anerkennung der Lebensgemeinschaften zwischen homosexuellen Personen' hat Ratzinger die Homosexuellen-Lobby gegen sich aufgebracht, die einen nicht unerheblichen Einfluss in den Medien ausübt. Ferner ist an die Kritiker innerhalb der Kirche zu denken, die seine Positionen hinsichtlich der Liturgie oder des interreligiösen Dialogs nicht teilen oder seine historischen Entscheidungen missbilligen. Erwähnt seien an dieser Stelle etwa die Apostolische Konstitution, die ganze anglikanische Gemeinschaften zur Einheit mit Rom zurückführen will, und die Entscheidung, die Exkommunikation der Lefebvre-Bischöfe aufzuheben. Weitere wichtige Fragen sollten nicht vergessen werden", meint O'Connell weiter, „zum Beispiel das Eintreten für den Schutz des Lebens, die Ablehnung künstlicher Formen der Geburtenkontrolle einschließlich Kondomen, die Absage an embryonale Stammzellenforschung: Das sind Themen, die aufmerksam machen und im Gegensatz zu den politischen und finanziellen Interessen stehen, die etwa die Organisationen zur Förderung der Familienplanung und die pharmazeutische Industrie leiten.

Um die Aufzählung abzuschließen, seien noch weitere Aspekte hinzugefügt, an die weniger gedacht wird, wie zum

Beispiel die Außenpolitik des Heiligen Stuhls und sein in Weltkrisen multilateraler Ansatz, der von bestimmten einflussreichen Machtzentren nicht immer gerne gesehen wird. Ich glaube dennoch nicht", so O'Connell abschließend, „dass ein organisiertes Komplott gegen den Papst vorliegt. Vielmehr handelt es sich meiner Meinung nach um konvergierende Interessen unterschiedlicher Gruppen, die aus diesem oder aus einem anderen Grund gegen Benedikt XVI. und im Allgemeinen gegen bestimmte Positionen der katholischen Kirche sind."

Pater Livio Fanzaga, der Leiter von Radio Maria, spricht von einem expliziten „Antikatholizismus". „Meiner Meinung nach", erklärt Fanzaga, „sind zwei Komponenten zu unterscheiden. Zum einen liegt ein altbekannter Antiklerikalismus vor, der heutzutage besser ‚Antikatholizismus' genannt werden sollte und die Kirche angreift, wenn er Gelegenheit dazu hat, unabhängig davon, wer der Papst ist. Ich glaube nicht an organisierte Kampagnen, ich glaube eher, dass es sich um immer wiederkehrende Tendenzen handelt, von denen wir, fürchte ich, noch weitere zu sehen bekommen werden. Die zweite Komponente wird durch den hartnäckigen Widerstand innerhalb der Kirche verkörpert. Dabei handelt es sich nicht nur um kleine Gruppen, sondern auch um einen Teil des Klerus, die sich dem Versuch Benedikts XVI. widersetzen, in der Lehre, in der Liturgie und in der Kirchendisziplin ‚Ordnung zu schaffen'."

Auch Erzbischof Giampaolo Crepaldi, Bischof von Triest und Leiter des „Internationalen Kardinal-Van-Thuân-Beobachtungszentrums für die Soziallehre der Kirche", hat sich am 20. Mai 2010 anlässlich der Angriffe auf Papst Ratzinger zu Wort gemeldet: „Der Versuch der Presse, Benedikt XVI.

in das Pädophilie-Thema zu verwickeln, ist nur das neueste Anzeichen für die Abneigung, die viele gegen den Papst hegen. Die Frage ist, warum ausgerechnet dieser Pontifex trotz seiner evangelischen Güte und Aufrichtigkeit, trotz der Klarheit seiner Worte, die in Einklang mit der Tiefe seines Denkens und seiner Lehren steht, teilweise Gefühle der Ablehnung und Formen des Antiklerikalismus hervorruft, die überwunden schienen. Dies ist umso erstaunlicher und sogar schmerzlicher, als es sich um Mitglieder der Kirche handelt, seien es Theologen, Priester oder Laien, die dem Papst nicht folgen und angebliche Fehler anprangern."

Der Erzbischof kritisiert also auch und vor allem die aus dem Inneren der Kirche kommende Kritik: „Die Kirche ist wahrscheinlich noch nie auf solche Weise angegriffen worden. Den Verfolgungen zahlreicher Christen, die in vielen Teilen der Welt buchstäblich ans Kreuz geschlagen werden, sowie den vielfältigen Versuchen, das Christentum in den einst christlichen Gesellschaften mit schwer erklärbarer Gewalt auf den Gebieten der Gesetzgebung, der Erziehung und des Brauchtums zu entwurzeln, ist seit Langem eine Verbitterung gegen diesen Papst hinzuzufügen, dessen gottgewollte Größe deutlich erkennbar ist. All diesen Angriffen stimmen traurigerweise auch diejenigen bei, die nicht auf den Papst hören – auch in den Reihen der Geistlichen, der Theologieprofessoren in den Seminaren, der Priester und der Laien; all diejenigen, die den Pontifex nicht offen kritisieren, sich aber seinen Lehren gegenüber taub stellen und die Schriften seines Lehramtes nicht lesen, dann aber in ihren Schriften und in Gesprächen genau das Gegenteil von dem vertreten, was der Papst sagt, pastorale und kulturelle Initiativen ergreifen, zum Beispiel auf dem Gebiet der Bioethik oder im Bereich des ökumenischen Dialogs, die in offenem Widerspruch zu dem, was der Papst lehrt, stehen. Das Problem ist deshalb so ernst zu nehmen, weil es sehr verbreitet ist."

Dem Bischof von Triest und ehemaligem Sekretär des Päpstlichen Rates für Gerechtigkeit und Frieden zufolge hat Benedikt XVI. „Sätze zum Zweiten Vatikanischen Konzil gesagt, denen sehr viele Katholiken offen widersprechen, und so entstehen von ‚Gegenpäpsten' geleitete Formen abweichender Erziehung und eines systematischen parallelen Lehramts. Klar sind auch die Aussagen des Papstes zu den ‚unveräußerlichen Werten', die sehr viele Katholiken verharmlosen oder umdeuten, darunter auch Theologen und bekannte Kommentatoren, die in der katholischen und weltlichen Presse ihre Meinung äußern. Eine weitere Unterweisung des Papstes betrifft den Primat des apostolischen Glaubens in der auf der Vernunft beruhenden Interpretation der Ereignisse, während sehr viele weiterhin vom Primat der Situation, der Praxis oder der empirischen Wissenschaften reden. Er hat über das Gewissen oder über die Diktatur des Relativismus gelehrt, aber viele geben der Demokratie oder der staatlichen Verfassung den Vorrang vor dem Evangelium."

Von „Repressalien" gegen einen Pontifex und eine Kirche, die sich für das Leben einsetzt, sprach auch Erzbischof Salvatore Fisichella, Leiter des Päpstlichen Rates zur Förderung der Neuevangelisierung, in einem von der Zeitung „Il Messaggero" veröffentlichten Interview: „Wie kann man die Augen vor der Tatsache verschließen, dass schmerzhafte Tatsachen aus der Vergangenheit mutwillig und mit Berechnung wieder ans Licht geholt wurden, nur um Benedikt XVI. anzugreifen? Das, was ich nur schwer verstehe, ist die Kurzsichtigkeit, mit der (an verschiedener Stelle) auf diese Strategie reagiert wird. Es ist nicht klar, warum man nicht verstehen will, dass seine Person die Lösung und nicht das Problem ist."

Fisichella weiter: „Nie hat es in der Vergangenheit eine Aufeinanderfolge derartig schonungsloser Angriffe von diesen Ausmaßen gegeben. Sicher liegt dem die Rolle der Kirche zu Grunde, die in Opposition zu verschiedenen vorherrschenden Ideologien steht, die eine Kultur des Todes erzwingen wollen. Die Stimme der Kirche ist auf internationaler Ebene die einzige authentische und glaubhafte Institution, die für den Schutz des unschuldigen Lebens und die Menschenwürde eintritt. Noch nie wie in den letzten zwanzig Jahren, von ‚Evangelium vitae' bis heute, hat sich die Kirche auf so eindringliche, konstante und überzeugende Weise zu Wort gemeldet. Gegen diese Stellungnahme treten gegensätzliche Mächte in Kultur, Wirtschaft und in den Medien auf den Plan, die diese klare und glaubhafte Präsenz nicht ertragen. Das, was gegenwärtig in Gang ist, ist ein Anschlag auf die globale Glaubwürdigkeit der Kirche."

George Weigel, „Senior Fellow" am „Ethics and Public Policy Center" in den Vereinigten Staaten und Autor einer monumentalen und quellenreichen Biografie über Johannes Paul II., ist der Meinung, dass einer der Gründe für die Angriffe, denen der Papst ausgesetzt ist, die Kampfansage Joseph Ratzingers gegen die Diktatur des Relativismus ist. Er führt aus: „Ich glaube nicht an eine Verschwörung gegen den Papst, im Sinn einer organisierten Kampagne, die seine Initiativen unterbinden oder sein Pontifikat destabilisieren soll. Aber er verkörpert in den Augen der Vertreter der Säkularisation in Europa und in Nordamerika das letzte institutionelle Hindernis für das, was er selbst einmal die ‚Diktatur des

Relativismus' genannt hat. Also hat er Feinde und zwar nicht wenige – und diese wiederum haben in der Regel Zugang zu den Medien auf der Welt. Die säkulare Agenda stimmt häufig mit der Agenda der Katholiken überein, die immer noch auf die nie stattgefundene Revolution hoffen. Hans Küng und seine verbündeten Journalisten fallen mir hier ein, die einfach nicht dazu bereit sind, sich ein Bild von Joseph Ratzinger zu machen, das anders ist als die Karikatur, die sie selbst geschaffen und für die sie Propaganda gemacht haben. Wie im Fall von Johannes Paul II. weigern sie sich, sich mit seinen Ideen auseinanderzusetzen. Sie beschränken sich darauf, das anzuprangern und zu beklagen, was sie – fälschlicherweise – als eine reaktionäre Theologie bezeichnen."

Eine Verbindung zwischen den Angriffen auf Joseph Ratzinger und den gegenüber den Lehren der Kirche feindlich eingestellten Lobbys stellt Massimo Introvigne, der Gründer des „Zentrums für Studien über neue Religionen", her. „Warum", so fragt der Soziologe, „wurden im Jahr 2010 fast täglich weit zurückliegende oder oft bereits bekannte Fälle ausgegraben und dabei auf immer direktere Weise mit dem Papst verbunden? Diese Angriffe sind außerdem paradox, wenn man die große Strenge zunächst von Kardinal Ratzinger und dann von Benedikt XVI. in der Missbrauchsfrage bedenkt. Die ‚Moralisten', die Panik schüren, folgen einer Agenda, die immer deutlicher zu Tage tritt und bei der nicht wirklich der Schutz der Kinder im Vordergrund steht. Vor dem Hintergrund von politischen, rechtlichen und wahlstrategischen Entscheidungen, die annähernd überall, in Europa und auf der ganzen Welt, die Ausgabe der Abtreibungspille RU486, die Euthanasie, die Anerkennung eheähnlicher homosexueller Lebensgemeinschaften betreffen und bei denen nur die Kirche und der Papst die Stimme erheben, um das Leben und die Familie zu verteidigen, offenbart die Lektüre bestimmter Artikel eine äußerst mächtige Lobby, die versucht, diese Stimme von vorneherein zu disqualifizieren, indem ein Vorwurf erhoben wird, der heute in höchstem Maße infam, aber auch am leichtesten zu äußern ist: der Vorwurf nämlich, die Pädophilie zu begünstigen oder zu tolerieren. Diese Lobbys, die den Freimaurern mehr oder weniger nahestehen, repräsentieren die unheilvolle Macht der Technokratie, an die Benedikt XVI. selbst in der Enzyklika ‚Caritas in veritate' erinnert hat. Und auch Johannes Paul II. äußert in seiner Botschaft zum Weltfriedenstag 1985 Kritik an ‚geheimen' – neben anderen ‚offen verbreiteten' – Plänen, die darauf ‚abzielten, alle Völker zu unterwerfen und Regime zu errichten, in denen Gott ohne Bedeutung ist'."

„Das Komplott", erklärt Introvigne weiter, „hätte es nicht gegeben, wenn Priester nicht Minderjährige missbraucht hätten. Jedes Mal, wenn er über das Thema spricht, erinnert der Papst klugerweise immer und vor allem an die große Verantwortung der pädophilen Priester. Der Diskurs der Kirche über diese Krise hat zwei Komponenten: Er beinhaltet sowohl die Kritik an dem empörenden Verhalten der pädophilen Priester wie auch eine Warnung an die ‚Moralisten', welche Panikmache betreiben, indem sie die Fakten über die pädophilen Priester aufbauschen (aber nicht erfinden) und den Papst persönlich angreifen, der jedoch in diesem Punkt immer unerbittlich streng gewesen ist. Versucht die Kirche, nur die eine Komponente des Diskurses zu berücksichtigen, verliert dieser seine Kohärenz und wird nichtig. Wer also nur von dem Komplott spricht, begeht einen Fehler, denn er übersieht die Schande der tatsächlich existierenden pädophilen Priester. Aber auch derjenige irrt, der sich ausschließlich mit den pädophilen Priestern befasst und nicht an den darauf folgenden moralischen Schock denkt."

Laut Introvigne „gibt es nicht nur einen Drahtzieher hinter den Angriffen auf den Papst. Vielmehr sind unterschiedliche Lobbys gegen die Kirche am Werk. An erster Stelle stehen hier die Abtreibungs-Lobby sowie die Interessensgruppen der Abtreibungspille RU486 und der Homosexuellen. Es ist kein Zufall, dass es nach dem Erfolg der Kirche, die Obama dazu gezwungen hat, die Abtreibung aus der Gesundheitsreform auszuschließen, großen Aufruhr gegeben hat. Außerdem existiert die Lobby der Rechtsanwälte und der Versicherungen, die daran verdienen. Schließlich ist auch die Lobby der katholischen Progressisten nicht zu vergessen, die seit Jahren versuchen, mit Benedikt XVI. abzurechnen und eventuell auf seine Nachfolge Einfluss zu nehmen."

Luca Steffenoni, Kriminalist aus Mailand und Autor des Buches „Presunto colpevole" (2009), das sich mit Pädophilie im Allgemeinen und der Schwierigkeit, diese zu beweisen, auseinandersetzt, erinnert daran, dass „nur tausend von fünftausend Anzeigen wegen sexuellen Missbrauchs die minimalen Kriterien der Glaubwürdigkeit erfüllen": Oft handele es sich um Fälle privater Rache und manchmal auch um den Versuch, Geld zu erpressen. „Aber wenn jemand des sexuellen Missbrauchs bezichtigt wird", so Steffenoni weiter, „ist es für diese Person hinterher – trotz erwiesener Unschuld – sehr schwer, in ein normales Leben zurückzukehren."

In einem Interview, das von der Zeitung „L'Adige" veröffentlich wurde und in dem es um Missbrauchsfälle ging, in die der Klerus verwickelt ist, meinte Steffenoni: „Das Thema Kirche ist komplex, weil hier verschiedene Fragen zusammenkommen. Der pädophile Priester ist fast ein gängiger Allgemeinplatz geworden. Es gibt das Problem der Homosexualität in der Kirche, das von der Kirchenführung nur schwerfällig in Angriff genommen wird. Anstatt die Fälle von Pädophilie mit Hilfe von Schadensersatzzahlungen an die Opfer zu lösen, sollte die Kirche den Mut haben, jeden Fall einzeln zu analysieren. Ich als Laie habe jedoch den Eindruck, dass sich hinter bestimmten Vorwürfen oft die Enttäuschung der laizistischen Welt verbirgt, der es nicht gelingt, die Kirche über nachhaltigere Themen anzugreifen, und die deshalb auf einen ‚einfacheren‘ Angriffspunkt zurückgreift."

Auch Kardinal Julián Herranz Casado, ehemaliger Leiter des Päpstlichen Rates für die Interpretation von Gesetzestexten, hat in einem Interview den Gegensatz zwischen der päpstlichen Lehre und der vorherrschenden Kultur hervorgehoben: „Auch ohne jede Verschwörungstheorie tritt immer deutlicher zu Tage, dass die Lehren der katholischen Kirche nicht nur in den Vereinigten Staaten, sondern auch in anderen, vor allem westlichen Staaten im Gegensatz zu bestimmten einflussreichen ideologischen Strömungen stehen, die eine materialistische und agnostische Basis haben. Es handelt sich aber nicht um ein unbekanntes Phänomen, da sich das Christentum von Anfang an mit der Feindseligkeit bestimmter Kreise, die gegen seine Sicht vom Menschen waren, auseinandersetzten musste."

Die Leiterin des römischen Korrespondentenbüros der „New York Times", Rachel Donadio, findet dagegen die These vom Medienkomplott gegen Ratzinger wenig überzeugend. Sie lehne diese Idee „entschieden ab", die Mutmaßung nämlich, „dass das eigentliche Ziel der Artikel über das Problem des systematischen Missbrauchs Minderjähriger durch

Priester und über den altbekannten Widerstand seitens des Vatikans und lokaler Bischöfe, die Priester zu bestrafen, die ein sowohl gegen das Kirchenrecht als auch gegen das Zivilrecht verstoßendes Verbrechen begangen haben, ein Angriff auf Benedikt XVI. ist. Punkt und basta. Es sei daran erinnert, dass die Art und Weise, wie Rom mit dem Missbrauchsskandal umgegangen ist, die Diskrepanz zwischen der Vatikanhierarchie und den amerikanischen Katholiken vergrößert hat. Letztere sind extrem verstört darüber, wie die römische Kurie mit diesem Problem umgegangen ist. Am Tag nach der Veröffentlichung des Artikels über Murphy in der ‚New York Times' hat ‚National Catholic Reporter', die bedeutendste Stimme der amerikanischen liberalen Katholiken, einen schonungslosen Leitartikel publiziert, in dem die Meinung vertreten wurde, der Vatikan stehe vor einem enormen Defizit an Glaubwürdigkeit. Ferner wurde Benedikt XVI. darum gebeten, auf Fragen über seine Zeit in München und als Präfekt der Kongregation für die Glaubenslehre zu antworten."

„Ich glaube, bereits der Ausdruck ‚Angriff'", so die amerikanische Journalistin weiter, „macht die kulturellen Unterschiede zwischen dem amerikanischen und italienischen Journalismus deutlich. In Italien wird im Allgemeinen angenommen, dass hinter einer bestimmten Art von kritischem Journalismus immer eine verborgene Absicht steckt, und so wird die Kritik an der Kirche im Kontext einer langen antiklerikalen Tradition gelesen. In den Vereinigten Staaten hat der investigative Journalismus dagegen eine lange Tradition, und in der Bevölkerung ist die Überzeugung tief verwurzelt, dass es Aufgabe der Presse ist, jede Institution oder Person, die eine Verbindung zur Macht hat, zu prüfen und zu kontrollieren. Die Artikel der ‚New York Times' über den Papst und über die Kirche unterscheiden sich also überhaupt nicht von Artikeln über einen beliebigen anderen Politiker internationalen Ranges oder über irgendein großes, internationales Unternehmen."

„Als Vatikankorrespondentin der ‚New York Times' habe ich mich in den schlimmsten Momenten im März und im April wie zwischen zwei Zügen, die auf parallelen Gleisen fahren, gefühlt. Auf dem einen Gleis befanden sich die Herausgeber der ‚New York Times', die sich gefragt haben, warum die Problemlösungsstrategie des Vatikans so fragwürdig wirkte (zum Beispiel als Kardinal Sodano am Ostersonntag die Opfer des Missbrauchs tief verletzt hat, indem er die Kritik an der Kirche als ‚Geschwätz' bezeichnet hat). Auf dem anderen Gleis befand sich der Vatikan, der sich die Frage stellte, warum die ‚New York Times' den Papst angreift."

Der amerikanische Vatikankenner John Allen glaubt nicht an die Existenz einer Medienkampagne, die von Gruppen organisiert werde, die der Kirche feindlich eingestellt sind. „Ein großer Teil der Medienberichte über die katholische Kirche und Papst Benedikt XVI. bezüglich des Missbrauchsskandals und anderer Thematiken ist zweifellos schlecht und ungerecht", gibt John Allen zu. „Grundsätzlich glaube ich aber nicht, dass dies das Resultat einer ‚Kampagne' ist, die das Ziel hat, der Kirche zu schaden. Insbesondere Verschwörungstheorien lenken von den tatsächlichen Problemen ab, die das Verständnis der Öffentlichkeit von Vatikan und Kirche betreffen. Ich möchte an dieser Stelle vier Probleme aufzählen: der hohe Prozentsatz ‚religiösen Analphabetismus', durch den sich die wichtigsten Medien auszeichnen; die instinktive Skepsis der Journalisten gegenüber Institutionen und Behörden; der immer größer werdende Zeitdruck in der für das 21. Jahrhundert typischen Kultur der ‚Blitznachrichten'; der ungenügende und manchmal kontraproduktive Umgang vieler Amtsträger in der Kirche mit den Medien."

Für absolut ungewöhnlich hält die gegenwärtige Situation Benny Lai, der Veteran unter den italienischen Vatikanberichterstattern, der auch heute noch stolz seinen von Giovanni Battista Montini, dem damaligen Substitut im Staatssekretariat, unterzeichneten Ausweis für den vatikanischen Pressesaal vorzeigt. Der Verfasser vieler Hintergrundberichte über die jüngere Geschichte der Kirche erklärt uns, dass er „sich nicht an eine Situation erinnern kann, die mit der heutigen vergleichbar wäre". „In der Vergangenheit hat es öfters Krisenmomente gegeben, manchmal auch heftige Auseinandersetzungen zwischen den Kardinälen und mehr als einem Pontifex. Im zwanzigsten Jahrhundert hat sich der Papst verschiedentlich auch gegen Verleumdungen innerhalb der Kirche zur Wehr setzen müssen. Oft hat es Bischöfe gegeben, die gegen andere Bischöfe waren, oft hat es auch intern großen Zwiespalt gegeben. Aber nie ist eine Situation eingetreten, die mit der heutigen zu vergleichen wäre. Klar ist, dass das Phänomen Joseph Ratzinger, der auf dem Zweiten Vatikanischen Konzil im Ruf eines progressiven Theologen stand, sich dann aber davon distanzierte, Fragen aufwerfen kann. Aber es genügt, die aktuellen Kirchenfragen zu verfolgen, um sich darüber klar zu werden, dass die Schuld oft bei der zentralen Leitung der Kirche liegt, an der geringen Hilfsbereitschaft der Personen, die den Papst beim Regieren unterstützen sollten. Klar ist auch, dass das zurückhaltende und reservierte Wesen von Benedikt XVI. diesbezüglich wenig hilfreich ist. Aber genau aus diesem Grund sollte er eine perfekte Maschinerie an seiner Seite haben, die wie geschmiert läuft und eine wichtige Stütze ist. In der römischen Kurie zu arbeiten, ist alles andere als leicht: Montini, der Papst Paul VI. wurde, hat lange gebraucht, bevor er den Ansprüchen gerecht werden konnte, obwohl er jahrelang im Staatssekretariat gewesen war."

Benny Lai ist der Ansicht, dass Johannes Paul II. bei der Bewältigung der Leitung der Kirche nicht kompetenter war, sondern einfach „mehr Unterstützung" hatte. „Ein Papst wie Benedikt XVI., der äußerst bedeutende Dinge ausspricht und zum Beispiel auf den Schmutz in der Kirche und auf die Notwendigkeit, Buße zu tun, hinweist, darf nicht der Gewalt bestimmter Angriffe überlassen werden. Wahr ist, dass es sich manchmal um ein Kommunikationsproblem handelt, das sich bisweilen mühevoll hinzuziehen scheint. Aber warum entsteht dieser Eindruck? Weil sich in den Führungspositionen Personen ohne ausreichende Vorbereitung befinden."

Ausgehend von den Worten Benny Lais, fragen wir uns nun, wie sich die Medien mit dem Skandal auseinandergesetzt haben und wie diesbezüglich die Kommunikationsstrategie des Vatikans aussah.

Massimo Introvigne schlägt vor, das Verhalten des Papstes von dem einiger seiner Mitarbeiter zu trennen. „Die Beschäftigung mit dem Skandal kam nur langsam in Gang und war nicht ohne Fehler und Ausrutscher. Das ist in größeren bürokratischen Apparaten immer so – und die Bürokratie des Vatikans zeichnet sich nicht durch außergewöhnliche Schnelligkeit aus. Ich glaube aber, dass Benedikt XVI. sie letztlich, vor allem mit dem bewundernswerten Hirtenbrief an die Katholiken in Irland, in die richtige Richtung geleitet hat. Hier wird tatsächlich die Idee der zwei Komponenten aufgegriffen: strenge Kritik an pädophilen Priestern und gleichzeitig eine nüchterne und sachliche Darstellung der Tatsache, dass es auch Lügen und Übertreibungen gibt. Es liegt auch eine Arbeitsteilung vor, die nicht als bloße Taktik aufzufassen ist, sondern dem mannigfaltigen institutionellen Amt der Kirche entspricht. Der Papst besteht auf der Anzeige der pädophilen Priester, wobei er jedoch – aufgepasst! – über eine bloße Verurteilung hinausgeht und die Gründe hierfür in dem Klima einer weit verbreiteten Unmoral sucht, das vor allem in den Jahren um 1960 entstanden ist und nach dem Konzil auch die Kirche angesteckt hat. Diese Seite des Hirtenbriefes und weiterer Beiträge des Papstes wird von vielen verschwiegen. Andere Mitarbeiter beharren dagegen in größerem Maße auf der Idee eines Komplotts – das ich eher als ‚moralische Panik' bezeichnen würde – und auf dem Wirken der Lobbys. Ich bin der Meinung, dass zwischen beiden Komponenten Ausgewogenheit herrschen und bewahrt werden muss. Wenn einige Male Repräsentanten des Vatikans anscheinend nur die Seite der Lobbys und des Komplotts beachtet haben, hat der Papst sofort reagiert und das Übel der pädophilen Priester mit Worten angezeigt, die der Sache nach apokalyptisch sind."

Die Analyse von Marcello Foa, der sich eingehend mit der Funktionsweise von Kommunikationssystemen und dem Phänomen der *spin doctors*, also Image- oder politischen Beratern, befasst hat, kreist mehr um technische Aspekte. „Die Öffentlichkeitsarbeit des Vatikans", so der Journalist, „hat nicht verstanden, dass die modernen Kriege mit nichtkonventionellen Waffen geführt werden, im Einzelfall auch mit Hilfe des richtigen ‚Drehs', eben englisch *spin*, das heißt der Technik der Manipulation durch die Medien. Geeignete

Gegenmaßnahmen sind nicht ergriffen worden. So ist der Vatikan nicht nur jedem beliebigen Angriff ausgesetzt, sondern begünstigt und verschärft auch die von seinen Feinden geführten Offensiven."

„Mich wundert es, dass die Öffentlichkeitsarbeit des Vatikans diese kommunikativen Dynamiken nicht beizeiten durchschaut hat, zumal sie auch in anderen Bereichen, vor allem in der Politik, zur Anwendung kommen. Könnte der Papst auf Spezialisten der Kommunikation zurückgreifen, die in der Lage sind, eine defensive Strategie, einen defensiven *spin* anzuwenden, wäre die Kirche heute nicht in so großen Schwierigkeiten. Der defensive ‚Dreh' ermöglicht es, Angriffe zu neutralisieren oder sie im Entstehen zu unterdrücken."

„Solange keine angemessenen Maßnahmen ergriffen werden", so die abschließende Meinung von Foa, „bleibt die Kirche ein leichtes Ziel. Sie ist wie eine Stadt, die oft aus der Luft bombardiert wird, sich aber weigert, sich mit einer Luftabwehr, einer Luftwaffe und hoch empfindlichen Radargeräten auszustatten. Vielmehr begünstigt die Kirche manchmal ihre Feinde, indem sie unfreiwillig Fehler oder Unachtsamkeiten begeht, die leicht zu einer Zielscheibe für die Feinde werden. Meiner Meinung nach ist es notwendig, die Öffentlichkeitsarbeit auf mehreren Ebenen umzustrukturieren: auf institutioneller und strategischer Ebene sowie im defensiven Bereich. Am wichtigsten ist zunächst die strategische Ebene. Es geht nicht darum, die öffentliche Meinung zu manipulieren, sondern sich davor zu schützen, von anderen manipuliert zu werden."

Auf die Frage, was er von der Kommunikationsstrategie des Heiligen Stuhls halte, gibt der Vatikankenner John Allen immer dieselbe Antwort: „Sobald ich einen Beweis dafür habe, dass der Vatikan tatsächlich über eine Kommunikationsstrategie verfügt, werde ich auch sagen, was ich davon halte." „Viel zu oft", erklärt er, „scheint sich der Vatikan erst dann der Entschärfung von Bomben zu widmen, wenn diese bereits hochgegangen sind, und darauf zu warten, dass die Probleme explodieren, um dann späte und unklare Erklärungen zu geben. Im letzten Kapitel der Saga über den Missbrauchsskandal haben ein paar Kommentare von Seiten des Heiligen Stuhls die Lage verschlimmert – als zu Ostern etwa Kardinal Angelo Sodano die Kritik am Papst mit ‚Geschwätz' verglichen hat. Ein Teil der Faszination des Vatikans ist natürlich auch der Tatsache geschuldet, dass er kein streitbares Amt für Öffentlichkeitsarbeit hat und die *spin*-Technik nicht auf dieselbe Weise anwendet, wie es Unternehmen oder weltliche Staaten tun. Aber das Fehlen einer koordinierten Kommunikationsstrategie kann manchmal großen Schaden anrichten und diese Krise ist der Beleg dafür."

„Die Tatsache", bemerkt der amerikanische Vatikanexperte weiter, „dass Benedikt XVI. in gewisser Weise zum globalen Symbol für die Krise des Missbrauchsskandals werden konnte, ist meiner Meinung nach der letzte Beweis für die Unzulänglichkeiten der vatikanischen Öffentlichkeitsarbeit. Wer auch immer die Ereignisse mit ein wenig Aufmerksamkeit verfolgt hat, weiß, dass Ratzinger das Mitglied der Kirche ist, das am ehesten mit einer aggressiven Antwort auf die Krise in Verbindung gebracht wird. Dies geht sogar so weit, dass er intern Widerstände überwinden muss, um der Kirche einen Schritt nach vorne zu erlauben. Der Vatikan hat zehn Jahre Zeit gehabt, diese Geschichte der Welt zu erzählen, und ist daran gescheitert. Das Resultat war ein Vakuum in der Öffentlichkeitsarbeit, dass mit einer Handvoll Jahrzehnte alter und abwegiger Fälle auf nur allzu leichte Weise gefüllt werden konnte, was den Papst dann in ein schlechtes Licht rückte. Andererseits kann man natürlich auch den Medien vorwerfen, dass sie die Dinge nicht in angemessener Weise in einen Zusammenhang gestellt haben", sagt John Allen abschließend, „aber auch der Vatikan muss sich der Verantwortung stellen."

Rachel Donadio von der „New York Times" urteilt dagegen nicht so negativ über die Handhabung des Missbrauchsskandals in den Medien des Heiligen Stuhls. „Ich glaube, dass sich die Öffentlichkeitsarbeit des Vatikans in Reaktion auf den Skandal in den Wochen der heftigsten Empörung verbessert hat. So glaube ich nicht, dass noch vor wenigen Jahren alle relevanten Dokumente und Interviews in Echtzeit auf der Homepage zu finden gewesen wären. Auch wenn die Pressearbeit besser wird und auch wenn Pater Lombardi trotz seiner vielen Verpflichtungen eine zuverlässige Person ist, so ist doch auch klar, dass die Kommunikationsstrategie des Vatikans angesichts der Intensität eines Nachrichtenzyklus im 24-Stunden-Takt nicht immer angemessen ist und vielleicht auch nicht immer der Ernsthaftigkeit und dem Ausmaß der Herausforderungen, denen sich dieser Papst gestellt hat, gewachsen ist. Es hat nicht den Anschein, dass Benedikt XVI. in engem Kontakt mit der Presse stehen möchte. Anders als Johannes Paul II. antwortet er im päpstlichen Flugzeug nicht auf unvorbereitete Fragen. Es kann sein, dass er glaubt, seine Worte sprächen für sich, auch wenn dies für viele Laien unter seinen Lesern und für Journalisten, die mit dem Abgabetermin ihrer Artikel kämpfen, nicht immer so ist."

Donadio fragt sich: „Warum hat an der Pressekonferenz, in der der Vatikan den Hirtenbrief des Papstes an die Katholiken Irlands vorgestellt hat, nur Pater Lombardi und kein Kardinal teilgenommen? Der Brief ist ohne Zweifel sehr eindringlich, hat aber die Diskussion über das Thema nicht zu einem Abschluss gebracht. Ich bin mir zwar dessen bewusst, dass sich der Vatikan gegen den Eindruck wehrt, seine primäre Funktion bestehe darin, sich mit den Missbrauchsfällen auseinanderzusetzen (daher erklärt auch die Kongregation für die Glaubenslehre, dass sie nur eine geringe Anzahl von Personen habe, die derartige Fälle behandeln), aber die Tatsache, dass das Dokument nicht angemessen vorgestellt wurde, lässt den Eindruck entstehen, dass dem Vatikan die Frage des sexuellen Missbrauchs gleichgültig ist."

„Sofort nach dem Hirtenbrief an die Katholiken Irlands", bemerkt die amerikanische Journalistin weiter, „sind andere Erklärungen an die Öffentlichkeit gedrungen, die den Inhalt dieses Briefs ausgehöhlt haben. Zum Beispiel, als am Karfreitag im Petersdom Pater Cantalamessa die Kritik an der Kirche anlässlich des Missbrauchsskandals mit dem Antisemitismus verglichen und als Sodano dieselbe Kritik als ‚Geschwätz' abgetan hat. Bei beiden Gelegenheiten entstand der Eindruck, dass sie die Opfer beleidigten und sich nicht der Tragweite des Problems bewusst waren."

Kritik an der vatikanischen Öffentlichkeitsarbeit übt auch der Vatikanexperte der Zeitung „Le Figaro", Jean-Marie Guenois. „Im Ausland sind keine großen Fehler in der Regierungsstrategie zu bemerken", erklärt er, „aber in der Öffentlichkeitsarbeit, von Regensburg bis zum Präservativ in Afrika, ist sich der Vatikan nicht der Wirkung bewusst gewesen, die von bestimmten Botschaften ausgeht. Hier ein

Beispiel: Die Papstreise im September 2008 nach Frankreich ist ein großer Erfolg gewesen, Benedikt XVI. war, als er in unserem Land ankam, nicht sehr bekannt, sein Auftritt war nur unzureichend vorbereitet worden und er wurde bekämpft. Kurz, er hatte keinen guten Ruf. Aufgrund seiner Bescheidenheit, seines Auftretens, ist es ihm gelungen, seine Wahrnehmung in der öffentlichen Meinung zu verändern. Dieser Umschwung dauerte bis Januar, dann sind der Fall Williamson und die Diskussion um das Präservativ in Afrika explodiert und alles ist zunichte gemacht worden. Ich selbst habe persönlich die Erfahrung gemacht, wie sich die fehlende Aufmerksamkeit in der Öffentlichkeitsarbeit in ein Drama für die Kirche verwandelt hat. Das Vertrauen der Leute geht verloren. Der wahre Fehler besteht darin, den entscheidenden Aspekt in der Übermittlung der Botschaft, nämlich die sprachliche Gestaltung und die Wahl der richtigen Worte, unterschätzt zu haben. Früher, als die Medien sich auf gedrucktes Papier beschränkten, war dafür ausreichend Zeit vorhanden. Heute, in Zeiten des Internet, steht diese Zeit nicht mehr zur Verfügung. Das erste Wort, das ausgesprochen wird, wird die einzig wahre Aussage bleiben; daher gilt es, vorher gut zu überlegen, jedes Wort, auch das kürzeste, genau abzuwägen."

Auch George Weigel hält es für dringend notwendig, die Öffentlichkeitsarbeit des Heiligen Stuhls zu überdenken. „Niemand, der seine Sinne beisammen hat, kann der Meinung sein, dass der Vatikan über ‚eine gute Medienstrategie' verfüge. Oft ist behauptet worden, dass Joaquín Navarro-Valls ‚die Öffentlichkeitsarbeit des Vatikans im zwanzigsten Jahrhundert' geleitet hat. Worauf ich immer geantwortet habe: ‚Ja, in der ersten Hälfte des zwanzigsten Jahrhunderts'.

Ich befürchte, wir haben in den letzten fünf Jahren auch diesbezüglich Rückschritte gemacht, was in zweifacher Hinsicht tragisch ist, weil Benedikt XVI. nicht nur ein großer Lehrmeister, sondern auch ein exzellenter Kommunikator sowohl in den Printmedien als auch im Fernsehen ist. Die Medienstrategie des Heiligen Stuhls basiert hauptsächlich auf Benedikt XVI., wobei dieser Reichtum aber meiner Meinung nach nicht ausreichend ausgeschöpft wird. Ich würde auch sagen, dass der Erfolg der Zusammenarbeit von Johannes Paul II. und Navarro-Valls es nahelegt, dass die Medienstrategie des Vatikans dann ‚funktioniert', wenn der Pressesprecher in einem regelmäßigen Kontakt mit dem Papst steht und auf diese Weise einen unmittelbaren Zugang zu den Gedanken des Papstes in Bezug auf eine Reihe von Themen hat."

„Es gibt auch einfache und technische Aspekte", bemerkt Weigel weiter, „die der Vatikan unter Kontrolle haben muss, wenn er dem Papst keinen schlechten Dienst erweisen will. So hat es zum Beispiel einige Tage gedauert, ehe ein Text zu der Rede in Regensburg veröffentlicht worden ist; das ist einfach nicht akzeptabel. Die neue Initiative hinsichtlich der Anglikaner, die sich mit Rom vereinen wollen, wurde bekannt gegeben, bevor die Texte fertig und verfügbar waren; das ist lächerlich. Ferner sollte kein Text den Vatikan verlassen, ohne dass nicht sofort auch Übersetzungen in die beiden in der Weltkirche wichtigsten Sprachen, Englisch oder Spanisch, vorliegen, so leid es mir auch für meine italienischen Freunde tut."

Der amerikanische Autor beschränkt sich aber nicht nur darauf, die Öffentlichkeitsarbeit des Vatikans zu kritisieren: „Auch die Einstellung zu den Institutionen muss sich ändern. Ein zu großer Teil der Kurie arbeitet immer noch gemäß folgendem Grundsatz, der Kardinal Agostino Casaroli zugeschrieben wird: ‚Uns ist egal, was *die* in den Druck geben, Hauptsache ist, dass wir tun können, was wir wollen.' Ein solches Verhalten war vielleicht noch auf dem Wiener Kongress möglich, es ist es aber nicht mehr im einundzwanzigsten Jahrhundert – und zwar in dem Moment, in dem das, was ‚die' in den Druck geben (oder im Fernsehen, im Radio oder im Internet übertragen), eng mit den Chancen zusammenhängt, dass die Botschaft des Papstes und des Evangeliums auch gehört wird."

Es ist bekannt, dass die Organisation der Öffentlichkeitsarbeit und der vatikanischen Medien reichlich zergliedert ist. Es gibt den Päpstlichen Rat für die sozialen Kommunikationsmittel, den Direktor des vatikanischen Presseamtes, Pater Federico Lombardi, der auch Radio Vatikan und das Vatikanische Fernsehzentrum leitet, und den „L'Osservatore Romano", der unter der neuen Leitung von Gianni Maria Vian seinen Geltungsanspruch erhöht hat und mittlerweile sehr oft mit Zitaten und Nachrichten in anderen Medien vertreten ist, auch weil er die unterschiedlichsten Themen aufgreift, Themen, die vorher auf den Seiten der Zeitung der Päpste niemals zu entdecken waren.

Niemand ist jedoch damit beauftragt, die Beiträge zu koordinieren oder eine Strategie zu entwickeln, wie Pater Lombardi selbst zugegeben hat, als er von Gerard O'Connell für den Online-Dienst BBC interviewt wurde. Der Leiter des vatikanischen Pressesaals meinte, er sei „ein Pressesprecher, der vom Staatssekretariat abhängt", von dem er die Direktiven erhalte. „Die Linie wird vom Staatssekretariat entschieden, ich versuche, sie so gut wie möglich zu vermitteln." Lombardi fügte aber auch hinzu: „Niemand hat mich jemals damit beauftragt, eine Medienstrategie des Heiligen Stuhls zu koordinieren."

Der Vorfall, von dem wir im vierten, den Fall Williamson betreffenden Kapitel des Buches berichtet haben, das heißt die Versammlung im Staatssekretariat, in der – in Abwesenheit Lombardis – entschieden wurde, dass es nicht erforderlich sei, der Presse das Dekret über die Rückknahme der Exkommunikation der vier Lefebvre-Bischöfe vorzustellen, ist diesbezüglich sehr aussagekräftig.

Regierungs- und Organisationsprobleme, Mitarbeiter, die auf eigene Faust eingreifen, Kommunikationsprobleme. All dies trägt dazu bei, die Situation zu verschlimmern, wenn der Papst und der Heilige Stuhl ins Kreuzfeuer der Kritik geraten. Befindet sich Benedikt XVI. aber wirklich im Zentrum eines Angriffs? Ist er wirklich das eigentliche Ziel der Medienkampagnen? Oder ist es vielmehr er selbst, Papst Ratzinger, der mit Gelassenheit und genauso viel Klarheit „angreift"?

Diese überraschende Ansicht, die alle Kriterien und Interpretationen auf den Kopf stellt, äußert der französische Vatikankenner Jean-Marie Guenois. „Anstatt von einem Angriff auf den Papst würde ich eher von einer vom Papst gegen viele Institutionen eröffneten ‚Offensive' sprechen, die er zwar auf eine liebenswürdige Weise, aber auch in einer sehr präzisen und geschliffenen Sprache führt. Der Grund für die Angriffe auf Benedikt XVI ist die ‚Offensive', die Ratzinger hinsichtlich bestimmter Probleme gestartet hat: beispielsweise in der Liturgie oder in Bezug auf die Bedeutung der Beziehung zwischen Glauben und Vernunft. Letzteres Thema ist in Frankreich viel diskutiert worden, wo man auf der Trennung von Glauben und Vernunft beharrt und wo die Aufklärer, seit jeher Gegner der katholischen Kirche, sich heute in Verlegenheit befinden, da die Kirche beinahe dieselbe Sprache spricht." Guenois weiter: „Es scheint mir also nicht so zu sein, dass der Papst einem Angriff ausgesetzt ist, es ist vielmehr der Papst, der in präziser Weise in die ‚Offensive geht'. Das war auch im Fall der pädophilen Priester zu beobachten: Er will Läuterung und Transparenz, dagegen gibt es aber Widerstände innerhalb der Kirche. Ich halte es daher für ein falsches Problem, wenn behauptet wird, dass Benedikt XVI. einem Angriff ausgesetzt ist. Das ist eine Form von Opfermentalität, die nicht dem Charakter Ratzingers entspricht."

„Ich komme einmal im Monat nach Rom", erklärt der Journalist, „und jedes Mal sehe ich einen Menschen, der trotz der Schwierigkeiten heiter und ausgeglichen ist. Ich frage mich, wie der Gemütszustand einer unserer Staatsoberhäupter in Anbetracht von Situationen wäre, die der Papst zu meistern hat. Er wird nicht demagogisch, er hat keine Angst. Die ‚Angriffe' sind im Grunde nur eine Form von Widerstand gegen die Probleme, die er aufgeworfen hat."

Unter diesem Blickwinkel analysiert Guenois auch die offensichtlichen Leitungsprobleme der Kurie. „Ich will keine Kritik an einzelnen Personen üben, aber es ist klar zu erkennen, dass dieses Pontifikat ein Problem mit der Regierungsführung, der *governance*, hat. Das ist eine objektive Tatsache, die vor aller Augen steht. Nur darauf hinzuweisen, dass Kardinal Bertone kein Diplomat ist, wäre einfach, zu einfach. Das grundlegende Problem ist, dass der Papst von Beginn seines Pontifikats an entschieden hat, die alltägliche

Regierungspraxis einem anderen zu überlassen, weil seiner Ansicht nach eine gute Regierung alles auf die Heiligkeit der Kirche setzt, während der Rest nur eine Folge davon ist. Bertone tut, was er kann. Meine Frage ist: Würde ein anderer Staatssekretär, ein Diplomat, es besser machen, wenn an der Spitze der Hierarchie die Meinung vorherrscht, dass die *governance* einschließlich dessen, was daraus hervorgeht, nicht besonders wichtig, nicht ausschlaggebend ist? Wenn der Chef eines Unternehmens sagt, dass die *governance* in der Firma nicht das Wichtigste ist, darf er auch nicht erwarten, dass sie gut erledigt wird."

Komplotte, Medienkampagnen und aus antikatholischen Kreisen und Lobbys stammende Angriffe, aber auch ein Mangel an Regierungsfähigkeit von Seiten der Mitarbeiter des Papstes, Kommunikationsprobleme ... Uns scheinen am Ende unserer Untersuchung ausreichende Belege vorhanden zu sein, die die Existenz von „Angriffen" dokumentieren, die mit Hilfe des Beispiels der drei konzentrischen Kreise, das wir im Vorwort angedeutet haben, beschrieben werden können. Der erste Kreis stellt die Lobbys und Machtzentren dar, in deren Interesse es liegt, die Botschaft der Kirche zu schwächen, indem man sie auf die Anklagebank setzt, wobei unter Umständen wie im Fall des Skandals um den Missbrauch Minderjähriger objektiv vorhandene und zweifellos schwerwiegende Fakten ausgenützt und aufgebauscht werden.

Ferner gibt es kirchenintern Meinungsverschiedenheiten, die durch den zweiten Kreis verkörpert werden. Dieser Dissens ist dem gegenwärtigen Papst gegenüber besonders heftig. Außerdem ist es unserer Meinung nach offensichtlich, dass nicht nur in den Medien ein Klischee besteht, das es seit Mitte der Achtzigerjahre gibt und das Joseph Ratzinger als „Panzer-Kardinal" darstellt, als kleinlichen, rückschrittlichen Konservativen. Dieses Klischee ist umgehend auf den Papst Joseph Ratzinger – oft ohne seine Botschaft zu berücksichtigen – übertragen worden und hat sich in ein starres Bild verwandelt, das nun als feststehendes Konzept vorliegt und sich letztlich im kollektiven Unterbewusstsein festsetzt. Wenn man es aktiviert, wird eine automatische Reaktion ausgelöst. In vorliegendem Fall ist das starre Bild über Benedikt XVI. negativ. Es beschreibt ihn als Gegner der Gewissensfreiheit, der Modernität, der Wissenschaft. Alles, was der Papst sagt oder tut und nicht in dieses Interpretationsschema passt, gelangt nur mühsam in den Medienkreislauf und in die Öffentlichkeit.

Schließlich gibt es auch noch den dritten Kreis, jenen der unfreiwilligen und selbst verschuldeten „Anschläge", die auf die zahlreichen Unvorsichtigkeiten und häufigen Fehler der Mitarbeiter zurückzuführen sind. Hier liegen ebenfalls viele Belege vor und viele angesehene Beobachter haben sich auf den vorangegangenen Seiten auf unsere Fragen hin geäußert.

Abgesehen von alldem, den Hintergründen und Problemen, die in den ersten fünf Jahren Pontifikat aufgetreten und auf den Seiten unserer Untersuchung beschrieben worden sind, den Angriffen und den Skandalen, abgesehen auch von den Schwächen und den Regierungs- und Kommunikationsfehlern, sind die Worte, die der damalige Kardinal Joseph Ratzinger im März 2000 aussprach, als er den Journalisten die von Johannes Paul II. anlässlich des Jubiläumsjahres eingeforderte „Läuterung der Erinnerung" vorstellte, von außergewöhnlicher Aktualität. Die Worte Ratzingers zeigen, dass sich sein Blick auf die Realität der Kirche und auf ihr Wesen richtet:

„Die Kirche ist sich eindringlich dessen bewusst, dass ihr die Sünde innewohnt, und sie hat immer die Idee einer nur aus Heiligen bestehenden Kirche bekämpft. Wir wissen um die großen Kämpfe gegen die Donatisten, die Katharer und so weiter. Um uns genau das erkennen zu lassen, weilt der Herr von Anfang an gemeinsam mit den Sündern in einem Boot. Auch die Evangelien erinnern an den Sündenfall des Petrus. Es handelt sich um ein wiederholtes Bekenntnis der Sünde, die Petrus vor Scham hat erröten lassen müssen. So finden wir dieses Bekenntnis im Markusevangelium vor, das vom heiligen Petrus selbst ein wenig inspiriert ist, und es handelt sich hier um das schonungsloseste Bekenntnis dieser Sünde. Daher sagt die Kirche heute mit diesem Akt der Reue nicht, dass die Sünde der Vergangenheit angehört und dass wir geläutert sind, um dann darauf zu warten, dass man unsere Sünden erst morgen entdeckt. Die Kirche sagt vielmehr: Im Herzen der Kirche, vor allem in mir, ist die Sünde, und damit die Kirche von der göttlichen Gnade durchdrungen werden kann, muss ich mich selbst dieser Gnade öffnen und öffentlich bekennen, dass die bereits in der Vergangenheit verwurzelten Sünden meine Gegenwart sind. Trotzdem kann der Herr durch die Kirche handeln und Gutes tun. Dieses Schiff bleibt immer sein Eigentum, auch das Feld mit dem Unkraut gehört dazu. Auch wenn es viel Unkraut gibt, auch wenn sich faule, schlechte Fische im Netz befinden, bleibt es sein Schiff. Die Sünde anzuerkennen, ist ein Akt der Aufrichtigkeit, durch den wir den Menschen begreiflich machen können, dass der Herr größer ist als unsere Sünden. Hierzu fällt mir eine Anekdote ein, die mit Bezug auf Kardinal Consalvi, dem Staatssekretär unter Pius VII., erzählt wird: Ihm war gesagt worden: ‚Napoleon will die Kirche zerstören‘. Hierauf soll der Kardinal geantwortet haben: ‚Das wird er nicht schaffen, nicht einmal uns ist es gelungen, sie zu zerstören.‘"

PERSONENREGISTER

Accattoli Luigi 162-163, 165, 324
Ahern Dermot 197
Aichern Maximilian 307
Alarcón Félix 282
Albanese Giulio 162-163, 182
Alberigo Giuseppe 92
Alessio II, nicht vorhanden
Alhadeff Nissim 120
Allen John L. 181-182, 292, 311-312, 389, 395
Al-Mutairi Hakem 27
Alonso Joaquin 346
Amato Angelo 287, 316
Amorth Gabriele 225
Anderson Jeff 231, 241-242, 246, 278
Araújo Sales Eugênio, de 306
Arborelius Anders 152-153, 155
Arias Sanchez Armando 284
Arinze Francis 102
Arnaldez R. 25
Aslam Taslim 27

Baccellieri Joseph 250
Bagnasco Angelo 91, 180
Banani Mohammed 29
Baqer al-Mohri Mohammad 27
Barba Martin José 283, 290-291
Bardakoglu Ali 26, 27, 43
Bartholomaios I. 47
Bartolini Bruno 257
Bemporad Jack 106
Benedettini Ciro 203, 258, 292
Benedikt XV 7, 14
Bennhold Katrin 230
Berlusconi Silvio 266
Berry Jason 278
Bertone Tarcisio 10, 36, 39-40, 42-43, 63-64, 91, 143-144, 197, 221, 223-225, 228, 231, 234, 235, 239-240, 266-268, 270, 275-276, 278, 286-287, 312, 340-341, 401-402
Bianchi Enzo 88
Bissey René 271
Boffo Dino 88

Bonacina Riccardo 172-173
Boniecki Adam 61-62
Boubakeur Dalil 27
Brandolini Luca 86-88
Brunatto Emanuele 354
Brundage Thomas 233, 238-240
Brunelli Lucio 159
Buecher Roland 202
Bugnini Annibale 87
Bukalov Alexey 377
Bush George 192
Bush George W. 377

Caffarra Carlo 90
Calvet Melania 349
Cantalamessa Raniero 10, 252-254, 256-258, 265, 396
Cantoni Pietro 25, 108
Cappato Marco 171
Cardinale Gianni 92, 213, 276
Casaroli Agostino 399
Cascioli Riccardo 232
Casini Pierferdinando 180
Castrillón Hoyos Darío 84, 113, 119, 123, 131, 133, 139, 140-143, 147, 151, 153-156, 271-275, 278, 281, 312

Celli Claudio Maria 119
Cervellera Bernardo 177, 375
Chesterton Gilbert Keith 188
Chevallier Eric 166
Citterio Riccardo 348
Clohessy David 255
Coccopalmerio Francesco 144-145, 148-149
Colafemmina Francesco 205, 242
Coleridge Mark Benedict 326
Colina Jesus 285
Concia Paola 268
Connell Desmond 198
Connolly James 233
Consalvi Ercole 405
Copas Andrew 176
Cordes Paul Josef 180
Cordileone Salvatore Joseph 243-246
Cornacchiola Bruno 360
Cornwell John 337
Cousins William 222, 232
Crepaldi Giampaolo 380
Cummins Stephen 243-244, 246
Czarnochi Ceranj 62

D'Andrea Paolo 336
D'Orlando Maurizio 375-376
Dawkins Richard 333-334
De Nicolò Paolo 288
Dee Howard 350
Dho Sebastiano 88
Di Molfetta Felice 90
Di Noia Joseph Augustine 316-317
Di Segni Riccardo 105-106, 122, 255
Dias Ivan 316
Diaz Rivera Miguel 284
Doe John 242
Dolan Timothy 235-237, 249
Donadio Rachel 229, 231, 387, 395-396
Dos Santos Lucia 340, 354
Dowd Maureen 225
Doyle Thomas 278
Dziwisz Stanislaw 50, 59, 285, 287-289, 297-298, 300, 312

Eder Georg 309
Elisabeth II. 332

Fabbri Marco Valerio 247
Falsini Rinaldo 90-91
Fanzaga Livio 360, 380
Farhat Edmond 72
Farinella Paolo 91
Fegan Ali 115-116
Fellay Bernard 81-83, 111-114, 119, 121, 125, 133, 139-141, 143, 155
Fernández de la Cigoña Francisco José 114
Ferro Ambrósio Francisco 275
Filoni Fernando 144, 148, 150
Fischer Ian 292
Fisichella Salvatore 341, 382-383
Fliss Raphael 224, 234, 239-240
Foa Marcello 372-374, 392-393
Forte Bruno 90
Fourest Caroline 129
Friedl Josef 69, 71, 74
Fuentes Agostino 346
Galarreta Alfonso de 111, 113-114
Gänswein Georg 122
Gantin Bernardin 113, 145
Garelli Franco 63
Garza Luis 287

Gattegna Renzo 264
Gennari Gianni 121
Ghidelli Carlo 90
Ghirlanda Gianfranco 321
Girotti Gianfranco 234, 283
Glemp Józef 49-50, 52-53, 59-60
Gobbi Stefano 350
Goclowski Tadeusz 50
Goldkom Wlodek 61
González Limón Jorge Luis 284
Goodstein Laurie 222, 230, 235-236
Green Edward C. 174-175
Gregori Fabio 355, 358
Gregori Jessica 356, 358-359
Gregor VII 44
Grignetti Francesco 301
Grillini Franco 268
Grillo Girolamo 355-356, 358-359
Grimani Alberindo 354
Groër Hans Hermann 6, 281, 304-312
Gruber Gerhard 209-210
Guenois Jean-Marie 168, 396, 400-401
Gultasli Selcuk 18

Hazm Ibn 25
Heinrich VIII 315
Hepworth John 316, 326
Herranz Casado Julián 387
Heymo Konrad 54
Hitchens Cristopher 225, 333
Hitler Adolf 116, 125, 337
Horst Guido 211
Hullermann Peter 209-210, 213, 251
Hummes Cláudio 144, 146

Illich Ivan 188
Imrie John 176
Introvigne Massimo 212, 270, 346, 384-386, 391

Jenkins Philip 212, 331
Johannes XXIII 7, 77, 91, 103, 189, 325, 364
Johannes Paul II 7-8, 15, 33-35, 50, 54, 64, 77, 89, 96, 109-110, 120, 122, 124, 139, 173, 177-178, 180, 183, 187-188, 223, 272, 274, 281-284, 287, 291, 293, 295, 297-300, 302-303, 305-306, 309, 311, 313, 339-340, 342-343,

355-356, 358-359, 372, 377, 379, 383-385, 391, 395, 398, 403
Jurado Arturo 283, 290-291

Kaczynski Jaroslaw 61
Kaczynski Lech 61
Kapellari Egon 68, 74, 307-308
Kaspar Peter Paul 72
Kasper Walter 106, 126-127, 131-132, 153, 316, 329-330
Kazatchkine Michel 167
Keller Bill 222
Khoury Theodore 23-25
Kiesle Stephen 221, 243-246, 251
Kloch Jozef 56
Kobia Samuel 47
Koch Kurt 133
König Franz 306, 310
Kothgasser Alois 70, 74
Kouchner Bernard 166
Kowalczyk Józef 50-51, 62
Kramer Stephan 255
Krenn Kurt 310
Kuby Gabriele 67
Kuhn-Delforge Jean-Loup 269
Kulish Nicholas 230
Küng Hans 324, 384

La Rocca Orazio 87
Lai Benny 390-391
Laras Giuseppe 105
Lascaris André 99
Law Bernard 282
Lefebvre Marcel 10, 78, 80-81, 84-85, 111-112, 115, 123, 126, 131, 140, 144-145
Lehmann Karl 93-94, 123
Lennon Paul 290
Leo XIII 188
Leuchter Fred 116-117
Levada William Joseph 100, 143, 146, 150, 235-236, 249-250, 278, 293, 299-300, 317-320, 322-323, 328
Listecki Jerome 239
Lombardi Federico 20-21, 28-30, 32-35, 60, 62, 120, 125, 127, 132-133, 150, 154-155, 159, 164, 166, 207, 218, 226-227, 250, 256, 258, 261-262, 268, 272-273, 278, 281, 312, 323, 395-396, 399-400
Lustiger Jean-Marie 94

Macchi Pasquale 349
Maciel Degollado Marcial 6, 281-299, 302-304, 312
Magister Sandro 50, 130-132, 237, 312
Malnati Ettore 349
Mamberti Dominique 169
Mancuso Aurelio 268
Manuel II 23, 26, 30, 32, 33, 37, 39, 40, 42
Martin Diarmuid 196-198, 331
Martinez Somalo Eduardo 285, 296
Martini Carlo Maria 45, 89
Martino Renato Raffaele 190, 193
Marto Francesco 339, 346
Marto Jacinta 339, 346
Mayer Thomas 207
Mazyek Aiman 27
McNamara Kevin 198
McQuaid John Charles 198
Meisner Joachim 309
Melloni Alberto 64, 92, 260-262, 313, 376-377
Merkel Angela 123
Mertes Klaus 199
Messori Vittorio 81, 83, 258
Michalik Józef 50

Michel Luis 167
Michel Thomas 34-35
Mixa Walter 211
Moreno Manuel 278
Müller Gerhard Ludwig 201, 204
Murphy Lawrence 221-229, 231-236, 238, 240-243, 247, 250-251, 267, 278, 388
Murphy Yvonne 197
Murphy-O'Connor Cormac 316

Navarro-Valls Joaquín 20, 32-34, 62, 292, 294, 302-303, 397-398
Neck Clemens 202
Neuhaus Richard John 185
Neusner Jacob 106
Newman John Henry 332, 336-337
Nichols Vincent G. 317, 326
Nieuwenhuis Jan 99
Novak Michael 185-187, 190, 192-193

O'Brien Steinfels Margaret 238
O'Connell Gerald 250, 327, 329, 378-380, 399

O'Connor John Joseph 306
O'Malley Sean 311
Obama Barack 375, 386
Oder Slawomir 300
Ols Daniel 300
Onkelinx Laurette 66

Pacelli Eugenio 263, 405
Paetz Juliusz 301-302
Paul VI 77, 87, 89, 110, 183, 251, 263-264, 319, 325, 348-349, 391
Pérez Olvera Fernando 291
Peric Ratko 305
Perl Camille 99-100
Phillips Melanie 335
Pican Pierre 271, 273-274, 277-278, 281
Pinochet Augusto 333
Pinyopornpanich Somchai 177
Pio von Pietrelcina 352-354
Pius V 77, 82-83, 88, 91, 96, 109
Pius VII 263, 405
Pius IX 298, 349
Pius X (Bruderschaft) 80, 83-84, 111, 113-114, 123, 136, 139, 143, 145, 147, 149

Pius X 263
Pius XII 8, 101, 199, 263, 265, 282, 337
Plotti Alessandro 89
Poltawska Wanda 301-302
Potter Harry 67, 71, 73
Poupard Paul 41, 86
Prodi Paolo 190-192
Prosperi Adriano 163

Ranjith Albert Malcom 100-102
Ratzinger Georg 200-203, 205-206, 208, 230
Rawls John 192
Re Giovanni Battista 71, 111-112, 114, 130, 140-141, 143, 309
Reese Thomas J. 322-323
Ricard Jean-Pierre 95
Richens John 176
Richetti Elia Enrico 106
Rifan Fernando Arêas 146
Rivera Carrera Norberto 284, 286
Roberts Ivor 336
Rodé Franc 286
Romeo Paolo 90
Rosen David 120

Rowling Joanne K. 67
Ruini Camillo 45, 90, 108, 248, 305
Ryan Dermot 198
Ryan John A. 188
Rylko Stanislaw 50

Salemans Harrie 99
Samir Khalil Samir 46
Sandri Leonardo 287, 289, 300
Santoro Andrea 30
Saraiva Martins José 299
Sardi Paolo 166
Sasagawa Agnese 350
Schillebeeckx Edward 99
Schinko Rainer 202
Schmidberger 121, 140
Schmidt Ulla 166
Schönborn Christoph 66, 68-69, 71, 74, 260-261, 303-311
Schwarz Ludwig 65-67, 72-74
Scicluna Charles J. 213-216, 269, 289-292
Scola Angelo 90
Segre R. A. 257
Sepe Crescenzio 102
Sgorbati Leonella 28, 45
Shojiro Ito John 350
Skworc Wiktor 50
Socci Antonio 341
Sodano Angelo 10, 33, 36, 258-265, 274-275, 278, 285-286, 294, 297, 300, 303-305, 307, 309-312, 355-356, 389, 394, 396
Sodi Manlio 91
Sorrentino Domenico 102
Soveral André 275
Squicciarini Donato 309-310
Steffenoni Luca 386
Stickler 310
Strange Roderick 337

Tatchell Peter 333
Tauran Jean-Louis 48
Tirelli Umberto 176
Tissier de Mallerais Bernard 111, 113-114
Toaff Elio 122
Tomasi Silvano 216
Tonini Ersilio 277
Tosatti Gabriele 225
Trupia Robert 278
Tscherrig Emil Paul 152-153

Vaca Juan 282-283, 290
Valero Bernard 269
Van Brantegem Victor 31

Van Rompuy Herman 169
Vecchi Gian Guido 256
Velázquez Valente 284
Veld Sophia in't 171
Venner Fiammetta 129
Vian Giovanni Maria 227, 229, 250, 399
Vingt-Trois André 179
Visseyrias Philippe 160
Volontè nicht vorhanden

Wagner Gerhard 64-73, 75
Wahl Berthold 202
Weakland Rembert 223-224, 233, 236-241
Weber Johann 306-309
Wegan Martha 289-290
Weigel George 185, 187, 189-190, 192-193, 383, 397-398
Wieczorek-Zeul Heidemarie 166
Wielgus Stanislaw Wojciech 10, 49-64
Wildstein Bronislaw 52
Willems Ad 99
Williams Rowan 47, 315, 317, 328-329, 331
Williamson Richard 5, 64, 70, 111, 113-116, 118, 120-123, 125, 127-134, 138, 140-142, 146, 150-155, 157, 159, 179, 195, 397
Wojtyla Karol siehe Johannes Paul II
Wuerl Donald W. 326

Zamagni Stefano 192
Zambak Mavi 30
Zapatero Luis 167
Zaryn Ian 53
Zevi Tullia 265
Zizola Giancarlo 85
Zulehner Paul 68
Zündel Ernst 115
Zycinski Józef Miroslaw 50

Paolo Rodari
ist „vaticanista" der in Rom erscheinenden Tageszeitung „Il Foglio" und hat zuvor drei Jahre als Vatikanberichterstatter der Zeitung „Il Riformista" gearbeitet.

Andrea Tornielli
war vor seinem Wechsel zum einflussreichen Turiner Blatt „La Stampa" lange Jahre Kirchenfachmann für die Zeitung „Il Giornale" und hat zahlreiche Bücher zu religiösen Themen veröffentlicht, darunter Werke zu den jüngsten Päpsten, zur Historizität der Evangelien sowie zum Grabtuch von Turin.